한국사

40

청일전쟁과 갑오개혁

국사편찬위원회

자문위원

신 용 하　　유 영 익　　정 창 렬

편찬위원

권 태 억　　유 영 렬　　최 창 희

집필(청일전쟁과 갑오개혁)

박 영 재　　유 영 익　　조 재 곤

기획 · 편집

이 해 준　　강 영 철　　이 근 택

고 성 훈　　고 숙 화　　이 민 원

복간 간행 : 김 용 곤 · 장 득 진

한국사 간행취지

우리 겨레가 앞으로 어떻게 살아갈 것인가 하는 문제는 우리들은 물론 우리와 더불어 살아가는 세계인들의 관심사일 것이다. 이에 대한 해답은 과거에 어떻게 살아왔는가 하는 우리 역사에 대한 인식을 통해 찾을 수 있을 것이라고 생각된다.

본 위원회에서는 이미 1970년대에 『한국사』 25권을 간행하여 해방 이후 한국사의 연구성과를 집대성함으로써 한국사에 대한 인식을 새롭게 한 바 있다. 그 이후 한국사회는 놀라운 성장과 발전을 이루었고 역사학계도 상당한 연구성과를 축적하였다. 이러한 변화에 발맞추어 한국사학계는 새로운 『한국사』 편찬의 필요를 느끼게 되었다.

이에 본 위원회는 일차적으로 한국사 연구지원비를 마련하여 역사학계로 하여금 1980년대 중반까지 연구성과가 미진하다고 생각되는 분야를 연구할 수 있도록 하였다. 이어서 1989년부터 1990년까지의 준비를 거쳐 1991년에는 '신편 한국사 편찬위원회'를 따로 구성하고 총 60권에 달하는 새로운 『한국사』를 편찬하기로 하였다. 그리고 다음과 같은 『한국사』 편찬의 목표를 세웠다.

① 한국의 역사와 문화에 대한 객관적 인식의 토대를 제공할 수 있는 한국사를 편찬한다.

② 민족의 창조적 문화활동과 민족사의 내재적 발전을 드러내는 한국사를 편찬한다.

③ 최근까지의 연구성과를 체계화하고 새로운 영역을 개척함으로써 한국사 연구의 지평을 넓힌다.

④ 한국사 연구와 관련하여 고고학·인류학·사회학·경제학 등 인접학문의 연구성과를 수용하여 한국사 인식의 폭을 넓히는 데 기여한다.

새로운 『한국사』를 펴내면서 우리 모두가 바라는 바는, 민족의 통일에 대비해야 하고 급격히 변화하는 시대상황 속에서, 한국사 연구자의 깊이 있는 연구를 도와주고 독자들의 역사인식을 드높일 수 있는 길잡이 구실을 할 수 있었으면 하는 것이다.

국사편찬위원회 위원장

목 차

Ⅱ. 청일전쟁과 1894년 농민전쟁

Ⅲ. 갑오경장

개 요

I

한국은 1894~1896년에 근세사상 처음으로 중국의 정치·문화권을 이탈하여 서구 중심의 근대적 국제질서에 편입됨으로써 비로소 근대국가의 면모를 갖추게 되었다. 이 획기적 변화를 가능하게 만든 외적 요인은 淸日戰爭이었고, 내적 계기는 甲午更張이었다.

청일전쟁은 1894~1895년간 조선의 지배를 둘러싸고 청국과 일본간에 벌어진 전쟁으로서 동아시아의 전통적인 '중국중심의 세계질서(Sino-centric world order)'에 종지부를 찍고 그 대신 신흥 일본을 이 지역의 패자로 등장시킨 동양사상 획기적인 전쟁이었다. 또한 당시 아시아에서 각축하고 있던 영국과 러시아 등 제국주의 열강간의 제국주의적 영토분할경쟁을 촉발시킨 계기로 세계사적 의의를 지닌다. 이 전쟁의 결과 조선은 뿌리깊은 청국의 종주권에서 벗어남과 동시에 일본제국주의의 침략대상으로 바뀌어 인적·물적으로 전례없는 수난을 당하였다.

한편 東學農民蜂起와 청일전쟁을 배경으로 1894~1896년간 추진되었던 갑오경장은 조선의 전통적인 통치체제를 혁파하여 근대적인 체제로 개편하려했던 제도개혁운동이었다. 갑오경장은 청일전쟁을 도발하고 동학농민군의 봉기를 진압하면서 조선에서 실권을 장악하게 된 일본의 비호하에 집권한 조선인 개화파 관료들이 오랜 개화운동의 전통을 이어받아 추진한 획기적 개혁운동으로서 甲申政變과 獨立協會運動을 연결시켜 주는 고리이기도 하다.

Ⅱ

청일전쟁의 직접적인 계기는 동학농민군의 봉기였다. 1894년 봄 전라도에서 제1차 동학농민봉기가 일어나자 조선정부는 5월 7일(양력) 洪啓薰을 兩湖招討使로 임명하여 농민군을 진압하도록 하였다. 그런데 長城에서 정부군을 격파한 농민군은 31일 全州를 함락시켰다. 6월 2일 전주함락의 보고를 받은 정부는 자력으로 농민군을 진압하기 어렵다고 판단하고－壬午軍亂 진압시의 전례에 따라－청국의 駐箚朝鮮總理交涉通商事宜 袁世凱를 통해 청국에 援兵을 요청하였다. 이렇게 파병 요청을 받은 청국의 直隷總督 겸 北洋大臣 李鴻章은 6월 6일 〈天津條約〉(1885)에 의거하여 일본에 파병 사실을 통고하는 한편 直隷提督 葉志超와 丁汝昌 휘하의 군사 2,800명을 충청도 牙山으로 급파하였다.

일본정부는 6월 2일 서울주재 임시대리공사 스기무라 후카시(杉村濬)로부터 조선이 청국에 파병을 요청했다는 보고를 받았다. 때마침 衆議院에서 내각 탄핵상주안이 가결되어 정치적으로 궁지에 몰려있던 내각총리대신 이토 오 히로부미(伊藤博文)는 이 보고를 받는 즉시 각의를 열어 중의원을 해산하고, '일본공사관 및 거류민을 보호한다'라는 구실로 제5사단 오오시마 요시마사(大島義昌)소장 휘하의 混成旅團을 조선에 파견하기로 결정하였다. 이때 일본정부는 조선의 독립을 공고히 하고 '內政改革'을 도모한다는 등의 명분을 내세워 한반도에 대군을 발동하면서 對淸전쟁을 도발하고자 획책하였던 것이다. 이러한 일본정부의 계획에 따라 6월 6일 참모본부내에 大本營이 설치됨과 동시에 오오시마가 거느린 혼성여단의 선발대가 요코스카(橫須賀)항을 출발, 9일 仁川에 상륙하여 곧바로 서울로 진군하였다. 그 뒤 6월 하순까지 8,000여 명에 달하는 일본군이 서울～인천간에 집결하였다.

일본군의 불법적인 군사동원에 당황한 조선정부는 일본정부가 조선의 요청없이 파병한 데 항의하면서 즉각 철병할 것을 요구하였다. 더욱이 6월 11일 정부군과 동학농민군 사이에 全州和約이 성립되었기 때문에 외국군의 주둔구실은 사라졌다. 따라서 陸戰隊와 함께 본국으로부터 서울에 귀임한 오오토리 게이스케(大鳥圭介) 일본공사와 원세개는 3차례에 걸친 회담 끝에 양국군의 공동철수에 합의하기에 이르렀다. 그러나 국내의 정치적 이유 때문에 조선으로부터의 군대철수를 원하지 않는 일본정부는 청국과의 開戰구실을 마련하기 위해 청국에 대하여 공동철병안 대신 조선의 내정을 공동으로 개혁하자는 안을 내놓았다. 청국측이 일본측의 예상대로 이 제안을 거절함에 따라 일본은 청국에 대하여 '제1차 絶交書'를 보내는 동시에 조선의 내정개혁을 단독으로 강행하기로 결정하였다. 이 사이에 이홍장의 조정의뢰에 따라 러시아와 미국이 일본군의 철수를 요구하였지만, 7월 중순 일본정부는 청국에 '제2차 絶交書'를 보내는 한편 영국과 〈英日新條約〉을 체결함으로써 영국의 간접적인 지원을 확보하고 개전을 서둘렀다. 본국정부로부터 개전 결의를 전달받은 오오토리공사는 조선정부에 대하여 청국의 對조선 종주권 주장에 대한 확답을 요구하는 시한부 최후통첩을 발한 다음 이에 대한 회답을 접수하기 전, 즉 23일 새벽에 景福宮을 불법 점령하면서 쿠데타를 통해 興宣大院君과 金弘集 등을 앞세운 친일정권을 수립하였다.

Ⅲ

청일전쟁은 바로 7월 23일 일본군의 경복궁 침공으로 발단되었다. 이어서 일본군은 서울주둔 조선군대를 무장해제시킨 다음 牙山 근처에 집결한 청군을 향해 진격하였다. 청·일간의 본격적인 전투는 7월 25일 일본해군이 豊島 앞바다에서 청국함대를 공격함으로써 개시되었다. 이 해전에서 청국군함과 청국 증원군을 태운 영국수송선 高陞號가 일본해군의 기습공격을 받아 격침되었다. 이어서 29일에 벌어진 成歡전투에서 일본육군은 아산에 상륙하였던 청국군을 쉽게 격파할 수 있었다. 일본정부는 이처럼 육·해상의 初戰에서 승리를 거둔 다음 8월 1일에 청국에 정식으로 선전포고를 하였으며, 청국도 이에 응하여 같은 날 對日선전포고를 하였다. 일본정부는 열강의 간섭을 피하여 가능한 한 빨리 승리를 쟁취하려 하였다. 그리하여 일본육군은 9월 15~17일 平壤에 집결한 14,000명의 청국군을 격파하고, 17일 해군은 黃海전투에서 청국함대를 격침시켜 制海權을 장악하였다. 이렇게 평양과 황해에서 대첩을 거둔 일본군은 곧 이어 중국본토에 대한 공략을 서둘렀다. 10월 하순 조선에 진주하였던 일본군 제1군은 鴨綠江을 건너 南滿洲로 진격하였고, 제2군은 遼東반도에 상륙하여 11월 하순 旅順·大連을 점령한 다음 1895년 2월 2일에 山東반도 威海衛의 청국 북양함대 기지를 공략하였다. 사태가 여기에 이르자 청국은 전쟁을 마무리짓기 위한 강화회담을 서둘러 張蔭桓을 전권대신으로 임명하여 일본에 파견하였다.

그러나 1895년 2월초 두 차례 열린 히로시마(廣島)會談에서 일본측은 더욱 유리한 강화조건을 확보하기 위하여 청국 전권대신의 위임장이 불완전하다는 이유를 내세워 그와의 교섭을 거부하고 전투를 재개하였다. 그 결과 3월 중순까지 일본육군은 요동반도를 완전히 장악하게 되었다. 그제야 청국은 이홍장으로 전권대신을 교체하고 강화회담의 재개를 서둘렀다. 3월 20일부터 시모노세키(下關)에서 재개된 이토오와 이홍장이 양국을 대표한 강화회의는 3월 24일 이홍장 저격사건이 일어나는 바람에 한때 중단되었다. 그러나 이미 평양전투와 황해해전 이후부터 전쟁의 추이에 촉각을 곤두세우고 있던 영국·러시아·프랑스·독일·미국 등 열강의 간섭을 우려한 일본은 결국 4월 17일 〈淸日講和條約〉, 즉 〈下關條約〉을 성립시켰다.

청·일간에 조인된 〈하관조약〉의 골자는 다음과 같다.

첫째, 청국은 조선국이 완전무결한 독립자주국임을 확인한다. 따라서 이 독립자주를 손상시키는 조선국의 청국에 대한 貢獻·典禮 등은 장래 완전히 이를 폐지한다.

둘째, 청국은 요동반도·臺灣·澎湖열도 등을 일본에 할양한다.

셋째, 청국은 戰費배상금으로 庫平銀 2억 냥(약 3억 엔)을 지불한다.

넷째, 청국은 일본에게 구미 열강이 청국에서 향유하는 것과 동등한 통상상의 특권을 부여함을 승인한다.

이로써 중국이 전통적으로 조선에 대하여 행사해 왔던 종주권이 폐지되었다. 동시에 일본은 〈江華島條約〉·〈濟物浦條約〉·〈天津條約〉 등에서 일관되게 추구해 온 조선에 대한 우월한 정치·군사·경제적 지배권을 확고하게 장악하게 되었다.

그러나 〈하관조약〉이 체결된 지 6일 후인 1895년 4월 23일 러시아와 프랑스 및 독일 등 3국이 일본정부에 대하여 요동반도를 청국에 반환하라는 요구, 즉 三國干涉을 하였다. 프랑스는 러·프동맹의 동반자 입장에서, 독일은 러시아의 제국주의적 야망을 아시아쪽으로 돌리게 만듦으로써 중국분할경쟁에서 유리한 지위를 확보할 의도에서 각각 러시아의 삼국간섭 제의에 동조하였던 것이다. 결국 5월 10일 3국의 군사력에 대한 열세를 인정한 일본정부는 이 간섭에 굴복하여 요동반도의 영유권을 포기하고 그 대신 청국으로부터 보상금 3,000만 냥을 받기로 하였다. 삼국간섭을 계기로 일본은 러시아를 장래의 가상적국으로 설정하고 장래의 러일전쟁에 대비한 군비확장에 착수하였다. 그후 머지 않아 러시아는 요동반도의 남부를, 영국은 威海衛와 그 주변지역을, 독일은 膠州灣 주변지역을 각각 租借하게 되었던 것이다.

한편 청일전쟁은 주로 청·일 양국간의 군사적 대결이었지만, 한반도내에서 일본군과 東學'義兵' 간에 朝日戰爭을 수반한 선생이기도 하다. 1894년 10월 중순 전라 및 충청도에서 全琫準·金開南·孫和中·孫秉熙 등의 지도하에 동학농민군(의병)이 궐기하여 조선을 강점한 일본군에 대항하는 전쟁, 즉 조일전쟁을 개시하였던 것이다. 이 동학의병의 항일 군사활동은 당시 요동·산동반도에서 전쟁을 벌이고 있던 일본군의 후방을 교란하는 중대한 군사적 위협이었다.

일본의 大本營은 이노우에 카오루(井上馨)공사의 서울 부임과 함께 동학의병을 무력으로 조기 진압하기로 결정하고 조선관군의 지원을 받아 동학군에 대한 본격적인 토벌전을 벌였다. 우수한 장비와 훈련을 갖춘 일본군과 조선관군의 조직적인 공세에 직면한 동학의병은 11월 18~19일간의 목천 細城山전투와 12월 4~7일간의 牛金峙전투에서 패배하고, 이어서 전봉준과 김개남 등 그 지도자들이 12월 24일에 체포당함으로써 일단락되었다. 이노우에공사가 지휘한 동학의병 토벌작전이야말로 일본이 청일전쟁 중 조선에 대해 벌인 '선전포고 없는 전쟁'이었던 것이다.

Ⅳ

청일전쟁의 진행과정에서 일본이 조선에서 추구한 정책 목표는 러시아의 남하에 대처하는 데에 필요한 전략적 시설을 확보하고, 강화도조약 체결 이래 구축된 불평등조약체제를 한층 강화하면서 본원적 자본축적에 필요한 각종 이권을 획득하며, 나아가 궁극적으로 조선을 일본의 보호국으로 略取하는 것 등이었다. 서울주재 일본영사 우치다 사다츠지(內田定槌)에 의하여 처음 표출된 일본의 조선보호국화방안은 7월 23일의 경복궁점령 소식에 접한 무츠 무네미츠(陸奧宗光)외상의 立案으로 8월 17일 내각회의에서 일본정부의 공식적인 정책목표로 설정되었다.

이 결정에 따라 오오토리공사는 조선정부로 하여금 내정개혁, 즉 갑오경장을 실시하도록 권고하는 한편, 8월 20일에는 경부·경인간 철도부설권 및 군용전신선관할권 등의 이권을 일본에 양도함을 보증한다는 내용의 〈朝日暫定合同條款〉을, 26일에는 전쟁 중 조선이 일본의 동맹국으로서 일본군의 진퇴와 그 식량준비 등을 위하여 편의를 제공한다는 내용의 〈朝日盟約〉을 각각 체결하였다. 그리고 15일과 26일에는 일본고문관과 군사교관을 조선정부내에 배치토록 하는 내용의 약속을 조선정부로부터 받아냈다. 이로써 일본정부는 조선을 보호국으로 만드는 데 필요한 최소한의 법적 근거를 확보한 셈이었다. 그렇지만 일본은 열강의 간섭과 조선인의 반발을 우려한 나머지 당분간 이들 조약의 즉각적인 실현을 요구하거나 급격한 제도개혁의 강요를 삼가는 태도를 취하였다. 이에 따라 그 당시 집권하였던 金弘集·兪吉濬 등 개화파 관료는 軍國機務處라는 국정개혁기구를 통해 어느 정도 자율적으로 내정개혁을 추진할 수가 있었다.

그러나 8월 중순의 平壤大捷을 계기로 일본의 對朝鮮태도는 돌변하였다. 즉, 일본정부는 조선정부에 대해 적극간섭정책을 펴기로 결정하고 이를 실행하기 위해 명치유신의 원훈이자 현직 내무대신인 이노우에를 조선주재公使로 발탁하여 서울에 파견한 것이다. 이노우에공사는 조선의 보호국화라는 정책목표를 달성하기 위하여 高宗과 朴泳孝 중심으로 친일정부를 조성하고 조선정부내 일본인 고문관 배치, 조선정부 제도의 일본식 개혁, 조선정부와 일련의 신조약 체결, 그리고 500만 엔의 정치차관 공여 등을 골자로 하는 적극적 내정개혁작업에 착수하였던 것이다.

특히, 이노우에공사는 500만 엔 차관을 공여함으로써 조선을 영국치하의 이집트와 같은 실질적 보호국으로 만들 것을 구상하였다. 그러나 이 차관은 1895년 2월 하순에야 일본정부에 의해 300만 엔으로 그 액수가 감소·책정되었다. 차관제공이 시간적으로 지체된 데다가 그 액수도 원래의 기대치보다 적었으며, 차관공여의 조건이 불리하였기 때문에 이 300만 엔 차관은 박영효 같은 조선측의 '애국적' 집권자들의 반발을 초래함으로써 오히려 역효과를 낳게 되었다. 더욱이 청·일강화의 조짐이 분명해진 1895년 2월 중순부터 러시아의 對韓간섭 움직임이 나타나자 전쟁종결외교에서 요동반도의 할양에 치중하기로 결심한 무츠외상은 2월 27일 러시아정부에 조선의 독립을 '명실공히' 보장할 것을 약속함으로써 사실상 전쟁기간 일본이 조선에서 추구하였던 보호국화라는 정책목표를 포기하기에 이르렀다.

삼국간섭 후 일본의 조선에 대한 영향력은 감소할 수밖에 없었다. 이에 일본정부는 이노우에공사를 경질하고 그의 후임으로 예비역 육군중장 미우라 고로오(三浦梧樓)를 선발, 파견하였다. 서울 부임 후 미우라공사는 조선에 대한 장기적인 지배권 확보조처로서 스기무라서기관 등과 閔妃(明成皇后)弑害를 음모하였다. 그 결과 1895년 10월 8일 미우라공사는 일본군·순사·장사 등을 동원, 대원군을 앞세우고 경복궁에 난입하여 민비를 시해한 다음 불태워버리는 萬古에 유례없는 만행을 저질렀다.

민비시해사건을 계기로 조선인의 반일감정이 고조되고, 또 관계 열강의 비난이 세차게 일어났기 때문에 일본정부는 곤경에 빠졌다. 이러한 때에 집권한 친일적인 김홍집내각이 12월 30일 斷髮令을 선포·시행하자 곳곳에서 반일의병운동이 일어났다. 이를 기화로 고종은 1896년 2월 11일 자신의 거처를 러시아공사관으로 옮기는 이른바 俄館播遷을 단행하였다. 이로써 조선의 친일정권은 삽시간에 붕괴되고 일본은 조선에서 정치적·군사적으로 후퇴하지 않을 수 없게 되었다.

V

갑오경장은 동학농민봉기와 청일전쟁을 배경으로 조선의 친일개화파 관료들이 1894년 7월 27일부터 1896년 2월 11일까지 추진하였던 획기적 제도개혁운동이었다. 갑오경장은 일본군의 경복궁 점령 후 제2차 동학농민봉기, 삼국간섭, 민비시해사건 등 여러 難境을 넘기면서 3단계로 진행되었다.

제1차 개혁기간(1894년 7월 27일~12월 17일)에는 軍國機務處가 약 210건의 개혁안을 의결·실시하였다. 이 기간에 청일전쟁을 벌이고 있던 일본정부로서는 조선정부의 능동적 협조가 필요하였을 뿐 아니라 러시아를 비롯한 열강의 외교 내지 무력간섭을 염려하였기 때문에 군국기무처의 개혁운동에 대해 일부러 적극적인 간섭을 하지 않았다. 따라서 이 기간의 개혁운동은 김홍집·유길준 등 군국기무처의 핵심인물들에 의해 주도되었다.

제2차 개혁기간(1894년 12월 17일~1895년 7월 6일)에는 駐조선 일본특명전권공사 이노우에의 지원하에 구성된 이른바 '金弘集·朴泳孝 聯立內閣'이 총 213건의 개혁안을 공포·시행하였다. 청일전쟁에서 승기를 잡은 일본은 이노우에를 서울에 파견하여 조선의 실질적 보호국화를 서둘렀다. 이 목적을 위해 이노우에공사는 반일적 태도를 견지하였던 大院君을 정계에서 은퇴시키고 박영효와 徐光範 등을 입각시킴과 동시에 일본인 고문관을 내각에 배치하면서 300만 엔의 일본차관을 제공하였다. 이때 내부대신 박영효는 실권을 장악하고 독립·자주적인 입장에서 개혁을 추진하려 함으로써 일본측과 마찰을 일으켰다. 그 결과 박영효는 '不軌陰謀'라는 죄목을 뒤집어 쓰고 정계에서 축출당해 또 다시 일본으로 망명하게 되었다.

제3차 개혁기간(1895년 7월 7일~1896년 2월 11일)에는 김홍집·유길준이 각각 총리대신 및 내부대신으로 집권하여 약 140여 건에 달하는 개혁법령을 제정·공포하였다. 박영효의 일본망명 직후 朴定陽·李完用·李範晋·尹致昊 등 친미·친러적 성향이 강한 貞洞派가 한 때 득세하였지만, 1895년 10월 8일의 민비시해사건을 계기로 김홍집 등이 재집권하여 개혁사업을 담당하였던 것이다. 그들은 민비시해사건의 善後처리과정에서 친일적인 태도를 취했을 뿐 아니라 단발령을 무리하게 공포·강행함으로써 보수적인 유생층과 국민들의 지지를 상실하였다. 그러한 상황에서 드디어 고종이 1896년 2월 11일에 러시아공사관으로 망명(파천)하여 실권함으로써 갑오경장은 중단되고 말았다. 이와 같이 갑오경장을 담당했던 조선의 개화파 관료들은 일본군의 후원에 힘입어 집권하였을 뿐 아니라 집권후에도 일본의 군사적·경제적 지원에 의존하여 개혁을 추진하였다. 따라서 갑오경장은 전반적으로 타율적 성격을 띤 개혁운동이었음을 부정할 수 없다.

그러나 갑오경장을 담당했던 개화파 관료들은 개항 이래 꾸준히 조선의 개화운동을 주창 내지 주도했던 인사들로서 갑오경장 기간 비록 일본의 비호를 받았지만 가급적으로 독립·자주적인 개혁을 도모했기 때문에 그들의 개혁에는 자율적 측면이 있었다. 그들은 개항 후 1880년대 초반에 외교사절단원 혹은 유학생으로서 일본·청국·미국 등 외국에 체재하면서 세계정세를 익히고 明治日本의 '文明開化'相과 청국의 洋務運動 등을 눈여겨 살펴본 끝에 조선의 자주독립 및 부국강병 달성에 필요한 개혁방안을 고안하였고 이를 실천에 옮김으로써 조선왕조를 중흥시키려고 기도하였다. 또한 그들 대부분은 사회적으로 門地가 낮은 兩班이거나 中人 혹은 庶子출신들이었다. 따라서 그들은 근대적 가치관을 바탕으로 전통적인 신분제도를 타파함으로써 능력본위의 평등사회를 이룩하려고 노력하였다.

이러한 정치·사회적 배경을 지니고 있던 개화파 관료들은 실제로 동학농민군이 제1차 봉기 당시에 제시한 弊政改革案 등 민중의 개혁욕구를 수렴함과 동시에 일본 및 서구의 효율적인 근대적 정치·군사·재정·교육제도 등을 도입함으로써 조선의 통치제도 전반에 걸쳐 근본적인 개혁을 시도하였던 것이다. 그 결과 아래와 같은 내용의 개혁이 그들에 의해 시도 내지 단행되었다.

첫째, 대외정치면에서 조선의 자주·독립을 선양하는 일련의 개혁조치가 취해졌다. 종래 청국이 조선에서 향유했던 모든 특권을 폐지시키는 〈保護淸商規則〉이 반포되었으며, 국호를 '大朝鮮帝國'으로 개칭함과 동시에 국왕의 칭호도 '大朝鮮皇帝'로 격상하려 시도하였다. 또한 '獨立慶日'과 '開國紀元節'의 제정, 國旗사용의 장려, 圜丘壇의 건축과 황제존호 奉位式의 실행 등이 결의되었다. 아울러 迎恩門을 헐고 慕華館과 弘濟院의 명칭을 바꾸는 안도 논의되었다. 이러한 일련의 민족주의적인 국위선양의 구상은 1896년에 설립된 獨立協會가 추진했던 사업의 선구로서 주목된다.

둘째, 전통적인 절대군주제적 통치제도를 내각중심의 입헌군주제로 바꾸려 하였다. 이에 따라 국왕의 권한을 약화시키기 위해 宮中과 府中의 행정을 분리하고 신설된 宮內府로 하여금 국왕 및 왕실에 관련된 사무를 전담케 하였다. 특히, 議政府(나중에 內閣)를 통치의 중추기관으로 만들고 그 밑에 기존의 六曹 대신 8衙門(나중에 7部)을 설치하여 중앙집권적 통치체제를 구축하려 했다. 지방제도 역시 종래의 道·府·牧·郡 등의 대소 행정구역을 통폐합하여 府·郡체제로 일원화시킴으로써 지방행정의 합리화를 꾀하였다. 그 외에 〈鄕會條規〉와 〈鄕約辦務規程〉 등을 통해 초보적인 민주적 지방자치제의 기틀을 마련하려 하였다.

셋째, 재정을 효율적으로 확충·관리하며 근대적인 상공업을 육성하려 하였다. 국가의 재무행정을 度支部 산하로 일원화하는 한편 은본위제와 금납제의 실시, 도량형의 통일 등을 통해 근대적 재정체계를 확립하려 하였다. 農商工部를 신설하고 그 산하에 근대적 산업을 육성할 각종 기구들을 설치하여 정부차원의 상공업진흥을 도모하였으며, 六矣廛 등 종래 일반국민의 殖産의욕을 억제했던 제도를 혁파함과 동시에 商務會議所를 설립함으로써 민간의 기업심을 고양시키려 하였다. 이러한 발상의 연장으로서 대규모 外債를 도입하여 근대적 상공업을 일으키려는 外資導入 경제개발계획도 수립하였다.

넷째, 근대적 常備軍과 警察제도를 확립하려 했다. 서울에 警務廳을 설립하고 지방에도 경찰제도를 확대시켰으며, 신식군대인 訓練隊를 편성하였다. 그러나 민비시해사건 후에는 훈련대를 해산시키고 그 대신 서울에 親衛隊 2개 대대, 평양과 전주에 鎭衛隊를 설치하였다. 그리고 士官養成기구로서 武官學校를 신설하였다.

다섯째, 종래 科文중심의 교육제도를 혁파하고 근대식 학교제도를 수립하였다. 科擧제도를 폐지하였으며, 學部의 주도아래 소학교·중학교·사범학교·외국어학교 등을 개설하였고, 약 200명의 관비유학생을 일본에 파견하였다. 또한 민족주의 의식을 고취시키기 위해 한글 사용을 장려하였다.

여섯째, 조선왕조의 폐쇄적인 양반중심 신분제질서를 무너뜨리고 능력본위의 평등사회를 실현하기 위한 제반 개혁을 단행하였다. 전통적 신분제도, 문벌 및 지역에 의한 차별관습을 철폐하였으며, 과부의 재가 허용과 조혼금지 등을 통해 가정과 사회에서의 여성의 대우를 개선하였다.

일곱째, 사법권의 독립을 보장하고 근대적 재판제도를 수립하면서 고문과 연좌제를 폐지하였다.

갑오경장은 일본의 明治維新을 모방하여 조선의 전통적인 통치체제를 혁파하고 이를 근대적인 체제로 개편하려 했던 개혁운동이었으나 淸末의 戊戌政變과 같이 中途半斷으로 끝나고 말았다. 따라서 이 개혁을 통해 시도되었던 개혁안은 1896년 이후 死文化된 것이 적지 않다. 그러나 개혁의 정신과 입법의 골격은 독립협회운동과 한말의 계몽운동으로 이어져 한국 근대화에 획기적으로 기여하였다.

Ⅵ

청일전쟁은 청국·일본·조선 등 관련 각국간의 국제질서를 일본 중심으로 재편시킴과 동시에, 이들 나라의 근대화 방향을 결정지운 역사적 전쟁이었다. 일본은 삼국간섭으로 말미암아 요동반도를 약취하는 데는 실패하였지만, 대만을 식민지로 확보함으로써 아시아에서 선발제국주의 국가로 발돋움하였고, 나아가 청국으로부터 받아낸 배상금을 바탕으로 자본주의적 경제발전과 군비확장에 박차를 가할 수 있게 되었다. 그 반면 청국은 조선에 대한 전통적인 종주권을 박탈당한 데다 열강간의 치열한 제국주의적 분할경쟁의 대상으로 전락하여 대내외적으로 왕조붕괴의 위기를 맞게 되었다. 그리고 이 전쟁의 빌미를 제공하고 전쟁중 일본의 보호국으로 전락할 뻔했던 조선왕국은 갑오경장이라는 空前의 제도개혁을 치르는 것 이외에 일본군의 경복궁점령, 동학의병의 패배, 민비시해 등으로 임진왜란 이래 최대의 민족적 수난을 당하였다.

〈柳永益〉

Ⅰ. 청일전쟁

1. 청일전쟁과 1890년대의 동아시아
2. 전쟁의 배경과 전개
3. 전쟁의 경과
4. 중재와 강화
5. 전쟁의 영향

Ⅰ. 청일전쟁

1. 청일전쟁과 1890년대의 동아시아

청일전쟁은 청·일 두 나라간에 1894년 7월에 아산 앞 바다 풍도의 해전으로 시작되었다. 조선의 영토 내에 상륙해있던 청군과 일군이 성환과 아산에서 육전을 연 뒤 전선은 북으로 진행되어 9월에는 평양전투를 거쳐 10월에는 압록강을 넘어 청의 영토로 확대된다. 일본 육군은 육로로 랴오뚱(遼東)반도를 가로지르고 해군은 해전과 상륙작전에 성공하면서 1895년으로 해가 바뀌는 사이에 랴오뚱반도와 산뚱(山東)반도의 전략적 요충들을 점령하게 된다.

수도 뻬이징(北京)을 언제나 위협할 수 있는 보어하이(渤海)만과 쩌어리(直隷)해협이 일군에게 장악당하자 청은 서둘러 종전을 위한 강화협상에 들어간다. 청국은 전쟁의 초입부터 이 지역에 이해관계가 깊은 영국을 비롯한 열강에게 중재를 요청했으나 전쟁의 목표에 있어 청국과는 차원이 전혀 달랐을 뿐 아니라 세계 각국의 예상을 깨뜨리고 승전을 거듭하던 일본으로서는 중재는 받아들일 필요가 없었다.

강화를 위한 교섭은 청의 수도가 직접적 위협을 받게되는 1895년 3월에 본격적으로 시작되어 4월에 〈시모노세키(下關)조약〉(청국은 〈마꾸안(馬關)條約〉으로 부른다)이 전쟁 당사국 대표들에 의해 조인됨으로써 끝났다. 이 과정에 열강의 직접적인 개입은 없었으나 뻬이징과 토오쿄오(東京)에 주재하던 외교관 등 미국인들의 간접적인 간여가 있었다.

이 조약으로 청국이 정치적으로 잃은 것은 조선과의 전통적 종법관계 부정이었고, 영토적으로 잃은 것은 랴오뚱반도, 타이완(臺灣), 펑후(澎湖) 및 부속 열도였으며, 경제적으로 잃은 것은 2억 냥[까오핑인(庫平銀, 일화로 약 3억 엔)]의 배상금과 주로 창짱(長江) 유역에 위치한 주요 산업지역의 개방이었다. 전통적 화이질서는 완전히 무너졌고, 아편전쟁 이래 최초로 영토가 상실되었고, 뒤따르는 통상조약에 따라 일본을 비롯한 열강의 경제력은 중국 경제의 핵심지역으로까지 침투하게 되었다.

청일전쟁은 이처럼 1894년 7월 25일에 시작되어 1895년 5월 8일 〈청일강화조약〉이 비준되어 교환됨으로써 막을 내린다. 따라서 국제법상으로 이 전쟁은 아홉 달만에 끝나는 전쟁이었다. 그러나 일본이 이 전쟁을 수행할 戰時大本營을 설치하는 것이 94년 6월 5일, 그리고 군사행동의 종결은 타이완에서의 저항이 완전히 종결되는 것은 96년 3월 31일이므로 광의의 전쟁 기간은 근 2년에 가깝다.[1)]

그러나 한 걸음 더 나아가서 이 전쟁의 원인과 배경 그리고 그 파급 효과를 역사적으로 고찰할 때 이 청일전쟁에 관련된 기간은 이보다 훨씬 더 길다. 이 전쟁이 일본의 근대사에 있어 1868년에 시작된 명치 시대 45년간 가장 큰 대외전쟁 두 개 중의 하나이자 첫째 전쟁이라는 점, 그리고 이 전쟁은 사실상 1904년~5년의 러일전쟁의 서곡으로 볼 경우 이 전쟁사는 하나의 독립된 전쟁사라기보다는 두 개의 전쟁사가 일본 근대사상 공시적 의미에서는 하나의 의미를 가질 수 있는 성격을 지니게 된다.

그 뿐만 아니라 이 전쟁의 싸움터가 중국만이 아닌 조선에서도 치러 진 점, 그리고 전쟁 강화와 위에서 살펴보았듯 강화조약 자체가 열강들의 간섭으로 크게 영향을 받지 않을 수 없었던 점에 대해 의미를 부여할 때 공간적으로는 이미 청·일 양국의 국경을 훨씬 뛰어 넘게된다. 따라서 청일전쟁의 역사적 실체를 재구성하고 정확한 의미를 부여하기 위해서는 시간적으로 그리고 공간적으로 전쟁사의 범위를 필요한 만큼 확대해 검토하지 않을 수 없다.

어쨌건 〈시모노세키조약〉의 제2조에 따라 일본이 랴오뚱반도를 할양 받게 되자 중국의 동북지역과 황해 연안을 따라 이해관계를 축적해 온 러시아·프랑스·독일이 이의를 제기하고 나섰다. 세 나라는 중국의 영토 중 특히 랴오뚱반도의 일본 영토화는 "청국의 수도를 위협하고 동양 평화에 영구적 장

1) 전쟁의 기점과 종점에 관해서는 藤村道生, 《日清戰爭前後のアジア政策》(동경 : 岩波書店, 1995), 207~217쪽 참조.

애"가 된다는 이유로 일본에게 반환을 요구했다. 무력 시위도 뒤따랐다. 흔히 '대륙세력'으로 불리는 이 3국의 공동간섭에 일본의 군사력과 외교력은 아직은 대응할 수 없었다. 영·미의 '해양세력'은 일본과의 공동 대응을 맺을 만큼 긴밀한 관계도 아니었고 무력을 동원할 만큼의 여유나 동기가 없었다.

일본으로서는 향후 10년 뒤에 치르게 될 '러일전쟁'은 이 공동간섭 사건의 감성적 또 논리적 귀결일 수 있었다. 두 전쟁 사이의 이 10년 동안에 일본과 영국 사이에 동맹관계가 수립되고, 러시아와의 전쟁은 미국의 중재와 미국 포츠머스(Portsmouth)에서의 강화조약으로 결말이 나게 된다.

전쟁터가 조선이었을 뿐 아니라 전쟁이 개시된 1894년 7월 풍도 앞 바다에서의 해전이 일본함대가 조선에 증원군을 파견하던 영국 선적의 까우셩(高陞)號를 격침시킨 사실, 그리고 승전국 일본에게 예상밖의 전리품인 중국 본토의 영토 분할이 유럽 3국에 의해 좌절된 사실 등은 이 전쟁이 청·일 두 당사국간에 치루어 진 양국 전쟁이 아니라 국제적인 요소가 적지 않게 작용했을 가능성을 암시한다. 실제로 그러했던 것은 이 전쟁의 시기가 아편전쟁의 그것과는 이미 달라져 있나는 사실을 보여준나. 따라서 이 전쟁의 올바른 시각과 해석을 위해서는 몇 가지 공시적이자 구조적인 조건이 전제된다.

청일전쟁이 발발한 1890년대는 여러 가지 의미에서 동아시아 뿐 아니라 세계 근현대사에서 19세기를 마감하고 20세기로 들어서는 세기 전환기라는 숫자상의 의미를 뛰어넘는 획기적인 중요성을 갖는 시기이다.

첫째, 유럽세계 중심의 이른바 '근대사'가 막을 내리고 말 그대로 '세계사'로서의 '현대사'가 시작되는 조짐이 집중적으로 나타나는 시기가 1890년대이다.[2] 여러 조짐 가운데 동아시아 세계에서 특히 두드러진 점은 舊제국주의의 퇴장과 새로운 팽창주의의 등장이다. 아편전쟁 이래 중국을 비롯한 동아시아에 집중되던 영국이 주도하던 구제국주의를 대신하여 미국과 러시아 일본이라는 새로운 제국주의적 팽창이 동아시아에 도달하게 된다.

무엇보다도 시베리아로 향한 러시아의 東進과 태평양으로 향한 미국의 西進이 모두 태평양의 서안, 즉 동아시아 세계를 도달점으로 했다는 점은 20세

---

2) G. 배러클러프 著, 金鳳鎬 譯, 《現代史의 性格》(삼성미술문화재단 문고, 1977) 참조.

기의 동아시아 세계가 아편전쟁이래 구제국주의의 동진이 주도했던 19세기 후반의 '근대 동아시아史'와는 판이한 양상으로 전개될 것을 예고하는 것이었다.

동아시아 세계를 둘러싼 국제적 환경도 바로 이 시기에 근본적인 변환을 맞게 된다. 우선 미국의 전통적 대외정책이 1890년대에 들면서 '새로운 패러다임'으로 크게 전환하였다.[3] 19세기 중반 '명백한 운명(Manifest Destiny)'이라는 자기 규정 아래 남·북미 대륙안에서 미국의 독자성을 위주로 하는 '먼로주의'로 대표되던 舊 패러다임은 그 활동 범위가 우선 서반구 즉 미 대륙에 국한된 것이었다. 따라서 서반구를 넘어서는 세계적 문제에 대해서는 기껏 영국 외교를 편승함으로써 자족하는, 나름대로의 주체성을 갖추지 못한 소극적 미국외교였다.

19세기 중엽 산업화와 남북전쟁을 거치고 국내가 정돈되던 19세기 후반을 거치면서 미국은 자신에 대한 定義를 달리하게 된다. 미합중국은 정복과 전쟁, 합병과 매수 등으로 현재의 미국의 판도를 그리면서 대서양과 태평양 두 대양에 걸친 국가로 확실히 형성된다. 1890년대 초에 터너(Frederick Jackson Turner)가 일컬었듯 이른바 미국의 역사는 하나의 막이 내리고 새로운 막이 오르는 시대였다.

미국의 이해가 걸리는 세계 각 지역에서의 자주적 행동과 정비되고 전문화된 미국외교의 새로운 패러다임은 1890년대 말에는 가능한 지역에로의 적극적 팽창을 수반하는 것이었다. 1898년 쿠바·하와이·괌·필리핀을 비롯한 카리브해와 태평양으로 '폭발적인 팽창'에 이어, 이듬해에는 이미 구제국주의에 의해 실질적인 영향권 분할이 이루어진 청국에 대해 '문호개방' 압력을 넣는 등 동아시아의 제국주의 세계에 새로운 일원으로 등장한 것이다.

러시아도 시베리아 횡단철도를 깔기 시작하면서 미국의 서진과 때를 같이하여 동진에 나섰다. 한반도에도 깊은 이해관계를 심고 영국과 일진일퇴의 외교 공방을 벌이는가 하면, 1890년대에는 '삼국간섭'에서 보이듯 일본과 본격적인 각축·대결의 양상을 보이는데, 이는 '유럽 아시아'로부터 '아시아태평양 러시아'에로의 팽창적 변환을 보여주는 일이다.

---

3) R. Beisner, *From the Old Diplomacy to the New, 1865~1900*(N.Y. : Crowell, 1975)을 참조할 것.

한반도에서 러시아 팽창주의의 등장은 러·일간에 한반도의 남북 분할 점령론이나 만주에서의 각축으로까지 나아간 사정에서도 여실히 드러난다. 1885년 영국의 巨文島 점령 사건은 러시아의 동진에 대한 영국의 견제 조치였다. 1891년 러시아가 시베리아 횡단철도 부설을 개시하자 영국·러시아간의 대립은 더욱 첨예화되었다. 1891년 5월 시베리아철도 기공식에 참석하는 도중에 일본을 방문한 러시아 황태자가 테러를 당한 이른바 오오츠(大津) 사건은 세계적 규모의 영·러의 대립이 일본을 포함한 동아시아에 곧바로 또 하나의 대립관계로 투영되고 있는 사례이다.4)

청국이 조선의 '방어전쟁'에 나서게 된 데에는 이 시기에 이미 형성된 일국 대 일국간의 근대국가간의 이해관계를 넘어서는 특수한 역사적 배경이 깔려 있었다. 청국은 아직 조선을 屬邦으로 여기고 있었고 그러한 종법론적 인식은 청국으로 하여금 일본과의 일전을 불사하게 만든 하나의 요인이었다. 즉 '事大'를 기축으로 하는 조·청 양국관계란 것은 전통적인 '화이질서'라는 국제질서의 연장선상에 있는 하나의 역사 틀에 바탕한 관계였던 것이다. 근대적 국민국가간에 존재하는 국제·외교관계와는 달리, 이를테면 16세기말 임진왜란에 명군의 조선출병 배경과 기본적으로 다르지 않은 인식이 청일전쟁 당시의 조·청 두 나라 사이에 아직도 잔존하고 있었다고 할 수 있다.5)

서양 제국에 비해 후발자본주의 국가인 일본이 1868년 메이지(明治)유신 이래의 군사적 발전과 팽창적 이념으로 무장하고 지리적으로 근접한 왕조 말기적 상황에 빠져 있던 한반도를 침략하고 중국과 전쟁을 일으킨 일은 근대 국민국가의 형성과 본격적 해외 팽창의 분기점을 이룬 사건이었다. 건국 초기인 1870년대에 이미 신정부를 뒤흔든 '정한론'이라는 조선침략 논쟁은, 논쟁의 본질은 차치하고 당시 일본의 국력으로서는 감당할 수 없는 비현실성으로 인하여 중절되었지만, 20년 뒤인 1890년대가 되면 국면은 크게 달라

---

4) 이 시기 미국·러시아 등 열강들의 동아시아 정책에 관해서는 崔文衡, 《列强의 東아시아政策 : 특히 1898년 前後의 美·露의 進出을 中心으로》(一潮閣, 1979) 참조.

5) Bonnie Bongwan Oh, "Sino-Japanese Rivalry in Korea, 1876~1885", in Akira Iriye ed., *The Chinese and the Japanese : Essays in Political and Cultural Interactions*(Princeton Univ. Press, 1980), pp.35~57 참조.

지게 되었다. 1889년 메이지 헌법(大日本帝國憲法)의 공포와 이듬해의 국회 개원으로 메이지 일본은 대내적으로는 건국 이래의 어지러운 정치 항쟁이 헌정질서라는 하나의 테두리 속에 틀이 잡히게 되고, 대외적으로는 '불평등조약' 체제의 수정을 서양제국에 요구할 수 있는 바탕으로서의 제도적 장치를 갖추게 된 셈이었다.

일본에게 1890년대란 대외적으로 두 개의 중요한 계기를 가진다. 하나는 이 불평등조약 체제의 종언이며 다른 하나가 바로 청일전쟁에서의 승리이다. 전자가 서양 제국주의 세력들과의 국제법적인 평등관계의 구현이었다면, 후자는 동아시아 이웃 나라들에 대한 압박국으로서의 등장이었다.[6] 특히 일본은 이 전쟁으로 명치유신이래 경제·군사적 근대화 노력의 성과를 확인하였을 뿐 아니라 나라의 목표를 근대화와 자립으로부터 본격적 팽창주의로 전환하였으며, 이에 따라 1890년대는 한국을 포함한 대외관계에서도 전혀 새로운 발상과 정책이 전개된 시기였다.

중국에게도 역시 1890년대는 주체적 역사의 전환을 맞는 시기였다. 아편전쟁이 중국의 자생적 근대화 노력을 재촉한 기폭제였다면 청일전쟁은 '약육강식'과 '적자생존'의 사회진화론이 지배하는 세기말적 국제관계 속에서 중국이 자신을 근대적 국민국가의 하나라는 인식을 고착화시키는 결정적 계기가 되었다. 중화주의에 입각한 화이질서는 두 차례의 아편전쟁으로 타격을 받았고 1861년의 總理(各國通商事務)衙門의 설치는 그 제도적 변화의 효시였다.

양무－자강을 과제로 삼은 수십 년의 근대화 노력은 청일전쟁에서 신생 국민국가 일본의 군사력을 이겨내지 못했다. 청일전쟁 직전까지의 중국은 국민 국가적 대응의식과 천하관적 현실간의 괴리를 심각하게 인식하지 못했다. 베트남(安南) 등 '천하'를 구성하는 주변 구성분자들이 하나씩 궤도를 이탈해 나가는 사이에도 이러한 인식과 현실은 서로 접점을 찾지 못했다.

조선에 대한 일본의 간섭이 처음 다가왔을 때부터 임오년의 군인 항쟁이나 갑신년의 정변, 그리고 마침내 조선에 대한 청일 양국의 대등한 공동 간섭권을 인정한 티안찐조약(天津條約)을 거치면서도 중화제국의 기본구조에 대

6) 中塚明, 《日清戰爭の研究》(東京：青木書店, 1968).

한 확신은 결정적으로 도전 받고있는 것으로 여겨지지 않았다.[7] 1890년대란 일본의 경우 대내적으로 국력을 정비한 바탕 위에서 對조선 침략정책이 서서히 영글어 가는 시기였지만, 중국에 있어서는 반청 국민혁명운동이 활발히 조직화되어가면서 반청·반만의 전통적 종족주의와 반외세·반왕조적인 근대적 민족주의가 중층적 모순으로 첨예화되던 시기이기도 하였던 것이다.

요컨대 청일전쟁의 시대적 배경을 이루는 1890년대란 동아시아를 중심으로 본다면 중·영 아편전쟁이래 반세기의 국제질서가 새로운 국면으로 재편된 시기였으며 그 특징은 무엇보다도 먼저 러시아와 미국 그리고 일본의 동아시아 지역을 겨냥한 팽창주의 세력화를 그 으뜸가는 새로운 요소로 꼽지 않을 수 없다. 따라서 전쟁 당사국인 청·일 그리고 여기에 관련되는 열강들의 정책은 동아시아에서 재편되고 있던 이러한 국제관계의 새로운 틀 속에서 파악되어야 할 것이다.

특히 침략국 일본의 경우 그 독자적인 대외 팽창정책의 형성이 자신을 포함한 동아시아에서의 신제국주의 특히 미국의 이 지역에 대한 적극적 출현과 시기를 같이하고 있다는 사실을 눈여겨보아야 할 것이다. 왜냐하면 이 전쟁 이후 동아시아의 역사의 전개란 미국과 일본 두 나라의 경쟁과 전쟁으로 나아가는 도정으로 그 핵심을 그려볼 수 있기 때문이다. 따라서 이는 1941~45년의 전쟁에 이르기까지의 연결선상에서 뿐 아니라 1945년 이후 이 지역의 현대사의 전개를 결정짓는 가장 중요한 요소이기도 하다.[8]

일본으로서는 안으로는 메이지유신 이래 근대 국민국가의 형성이 일단 완성되는 단계로서의 1890년대, 그리고 밖으로는 새로운 국제환경이 조성되는 1890년대라는 안팎의 이중적 구조가 만나는 시간적 좌표 위에서 청일전쟁의 주역으로서의 일본의 자리를 매김해야 할 것이다.

중국으로서는 왕조말기로서의 19세기말에 공시적으로 일어나는 反滿 민족

7) 이 문제와 관련하여 중국인들의 세계 인식을 종합적으로 요약한 논문으로 戚其章, 〈甲午戰爭と近代中國人の世界認識〉(東アジア近代史學會 編, 《日淸戰爭と東アジア世界の變容》上, 東京 : ゆまに書房), 287~313쪽 참조.

8) 20세기 전반의 이러한 역사적 전개를 한국을 중심으로 한 실증적 연구로는 구대열, 《한국 국제관계사 연구》 1·2(역사비평사, 1995)가 있다.

주의의 대두라는 대내적 조건과 천년의 수명을 누린 화이질서의 종언 그리고 제국주의 교체기에 신·구 제국들의 최종목표로서의 수동적·부정적 주체와 객체로서 이 전쟁을 치르는 구조적 국면이 고찰되어야할 것이다.

조선은 물론 이 전쟁의 주체가 아니다. 조선은 흔히 이 전쟁의 원인과 구실을 제공한 전쟁터로 설명되는 부차적인 의미로 강조되어 왔다. 그러나 이 전쟁의 배경과 전개 그리고 결과에 조선의 지도층과 인민들이 어떻게 대응했는가 하는 문제는 단지 조선 일국의 역사적 의미만을 갖는 데에 그치지 않는다.

이 청일전쟁이 일본과 중국의 19세기 후반 '근대화'노력의 성과를 겨루는 전쟁으로 해석되어 왔듯이, 동아시아 나라들이 전쟁이라는 극단적인 국제관계에서 어떻게 대응하는가 라는 주제는 이 지역 근대사의 해명에 공시적이고도 구조적인 접근에 하나 하나가 모두 의미를 지니고 있기 때문이다. 따라서 이 전쟁에 대한 조선의 주체적 대응과 그 운동 범위를 설정하면서 역사적 평가를 내리는 것이 합리적이자 논리적인 절차라고 생각된다.

따라서 이 청일전쟁에 대한 해석상의 문제에 접근할 때 다음과 같은 전제를 두어야 한다. 첫째는, 19세기 후반의 동아시아 국제질서 속에서 이미 예상된 무력 침략전쟁이었지만 一國 대 일국간의 전통적인 침략전쟁이라기 보다는 일단 국민국가의 형성에 성공한 일국이 아직도 천하관으로 자신을 정의하고 있던 나라에 대해 감행한 침략전쟁이라는 국면이다.

둘째, 한국의 의지와는 무관하면서도 한국은 전장이 되고 그 운명이 결정된 전쟁이며, 이를테면 1950년 발발의 한국전쟁처럼 후세에 유사한 사례로 인정될 경우, 조선의 국내문제를 구실로 외세가 개입하는 전례를 세웠다는 점이다.

셋째, 영국 등 구제국주의가 동아시아에 강요한 타율적인 재래 질서를 일본이라는 새로운 제국주의가 재편성한 전쟁이었다는 점이다.

마지막으로, 이 전쟁의 추이가 당시 동아시아에 이해를 지닌 서양 열강의 예리한 주목의 대상이었고 전쟁의 결말이 서양 제3국들의 '간섭'으로 끝났다는 사실은 서양 열강이 주도하는 국제관계란 것이 이전 동아시아에서 어떤 전쟁에서도 볼 수 없었던 중요성을 지닌다는 의미에서 이 전쟁이 다분히 '현대사적'의미를 지닌다는 사실이 간과되어서는 안된다는 점이다. 덧붙일 것은 이러한 성격을 지니는 이 전쟁부터 20세기 동아시아 전쟁의 연구에는 청·일의 자료뿐 아니라 조선과 영국 미국 러시아 기타 유관국의 자료도 때로는 필수적으로 인용되어야 할 경우가 있다는 점을 지적해 두고 싶다.[9)]

〈朴英宰〉

2. 전쟁의 배경과 전개

1) 조선에서의 청·일 대립

청일전쟁에 이르기까지 19세기 후반 청·일 양국관계는 류큐(琉球), 타이완과 조선을 둘러싼 긴장으로 가득 차 있었다. 이 긴장관계의 뇌관을 터뜨린 것이 조선에서 일어난 동학농민전쟁이었다. 일본이 근대화의 노력과 더불어 청과의 전쟁에 뜻을 두고 청과 대립관계를 생성하면서 조선에서 갈등관계를 일구어 낼 때까지의 사정을 19세기 후반 동아시아 세계에서 연속되는 국제적 긴장을 구조적으로 이해하기 위하여, 청·일간에 근대적 외교관계가 수립되는 시점부터 간단히 살펴볼 필요가 있다.

일본은 1868년 메이지유신으로 신정부가 수립된 2년 뒤인 1870년 10월 외무성 외무 大丞 야나기와라 사키미츠(柳原前光)를 청국에 특사로 파견하여 청국이 서방국가와 맺은 것과 동등한 조약을 체결할 것을 요구했다. 이에 청의 總理(各國通商事務)衙門은 일본이 이미 상하이(上海)에서 통상활동을 하고 있

---

9) 최근 중국에서의 이 전쟁에 관련된 중국·조선·일본·영국 등의 公刊 자료를 집대성한 것으로 戚其章 主編,《中日戰爭》11冊(中國近代史資料叢刊續編, 北京 : 中華書局, 1989~96)이 있다. 일본이나 영국 자료도 모두 중국어로 번역해 싣고있기 때문에 중국사 전공자이거나 일문 자료보다 한문 자료가 이용하기에 편리한 국사 전공자들에게는 이 자료 총서가 더욱 도움이 될 수 있을 것이다. 물론 이 총서는 이 글에서 다룬 1차 자료 거의 대부분을 망라하고 있으나 지난 수십 년 자료를 수집·정리한 필자로서는 수집 당시의 자료로써 인용하기로 한다.

고 앞으로도 계속할 수 있으며, 또한 청·일 양국은 서양과의 관계와 달라 상호 신뢰가 있는 터이니 새삼스럽게 조약을 체결할 필요는 없다는 이유로 거절했다.

일본 사절은 直隷總督이자 중국의 실권자인 리훙장(李鴻章)을 찾았다. 설득의 초점은 서양 열강들이 중국을 압박하여 통상한 역사적 사실을 들어 서양 열강에 대한 공동 대응의 필요성을 지적했다. 이 같은 권유와 함께 한편으로는 싼쿠오(三口) 통상대신 청린(成林)을 통해서는 만약 청이 끝까지 이 제안을 수락하지 않을 경우에는 영국과 프랑스의 힘을 빌어 압력을 행사할 수도 있으리라는 암시도 주었다. 리훙장이 내린 결론은 당시의 중국이 일본과 같은 제3국 그러나 동양 세계의 일원인 일본의 협조를 받을 경우 열강과의 관계에서 해로울 것은 없으리라는 것이었다. 리훙장은 총리아문으로 하여금 일본과 조약을 체결하게 하였다.[1)]

1871년 7월 일본은 조약체결 전권사절로 흠차대신, 전권대신으로 타테 무네나리(伊達宗城), 야나기와라 등을 중국에 파견하여 청국의 전권대신으로 된 리훙장과 수교를 협의하였다. 일본은 청국이 서양 각국과 맺은 조약에 준해서 일본과도 불평등한 조약을 체결할 것을 요구했으나 물론 청은 거절했다. 당시 청의 당국자들은 아직도 일본은 중국의 주변국이라 생각하고 있었다.[2)]

清廷 내부에서는 일본과의 조약체결이란 '왜구'를 끌어들이는 행위이며 앞으로 후환이 되리라는 우려의 목소리도 있었다. 일본과의 수교가 지니는 이 점을 인정하고 있던 리훙장도 일본의 위치가 중국과 인접해 있기 때문에 장기적으로 중국 영토에 환난이 될 가능성을 언급하고는 했다.[3)] 결국 청은 조약은 체결하더라도 최혜국 조항을 삽입하지 않았으며, 內地通商이나 양쯔장(揚子江) 운항권 등의 특권도 부여하지 않았다. 또 조약상의 모든 규정은 반드시 쌍무원칙을 지켰다. 1871년 티안찐(天津)에서 조인된 〈清日修好條規〉와 〈通商章程〉은 대체로 청의 의견에 따라 체결되었던 것이다.

---

1) 彭澤周, 《明治初期日韓清關係の研究》(東京 : 塙書房), 24~32쪽.
2) 이를테면 안후에이(安徽)巡撫 잉한(英翰)은 공공연히 메이지유신 이후의 일본을 조공국의 하나로 말하고 있었다(《籌辦夷務始末》, 同治朝 제77권, 35쪽 ; 79권, 7쪽).
3) 《李文忠公全書》, 奏稿 제17권, 54쪽.

뜻을 완전히 이루지 못한 일본정부는 조약의 비준을 연기한 채 이듬해 1872년 5월 야나기와라를 다시 중국으로 파견하여 조약 개정을 요구하게 되었다. 이들의 협상은 실패로 돌아갔다. 그러나 크게 보아 당시 일본의 조야 일부에서는 타이완·조선·류큐에 대한 침략을 계획하고 있었지만 메이지정부의 핵심들은 현실적 태도를 고수하면서 어떤 형태로든 중국과의 외교관계 수립을 꾀하고 있었다. 따라서 조약 개정의 요구를 거부당했음에도 불구하고 1873년 3월에 외무대신 소에지마 타네오미(副島種臣)를 청국에 보내 일단 조약을 비준하였다.

이 조약에 대해서 당시 미국의 주일본 대리공사가 본국 국무성에 보내는 보고에서 이 조약이 중국과 일본의 공동방위동맹으로 해석될 수 있다고 지적할[4] 정도로 청국과 서양 열강이 지니고 있던 관계와 청국과 일본이 가지게 될 국제관계의 위상 차이를 드러내 준 조약이었다. 그러나 열강의 일원으로 중국의 국제관계에 참여하고자 했던 일본의 본래 의도와는 전혀 빗나간 것이었다. 얼마 안 되어 양국간에 마찰이 생기기 시작했다.

1871년 11월 류큐의 선박 한 척이 해상에서 폭풍으로 표류하다 타이완 동부 해안에 당도, 선상의 류큐인과 타이완의 고산족간에 충돌이 발생하여 다수가 피살된 사건이 있었다. 일본은 이 사건을 빌미로 타이완 침공의 계기를 마련한다. 류큐는 1372년(明 洪武 15년)부터 중국과 종번관계에 있었으나 1609년 일본의 사츠마(薩摩)藩이 무력으로 류큐를 정벌하고 조공을 바치도록 강요한 적이 있었다. 이러한 역사적 사실을 구실로 일본정부는 메이지유신 이후에 적극적으로 류큐를 병탄하려고 준비하고 있던 참이었다. 1872년 10월 일본은 류큐를 일본의 '內藩'으로 선포하고, 외무성이 일체의 대외관계를 관장한다고 선언했다.

1873년 당시 外務卿 소에지마가 1871년에 조인한 수호조약을 비준하러 뻬이징을 방문한 기회에 야나기와라로 하여금 타이완 고산족의 류큐 어민 살해사건을 총리아문에 질의하게 하였다. 총리아문의 대답은 두 섬(타이완과 류큐)은 모두 청국의 영토이며, 領民끼리 살해한 사건은 청정부의 판결사항이

4) Roy Hidemichi, *Japan's Foreign Relations, 1542~1936 : A Short History* (Tokyo : Hokuseido Press, 1936), p.69.

며, "우리도 류큐민을 동정하여 자체적으로 조치를 취하고자 하는데, 어찌하여 귀국의 일처럼 이렇게 번거롭게 문의하느냐"는 반문이었다.

이어서 "살인자가 모두 生番에 속하는 까닭에 모두 문명의 바깥에 있어 철저히 다스리기가 쉽지 않다"[5]고 덧붙였다. 일본은 중국이 두 지역을 '생번'으로 표현한 사실을 꼬투리로 잡고 이는 곧 두 섬이 중국의 영토가 아님을 인정한 것이라는 자의적인 해석 아래 무력 침략 계획을 실행에 옮겼다. 1874년 4월 일본정부는 '타이완 사무국'을 설립, 오오쿠마 시게노부(大隈重信)를 책임자로 임명하는 동시에 육군 중장 사이고오 츠쿠미치(西鄕從道)를 타이완 사무국의 都督으로 임명하여 3,000여 병력을 이끌고 타이완을 침공했다.[6]

타이완에 대한 이 무력 침공을 일본은 열강에 대해 다음과 같이 설명했다. 즉 이미 1873년에 소에지마가 베이징에서 청국정부로부터 일본의 타이완 징벌에 대한 동의를 획득했으며, 중국정부 스스로 타이완 동부가 중국의 영토에 속하지 않는다고 선언했기 때문에 일본의 타이완 징벌은 중국에 대한 전쟁이 아니라 단지 '생번'에 대한 징벌에 지나지 않는다는 것이었다.

영국을 중심으로 한 열강은 일본의 타이완 침략을 그들의 이해에 이롭지 못한 것으로 판단하고 일본의 타이완 침략과 일본을 지원하고 있던 미국에 대해 항의를 표시했다.[7] 이에 일본은 적당한 선에서 조정이 필요로 했고 1874년 10월 청 조정과 베이징에서 화약을 맺게 되어 결국 이 조약을 계기로 청국은 류큐가 일본 영토임을 모호하나마 묵인하게 되었다.

베이징조약으로 청국이 애매한 태도를 취한 이후 일본은 류큐에 대한 침략을 가속화해서 1875년 5월 류큐 국왕에게 중국에 대해 조공을 중지할 것을 명령하고 일본군을 류큐에 파견 주둔시켰다. 같은 해 6월 일본의 메이지 연호를 사용하도록 하고 1876년에는 일본의 사법기구와 경찰기구를 설치, 직접통치에 들어가게 되었다.

일본의 이러한 일련의 조처에 대해 1877년 주일공사 허루짱(何如璋)은 일

---

5) 王芸生, 《六十年來中國與日本》 제1권(天津 : 大公報社, 1939), 59쪽.
6) 전반적인 사정과 전개에 대해서는 彭澤周, 앞의 책을 참조할 것.
7) 일본의 타이완 침략과 미국과의 관계에 대해서는 趙佳楹 編, 《中國近代外交史, 1840~1919》(太原 : 山西聯合出版社, 1994), 304~20쪽을 참조할 것.

본의 국력은 결코 강성하지 않다는 점, 그리고 중국이 무력으로 시위를 한다해도 전쟁에까지는 이르지 않을 것이라고 판단하고 일본과의 항쟁을 주장했다. 그러나 류큐에 대한 리훙장의 판단은 달랐다. 류큐는 별로 중요하지 않은 위치에 있기 때문에 청국에게는 있으나 마나 한 존재로 간주했다.

따라서 허루짱의 주장에 대해 리훙장은 '하찮은 일'이라거나 '조그만 나라의 자질구레한 조공문제를 가지고 다투는 것은 쓸데없는 일'로 치부하고 이 문제는 장기적인 전략에 따라 신중하게 다루어야 하며 전쟁과 같은 강경 조처를 취할 이유도 의미도 없다는 판단에 따라 류큐를 방치하는 결과를 낳게 되었다.[8] 1879년 3월 일본은 류큐를 오키나와(沖縄)縣으로 개칭하고 일본 영토로 공식 편입하게 된다.

한편, 일본정부는 1868년 메이지유신 직후 조선에 사신을 파견하여 국서를 보내고 일본에서의 정치적 변화를 통고하고자 했다. 새로운 국체의 탄생을 알리면서 조선의 문호를 개방하고자 하는 의도도 있었다. 그러나 조선은 동아시아 전통적 국제질서 인식으로는 받아들일 수 없는 '帝'·'勅' 등 관례에 어긋나는 표현을 들어 국서의 접수를 거절했다. 막부시대의 국서는 대개 '타이쿤(大君)'으로 칭하고 있었기에 분명히 구례를 벗어난 것이었다.[9] 1870년에 일본은 다시 두 차례에 걸쳐 사절을 파견하고 접수를 종용했으나 역시 아무런 응답도 받지 못했다.

일본은 타이완 침략과 그에 따른 교섭에 성공한 경험을 바탕으로 조선에 대한 압박에도 어느 정도 자신감이 있었다. 국내에서의 조선침략논쟁(이른바 세이칸론[征韓論])을 둘러싼 정부 내외의 갈등이 어느 정도 가라앉은 뒤 일본은 1875년 9월 군함 운요오호(雲揚號)를 파견하여 조선을 위협하게 했다.

부산에 기항하거나 동해안을 따라 영홍만에서 무력 시위를 하는 등 마침내 한강 어구와 강화도 부근의 조선 영해를 침입했다. "조선의 해로 측정을 위한 항행"이라는 구실을 달았으나 이는 엄연한 무력 도발이었다. 강화도 초지진의 조선 포대는 당연히 정당방위 조처로 포격을 가했다. 그러나 일본함

8) 《李文忠公全書》, 譯署函稿 제8권, 2~4쪽.

9) 막부 시기와 명치 초년의 조·일관계에 관한 자세한 논의는 沈箕載, 《幕末維新 日朝外交史の研究》(京都 : 臨川書店, 1997)를 참조할 것.

정은 이에 응하면서 영종도에 상륙하여 관아와 민가에 불을 지르고 38문의 포문 등을 노획하고 나가사키(長崎)로 돌아갔다.[10]

이듬해 1876년 초 구로다 기요타카(黑田淸隆)와 이노우에 카오루(井上馨)는 6척의 함정을 이끌고 조선에 재차 무력시위를 벌이고 동시에 모리 아리노리(森有禮)를 중국에 보내어 조선의 개국을 둘러싼 교섭을 돕도록 했다. 총리아문이 〈청일수호조규〉에 따라 "양국의 예속 영토는 각자의 예에 따라 대하는 것이니 한 치도 침략할 수 없다"고 한 쌍무 규정을 들어 거절했다.

모리는 리훙장에게 조약에 조선은 중국의 '屬邦'이라고 기록되어 있지 않다고 지적하고 나아가 조약은 통상을 위하여 만든 것일 뿐이며, 국가간의 일에 대해서는 국력에 따라 결정될 뿐이므로 "조약에 의존할 필요가 없다"[11]고 위협적인 언사로 압박했다.

청은 일본과의 충돌을 피하면서 문제를 해결하기 위한 방도를 찾았지만 뾰족한 방도가 없었다. 양무운동을 주도하던 리훙장에게 대외문제는 되도록 피하고 싶은 과제였다. 그는 "조선은 빈약하여 일본에 대적할 힘이 없고 게다가 임진왜란 때처럼 청원한다 하더라도 우리의 국력이 이에 응할 형편이 못된다"는 이유로 방관자적인 불간섭원칙을 취하게 되었다. 조선과 일본과의 조약체결은 청국의 방관 내지는 묵인 아래 이루어 진 것이었다.[12]

1876년 2월에 체결된 〈조일수호조약〉, 이른바 〈강화도조약〉 제1절은 "조선은 자주국이며, 일본과 동등한 권리를 갖는다"로 시작된다. 그러나 한일관계의 실제에서 이 조약은 전형적인 불평등조약으로 조선에서의 영사재판권, 통상항의 개방, 해안의 측량권을 일본이 가지는 것이었다.[13]

1879년 일본이 류큐를 병탄한 사실을 목격한 청은 일본의 이 행동이 중국의 종주권을 부인하는 첫 걸음이라는 사실을 인식하기 시작했다. 일본이 장차 조선에 대한 종주권 문제에도 자의로 행동할 날이 오리라는 데 대한 우려가 확산되었다.[14] 따라서 류큐 병탄 후 일본의 조선에 대한 세력 확장을

10) 白鍾基, 《近代韓日交涉史硏究》(正音社, 1977), 102~105쪽 참조.
11) 《淸光緖朝中日交涉史料》(北京 : 文海出版社, 1963), 1-1 附件 2, 2쪽.
12) 김종원, 《근세 동아시아관계사 연구 : 朝淸交涉과 東亞三國貿易을 중심으로》(혜안, 1999), 317쪽.
13) 이에 대해서는 彭澤周, 앞의 책, 49~81쪽 참조.

막을 수 있는 수단이 현안으로 떠오르게 되었다. 두 말할 필요도 없이 조선은 청조의 화이질서를 이루는 구성원 가운데에서도 가장 중요한 존재였기 때문이다. 더욱이 조선은 청의 발생지인 東三省과 맞붙어 있는 나라로 이 지역을 지키지 못하면 청조의 통치 위신이 심각한 타격을 받기 때문이었다.

고심 끝에 나온 방안의 하나가 사태의 본질을 뒤집어 보는 시각이었다. 1879년 6월 총리아문 대신 띵러창(丁日昌)은 조선이 각국과 화약을 체결함으로써 오히려 일본을 견제할 수 있으리라는 주장을 내놓았다. "장차 양국 사이에 분쟁이 발생하면, 화약을 맺은 국가들이 모두 일어나 그 잘못됨을 따져 일본은 지탄을 면하기 어려우리라"[15]는 논리였다. 이 의견은 곧 조정에 의해 수용되었다. 리훙장은 청국에 와있던 李裕元에게 서한을 보내 조선이 서양 각국과도 조약을 체결하도록 권유하게 된다.

이와 같은 청의 생각은 열강의 의도와 대체적으로 부합하는 것이었고 특히 영국은 러시아의 조선 장악이 두려웠고, 러시아 세력을 황해 이북으로 제한하는 것이 남중국에서 영국의 우위를 보증하는 중요한 관건이라고 판단하고 있었다. 일찍부터 주청 영국공사 웨이드(Thomas Wade)는 조선으로 하여금 각국과 조약관계를 수립하도록 중국에 건의한 바 있다.[16]

청의 이와 같은 정책을 가장 먼저 이용한 것은 미국이었다. 미국은 1880년 해군제독 슈펠트(K. W. Shufeldt)를 파견하여 일본의 알선을 통해 조선과 조약을 체결하려고 했지만 조선의 거부로 이루어지지 않고 있었다. 그러나 허루짱은 총리아문에 건의하여 조선의 외교를 중국이 주재해야 한다고 건의했다. 1882년 3월 티안찐(天津)에서 슈펠트와 담판을 할 때 청은 조선이 자신의 속국임을 분명히 밝히고자 노력하였지만 거부당하고, 다만 조선국왕이 미국대통령에게 보내는 조회에서는 조선을 청의 속국이라고 하자는 동의를 얻어내는 데에 그쳤다. 1882년 5월 22일 인천에서 조미조약이 체결되자 청국은

14) 《淸光緖朝中日交涉史料》 1－33, 附件 1, 32쪽.

15) 위와 같음.

16) 비단 이 사정뿐 아니라 한·청·서양 각국과의 이 시기의 관계에 관해서는 Kim, Key－Hiuk, *The Last Phase of the East Asian World Order : Korea, Japan, and the Chinese Empire, 1860～1882*(Berkeley : Univ. of California Press, 1980), pp.284～300을 참조할 것.

이때부터 적극적으로 조선에 대한 간섭정책을 전개했다. 이와 동시에 일본 또한 조선에서의 침략활동을 가속화한다.[17)]

이때 조선 통치계급 내부의 갈등은 일본이 조선에 발붙이는 데 결정적인 빌미로 제공되었다. 대원군과 명성황후를 중심으로 한 대립의 확대가 그것이다. 임오군란이 발생하자 청국은 티안찐의 道臺 마찌엔쭝(馬建忠)과 수사제독 띵루창(丁汝昌)을 조선에 파견하여 조사토록 하고, 다시 우장칭(吳長慶)에게 군사를 이끌고 조선에 가서 대원군을 체포하여 청에 압송하도록 하고, 한편으로는 난을 일으킨 병사와 민중을 진압하게 했다. 청국이 이처럼 노골적으로 조선의 내정에 간섭한 첫째 목적은 사태의 확대를 막음으로써 일본이 간섭할 기회를 주지 않기 위해서였다.

그러나 일본은 임오군란을 이용하여 하나부사 요시모토(花房義質)에게 병력을 이끌고 조선으로 가서 제3자의 조정을 거부한다고 밝히면서 중국의 간섭을 배제하고 중국의 종주적 지위를 부정하고자 했다. 1882년 8월 30일 일본은 조선과 〈제물포조약〉을 체결하여 조선의 수도에 병력을 주둔시킬 권한을 획득함으로써 조선에서의 지위를 한층 공고히 하고자 한 것이다. 일본공사 타케조에 신이치로오(竹添進一郎)는 임오군란의 손해배상액 가운데 상환하지 않은 40만 원을 면제해주는 조건으로 조선의 독립을 권유한다.

청국 또한 임오군란을 계기로 조선에서 자국의 지위를 강화하려고 했다. 군란이 평정된 뒤 조선에 주둔하고 있던 군대를 철수시키지 않았을 뿐만 아니라 조선의 외교와 군사업무를 관장하고자 했다. 상무위원을 파견하거나, 조선의 군대를 훈련시키고, 독일인 묄렌도르프(Paul George von Moellendorff)와 마찌엔창(馬建常)을 조선의 세관업무에 참여시키도록 추천한 것이 좋은 실례이다.

일본은 청이 마침 프랑스와의 전쟁으로 조선에 대해 신경을 쓸 여유가 없는 틈을 타 개화파로 하여금 쿠데타를 일으켜 그들의 입지를 공고히 하려고 했다. 프랑스도 일본이 조선에서 진일보한 침략활동을 전개하여 중국을 견제하도록 적극적으로 종용했다.

---

17) 청·한 그리고 영·미관계에 대해서는 陳偉芳 著, 權赫秀 譯, 《淸·日甲午戰爭과 朝鮮》(백산자료원, 1966), 45~68쪽 참조.

1884년 12월 4일, 조선의 개화파는 郵政局청사 낙성식을 기해 쿠데타를 일으키고 국왕을 일본군이 호위하도록 했다. 조선주재 防營 營務處會辦의 직위에 있던 위안스카이(袁世凱)는 이 소식을 듣자 병력을 이끌고 궁궐로 들어가 일본군을 격퇴했다. 이 사건이 끝나고 일본은 외상 이노우에 카오루(井上馨)를 직접 파견하여 조선이 독립국임을 강조하고 청국을 배제한 조선과의 담판을 진행하게 된다.

갑신정변이 발생하자 청의 기본적인 태도는 청국과 일본 사이에 오해로 말미암은 전쟁이 일어날 가능성이 있을 것으로 판단하고 그 단서를 미리 막는 장치의 필요성이 제기되었다. 따라서 일본과의 교섭에서 일본측의 책임을 추궁할 의사가 없었을 뿐만 아니라 앞으로의 충돌을 피하기 위해 일찍부터 조선에서의 철군에 동의하고 있었다.

이 문제의 해결을 위해 티안찐에서 열린 담판에서 일본이 노렸던 목표는 중국의 조선에서의 철군이었으나 리훙장은 일본이 철수하면 중국도 철군하겠다고 주장, 결국 양국은 조선에서 변란 등 중요한 사건이 발생했을 때 상대방의 동의를 얻어야만 파병이 가능하다는 합의에 도달하게 되었다.[18]

이처럼 조선은 1882년~1886년간 열강의 각축장이 되었다. 영국은 조선을 러시아가 남중국 연해로 확장하는 것을 막는 방파제로 삼고자 했다. 구체적으로는 조선에서 청의 지위를 확고히 함으로써 러시아의 남하를 저지하고자 했던 것이다. 조선에서 부동항을 얻고자 했던 러시아는 국경을 맞대고 있는 조선이 러시아와 적대적 관계인 영국이나 일본의 통제 아래 들어가는 것을 우려했다. 한편 미국은 한반도에서 자신의 이익을 일본과의 협조를 통하여 확보하려 하였고, 일본은 조선을 장차 대륙 팽창의 교두보로 굳힐 생각을 하고 있었다.

1885년 4월 영국의 극동함대가 거문도를 점령하고 일시 조차한다고 선언했을 때 이 같은 각국의 이해관계에 따른 반응이 명확히 나타난다. 리훙장은 영국과 손을 잡고 러시아와 일본을 방어할 가능성을 염두에 두고 "영국의 이번 점거는 러시아를 막기 위한 것으로 조선과 중국 모두에게 아무런 손해

18) 이 시기의 전반적인 청·일·한의 관계에 관해서는 白鍾基, 앞의 책, 172~210쪽 참조.

가 없다"고 판단했다. 또한 영국공사 오코너(Nicholas R. O'Conor)에게 거문도의 일시 점령에 대해 결코 반대하지 않는다고 공언했다.[19] 주영공사 쩡찌쩌(曾紀澤)는 영국은 거문도에 대한 세금을 조선정부에 납부해야 하고, 이러한 문제를 해결해 준 공로로 영국정부로 하여금 조선을 중국의 '속방'으로 승인받고자 하였다.[20]

그러나 영국은 이내 거문도에 거액을 투자하여 군사적인 기지를 설립하는 것이 큰 의미가 없다고 판단하고 청정을 통해 러시아가 조선을 침범하지 않겠다는 구두 보증을 받아 내고서는 1887년 2월 거문도에서 철수하게 된다.

러시아는 조선세관 총세무사였던 독일인 묄렌도르프와 합작하여 국왕을 러시아가 보호하도록 하고, 주일 참사관 드 스페이에르(Alexei Nikolaevich de Speyer, 士貝耶)를 조선에 파견하여 조선정부를 압박하여 군사교관을 러시아인으로 두게 하는 등 입지를 확대하고자 노력했다.

조선에서 러시아의 이러한 적극적인 활동은 일본으로 하여금 중국보다 한발 앞서 러시아를 견제할 필요를 느끼게 했다. 이에 따라 청과의 협조관계부터 열게 된다. 1885년 7월 일본공사 에노토모 다케아키(榎本武揚)는 티안찐에서 리훙장을 접견하고 조선의 외무업무에 관한 여덟 개의 조건을 제시했다. 그 핵심은 청정부가 조선의 인사정책에 적극적으로 관여하도록 하는 것이었다.

청국은 청국대로 조선에서 러시아의 활동에 대응해 먼저 군사력을 정비하여 러시아를 막는 일이 우선한다는 판단 아래 일본과 손을 잡고 러시아를 막는 방편을 고려하고 있었다.[21] 따라서 청정은 일본의 건의를 받아들여 1885년 9월 대원군을 석방하여 귀국토록 하였으며, 11월에는 위안스카이를 駐箚朝鮮總理交涉通商事宜로 임명하게 된 것이다.

1885년부터 1894년 청일전쟁의 발발까지 10년간은 청이 조선에서 리훙장의 지지하에 위안스카이를 통해 소위 '監國'정책을 실시한 시기였다. 청은 조선에서 러시아 세력의 팽창을 견제하려 하였으며, 조선이 독자적으로 유럽이

19) 《李文忠公全書》, 電稿 제5권, 30쪽.
20) 《李文忠公全書》, 譯署函稿 제17권, 12쪽.
21) 《李文忠公全書》, 海軍函稿 제2권, 9쪽.

나 미국과 사절을 교환하는 일도 방해하고 사전에 청국의 인준을 받도록 요구하였다. 경제부문에서도 통제를 강화하여 조선의 육상 전신선을 중국이 관리하도록 하였고, 일본과 조선 사이에 부설한 해저 전선도 통제하고자 하였으며, 조선에 대한 일본의 차관까지 저지시켰다. 또 인천·원산·부산 등 세 항구를 통한 수출을 증가시켜 조선에서 일본의 수출 점유율을 잠식해 들어갔다.[22]

일본은 이 시기에 두 가지 이유로 중국을 견제하지 않고 있었다. 하나는 앞서 말한 대로 중국을 통해 러시아를 견제하고자 한 것이었으며, 다른 하나는 중국의 역량을 그리 대단하지 않은 것으로 평가하고 있었기 때문이었다. 1886년 이토오 히로부미(伊藤博文)는 중국이 "현재 외부적으로는 수륙 각 군이 잘 정돈되어 있는 것으로 보이나 내가 보기에는 모두가 헛소리다. 지금은 프랑스와 조약을 체결한 후라 마치 활기가 있는 것처럼 보이나, 1~2년 지나 다시 일상적인 국면으로 접어들면 서양인들의 언급대로 다시 잠들 것이 분명하다"[23]고 당시 중국의 힘을 낮게 평가하고 있었다.

2) 일본의 전쟁 준비와 갑오농민전쟁

일본의 전쟁준비는 민·관 양쪽에서 준비되고 있었다. 참모본부와 '대륙낭인'을 중심으로 하는 팽창주의 지향의 민간단체들이었다.

1878년 참모국에서 확대 개편된 참모본부는 1879년 독일에서 갓 돌아온 카츠라 타로오(桂太郞) 중좌를 管西局長으로 앉히면서 중국에 대한 침략을 준비하기 시작했다. 그 일환으로서 작전 방안을 작성하는 한편 십여 명의 장교를 중국 현지로 파견하여 스파이로서 중국의 군사지리나 군비 현황 등을 조사·연구시켰다.[24] 1880년에는 시베리아 등지로도 참모본부 요원을 파견했는데, 그러한 조사 연구를 토대로 《支那地誌》·《隣邦兵備略》 등의 군사지리

22) 조선을 둘러싼 청의 무역과 대일 견제 사정에 대하여는 김종원, 앞의 책, 291~350쪽 참조.
23) 《淸光緖朝中日交涉史料》 10, 第452件 附件 2, 2쪽.
24) 佐伯有淸, 《廣開土王碑と參謀本部》(東京 : 吉川弘文館, 1976), 6쪽.

서와 작전지침을 편찬한 것이 바로 참모본부 편찬과였다.

청일전쟁의 개전 준비과정에서 이 편찬과를 중심으로 광개토왕비에 대한 연구를 비롯한 학술적인 작업이 진행된 것은 흥미로운 일이다. 참모본부 편찬과는 일본의 전문가들이 광개토왕비문의 존재를 알기 이전부터 자체적으로 비문의 내용과 탁본을 습득하여 연구를 진행시키고 있었다.

청국에 파견된 장교로 뻬이징에서 중국어를 습득하고 중국인 의사로 변장하여 만주 일대를 조사했던 사코오 카케아키(酒勾景信) 중위가 1883년 광개토대왕비문의 墨本을 입수했다. 편찬과는 그 전인 1882년에 《任那考稿》라는 고대 한일관계사에 관한 연구서를 발간한 적도 있다.[25] 사카와가 입수한 묵본은 1888년 메이지 천황에게 헌상되어 1890년에 제국박물관(현재의 토오쿄오국립박물관)으로 옮겨져 전시되었고, 참모본부는 일본 근대역사학의 개척자인 쿠메 쿠니타케(久米邦武) 등 대표적 역사학자와 한학자들을 동원하여 비문 해독작업을 추진했다.

광개토왕비문을 고대 일본이 '남선을 경영(南鮮經營)'했던 증거로써 해석한 연구는 亞細亞協會가 1889년 발간한 잡지 《會餘錄》 제5집에 〈高勾麗古碑釋文〉이라는 글로 처음 공포되었다. 이 시점이 참모본부가 조선 침략을 위한 청국 작전 구상을 구체화하고 있을 때였다는 것은 의미심장한 일이다.[26]

전쟁에 대비한 정부의 이러한 빈틈없는 전쟁 대책의 수립과 병행하여 민간의 대륙 팽창주의자들도 활발히 이루어지고 있었다. 이를테면 샹하이(上海)의 樂善堂을 근거지로 암약하던 이른바 '大陸浪人'들은 1882년 임오군란 이후 본격적으로 활동하기 시작했다. 대륙낭인의 대표적 인물인 아라오 세이

25) 李進熙 著, 李基東 譯, 《廣開土王陵碑의 探究》(一潮閣, 1982), 17쪽.

26) 《최근의 이집트》는 잘 알려진 대로 영국의 크로머(Evelyn B. Cromer)가 지은 《근대 이집트*(Modern Egypt)*》(N.Y. : Macmillan, 1908)를 번역한 책으로서 한국병합 직후인 1911년에 대일본문명협회에서 간행되었다. 《회여록》의 논문과 아세아협회의 관계는 마치 이후 한국을 병탄할 때 나타나는 《최근의 이집트(最近埃及)》와 대일본문명협회의 관계와 유사하다. 협회 회장이던 오오쿠마 시게노부(大隈重信)는 이 책의 서문에서 자신이 이 책의 원본을 당시의 한국통감 이토오 히로부미에게 헌정한 바 있는데, 그것은 영국의 이집트 지배정책이 한국에서의 '보호정치'에 참고가 될 부분이 많다고 생각해서였다고 털어놓고 있다.

(荒尾精)나 네즈 히토시(根津一)는 육군사관학교를 나와 참모본부에 소속된 첩보무관으로 1886년부터 낙선당을 거점으로 행상을 하면서 남부 중국의 지형 탐사와 정보 수집을 담당했다.[27]

이들은 좀더 체계적인 첩보활동을 위해 1890년 상하이에 일청무역연구소[28]를 설립하고 낭인들을 교육시켜 배출했고, 바로 이들이 청일전쟁 때 통역과 정보 수집원으로 활약하게 되었던 것이다.[29] 이들 대륙낭인 가운데 특히 일본의 조선 침략과 관련하여 중요한 역할을 했던 것은 玄洋社와 天祐俠라는 재야 민간 단체였다.

큐우슈우(九州)·후쿠오카(福岡)지역의 낭인들을 중심으로 결성된 겐요샤는 토야마 미츠루(頭山滿)를 지도자로 하여 대륙정책에 적극적으로 간여했다. 청일 개전 전에 金玉均이 상하이에서 암살 당했을 때에는 겐요오샤 社員 마토노 한스케(的野半介)가 외상 무츠 무네미츠(陸奥宗光)와 참모차장 카와카미 소오로쿠(川上操六)를 찾아가 청국 응징과 청일 개전을 역설했던 적이 있다. 또 청일 양국군의 조선 파병 뒤 교착상태가 지속되자 아산만으로 청년 사원들을 보내 전쟁도발을 획책하기도 했다.[30]

또 겐요샤의 우치다 료오헤이(內田良平)를 포함한 소수의 '조선 낭인'들은 별도로 텐유쿄라는 조직을 만들어, 〈全州和約〉 이후 소강상태에 있던 농민군을 선동하려 했으며 전쟁 발발 이후로는 통역과 스파이 역할을 하면서 종군했다.[31] 이들 낭인 세력은 일본의 조선침략을 현지에서 지원하는 민간 침략 도구로서 자발적으로 기능하고 있었던 것이다.

1894년 2월 전라도 고부에서 궐기한 동학농민군은 전라도 각지의 지방 관

27) 이들의 공작과 활동에 관한 상세한 그림은 李文海·康沛竹, 〈甲午戰爭与日本間諜〉(楊念群 主編, 《甲午百年祭：多元視野下的中日戰爭》, 北京：知識出版社, 1995), 18~38쪽을 참조할 것.

28) 이 연구소는 1901년 東亞同文書院으로 이어지게 된다.

29) 이에 관련된 인물들을 일본의 우익적 시각으로 정리한 참고서는 栗田尙彌, 《上海 東亞同文書院》(東京：新人物往來社, 1993)이 있다.

30) 상세한 기술은 趙恒來, 〈日本國粹主義團體의 一硏究：玄洋社를 中心으로〉(歷史學會 편, 《日本의 侵略政策史硏究》, 一潮閣, 1984) 참조.

31) 姜昌一, 〈天佑俠と'朝鮮問題'：'朝鮮浪人'の東學農民戰争への對應と關連して〉(《史學雜誌》 97~8, 1988) 참조.

청을 습격하며 5월에 접어들면서 그 세력을 급속히 확대시켰다. 조선정부는 당초 이 농민혁명을 종래의 民亂과 동일시했기 때문에 농민 봉기의 원인을 지방관의 불법적 수탈 탓으로만 판단하고 있었다.

그것은 전라도 병마사 겸 壯衛營 正領官인 洪啓薰을 兩湖招討使로 임명하여 현지로 파견한 직후의 대신회의에서 지방관의 엄격한 선발을 농민 봉기에 대한 대안으로써 강조한 점만 보더라도 잘 알 수 있다. 좌의정 趙秉世처럼 문제의 근원을 '弊政' 일반에 두는 주장은 오히려 예외적이었다.[32]

뒤늦게 사태의 심각성을 인식하고 京軍을 내려보냈으나, 전라도 관찰사의 허위 보고와 달리 해산하지 않고 있던 농민군은 황토현전투에서 대승을 거두었다. 조선정부는 홍계훈의 증원군 요청에 따라 5월 19일 壯衛兵 300명과 沁營兵 500명을 증원하여 진압태세를 강화하는 한편, 농민군의 표적이었던 전라도 관찰사 金文鉉, 按覈使 李容泰, 고부 군수 趙秉甲 등의 처벌과 고종의 칙유에 의한 폐정 시정 약속을 통해서 농민군의 해산을 회유하고자 했다. 재래의 민란 대책이라면 상당한 수준의 대책이었을 터였다.

그러나 농민군에 대한 조선정부의 진압 태세도 몹시 취약했다. 종래의 민란과는 딴판으로 농민군은 규율, 조직력과 전투력이 뛰어났고 민중의 유례없는 지지를 받고 있었던 반면에, 정부군은 재정의 피폐로 인한 사기 부진, 그리고 중앙군과 지방군 사이의 대립으로 말미암아 규율과 전투력이 극도로 저하되어 있었기 때문이다. 이는 황토현전투에서 여실히 입증되었고 5월 27일의 長城전투에서도 되풀이되었다. 결국 농민군은 정부군의 방어망을 뚫고 5월 31일에 全州를 함락시키기에 이른다.

홍계훈은 황토현전투에서 패배한 직후인 5월 14일경부터 증원군 요청과 동시에 청국군의 '借兵' 방안을 정부에 제기하고 있었다. 요원의 불길처럼 확대되는 농민혁명을 자력으로 진압하고 수습할 능력이 정부군에게 없음을 잘 알고 있던 홍계훈으로서는 임오군란과 갑신정변의 선례에 따라 중국으로부터 진압병력을 도입하자고 주장했던 것이다.

그는 장성전투를 며칠 앞둔 23일에도 농민군을 진압할 방도는 "바깥으로

32) 《日省錄》, 고종 31년 4월 4일.

부터 병력을 빌리는" 수밖에 없다고 말하고 있었다. 즉 "지금의 정세를 보면 우리의 숫자는 적고 저들은 많아 군대를 나누어 추격하기 어려우니 엎드려 바라옵건대 외국의 군대를 빌어 [토벌군을] 돕는다면 저들로 하여금 꼬리와 머리를 잇지 못하게 하고 소식을 전하지 못하게 하는 것인즉, 저들은 반드시 세가 외로와 흩어질 것이오 힘이 다하여 무너질 것입니다"33) 라고 하는 청원이었다.

청국군 차병문제는 1893년 동학의 보은 집회에 대한 대책을 정부가 논의하는 과정에서 이미 제기된 바 있었다. 당시 영의정 沈舜澤이 동학 집회를 진압하는 데 중앙군까지 투입하자는 안을 제기한 데 대해, 고종은 중앙군을 수도 방위에 전념시키고 집회의 진압은 청국군에게 맡기자는 생각을 한 적이 있다. 고종은 청국이 태평천국운동(1851~1864)을 진압할 때 영국군을 '빌렸던'(借兵) 사례를 상기했을 것이다.34) 이때의 차병론은 결국 군량미 조달의 재정적 문제점을 든 심순택과 우의정 鄭範朝의 반대로 무산되었다.

그러나 반대파 역시 청국의 병력 도입은 타국에 대한 파병 요청과는 성격이 다르다는 인식은 공유하고 있었다. 즉 당시 조선정부는 전통적인 '屬邦'체제에 가탁한 중국의 근대적 식민지지배 시도를 기본적으로 인지하고 있었던 것으로 보인다.35)

이러한 경위를 지닌 청국군 차병문제가 홍계훈의 요청에 의해 다시 제기되었던 것이다. 당시 조선정부는 동학농민군에 대한 기본적인 대응 방안으로 두 가지를 거론하고 있었다. 첫째는 조병세처럼 민중의 바람에 부응하여 폐정을 크게 개혁하자는 내정개혁 방안이었고, 둘째는 閔泳駿처럼 청병을 빌리자는 군사적 진압 방안이었다.36)

전자는 결국 국정을 장악하고 있던 민씨 척족의 축출을 의미하기 때문에 실행하기가 곤란했지만 후자는 그에 대한 대안으로서 모색되었다고 할 수 있다. 예컨대 5월 16일 민영준은 "賊勢가 갈수록 더 창궐하여 剿滅할 수가

33) 田保橋潔, 《近代日鮮關係の研究》下(京城 : 朝鮮總督府中樞院, 1940), 274쪽.
34) 《日省錄》, 고종 30년 3월 25일.
35) 具仙姬, 《韓國近代 對淸政策史 硏究》 제4장 淸日戰爭과 朝·淸關係(혜안, 1999), 220쪽.
36) 日本外務省 編, 《日本外交文書》 27-2(東京 : 日本國際連合協會, 1936), 152~153쪽.

없습니다. 招討使로부터 청병이 와 도와주기를 요구하는 전신이 도착했는데 아마도 [지금의] 사정에 합당하다"고 고종에게 상주하고 있었다.[37]

이리하여 청군 차병문제는 5월 18일의 대신회의에서 논의되었지만 세 가지 이유로 반대 의견이 우세했다. 하나는 나라의 근본이 백성인데 외국군에 의해 수많은 생명, 즉 농민군이 절멸되게 내버려둘 수 없다는 점이었다. 둘째는 국내로 진입한 외국 군대의 통과지역에 막대한 폐단이 생겨 민심을 동요시키리라는 점이었다. 셋째는 외국군의 입국을 기화로 일본과 서구 열강이 공관 혹은 거류민 보호를 구실 삼아 군대를 파견할 우려가 있다는 것이었다. 결국 차병 요청을 둘러싼 논의는 부결되었다.[38] 전반적으로 농민군의 무력 진압보다는 내정개혁을 매개로 한 해결 방식을 모색하려 했던 것을 알 수 있다.

그러나 위안스카이로부터 정치적 후원을 받고 있던 민영준은 청군 차병에 대해 별도로 비공식적인 협의를 진행시키고 있었다. 5월 26일경 위안스카이는 민영준을 방문해 농민군의 세력 확대를 우려하면서 자신에게 병력을 주면 5일 내에 평정할 자신이 있다고 말했다. 농민군이 전주를 함락한 5월 31일, 민영준은 위안스카이를 방문하여 원군의 파병을 논의했다.

위안스카이는 적극적으로 나섰다. 고종에게 설득한 요지는, 자신이 스스로 고종의 뜻대로 현지로 내려가 조선 병력을 지휘할 것이며 수도에는, 어떤 일이 있더라도 일본 군대가 진입할 구실을 주지 않기 위해, 자신 휘하의 군을 진입시키지 않으리라는 약속 등이었다. 더 이상 뾰족한 대책이 없는 상황에서 고종은 내키지 않은 채 이를 받아들이게 된다.[39]

앞서 위안스카이의 보고에 근거해서 쩌어리총독·뻬이양대신(北洋大臣) 리홍장이 5월 25일 뻬이징에 알린 사항은, 조선 국왕으로부터 정식 파병 요청은 아직 없으며, 일본의 파병 움직임도 없지만 청군의 파병 준비에 만전을 기할 것을 명시하고 있다.[40] 6월 1일 총리아문에 대한 리홍장의 보고에 따르

37) 《日本外交文書》 27-2, 153쪽.
38) 《日本外交文書》 27-2, 153~154·156쪽.
39) 고종의 청군 파병 자진 요청의 허구성에 관해서는 이태진, 〈1894년 6월 淸軍 朝鮮 출병 결정 과정의 眞相-조선정부 자진 요청설 비판〉(《韓國文化》 24, 1999. 12)을 참조할 것[〈1894년 6월 淸軍出兵 과정의 진상-자진 請兵說 비판〉, 《고종시대의 재조명》(태학사, 2000), 191~228쪽에도 수록].

면 "(조선국)왕은 병력이 부족하여 (진압군을) 더 이상 늘려 파견할 수 없고 또 (그들을) 믿을 수 없다고 하며, 중국이 군대를 파견해 대신 토벌해 주기를 바란다"고 했다고 하며 파병 준비를 하면서 조선으로부터 공식 요청이 있기만을 기다리고 있는 상태였다.41)

한편 일본의 조선 주재 대리공사 스기무라 후카시(杉村濬)는 조선문제를 기화로 중국의 출병을 충돌질하고자 했다. 그는 위안스카이에게 일본은 중국이 "조선의 혼란에 신속하게 대처하길 바란다"고 요청하면서 일본정부는 "다른 뜻이 없다"고 밝히며 중국의 출병을 종용했다. 이에 위안스카이는 일본이 "商民을 중시 여길 뿐 별다른 뜻이 없는 것 같다"42)는 판단을 내렸던 것이다.

뿐만 아니라 주일 공사 왕펑짜오(汪鳳藻)도 청정에 일본은 국내 권력 투쟁이 치열하기 때문에 외부에서 발생하는 일에 대한 대처 능력이 없다고 보고했다. 일본에 대한 청국의 정보는 토오쿄오 주재 청국 공사 왕펑짜오를 통해서 형성된 부분도 적지 않았는데, 그는 일본이 내정의 어려움 때문에 "도저히 다른 나라에 대하여 신경을 쓸 여유가 없다"고 판단했고, 리훙장은 그러한 보고를 그대로 믿었던 것이다.43)

청군의 파견에는 위안스카이의 개인적 오판도 작용하였다. 위안스카이는 "조선에 청병하면 5일 이내 비도를 진압할 수 있다"44)는 등 호언장담을 서슴치 않았다. 리훙장은 위안스카이와 왕펑짜오의 보고를 근거로 조선정부의 구원 요청이 오는 즉시 조선에 파병을 결정하고 6월 7일 〈天津條約〉의 규정에 따라 일본에 통보했다. 6월 9일부터 12일 사이에 청군 2,000여 명이 아산만에 도착했다.45)

일본정부는 1894년 6월 2일 조선 주재 공사관의 보고를 통해 조선정부가 이미 중국에 청병한 사실을 알게 되었다. 그리하여 각의에서 공사관과 교민

40) 《淸光緖朝中日交涉史料》 13, 942쪽.
41) 蔡爾康・林樂知 編, 藤野房次郎 譯, 《中東戰記本末》(東京 : 博文社, 1898), 135쪽.
42) 《淸光緖朝中日交涉史料》 13, 제945・949件, 7~8쪽.
43) 리훙장 등 청의 오판에 관해서는 陳偉芳, 앞의 책, 162~70쪽 참조.
44) 《日本外交文書》 27-2, 문서번호 501, 155~156쪽.
45) 《淸光緖朝中日交涉史料》 2, 547쪽.

을 보호한다는 명목으로 조선에 출병할 것을 결의했다. 수상 이토오 히로부미(伊藤博文)와 외상 무츠는 일본은 "되도록이면 피동자적인 위치를 고수하고, 언제나 청이 주동자가 되게 해야" 한다는 점과, "사태를 일·청 두 나라에만 국한시켜 제3국과의 관계가 일어나지 않도록 피할 수 있는 방법을 강구"한다는 기본 방침을 설정하고 있었다. 그러나 군사적으로는 선제공격을 하기로 따로 결정해 놓고 있었다.[46]

일본은 일차로 약 7~8천 명의 대병력을 동원할 계획을 가지고 6월 5일 大本營을 설치하여 전쟁 준비를 완료해 놓았다.[47] 또한 군사적으로 기선을 제압하기 위해 청군의 출병 통지를 기다리지 않고 서울로 돌아오는 오오토리 게이스케(大鳥圭介) 공사를 보호한다는 명목으로 해군 3~4백 명을 오오토리와 함께 먼저 파병하여 6월 10일 그들을 서울에 주둔시켜 놓았다. 이후 지속적으로 파병을 늘려 16일이 되면 약 4,500명이 증파되고, 이 병력만으로도 청군의 두 배를 이미 넘고 있었다.

군사적 배치를 완료한 일본은 외교적으로 도발의 구실을 찾고자 했다. 1894년 6월 7일 중국측에 일본도 〈제물포조약〉 제5조에 따라서 파병을 준비하고 있음을 통보했다. 이때 청정이 보낸 조회문 중에 소위 "속방을 보호한다"는 규정에 대해 항의를 표시,[48] 도발의 외교적 구실을 찾는 첫걸음을 내디디게 된 것이다.

한편 사태가 예상 밖으로 비화하자 조선정부는 위안스카이에게 "이미 적이 흩어졌으므로 청국군도 조속히 철군해 줄 것"을 요청하는[49] 한편 일본 공사에게도 같은 뜻을 전했다.[50] 오오토리가 병력을 이끌고 서울에 진주한 뒤 동학농민군은 적극적으로 그들의 행동이 외침을 불러일으킬 수 있다는 점을 우려하기 시작한다. 농민군에게 가장 충격을 준 소식은 일본군이 궁궐

46) 陸奧宗光, 《蹇蹇錄》(岩波書店, 1940), 36쪽 및 54~55쪽.
47) 대본영의 히로시마 설치와 천황권의 군사적 성격에 관해서는 檜山幸夫 〈日清戰爭と日本〉(東アジア近代史學會 編, 《日清戰爭と東アジアの變容》上, 東京: ゆまに書房), 375~383쪽 참조할 것.
48) 《日本外交文書》 27-2, 문서번호 519, 169쪽.
49) 《清光緖朝中日交涉史料》 2, 990件, 556~557쪽.
50) 《秘書類纂朝鮮交涉資料》 中, 377~381쪽.

을 침범했다는 사실이었다.

전봉준이 이 소식을 처음 들은 것은 전주화약이 성립된 후 남하 도중 全州에서였다.[51] 그러나 이때는 이미 화약이 성립된 이후여서 거병을 재론할 게재가 되지 못했다. 대원군은 그가 경사로 진격하여 함께 천하를 도모할 것을 암시한다.[52] 그러나 전봉준의 지병 악화와 추수기라는 시기적 상황으로 말미암아 농민군과 군량 동원은 큰 어려움에 직면하게 되었다.

농민군은 일본군과의 항전을 결정하고 공주를 그 결전지로 삼았다. 10월 22일부터 일본군에 대한 공격을 개시했다. 그러나 농민군은 무장의 열세로 계속 패배하여 1~2차 공격을 마친 후 1만 명의 농민군 중 3천명이 남았으며, 3~4차의 공격을 마쳤을 때 혁명군은 불과 5백 명으로 줄어들어 있었다.[53] 농민군 세력이 급격히 줄어들자 일본군의 서울 진입은 국제적으로 의심을 사게 될 수밖에 없었다.

사태가 이렇게 전개되자 일본은 외교적으로 피동적인 위치를 고수하려던 태도를 버리고 조선정부에 건의하여 일본군으로 하여금 동학농민군을 진압하도록 하라는 지시를 내려 일본군이 계속 진주할 수 있는 구실을 만들려고 하였다.

일본은 중국에 도발하기 위한 구실로써 두 가지 방략을 고려하고 있었으니, 하나는 중국과 조선간의 종속문제를 따지자는 것이며, 다른 하나는 조선의 내정개혁 문제였다. 조선 주재 일본 공사 오오토리는 이 시점에서는 후자가 더욱 효과적이라고 판단했다. 이에 따라 6월 28일 조선정부에 대해 6월 7일 청국이 일본에 보낸 조회문 중에 소위 '속방 보호'라는 주장에 관련해서 조선정부가 이에 동의하는지를 따지면서 하루 이내에 답변해 줄 것을 요구하였다. 난처한 질문에 봉착한 조선정부는 조선은 일본과의 〈강화도조약〉을 존중하며, 중국에 원조를 청한 것은 자신들의 권리를 행사한 것이라고 답했다.

그러나 이 시점에서 일본정부는 조선에서 중국의 종주권 문제는 이미 진부한 주제로서 전쟁 도발의 계기로 삼기에는 부족하다고 판단하고 내정개혁

---

51) 〈全琫準供草〉 四草.

52) 《東學亂記錄》 下, 583~584쪽.

53) 〈全琫準供草〉 初招.

을 도발의 구실로 삼는 것이 제3국의 동조를 얻는 데에도 유리하다고 판단을 내렸다. 7월 3일 일본은 조선에 대해 개혁방안 5개조를 제시했다.54) 중앙과 지방제도의 전반적 개혁을 다룬 것이었다. 일본은 대원군을 끌어들이고 조선 병사들의 무장 해제부터 착수하여 7월 25일에 이를 완료하였다.

7월 24일부터 시작된 '개혁'은 軍國機務處를 설치하고 金弘集을 총재로 앉혔다. 관장할 수 있는 업무를 ① 서울 이외의 모든 관청의 직제를 개정하며, ② 행정과 사법 일체의 규칙을 새로 제정하며, ③ 토지·물품세와 재정 일반에 관한 규칙을 제정하며, ④ 학사 정책을 수립하고, ⑤ 군사 정책을 수립하고, ⑥ 식산 흥업과 상업에 관한 일체의 사무를 집행한다고 규정했다.55)

새로운 관제가 제정됨에 따라 8월에는 영의정 김홍집을 비롯한 대신들이 임명되고 각 아문들도 문을 열게 된다. 그러나 이와 같은 과정을 거친 일본 주도의 내정개혁이란 조선을 청으로부터 분리시켜 일본 침략의 발판을 만들자는 것과 친청파이자 수구 세력인 민씨 일파를 제거하는 데에 그 궁극적 목표가 있었음은 두말 할 나위 없다.

조선정부는 6월 2일 동학농민군이 전주를 함락시켰다는 보고를 받고 다시 긴급 대신회의를 열어 차병문제를 논의했다. 이때에도 반대 의견이 많았으나 앞서 살펴 본 대로 이미 위안스카이와 비공식 교섭을 진행시키고 있던 閔泳駿은 위안스카이의 주장을 앞세워 고종을 설득해 반대 의견을 누르고 청국군이 파병되도록 했던 것이다.

결국 청군 차병은 체제를 유지하기 위해 이미 선택의 여지를 잃은 조정과 기득권을 잃지 않으려는 민씨 척족, 그리고 조선의 근대적 식민지화를 꾀한 위안스카이 사이의 이해를 조정한 결과 태어난 것이라 할 수 있다. 조선정부의 정식 파병 요청에 따라 청국은 6월 7일부터 쩌어리제독 예치챠오(葉志超), 띵루창(丁汝昌)이 이끄는 약 3천 명의 병력을 샨하이구안(山海關)으로부터 아

54) 제1조 중앙정부제도와 지방제도를 개정하고 인재를 등용할 것. 제2조 재정을 정리하고 재원을 개발할 것. 제3조 법률을 정돈하고 재판법을 개정할 것. 제4조 국내의 민란을 진정시키고 안녕을 유지하는 데 필요한 군대와 경찰을 설치할 것(《日本外交文書》 27-1, 문서번호 396, 586~591쪽).

55) 杉村濬 著, 한상일 편역, 〈在韓苦心錄〉(《서울에 남겨 둔 꿈》, 건국대 출판부, 1993), 135~44쪽.

산으로 파견하는 〈천진조약〉에 의거하여 일본정부에 이 사실을 서면으로 통고하였다.[56]

조선정부에서 청군 차병 논의가 이루어지고 있을 당시, 청원 휴가로 일본으로 돌아간 조선 주재 일본공사 오오토리 대신에 대리공사를 맡고 있던 이등 서기관 스기무라는 5월 22일자 보고에서 앞서 살펴본 조선정부의 두 가지 대응방안－내정개혁에 의한 회유와 청군 차병에 의한 무력진압－을 소개하면서 조선정부가 후자를 선택할 것으로 전망하고 있었다. 따라서 일본군은 "[일본] 관민을 보호하고 청일 양국의 세력균형을 유지하기 위해서, 민란이 진압되고 청군이 철수할 때까지 공사관 호위를 명분으로 구 조약(〈제물포조약〉)에 따라 출병해야" 한다고 보고하였다.[57]

일본은 메이지유신 직후부터 조선에 대한 정보활동에 적극적이었지만, 특히 참모본부는 황토현전투 뒤인 5월 20일 참모부원 이지치 코오스케(伊地知幸介)소좌를 조선에 파견하여 공사관 무관 와타나베 테츠타로오(渡邊鐵太郎)대위 등과 협력하여 대대적인 정보수집 활동을 벌이고 있었다. 와타나베의 경우에는 이미 1894년 3월부터 경기·강원·함경·충청·경상도를 유람한다는 명목으로 조선정부의 허가를 받아 조선의 정황을 정탐하고 있었다.

일본 해군도 측량을 명목으로 남해안에 군함을 파견해 정보 수집 활동에 나섰다. 서해안에 파견된 군함 '야마토(大和)'는 승무원을 군산에 상륙시켜 부근 실정을 정탐시키고 청국 군함의 움직임을 관찰하게 했다. 주목할 점은 이러한 일본 군부의 정보 활동은 모두 농민군의 전주함락 이전, 즉 조선정부의 청군 파병 요청 이전의 시점에서 진행되고 있었던 사실이다.[58]

참모본부는 이미 5월 하순부터 테라우치 마사타케(寺內正毅) 대좌를 중심으로 비밀리에 조선 파병을 위한 수송 준비에 들어가, 육군의 대규모 연습을 명목으로 일본우편회사 소속 민간 선박을 징용하고 있었다. 또 5월 30일 조선 정세를 시찰하고 돌아온 이지치 소좌의 보고를 받고 사실상 파견을 결정하고 있던 상태였다.[59]

---

56) 朴宗根 著, 朴英宰 譯, 《淸日戰爭과 朝鮮 : 外侵과 抵抗》(一潮閣, 1989), 13쪽.
57) 《日本外交文書》 27－2, 152~153쪽.
58) 朴宗根, 앞의 책, 13~14쪽.

한편 일본정부는 대리공사 스기무라의 조선정부 청국 원병 요청을 알리는 6월 1일 타전을 접하고 이틀날 참모본부 차장 카와카미 등을 참석시킨 각의에서 중의원 해산을 결정하는 한편 무츠외상이 제출한 파병결의안을 채택했다. 5월 31일 중의원에서 정부 예산문제를 둘러싸고 내각 탄핵 상주안이 가결되는 등 정치적 위기 상황에 봉착해 있던 이토오내각으로서는 이 파병안이 천우신조처럼 보이지만, 전쟁 결정 당사자들은 앞서 살펴보았듯 이미 정치적 탈출구로써 개전의 시나리오를 준비해 놓고 있었던 것이다.

여기서 유의해야 할 점은 일본정부의 조선 파병 결정이 조선정부가 위안스카이에게 청군 차병을 공식 요청한 것보다 하루 먼저 이미 이루어져 있었다는 점이다.

파병 결의 직후 외상 무츠, 외무차관 하야시 타다스(林董), 참모본부 차장 카와카미는 파병에 대한 구체적인 군사적·외교적 책략을 협의하였다. 일본이 병력을 파견할 경우 청군은 반드시 공격해올 터인데, 청군의 병력은 5천 명 선을 넘지 않을 것이니 일본이 필승을 거두려면 6~7천 명 수준의 병력이 필요하다는 것, 청군과의 전투에서 승리할 경우 청국은 강화를 요청해 올 것이며, 그렇지 않고 만약 병력을 증파할 경우에 일본 역시 1개 사단을 증파하여 승리한다면 강화의 성립이 확실하므로, 먼저 혼성여단을 파병하여야 한다는 결론을 이끌어 내었다.[60]

6월 5일 일본은 〈戰時大本營條例〉에 근거해서 참모본부에 대본영을 설치하고 혼성여단의 파견에 대한 칙허를 얻어 히로시마(廣島)의 제5사단에 대해 제1차 충원을 명령했다. 6월 5일 혼성여단의 지휘자 제5사단의 오오시마 요시마사(大島義昌)소장은 군함 '야에야마(八重山)'호에 해군육전대 488명과 순사 20명을 대동하고 요코스카(橫須賀)항을 출발하였다. 9일 인천에 상륙한 이들 일본군은 10일 곧바로 서울로 진주하였다.

동시에 상비함대 사령관 이토오 스케유키(伊東祐亨)중장의 지휘하에 기함 '마츠시마(松島)'를 파견, 이미 파견되어 있던 '츠쿠시(筑紫)'·'치요다(千代田)'·'야마토(大和)'·'아카기(赤城)'와 함께 모두 6척의 군함을 인천에 집결시키고,

59) 參謀本部 編, 《明治二十七八年日淸戰史》 1(東京 : 育英社, 1904), 95쪽.
60) 藤村道生 著, 허남린 옮김, 《청일전쟁》(서울 : 소화, 1997), 82쪽.

부산에는 군함 '타가오(高雄)'를 정박시키는 등 일본이 보유한 군함의 거의 절반을 조선 연안으로 파견하였다. 연이어 선발대인 보병 제11연대 1천여 명이 12일 인천에 상륙하면서 혼성여단 병력이 인천의 요지와 수도 서울을 제압해 나갔다.

청군과 달리 조선정부의 요청에 의거한 것이 아닌 자국의 군사개입을 정당화하기 위하여 일본정부는 기존의 조약을 완벽히 이용하였다. 즉 1882년 〈제물포조약〉과 1885년 〈천진조약〉이 그것이었다. 외상 무츠가 "이번에 우리 정부가 조선에 군대를 파견하는 것은 제물포조약상의 권리에 근거하며, 또 이를 파견함에 있어서 〈천진조약〉에 준하여 [청국에게] 문서로써 통지하였다"고 명시한 그대로이다.[61]

〈제물포조약〉은 제5조에 "일본공사관은 병사 약간을 두고 경위한다. 병영을 설치·수선하는 일은 조선국에게 맡긴다. 만약 조선국의 군민이 법률을 지킨다면 일년 후에 일본공사가 경비가 불필요하다고 인정할 때 철수해도 무방하다"고 되어 있었다.[62] 또 〈천진조약〉 제3조는 "장래 조선국에 변란이나 중대한 사건이 일어나 청국과 일본 두 나라 혹은 한 나라가 군대를 파견할 필요가 있을 때에는, 사전에 서로 문서로 통지해야 한다. 사건이 진정되면 곧 군대를 철수해야 하며 그대로 남아 방비하지 않는다"[63]고 했다.

일본정부는 이 조약에 따라 자국군의 파견을 청국에 통지했고, 〈제물포조약〉에서 규정된 대로 공사관과 거류민의 보호를 빌미로 병력 파견을 합법화했던 것이다. 그러나 농민군과 정부군 사이에 전주화약이 성립되어 외국 군대의 간섭과 주둔의 명분이 사라졌음에도 불구하고 일본은 6월 15일까지 자국군을 인천과 서울에 포진시켰다.

이러한 정세에 대응하여 조선 주재 일본공사 오오토리는 위안스카이가 제안한 조선으로부터의 청·일 양국군 공동 철수를 위한 교섭을 추진함으로써 평화적 해결을 꾀하고 있었다. 그러나 본국 정부는 이 공동 철병안에 반대했다. 우선 청국과 일전을 벌임으로써 얻으려던 조선 지배의 기회를 놓칠 수

61) 《蹇蹇錄》, 27쪽.
62) 日本外務省 編, 《日本外交年表竝主要文書》 上, 90쪽.
63) 《日本外交年表竝主要文書》 上, 103~104쪽.

없었다. 뿐만 아니라 현실적으로도 대규모 부대를 파견해 놓고 후퇴하는 것은 일본 국내 정치의 사정상 불가능한 선택이었기 때문이었다.

일본정부는 상황 돌파를 위한 고육지책으로서 6월 15일 조선정부에 '내정개혁'을 요구하기로 결정했다. 일본은 이 내정개혁을 청·일이 공동으로 조선정부에 실행케 하도록 할 것을 청국에 제안했으나 청은 이를 조선에 대한 내정간섭이라고 거절했다. 이에 일본은 단독으로 개혁의 실행을 조선정부에 강요했다. 개혁을 강요받은 조선정부는 일본군이 철수한 후에 자주적으로 개혁을 시행하겠다고 주장하며 일본은 신속히 군을 철수부터 할 것을 거듭 요구했다.

일본정부는 현지의 오오토리 등과는 달리 조선정부의 강력한 요구와 열강의 압력 등으로 궁지에 몰린 일본군 철수문제를 내정개혁의 요구에 의해 무마하고 계속 주둔의 구실로 삼으면서, 이를 청·일 개전의 도화선으로 이용하려는 외교 정략은 변경될 수 없는 일이었다.[64]

이런 사정을 배경으로 7월 16일 밤 무츠는 서울 주재 일본공사에게 "단호히 조치해 나갈 필요가 있다. 어떤 구실을 사용해서라도 행동하라"고 지령했다. 7월 19일 대본영과 외무성은 선전포고 없이 군사행동을 할 수 있는 권한을 현지 파견군에게 허용했다. 전쟁은 시작되었다.[65]

〈朴英宰〉

3. 전쟁의 경과

1) 한반도에서의 전투와 황해 해전

청일전쟁은 1894년 7월 25일 아산만의 豊島 해전, 7월 29일 성환전투를 거

64) 高橋秀直, 《日清戰爭開戰過程の硏究》(神戶 : 神戶商科大學經濟硏究所, 1992), 44~50쪽.

65) 《蹇蹇錄》, 55·139~144쪽.

쳐 9월 16일 평양전투와 17일의 황해 해전, 10월 24일 일본군의 압록강 도강, 11월 6일 랴오뚱반도 지역의 찐죠우(錦州) 점령, 11월 21일 뤼쒼구오(旅順口) 점령, 이듬해 2월 17일 샨뚱반도 지역에서의 웨이하이웨이(威海衛) 점령, 그리고 3월 티엔쭈앙타이(田庄台)전투의 순으로 전개되어 결국 일본의 승리로 끝난다.

1895년 4월 17일 〈청일강화조약〉, 즉 〈시모노세키(下關)조약〉에 의해 일본은 거액의 배상금, 그리고 타이완과 랴오뚱반도의 할양을 청국에 강요하게 된다. 전쟁의 구체적인 전개 과정은 황해 해전(94년 9월)과 웨이하이웨이 점령(95년 2월) 시점을 경계로 해서 몇 단계로 나누어 볼 수 있다.

1894년 7월 25일 아산만 부근의 풍도에서 일본 해군이 청국함대에 기습공격을 가하면서 청일전쟁은 시작되었다. 개전 당시 일본군은 육군 7개 사단, 동원병력 12만(출동병력은 17만), 신식 무라타(村田) 소총으로 무장하고 있었다. 해군도 일본은 군함 28척에 총 5만 7천여 톤이었고 철저하게 훈련되어 있었다. 이에 비해 청국군은 총 병력 35만이라고는 하나 훈련 미숙에다 편성·지휘계통·무기의 질에서 크게 떨어졌으며, 해군의 경우에도 척수·톤수에서 일본보다 다소 우세하기는 했으나 함대 편성의 불균형과 기동성에 문제가 있었다.

이 풍도 해전에서는 일본 해군의 기습에 의해 청국 군함 한 척이 좌초되었고, 나머지 한 척은 피해를 입은 채 퇴각했다. 따꾸오(大沽)에서 아산으로 병력을 수송중이던 상선 '까우셩호(高陞號)'도 일본함대의 어뢰 공격을 받아 격침당했다. 선상의 청군은 900명 중 사상자를 700여 명이나 냈으나 일본군은 영국 선장은 구조했다.[1]

리훙장은 이 소식을 접하고도 즉각적으로 대일 선전포고를 하지는 않았다. 까오셩호는 청국이 용선한 영국 배였기 때문에 영국이 "이 사건에 간여하지 않을 수 없을 것"[2]이라고 판단하여 영국의 견제를 기대했던 것이다.[3] 그러

---

1) 풍도 해전의 전황에 관해서는 〈日艦擊沈高陞號實況文件三種〉(《中日戰爭文獻彙編》 6), 19~29쪽 ; 陣信德 譯, 〈東鄉平八郎擊沈高陞號日記〉(《中日戰爭文獻彙編》 6), 30~35쪽 참조.

2) 《李文忠公全書》, 電稿 16권, 32쪽.

3) 《帝國主義與中國海關》(北京 : 科學出版社, 1955), 50쪽.

나 일본이 신속하게 영국에 대해 까오셩호 사건에 관한 사과와 배상을 약속함으로써 청국정부의 희망은 물거품이 되고 말았다.

아산만 기습에 의해 서전을 승리로 장식한 일본군은 7월 28일 아산 동북쪽의 成歡에 주둔하고 있던 청군을 공격, 29일에 太原鎭 總兵 셰셔청(攝士成)이 이끄는 청의 주력군을 패퇴시켰다. 예치챠오(葉志超)와 셰셔청은 잔류병을 이끌고 평양으로 퇴각했고 청 조정에 대해서는 전투에서 승리한 것으로 허위 보고했다.

치밀한 사전계획에도 불구하고 일본군은 작전 수행 과정에서 적지 않은 어려움에 봉착했다. 조선 민중의 방해 활동 때문이었다. 특히 동학의 농민군 등은 전쟁전부터 상소와 대자보를 통하여 '반일'의 기치를 들어올리고 있었기 때문에 일본을 긴장시키고 있었다.[4] 그러나 전쟁에 임한 일본군은 아산 상륙 직후부터 지역 주민을 강제동원해서 군수물자 수송을 강요했으며, 식량과 부식도 닥치는 대로 약탈했다.

이에 대해 조선 민중은 비록 자연발생적이고 비조직적이긴 했으나 완강하게 저항했다. 조선의 지방 관아도 일본군 사령부의 지령을 기피했다. 이 무렵에는 일본이 이용하려던 대원군과 정부수반 김홍집까지도 은밀히 일본에 저항했다. 그러나 이러한 조선 민중의 협력적 태도에도 불구하고 청국군은 우세한 일본군의 공격을 막지 못하고 결국 성환전투에서 패배하고 말았던 것이다.

8월 1일 청은 일본에 대해 선전포고를 했다. 같은 날 일본정부도 천황의 조서 형식으로 청국에 전쟁을 선포했다. 메이지 천황이 선전 조서에서 강조한 점은 전쟁의 목적이 조선의 '독립' 보장과 내정개혁의 실시에 있다는 것, 또 전시 국제법을 준수하겠다는 것이었다.[5] 중국보다는 동아시아에서 청·일 대립을 놓고 간섭의 기회를 노리고 있던 서구 열강을 의식한 내용이었음을 알 수 있다.

즉 일본이 벌이는 전쟁이 '정의'로운 것이며 전쟁수행의 방법도 서구 근대

---

4) 姜昌一, 〈東學農民軍の日淸戰爭への對應〉(東アジア近代史學會 編, 《日淸戰爭と東アジア世界の變容》上, 東京 : ゆまに書房), 277~284쪽 참조.

5) 宮內廳 編, 《明治天皇紀》 8(東京 : 吉川弘文館, 1973), 472~474쪽.

국민국가의 국제법이라는 '문명'의 체계에 입각한 것임을 선언함으로써, 열강을 중립화시켜 간섭을 배제하는 동시에 당시 일본 외교의 최대 현안이던 열강과의 조약개정 교섭에 유리한 환경을 만들고자 했던 것이다.

이러한 전쟁의 논리와 수사는 대내적인 국민 통합의 국면에서도 효과적으로 이용되었다. 후쿠자와 유키치(福澤諭吉)는 이번 전쟁이 동양에서 서구문명의 대표자인 일본과 전통적 동양문명, 즉 야만의 대표자인 청국 사이에 벌어지는 '문명과 야만(文野)의 전쟁'임을 강조했다.[6] 또 이후의 러일전쟁 때 철저한 '전쟁반대론'(非戰論)을 주장하게 되는 우치무라 칸조오(內村鑑三)도 이 당시에는 전쟁을 동양에서 '진보주의의 戰士'인 일본이 '진보의 敵'인 중국을 타도하기 위한 '문명의 의로운 전쟁(義戰)'이라고 자리를 매김 했다.[7]

침략전쟁으로 큰 이익을 보게 된 미츠이(三井), 미츠비시(三菱) 등 재벌은 군사 공채에 의한 전쟁 경비 모금을 위해 1894년 8월 배외주의 단체인 保國會와 奉公義會를 각각 설립했다. 또한 지금까지 의회에서 정부와 대립해왔던 정당 세력도 '의전론'이란 이름 아래 10월의 제7임시의회에서 1억 5천 만 엔에 달하는 방대한 임시 군사예산과 군사 공채 발행을 내용으로 한 예산안을 승인하면서 정부 이상의 대외 강경론을 주장했다.

여기에는 대중 매체의 활약도 두드러졌다. 자유당의 기관지 《自由新聞》은 이미 갑오농민전쟁이 발발하고 金玉均이 살해당한 시점을 전후해서부터 "조선은 조선의 조선이 아니다"라고 선언하고 아시아 패권을 장악할 호기임을 강조했다. 일본군이 파견될 때에는 일본 국민으로써의 애국심 고양을 찬미했으며, 7월 22일의 사설은 "개전을 선언하라"는 제목 아래 이제 남은 유일한 방법은 무력으로 청국과 조선을 함께 분쇄하는 것이므로 속히 개전을 선포하라고 외치기도 했다.[8]

신문들은 국민의 애국심을 고취하기 위해 이른바 '軍國美談'을 제조해 내대서특필했다. 예컨대 성환전투 직후에 유포된 대표적인 '미담'으로서 안성

6) 《福澤諭吉全集》 14, 591쪽.
7) 《內村鑑三著作集》 2, 23쪽.
8) 松岡信一, 〈《自由新聞》の戰爭メッセージ〉(大谷正・原田敬一 編, 《日淸戰爭の社會史》, 大阪：フォーラム・A, 1994), 43~52쪽.

진격 당시의 나팔수 시라카미 켄지로오(白神源次郞)가 죽어가면서도 나팔을 불었다고 하는 극적인 허구가 군가나 시의 형태로 복제되었다.[9)]

일본이 선전포고를 하자 청 꾸앙쉬제(光緖帝)는 리훙장에게 신속히 병력을 파견하여 일본에 대해 공격하도록 명했다. 그러나 리훙장은 구체적 전략을 정하지 못한 상태에서 소극적인 대응으로 일관했다. 예컨대 육군에게는 수비할 수 없으면 즉각 철수하라고 명령했으며, 해군에 대해서도 함선을 아낄 것과 大洋에서의 '浪戰'은 하지 말라고 명령했다. 조선으로 증원된 四路군 병력이 평양에 도착한 것도 8월 상순의 일이었다.

한편 풍도전투와 성환전투에서의 승리를 발판으로 8월 26일 일본은 조선과 〈攻守同盟〉을 체결했다. 그 내용은 첫째 청국군을 조선 국경 밖으로 철퇴시켜 조선의 자주 독립을 공고히 하며 조·일 양국의 이익 증진을 도모하고, 둘째로 예상되는 청국의 공격시에 일본이 전쟁을 담당하고 조선은 일본군의 활동에 전폭적으로 협조한다는 것, 그리고 셋째로 청국과 和約이 성립되면 이 맹약을 파기한다는 것이었다.

일본군은 곧바로 북상하여 평양으로 진격, 공격을 시작했다. 당시 평양에는 증원군이 파견된 데다 성환에서 패주해 온 예치챠오 등의 병력까지 합류하여 모두 2만여 명의 청군이 배치되어 있었다. 오오시마 요시마사(大島義昌)소장 등이 이끄는 일본군은 사방으로부터 평양으로 접근하여 9월 13일 평양성 포위를 완료한 뒤 이튿날부터 산발적인 공격에 들어갔고 15일에는 총공격을 개시했다.

당시 성환에서 일본군의 포위망에서 빠져 나온 청국군은 조선 민중의 협력을 얻어 북부 지방으로 들어오던 주력 부대와 합류하기 위해 우회해서 평양에 도착해 있었다. 평양의 청군－뻬이양(北洋) 육군은 마우제르(Mauser)형 연발 장총과 크루프(Krupp)식 후장포(後裝砲)로 무장하고 있었다. 이에 비해 일본군의 주장비는 무라타(村田) 소총과 청동포였기 때문에 육군의 장비를 따지자면 청군이 한 발 앞서 있었다.

그러나 평양의 청군은 병참 설비가 없다시피 했고 무엇보다 먼저 왜 전투

9) 宇野俊一, 《日淸・日露 : 日本の歷史》(東京 : 小學館, 1976), 74쪽.

를 치러야하는가 하는 전쟁에 대한 동기 부여가 없어 투지와 사기가 별로 일고있지 않았다. 여기에 일본군의 총 공격을 앞둔 사령부의 優柔不斷과 무능 등이 악재로 겹쳐있었다. 따라서 1만2천 명의 청군은 1만 7천 명의 일본군을 이기지 못하고 600명의 포로를 남기고 9월 16일 밤 평양을 포기, 압록강을 건너 패주했다.10)

조선 민중의 반일 감정을 이용해서 일본군의 후방을 차단하는 유격전을 벌일 수도 있는 조건이 갖추어져 있었음에도 불구하고 청국군은 이러한 민심을 활용하지 못한 채 기선을 잃고 본국으로 돌아가고 말았던 것이다. 뿐만 아니라 청국군은 규율이 제대로 잡히지 않아 이르는 곳마다 노략질을 하는 등 조선인민의 이익을 침해함으로써 조선인의 기대를 저버리는 경우가 많았다. 청군에 대한 우호적인 지지는 별로 오래 유지되지 못했다. 이런 의미에서 청일전쟁은 조선인들의 반일 감정이 청국에 대한 실망과 함께 공존하게 되는 하나의 계기로 볼 수도 있을 것이다.11)

평양전투에서 승리한 일본군은 농민군을 진압하기 위해 남쪽으로 이동하기 시작했다. 농민군은 일본군이 공주에 도착할 때까지 투쟁을 계속하였다. 일본군의 전신선을 절단해 연락망을 마비시켰고, 일본군에게 식량과 말, 소 등 가축을 팔거나 노동력을 제공하는 행위를 거부했다. 지방에 따라서는 일본군의 보급 부대를 습격하기도 했다. 이러한 저항으로 일본군은 할 수 없이 군수물자 수송을 위한 노동자 1만 명을 일본으로부터 데려오지 않을 수 없었다.12)

일본의 침략이 급속히 진전되고 청국이 군사적으로 패배하자 구미 열강의 반응은 다양하게 나타났다. 영국은 일본의 전쟁 경비를 청국이 배상할 것, 조선의 '독립'을 보장한다는 조건으로 강화조약이 체결되도록 열강에 제안했다. 그러나 미국은 기본적으로 일본을 지지 격려했고, 제정 러시아는 기회주의적인 태도를 취했으며, 다른 열강은 영국의 제안을 지지하지 않고 있었다.

---

10) 《一億人の昭和史：日本の戰史－1：日清・日露戰爭》(東京：每日新聞社, 1979), 13～15쪽.

11) 李英 主編, 《中國戰爭通鑑》上(北京：國際文化出版, 1995), 761～762쪽.

12) 조선 인민의 저항 등에 관한 전반적인 사실 등에 대해서는 朴宗根 著, 朴英宰 譯, 《淸日戰爭과 朝鮮：外侵과 抵抗》(서울：一潮閣, 1989) 참조.

한편 평양전투에서 승리한 9월 16일 메이지 천황은 히로시마(廣島)에 도착, 제5사단 사령부로 대본영을 이전했다. 앞서 살펴 본 대로 일본은 이미 〈戰時大本營條例〉에 근거하여 6월 5일 참모본부 내에 대본영을 설치하고 전시 체제를 갖추고 있었다. 대본영을 이전하자고 건의하여 성사시킨 이토오의 의도는 천황이 전쟁을 직접 지도한다는 것을 대내적으로 과시함으로써 국민 통합을 강화시키자는 데 있었다. 실제로 메이지 천황은 대본영 군사회의에 빠지지 않고 참석하면서 적극적으로 전쟁을 이끌었다. 잇단 승전보에 고무된 일본 국민의 전쟁 열기는 대본영 히로시마 이전과 천황의 진두 지휘에 의해서 더 한층 증폭되었다.13)

평양전투에서 일본이 승리를 거둔 뒤인 9월 17일 황해에서는 우선 일본 연합함대의 군함 12척과 띵루창(丁汝昌) 제독이 이끄는 北洋함대 소속 군함 14척이 전투에 돌입했다. 이 황해 대해전은 세계 역사상 최초로 근대적 해군끼리의 접전이었다.

청일전쟁에 동원된 전체 해군력을 살펴보면, 일본의 연합함대는 모두 27척으로 모두 5만 톤을 넘었다. 척 당 평균 2천 톤 이하였다. 청의 북양함대는 21척에 약 4만 톤으로, 척 당 크기는 일본과 비교해서 큰 차이는 없었다. 그러나 청의 해군함정들은 큰 배와 작은 배들의 조합이었다. 이를테면 '팅위엔(定遠)' '쩐위엔(鎭遠)' 두 척은 7천4백 톤 급, 이 아래로 여섯 척이 2천에서 3천 톤 급, 그 아래 4척이 천 2~3백 톤 급, 나머지 9척은 모두 수백 톤 급의 작은 배들이었다.

이에 비해 일본 해군은 '하시다테(橋立)', '이츠쿠시마(嚴島)', '마츠시마(松島)', '요시노(吉野)' 네 척이 4천 톤을 웃도는 최대 함정이었고, 그 아래로 3천 톤 급 4척, 2천 톤 급 3척, 천 톤 급(1030~1760톤)이 10척, 나머지 6척이 6백 톤 급이었다, 주력 함정들이 중~대형으로 고루 섞여 이루어져 있었던 것이다. 천 톤 급 이상만 따진다면 청일 각각 12척 대 21척이었다.

최대 속도는 청 해군이 18노트 급이 두 척, 14~16노트가 8척, 10노트가 10척 정도였다. 특히 7천 톤 급의 거함들은 14노트, 가장 빠른 18노트 속도

---

13) 檜山幸夫, 〈天皇の戰爭〉(大谷正 等編, 앞의 책, 77~106쪽).

의 두 척은 2300톤 급이었다. 일본은 이에 비해 '요시노'가 4천 150톤에 23노트, 17~10노트 급이 8척인데 이 함정들은 쾌속과 함께 대개 크기도 컸다. 이를테면 일본 배로 가장 큰 4천 2백 톤 급의 '마츠시마'도 17노트가 넘었고 (청의 7천 톤 급 '팅위엔'이나 '쩐위엔'은 모두 14노트) '하시다테', '이츠쿠시마'도 18노트에 가까운 최대속도를 갖고 있었다.

무장에서도 차이가 있었다. 청군의 최대 함정들은 장비와 크기가 정비례하지 않았다. '팅위엔'만이 구경 30센티 크루프(Krupp) 거포 4문을 장착했을 뿐 나머지는 '핑위엔(平遠)' 호에 26센티 포가 한 대 장착된 외에는 구경 10~26센티 이상의 함포는 모두 합해 30여 문 정도가 장착되었을 뿐 나머지는 기관포 따위였다. 일본은 구경 32센티 포 4문을 필두로 10~26센티 급이 모두 200문 이상 장착되어 있었다.[14]

이처럼 총 톤수나 척수만으로는 비교할 수 없는 전력 차이가 북양함대와 일본 연합함대 사이에 숨어 있었던 것이다. 요컨대 속도와 화력 면에 있어서 청일 양군의 차이는 엄청난 것이었다. 속도에 있어 최고 30%까지 일본함대

---

14) Vladimir, *The China-Japan War : Compiled from Japanese, Chinese and Foreign Sources*(London : Sampson Low, Marston and Company, 1896), pp.76~87. 저자로 밝힌 Vladimir란 이름은 물론 러시아 인명임에 분명하다. 그러나 성명이 아닌 일반적인 러시아 이름이다. 이름에 덧붙여 "Lately of the diplomatic mission to Korea"라 하여 정직한 표현이라면 청일전쟁 이후 한국에 파견된 러시아 외교관으로 복무한 인물일지도 모르겠다. 편찬자 스스로도 "일본 자료에 치중해서 쓴 것"('To My Readers')이라 했듯 전반적으로 전쟁에 대한 일본의 공식적 태도를 반영하고 있는 듯 보인다. 그러나 전황, 전투 장비 등 실증적 묘사에서는 중국측 자료와 크게 어긋나지 않는다. 전쟁 당시 그리고 전쟁 직후에 실제로는 일본인이 편찬하고 영미인들의 이름으로 출간된 전쟁관련 서적이 적지 않다. 이 경우에는 보통 도와 준 일본인의 이름이 병기되는 경우가 많다(이를테면 위 Vladimir의 책과 같은 출판사에서 1897년에 간행된 *Heroic Japan : A History of the War between China & Japan*의 경우는 저자를 F. Warrington Eastlake, Ph.D, & Yamada Yoshi-Aki, LL.B로 밝혔을 뿐 아니라 머리말은 '천황폐하 만세'로 마무리하고 있다). 이런 종류의 선전 책자에 비하면 그래도 중립적 서술에 가까운 자료로 볼 수 있다. 중국 해군의 장비 등에 관한 최근에 정리된 중국측 자료로는 姜鳴 編, 《中國近代海軍史事日誌, 1860~1911》(北京 : 三聯, 1994)이 유용하고 일본측 자료로는 〈軍事的視點からみた日清戰爭〉(東アジア近代史學會 編, 《日清戰爭と東アジア世界の變容》下, 東京 : ゆまに書房), 89~101쪽이 있다.

가 빨랐고 화력으로는 6대 1 이상 차이가 나 있었다. 더욱이 문제는 전술과 사기였다.

9월 17일 압록강 어구 황해에서 벌어진 청일의 황해 해전은 사상 최초의 달리는 기선 군함들끼리의 회전이기도 하였다. 이 전투에서 서로 맞선 해군력은 청군이 14척 총 톤 수 3만 6천여 톤, 일본군이 12척 총 톤수 약 4만 톤, 각 군의 최고 속력은 위에 살핀 그대로이고, 일본측 자료에 따르자면 화포－속사포만 따질 경우 일본군이 246문, 청군은 79문을 각각 장비하고 있는 것으로 되어있다.15)

오전 10시 30분 일본함대가 서남쪽으로부터 진항해 오는 것을 본 띵루창 휘하의 청군은 열 척의 전함을 학이 날개를 편 횡렬을 만들어 적을 맞았다. 마치 만주족의 기마전을 방불케 하는 일렬 횡대 대열이었다. 중앙에 기함 팅위엔을 두고 양쪽으로 각각 4척과 5척으로 날개를 삼고 두 척을 꼬리 뒤에 두어 만약의 경우를 대비케 하고 그 뒤를 다시 어뢰정을 뒤따르게 한 편대였다.

일본군은 일렬 종대로 돌진해 왔다. 요시노를 선두로 멀게는 약 600미터, 가깝게는 300미터 거리를 두고 횡렬로 포진한 청군의 함대 머리들 앞으로 한 척 씩 공격하면서 지나가는 형국이었다.

12시 50분 쌍방의 발포가 시작되었다. 청국의 기함 '팅위엔'이 선공을 날렸고 나머지 함정들도 불을 뿜었다. 그러나 명중보다는 빗나가는 포탄이 더 많았다. 띵루창은 공교롭게도 함교에서 넘어져 부상당했다. 일본군은 한 척 한 척 다가오면서 우현의 속사포를 뿜고는 달아났다. 청군함 두 척에 먼저 명중되었다. 선두에 섰던 일본함 '요시노'도 한방을 맞고 불이 붙었다. 한 시간 가량의 전투 끝에 1300톤 급 청함 '챠오윙(超勇)'이 침몰했다. 일본 군함 세척도 중상을 입었다. 격렬한 전투가 계속되었다.

여기서 일본군함들의 빠른 속도가 위력을 내기 시작했다. 치고 되돌아온 일본군함들은 다시 횡대로 늘어선 청함을 쳤다. 북양함대의 뒤를 돌아 배후까지 노리며 덤벼들었다. 협공의 위기였다. 청함대는 혼란에 빠졌다. 대대장

15) 앞의 《一億人の昭和史：日本の戰史－1：日淸・日露戰爭》, 21쪽.

떵쉬에창(鄧世昌)은 23노트의 당시 최고의 속력과 15센티 속사포 4문을 장착한, 그러나 상처를 입고있는 '요시노'를 특히 주목하고 자신의 함정으로 들이받아 침몰시키려 하였다. 그러나 그 순간 먼저 어뢰를 맞고 떵쉬에창을 비롯한 250여 명의 청 장병들이 배와 함께 수장되었다.

'찡위엔(經遠)'이 뒤를 이어 요시노를 노렸다. 그러나 요시노의 속사포는 오히려 '찡위엔'을 역습했다. 다시 250여 명의 장병이 수장됐다. 두 척의 침몰을 보자 '찌위엔(濟遠)'과 '광찌아(廣甲)'의 지휘자는 후퇴를 명령했다. 그러나 나머지 청함들은 전력을 다해 항전했다. '마츠시마'도 큰 타격을 받았다. 이제는 청함들이 일본함 주위를 돌며 공격하기 시작했다. 기함 '마츠시마'는 기능이 마비되었다. '요시노'는 전투력을 상실했다. 북양함대가 기력을 되찾고 재집결하기에 이르자 일본 연합함대 사령관 이토오는 전장에서의 철수를 명령했다. 저녁 6시 가까운 시간이었다. 잠시 추격하던 북양함대는 뤼순으로 회항했다.

일본함정 5척이 막심한 피해를 입었고 600여 명의 사상자를 냈다. 청함은 4척이 없어지고 천여 명의 사상자를 냈다. 산술적으로 청군의 패배였지만, 일본군의 전투 결과는 본국에 과장되어 보고된 반면 청군의 감투는 패배로 과장되어 알려지게 되었다. 아마도 리훙장의 해군 군사력을 아껴두려는 의도에서가 아닌가 한다. 실제로 그는 이 해전 이후 다시는 함대의 출전을 허락하지 않았다. 황해의 제해권은 자연스레 일본의 수중으로 돌아갔다.16)

황해 해전 이후 시타이허우(西太后)는 더 이상의 전쟁을 피할 요량으로 총리아문에 위쑤(奕訢)를 기용하고 리훙장을 파견하여 러시아를 통해 화의를 청하고자 했다. 10월 12일 리훙장은 티안찐에서 러시아 사절을 접견하고 러시아가 직접 나서서 전쟁에 간섭해 줄 것을 요청했으나 러시아는 전쟁 초기의 관망 정책을 바꾸지 않았다. 러시아 공사 카시니(Arthur Pavlovitch Cassini)는 뻬이징에 있는 각국 공사들과 상의해 보겠다고 만 대답했다.17)

당시에 영국은 전쟁 초기부터 일본에 기울어져 있었지만 중국이 영국에 보조를 맞추어 극동정책에 어느 정도 역할을 할 것이라고 믿고 있었다.

---

16) 李英 主編, 앞의 책, 761~762쪽

17) 朴英宰, 〈淸日戰爭과 日本外交〉(《歷史學報》 53·54합집, 1972), 161~162쪽 참조.

1893년 겨울 러시아와 아프가니스탄 동북의 국경문제를 담판할 때도 청국 정부의 협조를 요구하기도 했다.[18] 그러나 평양과 황해 전투 이후 영국의 여론은 중국에 등을 돌렸다. 타임즈(*The Times*)紙는 사설에서 "이제 중국이라는 나라에 대해 여전히 우리가 그들의 자존심과 교만한 심리에 대해 양보를 해가며 우의를 지켜야 할 가치가 있다고 인식하기는 어렵다. 그들의 잠재력에 관한 신화와 중국이 각성할 것이라는 몽상은 이미 이번 전쟁으로 깨졌다"고 말했다.[19]

여기에는 청일전쟁 이전부터 중국과는 달리 일본정부가 주력했던 해외 유력 매체에 대한 선전 공작이 주효한 바 있다. 외국 신문사와 통신원들에 대한 메이지정부의 공작은 주로 제2차 이토오 내각의 외무성과 내각 서기 관장 이토오 미요지(伊東巳代治)가 담당했다. 그러나 당시까지 아직은 국제적인 공작 경험과 기법이 일천했기 때문에 선전 공작을 구체적으로 실천하는 과정에서는 외국인에게 의존하는 경우가 많았다. 따라서 이 선전 공작에는 외국인들, 특히 영국과 미국 인사들이 다수 동원되었다.[20]

대표적인 인물로는 시볼트(Alexander Siebold), 스티븐스(D. W. Stevens)와 하우스(E. H. House) 등을 들 수 있다. 특히 하우스는 외상 무츠와 오랜 동안의 개인적인 연분을 갖고 있었다. 외무성에 고용된 시볼트와 스티븐스는 각각 영국·독일과 미국에서 일본 공사와 협력하여 현지 신문의 기사와 논조를 조종하는 역할을, 뉴욕 트리뷴(*New York Tribune*)과 월드(*The World*)지의 일본 특파원이었던 하우스는 일본에게 유리한 기사를 송고하는 역할을 맡았다.

먼저 영국 로이터(Reuter) 통신사에 대한 공작은 시볼트를 매개로 영국·독일 공사를 겸임하고 있던 아오키 슈우조오(青木周藏)에 의해 추진되었다. 즉 아오키의 요청에 의해 외상 무츠가 로이터 통신에 연간 6백 파운드의 공작금을 지원하기로 결정되어, 아오키와 로이터 통신사 대표 사이에 계약이

18) 《李文忠公全書》, 電稿 15권, 5~6·10~13쪽.
19) 《*The Times*》, 1894년 9월 30일.
20) 이상 국제 선전전에 관해서는 大谷正, 〈日清戦争期の對外宣傳活動 E. H. ハウスの活動にふれつつ〉(《年報近代日本研究 12 : 近代日本と情報》, 東京 : 山川出版社, 1990), 157~181쪽을 참조할 것.

체결되었다. 영국의 센트럴 뉴스(*Central News*)사에 대해서도 아오키공사를 통해 일본 대본영의 예비금을 자금으로 일본에게 유리한 정보를 신문사에 유포하도록 했다. 예컨대 11월에 뤼순 학살사건이 일어났을 때, 센트럴 뉴스사는 사건을 축소 보도하여 타임즈지 등에 게재하게 한 바 있었다.

미국의 경우에는 미야오카 코오지로오(宮岡恒次郞) 임시대리공사가 스티븐스를 통해 여당인 민주당과 가까운 워싱턴 포스트(*Washington Post*)지에 접근하여, 종래 일본의 조선 정책에 비판적이었던 논조를 일본을 지지하는 방향으로 바꾸게 만들었다. 또 스티븐스는 유피(*United Press*) 워싱턴 지국장을 통해 저팬 메일(*Japan Mail*)社 사주 겸 주필인 브링클리(Captain Francis Brinkly)를 유피 일본통신원으로 해서 유리한 정보를 가맹 신문사에 게재하도록 했다. 1892년 무츠의 외상 취임 직후 일본으로 온 하우스는 무츠가 지휘하는 가운데 뉴욕 트리뷴지와 뉴욕 타임스지를 대상으로 조약개정에 관한 기사를 게재하며 국제 선전에 종사했다.

청일전쟁에 특파원을 직접 파견했던 런던 타임즈(*The Times*), 월드, 뉴욕 헤럴드(*New York Herald*)사에 대한 공작은 특히 중요했다. 특히 월드지의 크릴만(James Creelman) 특파원은 뤼순 학살에 대한 규탄 기사처럼 일본에 불리한 정보를 송고하던 대표적 인물이었다. 월드지에서 하우스는 크릴만의 기사를 뉴욕으로 전송하는 위치에 있었기 때문에, 크릴만의 통신 내용을 무츠에게 통보하여 일본에게 불리하다고 판단되는 기사를 발송을 지연시키거나 누락시키는 방식으로 선전전을 수행했다.

하우스는 1894년 12월부터 크릴만의 후임으로 월드지의 정식 통신원이 되었고, 이후 일본군의 뤼순 학살에 대한 무츠의 변명 등 일본의 입장을 변호하는 통신, 또 리훙장 저격 사건이나 명성황후 살해 사건 등에 대해 발뺌하는 기사를 내보내는 역할도 했다. 이들에게는 외무성과 내각을 통해 지원비가 할당되었으며 나중에는 메이지정부로부터 叙勳과 연금 등 혜택이 주어졌다.[21]

---

21) Jeffrey Dorwart, *The Pigtail War : American Involvement in the Sino－Japanese War : 1894～1895*(Amherst : Univ. of Mass. Press, 1975), pp.105～111 참조.

2) 중국에서의 전투

황해 해전까지의 전쟁 제1단계에서 예상외로 기선을 제압하게 된 일본군은 1894년 10월 24일 선발대를 투입, 압록강을 건너 중국 영토를 침범하기 시작했다. 25일에 찌오리엔청(九連城)과 안똥(安東)을 점령했다. 랴오뚱반도 평원에서의 전투가 시작된 것이다. 11월 7일에 일본군은 찐죠우(金州)를 함락시켰고, 8일에는 따리엔(大連)까지 점령하기에 이른다. 일본이 만주족 청조의 근거지인 랴오뚱지역으로까지 침입하자 청으로서는 일본과의 화의가 시급한 과제로 대두되었다.

10월 30일 위쓴는 미국에 조정을 요청했고, 11월 3일에는 각국 공사에게도 마찬가지 요청을 했다. 그러나 이제는 독일과 미국, 영국은 조정에 나서기를 거부했고 러시아는 주저하고 있었다. 어떠한 열강도 연합 행동은 거부했고, 다만 전쟁이 계속될 경우 일본이 육상 및 해상에서 군사행동을 피할 수 없게 되는데 그럴 경우 이 지역에 이권을 가진 여타 국가들이 일본에게 불리한 해결 방법을 제시할 지 모른다는 권고를 해주는 정도였다.[22]

청국은 이처럼 열강의 조정 가능성이 없어 보이자 일본에게 직접 화의를 요구하는 도리밖에 없다고 판단했다. 1894년 11월 18일 청 조정은 티안찐 세관 세무사인 독일인 데트링(Gustav Detring)에게 리홍장의 화의서를 이토오에게 전달하도록 했다. 11월 26일 텍스트링이 일본에 도착하자 일본정부는 데트링이 청국인이 아니며 리홍장의 서신도 국서가 아니라는 이유를 들어 접수를 거절하는 동시에, 청의 고위 관리가 황제의 欽差 사절로 파견되지 않는다면 결코 협상을 할 수 없다고 응수했다.

한편 이미 11월 22일에 일본군은 뤼쑨을 장악하는 데 성공했다. 찐죠우(錦州) 함락 직후 뤼따(旅順·大連) 전선을 총지휘하던 꽁샤오위(龔照嶼)가 티안찐으로 도망간 상태에서 후방 지원을 받지 못한 청국군은 17일부터 시작된 일본군의 포위 공격을 감당하지 못한 채 뤼쑨을 내주고 말았다. 일본측 사상자

22) P. Joseph, *Foreign Diplomacy in China*(London : Macmillan, 1928), p.74.

는 겨우 3백 명에 불과했다.

뤼순은 1880년대부터 중국 해군의 요람이었다. 거액의 비용과 10수년 동안을 전력을 다해 구축한, 당시 동아시아 최대의 도크를 갖고 있던 군사 요새였다. 뤼순을 점령한 일본군은 비전투원을 포함하는 중국인들에게 대대적인 학살을 자행했다.

28일자 〈뉴욕 월드〉지에 의하면 점령 직후 부녀자와 유아를 포함한 비전투원까지 모두 6만 여명이 살해되었다고 하는데, 이 학살에 대해 〈월드〉지의 크릴만기자는 "일본은 지금 문명의 가면을 벗고 야만의 본모습을 드러낸" 괴물이라고 격렬히 비난했다. 앞서 언급했듯이 일본정부의 언론 공작이 있어서 그 실상은 상당히 축소되어 보도되었지만 일본 제국주의의 잔학성을 여지없이 드러낸 사건이었다.[23)]

11월 23일 청 조정은 랴오뚱반도 궤멸의 책임을 물어 리훙장을 문책했다. 직무는 유지한 채로 직위만 파면하는 형식적인 조처를 내렸던 것이다. 군사와 외교에서 그의 역량을 대신할 인물은 당시 중국에는 없었던 것이다.

일본군은 요충지 뤼순을 장악한 뒤 청국 해군을 소멸시킬 작정으로 북양 해군 제2의 기지였던 샨뚱반도의 웨이하이웨이에 대한 공격에 나섰다. 이때 청군은 뤼순 함락 이후 방어선의 중점을 랴오뚱·션양(遼東·瀋陽)지역에 두고 있었다. 수도 북경을 방어하기 위해 병력을 티안찐 일대로 집결시키고 샨하이구안 부근에 10만 이상의 군인이 배치되었다. 그러나 샨뚱반도 방어선은 상대적으로 중요성을 두지 않았기 때문에 남아있는 수비 병력은 1만7천 정도에 불과했다.

특히 웨이하이웨이 인근의 룽청(榮成)을 방어하는 병력은 1,400명뿐이었다. 당시 웨이하이웨이 군항은 신식 대포 60문이 늘어선 포대를 갖추었고 육군 1만여 명이 방어를 하고 있었으며, 북양 해군의 함선이 20여 척 정박해 있었다. 11월 30일 리훙장은 웨이하이웨이의 북양 해군에 대해 황해 해전 때와 마찬가지로 '浪戰'을 하지 말고 포대를 방어하는 데 주력하라는 명령을 내리

23) 이 학살에 관하여 다큐멘터리로 접근한 상세한 기술은 井上靖樹,《旅順虐殺事件》(東京：小學館, 1995)을, 중국인에 의한 최근 연구로는 秦郁彦,〈旅順虐殺事件：南京虐殺と對比しつつ〉(東アジア近代史學會 編,《日淸戰爭と東アジア世界の變容》下, 東京：ゆまに書房), 285~298쪽 참조.

고 있었다.

오오야마 이와오(大山巖)를 사령관으로 한 일본 산뚱 작전군 약 2만 명은 일본 연합함대의 호송을 받으면서 일본을 출발하여 1895년 1월 23일 청산쭤에(成山角) 부근의 룽쉬다오(龍須島)에 상륙한 뒤, 방어가 허술한 룽청을 곧바로 점령하였다.

일본군이 상륙할 때 산뚱 방어 임무를 주관하던 리빙헝(李秉衡)은 상륙 뒤 피곤한 일분군을 제때 공격하지 않고 이틀이나 그들에게 휴식할 여유를 주었다. 1월 25일 일본군은 남북 두 갈래로 나뉘어 웨이하이웨이를 공략했다. 한편으로는 웨이하이웨이를 또 한편으로는 룽청의 남쪽에서 방포대를 단절시켜 청군의 퇴각로를 차단하는 한편, 북쪽에서부터 방포대로 진격해 들어가는 양면·양동작전을 구사한 것이다.

청군의 응수에도 불구하고 30일 웨이하이웨이의 남쪽 방포대가 함락 당함으로써, 일본군은 항내의 북양함대 군함에 대해 직접 공격을 가할 수 있게 되었다. 2월 1일에는 북쪽 방포대까지 폭파됨으로써 청군은 육상 거점을 모두 상실하고 말았다.

2월 3일 룽청만으로부터 출항한 일본 연합함대와 남쪽 포대를 점령하고 있던 일본 육군은 청국 북양함대 및 류꿍다오(劉公島)에 대해 수륙 합동작전을 개시했다. 양국함선 다수가 격침되는 치열한 전투 끝에, 8일 일본 해군은 류꿍다오를 장악했고 궁지에 몰린 상황에서 지휘관 류부찬(劉步蟾), 띵루창은 잇달아 자살을 택했다.

2월 12일 쩐위엔(鎭遠) 등 북양함대의 살아 남은 군함은 외국 고용인 등에 의한 하극상의 협박 아래 일본군에게 투항했고 2월 17일 일본군은 정식으로 웨이하이웨이를 점령했다. 이 작전에서 일본 해군은 사상 최초로 水雷를 주로 이용한 야간 기습 공격을 벌였다. 북양함대는 전멸한 것이다.[24]

웨이하이웨이 공략이 시작되기 전인 12월 13일 일본군이 하이청(海城)을 함락시키고 16일에는 푸조우(復州)를 점령하는 등, 상황이 급진전되자 청 조정은 12월 22일 湖南巡撫 샤오위린(邵友濂)을 戶部侍郞 짱인후안(張蔭桓)과 함

24) 《中國戰爭通鑑》上(北京 : 國際文化出版, 1995), 762~764쪽 및 앞에 든 《一億人の昭和史 : 日本の戰史－1 : 日淸・日露戰爭》, 44~45쪽.

께 전권대신으로 일본에 파견하고, 또 미국의 전 국무장관 포스터(J. W. Foster)를 초빙하여 대표단의 고문으로 삼았다. 그러나 포스터는 청국 주재 공사관을 역임했다고는 하지만 개인적으로 본다면 무츠와 주미공사 쿠리노 신이치로오(栗野愼一郎)와 상당한 친분을 가진 일본에 가까운 인물이었다.[25]

1895년 1월 31일 웨이하이웨이 공방전이 한창인 때 짱인후안과 샤오위린은 일본측이 지정한 장소인 히로시마(廣島)에 도착했다. 그러나 이토오는 전권대신 위임받았다는 신임장의 형식과 전권대신의 형식상 자격에 문제가 있다는 이유로 화의를 거절했다. 이토오는 중국 대표단 참사관 우팅팡(伍廷芳)에게 꿍(恭)親王이나 리훙장이 직접 나와야 한다고 주장했다. 2월 7일 청 조정은 일본정부에 조회하여 일본측 의견대로 전권위임장을 수정하겠다고 밝혔으나 일본은 짱인후안과 샤오위린을 귀국시키고 사실상 담판을 거절했다.

일본이 이들과의 담판을 파기한 데에는 다른 속셈이 있었다. 이때가 되면 일본은 최초의 전쟁 목표를 훨씬 넘어서는 전과를 올렸고 특히 랴오뚱반도와 샨뚱반도의 점령을 눈앞에 두고있을 시점이었다. 또 육군과 해군은 서로 전리품에 대한 희망이 달랐다. 육군은 랴오뚱이나 샨뚱 등 중국의 육지에서 영토(거점)의 확보를 원한 반면, 해군은 타이완 등 해양 세력의 팽창에 긴요한 지점의 점령을 원하고 있었다.

무츠 등 일본의 정책 결정자들은 이 희망을 다 만족시킬 수 있는 강화안을 입안하고 중국이 제국주의 침략을 당한 이래 일찍이 할양해 본 일이 없는 영토, 그것도 엄청난 규모의 땅 덩어리를 강화조약의 조건으로써 일본과 담판하고 그 결과에 책임을 지고 서명할 수 있는 고위급 실세가 강화회담의 상대방으로 나올 것을 기대했던 것이다.

물론 짱인후안과 샤오위린은 그러한 지위나 힘을 갖지 못한 고위 실무자급에 지나지 않았다. 일본이 원한 상대는 물론 리훙장이었다. 따라서 무츠와 이토오는 짱인후안과 샤오위린의 전권위임장을 다시 고쳐 서식과 내용을 완벽히 하겠다는 청의 요청을 당연히 묵살했던 것이다.[26]

짱인후안과 샤오위린 양 사절이 빈손으로 청국으로 돌아오던 2월 12일은

25) 〈科士達回憶錄〉(《中日戰爭文獻彙編》 제7책), 463~465쪽.
26) 朴英宰, 앞의 글, 169~174쪽 참조.

류꽁다오의 북양함대 잔여 함선이 일본 해군에게 모두 투항했고, 이를 계기로 북양함대는 완전히 궤멸된 날이었다. 2월 17일 일본군은 정식으로 웨이하이웨이를 점령했다.

웨이하이웨이 함락 이후 청일전쟁은 최종 단계로 접어들었다. 전선은 랴오뚱 평원 깊숙이 집중되었다. 1894년 말부터 이듬해 초에 걸쳐 하이청(海城)과 까이핑(蓋平) 등 전략적 요충지가 잇따라 함락됨으로써 청국에게 샨하이구안 동쪽의 형세는 더욱더 엄중해졌다.

1895년 1월 꾸앙쉬제(光緒帝)는 兩廣總督 류쿤이(劉坤一)를 입경하게 하여 欽差大臣 겸 湖南巡撫 우따청(吳大澂)과 總統 쑹칭(宋慶)을 도와 샨하이구안 부근의 각 군을 통솔하게 하였다. 1월 17일 랴오양(遼陽)을 지키라는 명령을 받은 허이룽쟝(黑龍江)장군 이커탕아(依克唐阿)와 찌린(吉林)장군 창쑨(長順)이 연합하여 하이청 반격을 가했으나 성공을 거두지 못했다.

1월 22일 이커탕아와 창쑨의 양군은 제2차 하이청 반격에서도 패배하였고, 이에 2월 11일 우따청이 청국군의 절대 방어선인 티엔쭈앙타이(田庄台)에 도착하여 청군 병력을 증가하였다. 2월 16일과 21일 쑹칭과 이커장아, 창쑨은 3만 여의 대군을 동원하여 제3·4차 하이청 반격을 시도하였으나 역부족으로 실패로 끝났다.[27)]

2월말 새로운 공격을 위한 청군의 조직이 준비되기 전에 일본군은 두 갈래로 나뉘어 하이청을 출격해 안산(鞍山)을 점령하였다. 3월 4일 일본 제1군 2개 사단 1만 2천 명은 청군의 뇨쭈앙(牛莊) 수비대 약 5천 명을 협공하였다. 청군의 완강한 저항으로 일본군 사상자 4백 명을 내는 격전이 벌어졌으나, 청군은 2천명에 달하는 사상자와 포로 6백 명을 낳으면서 결국 뇨쭈앙 함락을 맛보아야 했다.

3월 7일 일본군은 잉쿠오(營口)마저 점령하게 된다. 치열했던 이 결전은 청일전쟁 최초의 시가전이기도 하였다. 양군 각 2만 명의 대군이 맞섰다. 9

---

27) 이 지역의 전투의 문제점과 지역 인민들의 항쟁에 관해서는 山東省歷史學會 編, 《甲午戰爭九十周年紀念論文集》(濟南 : 濟魯書社, 1986)의 249~62쪽의 潘國華·劉玉岐, 〈簡述甲午戰爭時遼東戰場 : 淸軍后勤的幾个問題〉와 263~76쪽의 孫克復, 〈甲午戰爭期間遼寧人民自發抗日鬪爭述略〉 두 논문을 참조할 것.

일 일본군은 드디어 티엔쭈앙타이(田庄台)를 공격하였고 쑹칭이 이끄는 청군은 대패하였다. 치엔쭈앙타이가 함락됨으로써 랴오뚱반도의 주요한 城鎭은 모두 일본군에 점령당했고 청군의 랴오뚱 전선은 모두 와해되었다.[28]

육지에서의 전투는 이로써 거의 모든 전선에서 일본군의 승리로 끝났다. 이로 말미암아 일본은 랴오뚱반도의 남해안 서북해안 그리고 내륙쪽의 평원을 모두 제압했다. 물론 티안찐에서 빼이징에 이르는 지역의 급소뿐 아니라 황해바다를 제압하는 웨이하이웨이지역도 수중에 넣게 된 것이다. 수도 빼이징으로의 진격은 시간문제로 되었다. 이제 청국에게 남은 길은 강화밖에 없었다. 청국은 일본의 뜻대로 리훙장을 강화회담을 위한 전권대표로 임명하고 시모노세키로 향하게 했다.

3월 17일 시모노세키에서는 휴전협정이 일단 체결되었으나 펑후도(澎湖島)와 타이완은 제외되어 있었다. 강화회담 직전 사세호(佐世保)를 출발한 일본의 혼성여단은 펑후 섬들을 공략하였다. 작전다운 작전이랄 것도 없이 南지나해의 제해권도 일군의 수중으로 들어갔다. 이 전투로 인한 일본군의 전사자는 열 사람도 채 안되었지만 풍토병이라거나 돌림병으로 총동원 인원 6,100여 명 중 1,200여 명이 죽었다.

이 같은 일은 타이완 점령 전투에서도 되풀이된다. 작전에 동원된 일본군 2만 6천 명 중 전사는 160여 명 밖에 안 되었던 데 반해 병사한 인원이 4천 6백 명에 이르렀던 것이다.[29] 더욱이 타이난(臺南)까지 타이완의 주요 지점을 점령하기 위해 상륙·전진하는 일본군을 본토의 전투에서는 볼 수 없었던 드센 저항이 가로막았다. 타이완의 원주민들은 아시아 최초의 공화국 수립을 선포하고 끈질긴 게릴라전으로 이후 수년 동안 일본을 괴롭혔던 것이다.[30]

〈朴英宰〉

---

28) 關捷·劉志超,《沈淪與抗爭：甲午中日戰爭》(北京：文物出版社, 1991), 도판과 설명 280~292번.

29) 앞서 인용한《一億人の昭和史：日本の戰史－1：日淸·日露戰爭》(每日新聞社：1979), 23~51쪽.

30) 타이완 인민들이 세운 공화국「臺灣民主國」과 항일투쟁에 관해서는 吳密察,〈日淸戰爭と臺灣〉(東アジア近代史學會 編,《日淸戰爭と東アジア世界の變容》上, 東京：ゆまに書房), 339~369쪽을 참조할 것.

4. 중재와 강화

1) 열강의 중재

청일전쟁은 열강의 이해관계가 복잡하게 얽혀 있었던 만큼 전쟁 발발 전부터 중재를 위한 시도가 다양하게 이루어졌다.

1894년 6월 9일 인천에 상륙한 일본공사 오오토리 게이스케(大鳥圭介)는 조선정부가 병력을 대동하지 말라는 요청을 했음에도 불구하고 이튿날 해군 육전대의 호위를 받으면서 서울로 진입했다. 청국군도 제1차 파견대 2천여 명을 8일부터 아산에 상륙시켜 충청도 일대에 포진시키고 있었다. 오오토리가 귀임했을 당시 서울은 평온하고 아산지역의 청군 또한 움직일 기색이 아니었다.

이것은 무츠·하야시·카와카미 등이 협의했던 조선 작전이 예상했던 것과는 크게 어긋나는 양상이었다. 때마침 전주화약도 맺어져서 병력 파견의 명분도 사라져 버린 판국이었다. 조선정부는 군대의 철수를 강력히 요구했고, 조선 주재 서양 외교관들도 조선정부의 요청없이 병력을 파견한 일본의 행동을 문제삼기 시작했다. 구미 열강 가운데 가장 적극적인 자세를 보인 것은 러시아와 영국이다.

주일 러시아공사 히트로보(Mikhail Aleksandrovich Hitrovo/Khitrovo)는 이미 6월 8일에 무츠외상에게 일본군 파견 이유를 질문했던 바 있다. 무츠의 답변은 청국의 행동을 감시하기 위해서라는 것이었다. 히트로보는 일본함대가 조선 연해에 계속 집중되고 있고, 영국함대도 거문도에 정박하여 벌써 3개월분의 군수물자를 비축했기 때문에 러시아의 "동쪽 국경에 분규를 초래할 가능성이 생겼음"을 본국에 타전하여 사태의 심각성을 지적하고 있었다.[1)]

---

1) 'Telegram of the Minister at Tokyo to the Minister of Foreign Affairs'(June 8, 1894), "Russian Documents Relating to Sino-Japanese War, 1894~1895", in B.G. Weber & S.R. Dimant eds., *Krasny Archiv*, in *The Chinese Social and Political Science Review*(Oct. 1933/#3/vol.17), p.485(이하 *Krasny Archiv*

13일에는 조선에 주재하는 러시아의 대리 공사, 독일의 부영사가 오오토리 공사와 회견한 자리에서 일본군의 대거 투입을 문제삼았다. 이에 대해 오오토리는 공사관 호위 외에는 다른 뜻이 없다고 답변하였지만 변명이 궁색하기는 매 한가지였다.[2)]

이러한 상황에서 6월 12일부터 청일 양국은 위안스카이와 오오토리 사이에 공동 철병을 위한 협상을 시작하여 15일에 다음과 같은 합의에 도달했다. 즉 6월 15일을 시점으로 일본은 이미 상륙한 육군 병력의 약 4분의 1에 해당하는 250명을 인천에 주둔시키고 청국은 상륙 병력의 5분의 1인 400명만 아산에 남기며 나머지 병력은 양국 모두 본국으로 즉각 철수시킨다는 것이었다. 잔류 부대 역시 '민란'이 진압되기를 기다려서 〈천진조약〉의 뜻에 따라 조속히 철수시킨다는 내용이었다.[3)] 이제 병력의 공동 철수는 양국정부의 승인만을 남겨두고 있는 셈이었다.

그러나 일본공사 오오토리의 공동 철군 교섭은 일본정부의 정책이 아니었고 특히 외상 무츠의 사전 양해도 얻지 않은 것이었다. 오오토리는 조선 정세를 보건대 공동 철군이 불가피하다고 판단하여 위안스카이의 공동 철병 제안을 받아들여 교섭에 임했던 것이다.

그러나 무츠는 6월 13일 오오토리의 증원군 귀환 요청을 비판하면서 대규모 일본군을 "아무 것도 하지 않은 채… 귀국시키게 되면 매우 볼상사나울 뿐 아니라 득책도 아니니… 지체없이 병력을 서울로 입성"시키라는 훈령을 내렸다. 서울의 오오토리는 현시점에서 신속한 철병만이 가장 타당한 수습책임을 건의하였으나 관철되지 못했던 것이다.[4)]

무츠는 대신 당면과제인 철병을 접어놓고 군사력을 계속 주둔시키면서 청국을 도발해 전쟁으로 끌어들일 것, 그러면서 한편으로는 구미 열강의 지지

로 줄여 씀).

이 *Krasny Archiv*는 최근 일문으로 잘 정리되어 이용하기에 편리한 자료집으로 출판되어 있다. 佐佐木揚 編譯,《一九世紀末におけるロシアと中國：クラースヌイ・アルヒーフ所收史料より》アジア史資料叢刊 第1輯(東京外國語大學 アジア・アフリカ言語文化硏究所, 東京：巖南堂, 1993).

2) 田保橋潔,《日淸戰役外交史の硏究》(東京：東洋文庫, 1951・1965), 128쪽.

3) 朴宗根 著, 朴英宰 譯,《淸日戰爭과 朝鮮：外侵과 抵抗》(一潮閣, 1989), 30쪽.

4) 日本外務省 編,《日本外交文書》27-2(東京：日本國際連合協會, 1936), 192~200쪽.

를 얻기 위해서는 조선의 '근대화'를 위해서 조선에 대한 '내정개혁'을 내세울 것을 대안으로 제시했다.

스기무라 후카시(杉村濬)가 처음 제안한 것을 이토오가 상정함에 따라 6월 15일 내각회의에서 결정된 조선의 내정개혁 방침은 청일 양군이 조선의 농민군을 진압한 뒤에 양국 위원을 중심으로 조선의 근대적 제도개혁을 추진한다는 것이었다. 무츠는 일찍이 이 조선 내정개혁안을 제시함으로써 일본의 외교가 "일시에 피동자에서 주동자로 변화"되었음을 지적한 바 있다.5)

6월 21일 청국은 예상대로 일본의 공동 내정개혁 제의를 거부했다. 이에 일본은 조선 내정개혁을 단독으로 추진하겠다는 방침을 천명했다. 이처럼 일본이 단독 내정개혁 방침에 입각해서 적극 외교를 펼치자 구미 열강은 서로 다른 반응을 보여주었다.

미국의 경우 서울 주재 공사 존 실(John M.B. Sill)은 영국·러시아·프랑스 외교 대표와 함께 청일 양국의 동시 철병을 추진하기도 했지만 미국 국무성은 공식적으로 불개입 방침을 견지하고 있는 상황이었다.

우선 고종이 주미공사 李承壽에게 미국의 중재를 호소해 보라는 훈령을 내렸다. 이승수공사가 그레샴(Walter Q. Gresham)국무장관에게 그 내용을 전달하면서 개입 의사를 타진했으나, 그레샴의 대답은 현상유지 정책이었다. 그레샴은 주미 일본공사 쿠리노 신이치로오(栗野愼一郎)에게 공정한 처분을 희망한다는 각서를 전달하는 한편, 실공사에게는 "조선에서의 평화 상태 유지에 만전을 기해주기 바란다"는 전문을 보냈을 뿐이었다. 그리고 따로 외교 훈령을 통해 "조선의 정치문제에 절대로 개입하지 말라"고 명시했던 것이다.6)

반면 러시아의 반응은 적극적이었다. 6월 25일 주일 러시아공사 히트로보는 일본 외무성을 방문하여 청국군이 철수한다면 일본군 역시 철수할 것인지를 타진했다. 주청 러시아공사 카시니도 청일 분쟁의 조정은 동아시아에서 러시아의 위신을 제고할 기회이므로 대일 간섭을 강화해야 한다고 본국에 보고하고 있다. 카시니공사의 상신을 받은 러시아 외상 드 기르스(Michail

5) 陸奥宗光, 《蹇蹇錄》(岩波書店, 1940), 36쪽.

6) 金源模, 〈淸日戰爭前後期 美國의 對極東政策이 日本의 韓國侵略에 끼친 影響〉(韓國史硏究會 編, 《淸日戰爭과 韓日關係》, 一潮閣, 1985), 163~164쪽.

Nikolaevich de Giers)는 훈령을 내려 히트로보공사로 하여금 30일 일본정부에 대해 "청국과의 동시 철병을 고의로 방해할 경우 일본은 중대한 책임을 져야 할 것"이라고 경고를 전달하게 했다.7)

그러나 7월 2일 일본정부는 러시아의 권고를 거절했다. 이것은 러시아정부도 익히 예상하고 있던 반응이었다. 강경책을 뒷받침할 힘의 준비가 문제였던 것이다. 이미 7월 1일에 러시아 육군상 반노프스키(Boris Petrovich Vannovsky)는 외상의 질문에 대해, 군사력 시위를 위해서는 대병력이 필요한데 파병을 실천에 옮기려면 우선 시간적으로 어렵다는 견해를 밝힌 바 있다.8)

또 히트로보공사가 드 기르스외상에게 낸 견해에도 이와 비슷한 맥락이 있었다. 즉 일본 국민은 현재 자부심에 도취되어 있기 때문에 실제적인 교훈을 통해서만 각성시킬 수 있다는 점, 그러나 일본 사회 전체가 극도의 흥분 상태에 빠져 있기 때문에 국가 위신에 상처를 입히지 않을 좋은 구실이 없는 한 비록 일본정부가 원한다 할지라도 스스로 군대를 빼낼 만한 상황이 아니라고 보고했던 것이다. 결국 러시아는 중재를 포기하고 7월 13일 일본정부에 대해 회답 자체를 만족한다는 의사를 표명할 수밖에 없었다.9)

러시아에 이어 중재자 역할을 맡게 된 것은 영국이었다. 7월 1일 주일 대리공사 페이젯(Ralph S. Paget)은 일본 외무성을 방문하여 청국과 협상할 것을 권고했다. 런던에서도 킴벌리(John W. Kimberley)외상이 별도로 주영 공사 아오키에게 청일 양국이 빠른 시일내에 타협을 보지 못할 경우, 러시아가 유럽 각국에 요청하여 연합 중재를 시도할 것이라는 점을 지적하고, 청국이 문제삼는 것은 조선에 대한 명목적인 종주권에 불과하기 때문에 이 점에 대해서만 일본이 양보하면서 조선에서 실익을 얻는 편이 유리하리라는 충고였다.10)

킴벌리외상의 판단의 근거는 조선이 청국의 종주권으로부터 벗어나 독립한다면 러시아가 조선에 세력을 키울 기회가 증대하고 일본의 세력은 오히

---

7) 《蹇蹇錄》, 62~63쪽.
8) 'Letter of Minister of War to Minister of Foreign Affairs'(July 1, 1894), *Krasny Archiv*, p.506.
9) 주일 공사 히트로보의 6월 13일 전보, *Krasny Archiv*, pp.497~498.
10) 《日本外交文書》 27-2, 문서번호 641, 〈附屬文書〉.

려 쇠퇴하리라는 것, 따라서 일본은 공동 철병에 응하는 편이 장기적으로 일본에 이로우리라는 전망이었다. 이는 조선이 청국의 보호국임을 묵인하고 그럼으로써 러시아의 남하에 대항하고자 했던 종래의 영국 외교정책의 기조를 충실히 반영한 일종의 현상유지론이었다.

킴벌리외상과 의견을 교환한 아오키공사는 나름대로 청국은 원산, 일본은 부산에 군대를 주둔시키는 조건을 내걸고 영국의 조정에 응하는 것이 좋겠다는 뜻을 본국 정부에 상신했다. 이토오수상은 러시아가 간섭할 경우 영국에 의뢰할 방침을 세우고 있었기 때문에 영국의 제안을 받아들이기로 했다. 이토오는 조선의 오오토리공사에 대해서 과격한 조치를 회피하라고 명령하고 참모본부를 통해 오오시마 혼성 여단장에게도 마찬가지의 내용을 지시했다.

그러나 외상 무츠의 견해는 달랐다. 일본정부가 영국의 중재에 응하는 데에 불만이었다. 그는 영국의 중재가 청국의 의뢰에 따른 결과물이라는 점에 주목했다. 따라서 그는 영국의 제안을 수락은 하되 조건을 달았다. 즉 앞으로 조선에서 모든 정치상·통상상의 관계에서 일본이 청국과 동일한 지위로 될 것을 요구했던 것이다.[11]

7월 7일 영국은 다시 프랑스·러시아·독일·미국정부에게 '공동간섭'을 지지하거나 참여할 것인지 타진했다. 그러나 이들 열강, 특히 미국의 반응이 부정적이었다. 7월 13일 외상 킴벌리는 수상에게 보낸 서한에서 열강의 연합행동에 대한 희망을 포기한다고 결론을 보고했다.[12]

2) 강화 외교

6월 7일 스기무라로부터 일본군 파병 통고를 받은 조선정부는 즉각 일본군 파병의 부당성을 지적하고 그 철회를 요구하였으며, 주일공사 金思轍을 통해서도 일본정부에게 파병 방침의 철회를 요청하였다. 또한 6월 9일 참의

---

11) 이에 대해 청국은 '청국과 동등한'이 아니라 '타국과 동등한' 권리로 수정 제안한 바 있다. 田保橋潔, 앞의 책, 242~243쪽.

12) Ian Nish, 〈淸日戰爭과 英國〉(한림대학교 아시아문화연구소 편, 《淸日戰爭의 再照明》, 한림대학교 출판부, 1996), 216쪽.

교섭통상사무 閔商鎬와 미국인 외무고문 르젠드르(Charles W. LeGendre, 李善得)를 인천으로 급파하여 오오토리공사가 대동하고 온 해군 육전대의 서울 진입을 막으려 했다. 이어서 6월 10일에도 협판 교섭 통상사무 李容稙을 양화진으로 파견하여 일본군의 서울 진입을 막고자 했다. 이 시도는 모두 실패로 돌아갔다. 그러나 13일 조선정부는 다시 한번 〈전주화약〉을 이유로 위안스카이에게 청군의 조속한 철수를 요청하고 14일에는 오오토리에게 일본 병력의 철수를 더욱 강력히 요구했다.

그러나 앞서 살펴본 대로 청일전쟁의 도발과 강화 외교의 전 과정에서 일본 외상 무츠에게는 일관되게 뚜렷한 목표가 있었다. 두말 할 나위 없이 조선에 대한 일본의 정치적 지배 내지 우월권의 확보였다. 중국과의 전쟁을 눈앞에 둔 시점에서 일본이 견지하고 있던 대 조선 정책의 원칙과 기본을 보여주는 문서가 무츠가 기초한 〈處韓方策四通〉이다.13)

개전 초기에 이토오에게 제출한 이 문서에서 무츠는 조선에 대한 일본의 영향력을 네 단계로 그 가능성을 나누었다. 첫째는 조선의 내정을 개혁하고 조선의 운명을 그 자신에게 일임하는 방안, 둘째는 명의만 독립국으로 하고 일본이 그것을 保翼扶持하는 방안, 셋째는 중국과 아울러 공동으로 조선의 독립을 보장해주는 방안, 그리고 넷째는 조선을 일본이 주도하여 중립국으로 만드는 방안이었다.

둘째 방안은 말할 나위 없이 조선이 일본의 속국으로 되는 길이다. 셋째는 청과의 경쟁이 여의치 못할 경우, 이 시점까지 청이 조선에 대하여 전통적으로 누려온 영향력을 대등하게 나누어 가지자는 방책이다. 넷째 방안은 얼핏보면 열강의 각축을 벗어난 중립국 조선으로 보일지도 모르나, 최악의 경우에는 타 열강의 간섭을 배제시킨 채 조선에서의 일본의 간접적 지배를 꾀한 방책에 다름 아니다. 가장 그럴듯하게 보이는 첫째 방안이야말로 1890년대의 시점으로서는 가장 지능적이고 또 차원 높은 현실적 방책이랄 수 있다. 조선의 내정을 개혁하되 일본의 손으로 한다는 타율성과, 조선의 운명을 조선에 일임한다는 자율성의 강조는 자못 이율배반이 아닐 수 없었다.

13) 伊藤博文, 《機密日淸戰爭》(東京 : 原書房, 1967), 27~33쪽.

그러나 무엇보다도, 조선의 내정개혁이란 첫째, 개혁의 주체로서 또는 후원자로서 일본은 조선에 대한 간섭 뿐 아니라 청의 세력을 구축하기 위한 목적을 지닌 전쟁을 도발할 구실로 삼을 수 있다는 것이었다. 또 실제로 응용되기도 하였다. 국제 사회에서도 청일전쟁에서의 일본의 정당성 홍보에 커다란 무기로 되어 사회진화론이 주도하던 서양 열강 사회에서 일본에 대한 여론의 지지를 얻기 위한 논리적 근거를 제공하기도 했다.

내정개혁을 주창함으로써 무츠가 궁극적으로 노린 것은 일본의 지원과 사주를 받는 내정개혁파로 하여금 조선의 '근대화'를 추진케 함으로써 결국은 조선에 대한 간접 통치를 실현하는 일이었다. 그러나 조선의 젊은 개혁파 지도자인 박영효가 '삼국간섭' 이후 러시아에 기울자, 그의 개혁 의지는 뒷전으로 돌리고 일본의 손아귀에서 벗어난 사실만을 욕설과 함께 개탄하고 있는 일본 지도층의 자세에 이러한 속셈은 명백히 드러나 있다.[14]

더욱이 일본은 조선이라는 한 나라의 개혁을 주체적으로 추진하고 지원할 만한 구체적인 그림은 물론이려니와 자금도 입안되거나 마련되어 있지 않은 것이 실상이었다. 오오토리의 후임으로 조선 내정개혁과 전쟁 도발을 책임지고 부임했던 이노우에 카오루(井上馨)가 그 자금을 조달하러 토오쿄오의 재력가들을 찾아다녔음에도 불구하고 실패로 끝난 일은 이를 하나의 구체적인 사례로서 생생히 증언해 준다.[15] 이노우에는 주지하다시피 막강한 영향력을 지닌 메이지 일본의 거물 정치인이었다.

한 걸음 더 나아가 전쟁 외교를 책임지고 시모노세키 강화회담까지 이토오 히로부미와 시종 일관 보조를 맞추어 청국과 열강과의 교섭을 지휘하던 무츠는 조선에서의 일본의 목표가 이러한 개혁과는 결국은 거리가 멀다는 사실을 자신의 외교 회고록에서 스스로 증명하고 있다. 그의 《蹇蹇錄》에는 청일 개전 직전 일본의 국내 여론에 대한 평가가 등장한다. 비록 재야의 '조기 개전론' 또는 동학농민군에 대한 '기사도적인 의협론'에 대한 반어법으로서 이기는 하나 무츠는 냉정하고 현실주의적인 논리로 일본이 왜 조선의 '동

14) 宇野俊一, 《日清・日露 : 日本の歷史》(小學館, 1976), 107쪽.
15) W. G. Beasley, *Japanese Imperialism, 1894~1945*(Oxford Univ. Press, 1992), pp.51~52.

학란' 사태에 개입하지 않으면 안되는가를 설명하고 있다.16)

조선에서의 전국 규모의 내란 발생과, 근대화와는 거리가 먼 청국의 조선에 대한 전통적 영향력, 그리고 내란에서 증명된 조선의 근대화와 내정개혁의 필요성, 그리고 일본의 근대화 플랜과 이를 실현하기 위하여 필연적인 조선에서의 청 세력의 축출과 전쟁 불사의 의지를 명확히 하고 있다. 이러한 의미에서 무츠의 이 《건건록》은 논리와 현실 감각을 겸비한 메이지시기의 대외 팽창론 중에서 으뜸가는 문서로 평가받기도 한다.

그러나 무츠의 조선에서의 일본 이익과 지배권의 확립이라는 이 목표는 전쟁 수행 중에 현격히 확대된다. 전쟁의 종료를 위한 강화의 조건이 조선에서의 청 세력 배제라는 정치적 조건을 훌쩍 뛰어 넘어 중국의 영토를 빼앗는 일이 그 알맹이를 이루게 된다. 청으로부터 조선의 '독립'이라거나 전쟁 비용의 배상을 넘어 영토의 할양이 논의되었을 때 무츠의 의중에는 그나마 타이완과 펑후(澎湖)열도 및 그 부속도서 이외에 중국 대륙에서의 영토 할양 조건은 존재하지 않았다.

물론 랴오뚱(遼東)반도의 할양도 제안은 되고 있었으나 이는 엄격한 의미에서 전쟁 배상의 일부로서가 아니었다. 배상을 규정한 조항과는 별도의 조항, 즉 그 유명한 제1조 "청국은 조선의 완전무결한 자주지방임을 확인"하기 위한다는 명목 하에 영토를 담보하겠다는 하나의 조건으로 두어졌던 것이었다. 조선과는 너무나 멀리 떨어진 타이완과는 달리 조·중 국경선상에 위치한 랴오뚱의 할양은 어디까지나 전쟁 목표였던 "조선 독립을 위한" 하나의 '담보'로서 요구될 터였다. 시기적으로는 1894년 11월과 12월 사이였고 전쟁과 외교의 핵심 인물 무츠와 이토오 사이에 내려진 결정이었다.

즉 무츠의 글을 빌리자면 "랴오뚱반도의 점령은 조선의 독립을 유지하고 청국의 간섭을 막기 위한 것"이었으며 타이완의 할양은 "[전쟁 비용 이외에] 별도의 배상금을 지불하지 않는" 대상으로 요구되었던 것이다.17) 전쟁의 전반기까지 이 전쟁의 결과에 대한 일본 지도층의 희망과 논리를 제대로 반영

---

16) 《蹇蹇錄》 전반부의 개전에 이르는 과정에서 주로 이런 논리를 주장했다.

17) 《蹇蹇錄》의 1895년 초판본, 《陸奥宗光關係文書》, 日本國會圖書館 憲政資料室 소장 마이크로 필름, #65~1.

한 것이라 할 수 있을 것이다. 그러나 이러한 발상은 전쟁이 후반으로 접어들고 일본군이 연전연승하고 랴오뚱과 샨뚱지역으로의 확전과 정비례하면서 환골탈태하게 된다.

배상금은 배상금대로 챙기고 랴오뚱은 타이완과 더불어 조선 독립을 보장하는 담보로써의 논리가 사라지고 '무조건 할양'의 대상으로 바뀌었던 것이다. 뿐만 아니라 할양 받고자 하는 랴오뚱반도의 영역도 크게 확대되었다. "조선의 독립을 유지하기 위한" 목적을 달성하기 위한 명분에서라면 랴오뚱반도 중에서도 중·한 국경선의 일부만 점령하더라도 목적이 달성될 터였다. 원래 무츠의 초안도 이 아이디어를 반영하고 있었다. 그러나 1895년 1월의 내각회의에 정식으로 상정된, 그리고 청국에 제시될 강화 조약의 초안은 랴오뚱반도 거의 전체를 할양 대상으로 그려놓고 있었다.[18)]

따라서 전쟁 후반기 1895년부터의 일본 외교는 이 확대된 대청 강화조건을 실현하는 데에 초점이 맞추어졌다. 개전 외교 때에 오오토리-이노우에 등 조선 주재 일본 대표들이 대조선·대청 교섭이 전쟁을 일으키기 위한 억지 추진으로 말미암아 난관에 부딪친 것과 마찬가지 맥락에서, 전쟁 중에 이루어진 이러한 목표 팽창에 뒤따르는 외교에서도 과부하가 걸렸다. 무츠는 이러한 사태를 걱정하면서 예상은 하고 있었다.

중국 본토에 대한 영토의 분할은 일본의 최종 요구가 되어 버렸고 이는 서양 제국주의의 중국 침략 반세기 동안 일찍이 없었던 일이었다. 열강의 간섭은 당시의 제국주의 국제정치와 국제정세에 초보적인 지식만 갖춘 자라면 누구나 예상할 수 있었던 일이었다. 이를 미리 막아볼 양으로 일본 외교가 나름대로 취한 대책은 크게 세 가지였다.

첫째는 랴오뚱반도와 타이완의 할양이라는 강화조건을 강화 회담이 시작될 때까지는 절대 비밀로 지키는 일이었다. 1894년 12월에 무츠와 이토오 사이에 결정되고 이듬해 1월 각의에서 확정된 이 조건은 영토 할양을 본국과의 논의 없이 전권을 가지고 서명할 수 있을만한 청국의 사절과 회담이 열릴 때까지 외부에 특히 열강에 알려져서는 안 될 터였다.

18) 자세한 과정에 대하여는 朴英宰, 〈淸日戰爭과 日本 外交 : 遼東半島 割讓問題를 中心으로〉(《歷史學報》 53·54합집, 1972), 151~176쪽 참조.

무츠와 외무성이 얼마나 긴장하여 이 조건의 누설 여부에 쏠려 있었는지는 1895년 1월 이후 회담이 열릴 3월까지 기간 동안의 《日本外交文書》와 《건건록》의 상당한 분량이 이 문제에 매달려 있는 데에도 잘 드러나 있다. 무츠는 한편으로는 열국 간섭의 꼬투리를 막기 위해 미리 강화조건을 공개할 생각도 있었지만 이토오와의 협의 결과 일체를 비밀에 부치기로 하였던 것이다. 그러나 이 전쟁에 대한 러시아의 대응책을 제대로 읽지 못한 결과 무츠 스스로 이 원칙을 버리고 강화조건을 누설하였다.

러시아는 전쟁 초기만 하여도 리훙장의 중재 요청을 거절하였고 또 영국의 공동 중재 제의도 물리치는 등, 일본으로 하여금 이 전쟁에 직접 개입하지 않으리라는 인상을 주어왔다. 그러나 러시아는 청일 양국이 강화회담을 시작할 때쯤이 되면, 일본의 한반도 점령은 차라리 용인할 수 있을지언정 랴오뚱반도의 점령은 결코 좌시하지 않겠다는 정책을 세워놓고 있었다. 이 최신정보를 입수하지 못한 일본은 주일 러시아공사에게 중국에서의 영토 분할이라는 강화 조건의 일부를 누설하였던 것이다.[19]

한편 청은 1894년 6월 22일 조선에서 철병하지 않겠다는 일본정부의 조회를 접수하고서야 비로소 일본의 전쟁 도발 결심을 인식하게 되었다. 6월 25일경에는 청 조정은 현 상황에 비추어 본다면 이미 "입씨름으로는 아무런 도움이 되지 못하리라"는 판단을 내리고 리훙장에게 적절한 대응 조치를 취할 것"을 준비하도록 지시하였다.[20] 7월에 들어서는 1일과 14일, 그리고 16일에 계속하여 리훙장에게 신속히 전쟁 준비를 할 것을 지시하게 된다.

이와 같은 청 조정의 임전 태세로의 방향 전환은 청 조정 내의 주전파의 영향이 컸다. 꾸앙쉬제(光緖帝)와 그의 스승인 戶部尙書 웡퉁허(翁同龢), 翰林院 侍讀學士 원팅시(文廷式), 禮部 右侍郞 지뤠이(志銳) 등이었다. '띠땅(帝黨)'이라 불리고 있던 이들은 시타이허우(西太后)의 '허우땅(后黨)'과 암암리에 대립하고 있었다. 조선문제에 대해 띠땅은 주전을, 허우땅은 주화를 고집하고

19) 《日本外交文書》 28-1, 문서번호 561은 무츠가 주일 러시아 공사에게, 문서번호 563에서는 러시아 주재 니시공사가 러시아 외상대리 쉬쉬킨에게 각각 발설한 것으로 기록.

20) 《淸光緖朝中日交涉史料》 13, 1032件, 25쪽.

있었다. 그러나 대외정책의 결정과정에 있어 지금까지 실권은 허우땅이 장악하고 있었다.[21]

이 허우땅의 대표적인 인물이 리훙장이었던 것이다. 비록 전쟁 준비를 지시받고는 있었지만 시타이허우의 의중을 꿰뚫고 있었던 리훙장은 여전히 군사적으로 관망 자세를 유지하고 있었다. 그는 "경거망동을 말고 조용히 관망토록" 지시하고 전쟁의 "꼬투리를 우리측이 만들지 않도록"[22] 강조하였다. 그는 "우리가 먼저 공격하지 않으면 상대편도 움직이지 않을 것이며 이것은 만국의 공통된 예다. 전쟁을 먼저 일으키는 자가 있으면 어느 누구든 파면할 것"[23]이라고 경고하였다.

리훙장의 이러한 대책은 전쟁이 발생하면 영국과 러시아가 간섭해 줄 것이라는 그의 믿음을 바탕으로 하고 있었다. 리훙장은 6월 상순 티안찐에서 영국공사 오코너에게 영국정부가 나서서 일본의 공격을 저지해주도록 본국정부에 요청하도록 부탁하였다. 영국 수상 킴벌리(John W. Kimberley)는 영국주재 일본공사 아오키 슈우조오(青木周藏)를 불러 "청일 양국의 충돌은 비극적이며 그것이 전쟁으로 발전할 경우에 어느 쪽에도 도움이 되지 않고 러시아의 개입만을 초래할 뿐이다. 따라서 개전만이 문제를 해결하는 방법이 아니다"[24]라며 현실적 원칙론을 폈다.

토오쿄오 주재 영국공사 페이젯에게도 일본의 중국과의 전쟁은 위험한 일이며 전 동아시아의 국제관계에 부정적 영향을 미칠 것임을 경고하고 특히 개항장에서 분란이 일어날 경우에는 무역 활동에 심각한 타격을 주리라는 점을 훈령을 통해 일본정부에 전달하였다.[25] 그러나 이러한 판단은 일단 중국에서의 영국의 위상에 손실을 두려워한 소극적인 자세를 전달하는 수준의 것이었다. 킴벌리의 결론은 영국의 무력 개입은 없으리라는 것이었고 이는

21) 戚其章,《甲午戰爭國際關係史》(北京 : 人民出版社, 1994), 146~161쪽.

22)《淸光緒朝中日交涉史料》14, 제1169건, 38쪽.

23)《李文忠公全書》, 電稿 16권, 25쪽.

24) June 23, 1894, "Kimberley to Paget", Park Il-Keun ed., *Anglo-American and Chinese Diplomatic Materials Relating to Korea, 1887~1897*(Pusan, Korea : Institute of Chinese Studies, Pusan National Univ., 1984), No.15, p.11.

25) June 12, 1894, "Kimberley to Paget", Park Il-Keun ed., *Ibid.*, No.22, p.13.

바로 중국에 전달되었다.[26]

이에 리훙장은 러시아로 눈을 돌렸다. 러시아 공사 카시니에게 동일한 요청을 하고, 러시아의 간섭을 촉구하기 위해 "영국은 이미 조정자를 원하고 있으나 중국은 이 일에 러시아가 우선권이 있다고 생각한다"고 말을 돌려 대었다. 카시니는 "러시아도 조선과 인접하고 있어 일본의 경거망동에 간여하지 않을 수 없다"[27]며 일단 적극적인 반응을 보인다.

이 시점에서 러시아가 중재에 대해 적극적이었던 이유는 첫째 1885년 비록 청·일의 반대로 무산되기는 했지만 조선과의 밀약이 체결된 이후 장차 완공될 시베리아 횡단철도를 통해 조선과의 무역량이 증대할 것이며, 둘째 우수리 지방의 개발과 발전이 원활히 진행되어야 하고, 셋째로 태평양함대의 진출을 위해 조선의 효용도가 증가하고 있었기 때문이었다.[28] 리훙장도 "일본은 영국을 러시아만큼 두려워하지 않는다"[29]고 판단하고 있었다.

러시아는 자신이 전면에 나서서 중재를 맡으면 동아시아에서 세력을 증강시킬 수 있으리라는 기대를 품고 있었다.[30] 러시아의 일본 주재 공사 히트로보는 "여러 가지 근거로써 관찰한 결과에 따르자면 몇몇 열강들은 오히려 우리가 극동의 문제를 해결할 것으로 낙관하고 있다"[31]고 했다. 일본도 절대로 조선을 점령할 뜻이 없다는 뜻을 알렸다. 그러나 러시아정부는 장래의 행동 자유를 고려하여 간섭을 유보하기로 결정하고 1894년 7월 9일 카시니는 리훙장에게 러시아는 우의로서 일본의 철병을 권고할 수는 있어도 그들을 압박할 수는 없다고 통보했다.[32]

이미 일본이 전쟁을 결심한 것을 알아차린 영국은 중재를 포기했다. 대신

---

26) 《中日戰爭資料彙編》 7, 1894년 6월 30일, 〈露西亞亞洲司長備忘錄〉, 235~236쪽.
27) 《紅檔雜志有關中國交涉史料選譯》(北京 : 三聯書店, 1957. 이 문서는 *Krasny Archiv*를 한역하여 중국에서 후에 발간한 것이다), 15쪽.
28) "The Importance of Corea to Russia", *Novosti*(Jul. 28, 1894), Park Il-Keun ed., *op. cit.* No.89, p.129.
29) 《李文忠公全書》, 電稿 15권, 47쪽.
30) 《紅檔雜志有關中國交涉史料選譯》(北京 : 三聯書店, 1957), 14쪽.
31) 위의 문서, 18쪽.
32) 《中日戰爭文獻彙編》 7, 1894년 7월 1일, 문서번호 32 〈露西亞陸軍大臣(Vannovskii)致外交大臣函〉, 241쪽(이 문서 또한 *Krasny Archiv*의 번역이다).

영국의 세력권인 상하이(上海)와 그 인근 지역에서는 전투를 벌이지 않을 것을 일본으로부터 확약을 받아내었다. 7월 16일 영국과 일본은 〈일영통상항해조약 및 부속의정서〉를 조인함으로써 영국의 중재 역할은 이로써 일단 끝나게 된다.[33]

영국과 러시아의 중재의 포기와 일본의 침략활동에 대한 불간섭 정책의 채택은 실질적으로 전 열강의 동의를 의미하는 것이나 다름없었다. 무츠에 따르자면 미국은 "옛부터 우리 나라에 대해 우의가 가장 깊고 좋은 뜻을 가진 국가"로 여기고 있었다. 뿐만 아니라 미국은 동아시아에서 일본의 최근 행동에 대해 일관적인 지지를 표명해오고 있었다. 이를테면 1894년 7월 9일 조선과 청정부의 중재 요청을 받자 미국은 일본에 대해 무미건조한 권고로써 적당히 사태를 넘겼다.[34]

독일과 프랑스의 일본에 대한 권고도 청국의 의사를 대변한 것은 아니었다. 두 나라의 주일 공사는 무츠에게 "예전부터 청국이 지니고 있는 무지몽매함을 각성시키려면 어떤 대상이 일대 타격을 주지 않으면 안 된다"는 내용이었다. 이에 대한 일본의 해석은 그 역할을 일본이 하지 않으면 안되리라는 암시를 은연중 표현해 온 것으로 간주하였던 것이다.[35]

1894년 7월 20일 국제 간섭의 가능성이 모두 사라지자 오오토리는 조선정부에 두 개의 조회를 보낸다. 하나는 조선정부가 신속하게 청군이 철수하도록 요구하게 하는 것이고, 다른 하나는 중국과 조선 사이의 세 건의 통상장정을 폐기하는 것이었다. 7월 23일 조선의 답변은 부정적인 것이었다. 일본은 이를 다시 구실로 삼아 최후 통첩을 보내고 같은 날 병력을 파견하여 경복궁을 포위 점령하고 대원군을 유인 협박하게 된다.

7월 25일 대원군은 일본의 위협하에 조선의 자주를 선포하고 청군의 철병

33) 다 아는 대로 1899년에 시행되는 이 조약은 영국의 치외법권을 철폐하고 일본의 관세율을 인상할 것을 골자로 하는, 근대 일본이 열강과 맺는 최초의 평등조약이었다(《蹇蹇錄》, 100~101쪽).
일영통상 항해조약 및 부속의정서에 관해서는 日本外務省編, 《日本外交年表竝主要文書》上(東京 : 原書房, 1965), 143~152쪽.

34) 미국의 간섭에 대한 중국측의 해석은 戴逸 · 楊東梁 · 華立, 《甲午戰爭與東亞政治》(北京 : 中國社會科學院出版社, 1994), 133~140쪽 참조할 것.

35) 《蹇蹇錄》, 105쪽.

권한을 일본군에게 위임하였다. 동시에 중국 代辦 탕샤오이(唐紹儀)에게 중국과 조선간의 상무조약을 폐기할 것을 통보하였다. 이러한 사실의 발표를 몇 시간 앞둔 이른 새벽 일본군은 아산만에서 중국 해군에게 기습 공격을 감행함으로써 전쟁의 발발을 막아보려는 청국의 외교적 노력은 물거품으로 돌아가게 되었다.

청국은 일본과의 재차, 본격적으로 강화를 시도했다. 서양 열강을 개입시키는 방법이 유리하다고 판단한 청국은 11월 20일 독일인 데트링(Gustav Dextring)을 일본으로 파견했다. 데트링은 티안찐세관장이자 1885년 〈티안찐조약〉 체결 교섭 당시 리홍장과 동행했던 인물이었다. 그러나 일본은 데트링과의 교섭을 거부했다. 일본은 계획적으로 시간을 끌면서 점령지역을 더 확장한 뒤에 좀더 유리한 강화를 할 속셈이었다.[36]

이에 대해 청정부는 앞서 살펴 본 대로 재무장관 대리 짱인후안(張蔭桓)과 육군대장 샤오위린(邵友濂), 또 그들의 고문이자 미국의 국무장관을 지낸 포스터(J. W. Foster)를 강화 사절로 임명했다. 일본은 수상 이토오와 외상 무츠를 대표로 임명했다. 강화 장소는 일본의 주장대로 히로시마로 결정되었다.

당시 일본 지배층 내부의 강화조약에 대한 의견은 일치되어 있지 않았다. 육군은 장래 대륙 침략의 전진기지로 삼기 위해 랴오뚱반도의 할양을 요구했고, 해군은 장차 남중국의 연안지역에 대한 지배권, 그리고 남지나해에 대한 제해권을 확보하기 위해서 타이완과 펑후열도의 할양을 요구하고 있었다. 民黨과 여론 매체들도 중국 영토 분할안과 배상금 액수를 놓고 저마다 주장을 벌이고 있었다. 일본정부의 각료들조차도, 이를테면 대장성 대신 마츠카타 마사요시(松方正義)는 배상금 10억 엔만 받고 영토에 대한 요구는 포기하자는 주장을 펴기도 했다.

앞으로의 전쟁 계획에 대해서도 의견 대립이 있었다. 대본영의 계획은 뻬이징을 점령한 후 '프러시아-프랑스전쟁(普佛戰爭)'에서 승리한 프러시아처럼, 패전한 적국의 수도에서 강화조약을 체결하자고 주장했다. 이에 대해 이토오는 그러한 강경 대책은 중국에서의 혁명적인 사태나 열강의 간섭을 유

---

36) 강화 교섭과 중재에 대해서는 박영재, 〈무츠 무네미츠(陸奧宗光)와 淸日戰爭〉(《淸日戰爭의 再照明》, 한림대 아시아문화연구소, 1996), 52~74쪽 참조.

발함으로써 오히려 일본의 승리를 수포로 돌아가게 할 위험성이 있다는 이유를 들어 반대했다. 그는 랴오뚱반도, 타이완, 펑후열도의 조기 점령을 주장했고 제2군사령관 오오야마 이와오(大山巖)도 이에 동조했다. 전쟁의 장기화가 일본 경제에 파탄을 초래할 지 모른다는 우려에서 단기 결전으로 조기 강화를 하자는 주장도 적지 않았다.[37]

이런 상황을 배경으로, 청국 대표단이 도착하기 직전에 대본영과 내각의 합동회의에서 강화 조약 초안이 작성되었는데, 그 골자는 첫째 조선의 '독립'을 승인할 것, 둘째 랴오뚱반도, 타이완과 펑후열도를 할양하고 일본의 군사비를 배상할 것, 셋째 구미 열강과 맺은 통상조약을 일본과도 체결할 것 등이었다. 여기서 '독립'이라는 표현은 물론 조선으로부터 청국의 세력을 일소하고 자신들의 정치·경제적 침략을 용이하게 하려는 구실에 불과했다. 영토 할양의 요구는 육군과 해군의 주장이 모두 관철된 결과였다. 배상금으로는 전쟁에 소요된 총 경비와 장래의 타이완 진압 비용을 합친 경비의 2배에 달하는 총액 4억 5천 만 엔을 요구했다.

1895년 1월 30일 청국 대표단이 일본에 도착했다. 일본 대표단은 조약 초안을 제시하지도 않은 채 대표단의 권한이 부족하다는 트집을 잡아 귀국 조치를 취했다. 이렇게 시간을 지연시키는 동안 점령지를 확대함으로써 좀더 유리한 강화 조건을 실현시키자는 술책이자 청국의 실세를 불러오자는 계책이었다. 일본 해군은 1895년 1월 20일부터 23일까지 웨이하이웨이를 봉쇄한 다음 육군을 상륙시켜 2월 12일 함락시켰다.

청국은 사태의 급진전에 놀라 리훙장을 단장으로 한 새로운 강화회의 대표를 시모노세키(下關)로 파견했고, 고문으로 포스터를 대동했다. 포스터는 교섭 과정에서 청국의 이익이 아니라 일본의 이익을 옹호했는데, 여기서 미국의 일본 지지를 읽을 수 있다. 미국의 국무성은 차치하고서도 중국에 있는 미합중국 공사 덴비(Charles Denby)를 포함한 미국인들은 거의 청국의 장래에 대해 비관적이었다. 덴비 자신의 기록에 따르자면 청일전쟁은 전쟁의 초기에 강화 중재 따위로 종식시킬 것이 아니라 지속시킴으로써 중국을 세계와 화

---

37) 大江志乃夫, 앞의 책, 455~480쪽.

합하도록 만들어야 한다는 주장이었다. 당연히 그러한 역할을 수행하고 있는 일본에 대한 지지가 뒷받침되는 주장이었다.[38]

전투가 수도 뻬이징을 위협할 위기에 이른 시점, 주일 미국공사 던(Edwin Dun)은 국무장관 그레샴(Walter Q. Gresham)으로부터 미국이 중재에 나설 일에 대한 훈령을 받는다. 일본은 이때 좀 더 강력한 강화 전권 사절이 오기를 기다리고 있던 때였다. 이러한 과정을 거친 상태에서 포스터가 리홍장을 수행하게 되었던 것이다.[39] 전 국무장관으로서, 중국 총리아문의 고문이기도 하였다. 포스터의 개입을 알고는 무츠는 "개인적으로도 나의 친구로서 나는 그의 도일을 매우 기쁘게 생각한다"고 환영했다. 강화 교섭 과정에서 그는 음으로 양으로 일본의 이익을 많이 대변해주었기에 후일 일본정부의 치하까지 받았다.[40]

1895년 3월 하순에 진행된 강화회의에서 일본은 그때까지 점령하지 못한 티안찐, 샨하이구안(山海關), 타이꾸(太沽) 등지를 일본에게 넘길 것을 요구했다. 수도 뻬이징의 목구멍이나 다름없는 이 지역의 포기는 청국에게는 당연히 수락할 수 없는 요구였다.

3월 24일 제2차 회의를 마치고 숙소로 돌아가던 리홍장이 강화 교섭 중단과 전쟁 계속을 주장하던 배외주의 단체 소속의 일본 청년에게 저격을 당해 중상을 입는 사건이 발생했다. 저격범은 재판에서 "일본군이 뻬이징 점령을 단념하는 것은 일본의 치욕이다. 청국과 강화하는 것은 시기상조다"라고 주장했다. 당황한 이토오는 이 사건이 열강, 특히 러시아의 개입을 초래할 것을 우려하여 일단 21일간(3월 30일부터 4월 19일까지)의 휴전을 제안했다. 그 사이에 진행된 강화회의에서 일본은 앞의 강화조약 초안을 제시하고 청국에게 즉각 수락할 것을 요구했다. 4월 17일 결국 청국은 조약의 조인에 합의하게 되었던 것이다.

〈朴英宰〉

38) 미국은 영국에 이어 1894년 11월의 뤼쑨이 함락된 다음 날인 12일, 일본과 새로운 〈통상항해조약〉을 체결함으로써 미·일간의 불평등조약 체제에 종지부를 찍은 바 있다.

39) 청일간 강화 교섭 과정에서 미국의 구체적인 개입 사정에 관해서는 朴英宰, 〈淸日戰爭과 美國〉(《歷史學報》 59, 1973), 53~66쪽 참조.

40) 陳偉芳, 앞의 책, 221쪽.

5. 전쟁의 영향

1) 〈시모노세키 강화조약〉과 전후의 동아시아

1895년 4월 17일 리훙장과 이토오는 청일 양국간의 9개월간에 걸친 전투를 마무리짓는 강화조약을 시모노세키에서 조인하였다. 패전국 청국의 일본에 대한 일방적 양보가 그 내용이었다.

제1조는 "조선국의 완전무결한 자주독립국임"을 청국으로 하여금 확인하게 하고 전통적 한·중간 화이질서 관계의 범주를 폐지하였다. '천하'로서의 중국이 마침내 사라진 것이다. 하나의 세계관으로서의 華夷觀은 19세기 중반 아편전쟁과 난찡(南京)조약에서 도전받기 시작하였다. 19세기 중반, 유럽에서 형성된 근대적 국민국가관을 기반으로 하는 '조약체제'를 중국은 받아들이지 않을 수 없었던 화이관 와해의 출발점이 이제 조선마저 떨어져나감으로써 동아시아 전통 세계의 기본 틀의 와해에까지 이른 것이다.[1]

이제는 '중화'가 변방에 진 것이 아니라, 중국이 일본이라는 하나의 민족국가에게 졌다. 일본의 변혁 주체들은 이미 1850년대에 스스로의 '천하관'을 버리고 하나의 '민족'으로써 다른 민족 국가로 이루어진 서양 제국과 대응했던 것이다.[2] 일국 대 일국 민족주의라는 인식은 천하관이라는 세계관에서는 자리잡기 힘든 의식이다.

청초 17세기의 反滿洲的 한족 중심주의라는 민족주의가 전통적 세계에서 중국에서 소위 '정복왕조'가 탄생될 때마다 일어났던 순환적 의식이었다면 전후의 민족의식은 이제는 떠날 것이 다 떠난 홀로 남은 민족국가로서의 청나라-중국이었다. 공화주의운동과 더불어 중국의 역사에 처음으로 개조된

1) 이에 대해서는 崔熙在, 〈中華帝國秩序의 動搖〉(서울大學校 東洋史學硏究室 편, 《講座 中國史 Ⅴ : 中華帝國의 動搖》, 지식산업사, 1989)를 참조할 것.

2) Harry D. Harootunian, *Toward Restoration : The Growth of Political Consciousness in Tokugawa Japan*(Berkeley : University of California Press, 1970), pp.380~391.

세계관이 자리잡는 계기이기도 할 것이다.[3]

조선에서도 중화주의가 무너지는 계기가 된다. 이미 수구파와 개화파 또는 친청파와 친일·친러 심지어는 친미파라는, 이념에 입각하든 현실적 계산에 따르든, 다양한 대외관계의 갈래가 형성되어 있어 청나라 중국에 대한 불안과 의구심이 일어나고 있었던 것은 사실이다. 그러나 이 전쟁을 계기로 일본의 지난 반세기 동안의 역사가 중국의 그것을 압도한 사실이 눈앞에 증명됨으로써 지배 피지배층을 막론하고 조선인들은 새로운 선택의 여지에 대한 가능성을 더한층 믿게 되었다. 적어도 부국강병의 맥락에서는 그러하였다.

여기에 대외관계에 대한 명분과 실리에 입각한 검토가 당연히 시작되었다. 당시의 일본이란 가장 힘이 있으면서도 배우기가 쉬운 '모범'이나 '범례'로서의 대상일 수 있었다. 분명한 사실은 19세기 말이란 온갖 외세와 그리고 전통적 중화 제국주의가 한반도에서 힘을 겨루고 있는 때였다. 이 시기란 다시 말해서 한국이 일본이란 특정 제국의 식민지가 되는 경험을 가지기 이전의 시기이다. 모두가 외세가 될 수도 있었고 다른 한편으로는 우방일 수 있었다.

이를테면 1880년대 초 주일 청국 공사관 서기관이었던 후앙쭌씨언(黃遵憲)의 《朝鮮策略》이 제안했던 방안이란 것은 이러한 시각과도 연결된다. 어느 강국과 親하든 結하든 聯하든 그 대상은 청을 비롯한 조선을 둘러싼 강국들과 조선과의 관계를 새로이 정의하고 설정하는 일이었다. 또 그 친소관계의 기준이 되는 것은 어디까지나 조선의 이익이어야 했다. 따라서 1880년대 조선의 지배층을 동요시킨 후앙쭌씨언의 책략이란 19세기 후반 조선의 대외관계에 있어서의 책략적 기술적 차원의 아이디어에 그친 문서로 볼일은 아니다.[4]

후앙쭌씨언의 제안은 비록 청국과의 전통적 관계의 유지를 전제하고는 있지만 러시아를 막는 방도로써 국제관계에서 미국과 일본이라는 신생 제국의

3) 민족의식의 형성과 관련된 미시적 논의로는 의화단운동의 구호 분석에 바탕한 천하관-淸朝관의 추이에 관한 小林一美, 〈義和團の民衆思想〉(《講座中國近現代史 : 2 義和團運動》, 東京大, 1978) 참조.

4) 田保橋潔, 《近代日鮮關係の硏究》 上, 746~748쪽.

세력을 이용할 수 있다는 점에 그 핵심이 있다. 뒤집어 본다면 이 '책략'의 바닥에는 오히려 새로운 시대에 조선의 생존을 위한 대외관계의 다양성과 가능성의 넓이가 잠복해 있다. 청일전쟁으로 말미암아 화이질서에서 떨어져 나간 1890년대의 조선이 하나의 민족 국가로써 근대적 민족국가간의 대외관계를 주체적으로 전개할 당위성을 발견할 수 있는 문헌으로 읽을 수 있을 것이다.

요컨대 청일전쟁 이후 조선이 봉착한 舊 화이관적 세계질서의 붕괴와 민족주의적 제국주의의 신질서에의 편입은 조선인으로 하여금 국제관계에서 어쩔 수 없는 선택의 진퇴유곡에 들어서게 하였다. 여기에 구 봉건적 왕조체제 또한 벗어나야 할 짐으로써 중압이 겹치게 되었다. 그러나 이 시점에서 일본이 선택한 방법은 대단히 난폭한 것이었다.

전쟁 중 조선의 조정에는 일본의 지원과 사주를 받는 친일 개혁파가 이미 자리잡고 있었다. 그러나 삼국간섭의 효과를 눈으로 확인한 조선의 지배층은 러시아의 힘을 이용하려 하였다. 일본을 등에 업은 기존 세력과 러시아에 기대는 세력간의 충돌 사이에서 일본은 왕궁을 습격하고 후자의 상징인 명성황후를 끔찍한 방법으로 살해했다. 일본은 손잡을 수 있는 대상에서 제외되었고 막 움트기 시작한 반 외세적 민족주의의 운동은 반일을 기축으로 전개되었다.

조선의 조정에 형성된 친러세력을 뽑아내기 위해 일본은 외교적 노력도 기울였다. 1896년에는 5월에 조선 주재 러시아공사 웨베르(Karl I. Waeber)와 일본공사 코무라 쥬타로오(小村壽太郎)사이에 〈웨베르-코무라협정〉, 6월에는 러시아의 니꼴라이 2세 대관식에 야마가타 아리토모(山縣有朋)가 파견되어 외상 로바노프(A.B. Lobanov-Rostovskii)와 비밀조항을 포함하는 협정이 맺어졌다. 조선에서의 러·일 두 세력이 팽팽한 긴장 속에서도 평형을 이루게 된다.[5] 그러나 이 안정적 대립·균형은 오래가지 못했다.

---

5) 이어 1898년 4월에는 일본 외상 니시 토쿠지로오(西德二郎)와 주일 러시아 공사 로젠(Romanovich R. Rosen)이 〈니시-로젠 협정〉을 맺어 러일전쟁에 이르기까지 조선에서의 러-일 세력 균형을 안정되게 만든다. 이에 관해서는 崔文衡, 《列强의 東아시아政策 : 특히 1898年 前後의 美·露의 進出을 中心으로》(一潮閣, 1979), 4~42쪽 참조.

이후 3~4년 동안 러시아가 조선에 군사고문을 들여보내고 월미도에 군함을 침입시키고 미국도 병력을 보내는가 하면, 제주도에는 프랑스함대가 침입하였다. 일본은 월미도와 인근 섬에 기지를 설치하는 등, 러일 전쟁 직전까지 군사적 대립은 첨예하게 된다. 이 기간 동안 조선에 대한 열강의 경제 이권 침탈도 노골화된다. 철도 금광 산림 전기 전신 등의 사업에 일·러·미·독·영·프랑스 거의 모든 열강이 손을 뻗쳤다.

민족자본은 와해되고 지배층은 외세의 첨병이 되거나 부르주아적 민권운동 또는 의병 무장투쟁으로 나섰다. 농민들도 다시 각처에서 들고일어났다. 1898년부터 1903년까지 함북 경흥에서 제주까지 근 50여 차례의 봉기가 기록된다. 반외세와 반봉건 투쟁이었다. 그러나 1904년 조선은 다시 국제전쟁의 터전이 되었다. 1904~5년의 러·일전쟁은 조선의 국운을 끊는 계기로 되고 전후 일본의 실질적인 식민지로 떨어진다.[6]

전후 중국의 양상은 조금 달리 전개되었다. 이 전쟁을 계기로 다른 서양 열강보다 오히려 일본으로부터 효율적으로 부국강병의 방법을 배울 수 있다는 흐름이 나타났다. 戊戌변법시 운동의 주동자인 캉요우웨이(康有爲)가 꾸앙쉬제에게 제출한《日本變政考》에 나타나듯, 서양의 총체적·보편적 근대 역사상보다는 더욱 구체적이고 인접해 있는 일본의 경험을 본받을 것을 주장한다.[7]

이 시점의 량치챠오(梁啓超)의 경우 일본은 그에게 하나의 이상이었다. 뿐만 아니라 1911년의 신해혁명까지 이어질 혁명운동의 수뇌들 상당수는 일본에 유학 길에 올랐거나 또는 일본에서의 망명 생활을 거친 사람들이었다. 물론 중국인들이 패배를 딛고 향후 일본을 극복하자는 이른바 "상대와 나를 알지 못하면(不知彼不知已) 싸움마다 지게마련(每戰必殆)"이라는 쑨즈(孫子) 병법식의 새로운 대일관과[8] 일본의 팽창주의자들이 이들을 도우면서 앞으로의

---

6) 이종현 편, 《근대조선역사》(일송정, 1988), 188~228쪽 참조.

7) 吳乃華, 〈甲午戰爭與康有爲民主觀的轉變〉(戚其章·王如繪 主編, 《甲午戰爭與近代中國和世界 : 甲午戰爭100周年國際學術討論會論文集》, 北京 : 人民出版社, 1995), 1025~1026쪽.

8) 王曉秋, 〈甲午戰爭前後中國人日本觀的轉變〉(戚其章·王如繪 主編, 위의 책), 1166쪽.

팽창에 이용하려는 의도 등이 복합적으로 움직였겠지만, 1890년대 후반 전쟁 이후 중국의 진보적 분위기는 움직일 수 없는 조류가 되어 있었다.

특히 러일전쟁에서도 일본이 승리하자 일본으로 유학가는 중국학생의 숫자는 급격히 늘었다. 1902년에 500명이었던 것이 1904년에는 1천 500명으로, 1905년에는 8천 명, 이듬해 1906년에는 무려 1만 3천 명으로 늘게 된다.[9)]

러일전쟁은 다 알다시피 일본이 청일전쟁·삼국간섭 이후 10년 동안의 '절치부심' '와신상담'의 끝에 전 국력을 다해 치른 전쟁이었다. 물론 외교적으로 또 재정적으로 영·미 두 나라의 후원을 업었으나, 어떤 면에서는 이 전쟁은 황색인종들에게 서양인들의 동양인들에 대한 인종적 편견과 차별을 극복하는 전쟁으로 비치는 국면도 있었다. 러일전쟁에서는 여러 모로 흥미로운 일화가 태어난다.

이를테면 전쟁중의 의연금 내역이다. 위문금 따위의 명목으로 일본인들이 낸 돈이 228만여 엔(현금 133만 엔과 물품으로 환산한 액수 95만 여 엔)이었다. 외국인들도 내었다. 모두 16만여 엔. 이 중 2만 4천 엔 정도가 영국과 미국인들의 출연이었다. 여기에 한국인이 1만 7천여 엔, 그리고 중국인이 낸 돈이 무려 11만 8천여 엔이나 되었다. 외국인 헌금의 약 60%를 중국인들이 냈다는 것이다.[10)]

이른바 '서세동점'과 제국주의의 아시아 침략 과정에서 1890대에 유럽에서 일었던 '황화론'이 거꾸로 된 인식으로서의 새로운 '역황화론'으로 부상하게 되는 것도 러·일전쟁기간이었던 것이다. 청일전쟁이 중화주의와 화이질서의 붕괴, 그리고 중국에서 조선에서 제국주의 세계속에서의 '민족주의'가 하나의 지배적 담론으로 자리잡게 했고, 일본의 승리는 이제 일본은 중국이나 한국에서 서양을 쉽게 배울 수 있는 모델로 떠오르기 시작했던 것이다.

19세기 후반 일본에게 있어 조선의 '완전무결한 자주 독립'을 청국으로 하여금 승인하도록 한 시모노세키조약의 제1조는 물론 여러 번 강조했듯 일본

---

9) 이에 관한 총체적인 서술은 Marius B. Jansen, *The Japanese and Sun Yat-sen*(Stanford Univ. Press, 1970)을 참조할 것.

10) 櫻井忠溫 監修,《國防大辭典》및《一億人の昭和史：日本の戰史－1：日淸·日露戰爭》(每日新聞社, 1979), 185쪽에서 재인용.

의 조선 지배권 확립을 달성하기 위한 정치적 전리품이었다. 이 전쟁 20년 전, 메이지유신으로 출범한 지 불과 5년만에 일어난 조선 침략론, 이른바 '세이칸론(征韓論)' 이래 근대 일본의 조선에 대한 제국주의적 야심의 실현이기도 하였다.

돌이켜보면 이 기간 동안 일본정부의 소위 조선의 '독립'을 위한 정책은 청국과 구미열강의 동향을 항상 의식하면서 조선 '독립 待遇정책'에서 조선 '독립 公認化정책'을 거쳐 다시 이를 뒤집어 '조선 독립 공인화 부정정책'으로 단계적으로 전환하고 있었다. 이를 통해 일본은 일본 단독으로 조선에 대한 '근대적 종주국'으로서의 지위를 하나 하나씩 획득하고 청일전쟁과 시모노세키조약에 이른 것이다.[11]

따라서 조선의 '독립'이란 일본이 어떤 빌미를 잡고서라도 청국과 전쟁을 일으켜 달성하고자 했던 이 전쟁의 최소한 그리고 최대한의 목표였다. 따라서 이 외에 강화조약에서 일본이 패전국으로부터 얻어 낸 아래의 이득이란 모두 일본의 전쟁 목표를 초과한 전리품이자 전쟁 중에 새로 태어난 과격한 요구들이기도 했다.

첫째, 청국은 일본에게 영토를 떼어 주기로 하였다. 랴오뚱반도와 타이완 및 펑후(澎湖) 섬들이었다. 제국주의가 중국을 침략한 반세기 동안 처음 있는 일이었다. 더욱이 랴오뚱지역은 청의 수도 뻬이징을 빤히 건너다보는 지형과 위치로, 마치 서울의 옹진반도나 다름없는 정치적 군사적 요충지였다. 지난 반세기동안 중국을 팽창 대상으로 삼으면서도 영토의 할양만은 삼가 오던 열강과의 마찰을 피할 수 없는 땅에 대한 요구였다. 이른바 '삼국간섭'을 불러온다.

둘째, 청국은 2억 냥[이하 모두 까오핑인(庫平銀)]의 전쟁 배상금을 지불하기로 하였다. 당시 청국정부의 1년 세입이 1억 냥 남짓했다.[12] 엄청난 부담이었다. 그 뿐 아니라 일본은 이 거금을 영국의 正金 파운드로 지불 받기로 했

11) 崔碩莞, 《日清戰争への道程》(東京 : 吉川弘文館, 1997), 204쪽.
12) 전쟁 전후의 청 재정 개황에 대해서는 梁義群, 〈甲午中日戰爭與晚淸財政大變局〉(楊念群 主編, 《甲午百年祭 : 多元視野下的中日戰爭》, 北京 : 知識出版社, 1995), 52~76쪽을 참조할 것.

다. 열강들이 다투어 금본위제를 채택하고 있음에도 일본 금융은 아직 여력이 없어 은본위제에 머물고 있던 터였다. 일본은 숙원이었던 금본위제로 진입할 수 있는 국제 금융적 기반을 얻은 것이다.[13)]

배상금 2억 냥에 추가하여 랴오뚱반도를 되돌려주는 대가로 3천만 냥을 추가로 받았다. 기타 웨이하이웨이를 3년간 수비하는 비용으로 1백 5십만 냥 등 총 수입은 2억 3천 1백 5십만 냥, 일본 돈으로 환산하면 모두 3억 6천 7백여 만 엔에 달하는 액수였다.

배상금은 여러모로 긴요하게 배정되었다. 일본은 우선 전쟁 비용을 충당했다. 약 7천 9백만 엔을 보전했다. 그 다음 육군의 군비 확장에 5천 6백 7십만 엔, 해군의 군비 확장에 약 1억 4천만 엔을 부었다. 총 배상금의 반 이상을 실제로 이미 치른 전쟁 비용과 앞으로 치를 전쟁에 대비하는 데에 쓴 셈이다. 왜냐면 1893~4년의 방위비는 육·해군을 통틀어 1년 평균 2천만 엔을 넘지 않았다. 1893년의 경우 정부의 세수가 약 1억 1천 7십 7만 엔, 세출이 8천 4백 5십 8만 엔 정도였다. 당시 쌀 한 섬(코쿠 : 石)은 7엔이었다.[14)]

여기에 다시 전쟁 비용 복구 명목으로 교통과 통신 시설 확장에 약 3백만 엔을 들이고 전함과 어뢰정 구입에 3천만 엔을 추가로 투입했다. 일반 재정으로 1천 2백만 엔을 교부하고도 남는 돈을 교육 재정 기금으로 1천만 엔, 재해에 대비할 예비비로 1천만 엔, 또 제철소 건설을 위해 수십만 엔을 배정하는 등 여유있는 쓰임새였다.

배상금의 용도와 관련하여 흥미로운 점은 천황 황실 계정으로 2천만 엔을 배정한 사실이다. 19세기 말~20세기 초 일본의 정치 발전 단계를 감안한다면 이른바 통치자금이나 정치자금의 용도로 해석될 수 있는 혐의가 짙다. 무엇보다도 정부의 일반 재정 계정으로 돌린 1천 2백만 엔보다 8백만 엔이나 많은 액수를 황실 계정으로 옮겼다는 사실은 청일전쟁을 계기로 천황제 절대주의적 체제가 확립된다는 주장을 뒷받침해 주는 하나의 실증적 사례로

---

13) 전쟁 비용이나 배상금의 용도, 그리고 전쟁과 전비의 일본 경제에 미친 직접 영향 등은 Ono Giichi, *Expenditures of the Sino-Japanese War*(N.Y. : Oxford Univ. Press, 1922)를 참조할 것.

14) Ono Giichi, 위의 책, pp.94·281.

볼 수 있을 것이다.[15)]

타이완이라는 새로 획득한 식민지 건설 자금도 필요했다. 도로와 철도를 건설하는 돈이 필요했지만 감옥을 지어 반항하는 타이완 원주민들을 묶어야 했다. 전쟁이 끝난 지 이듬해인 1896년부터 1903년까지의 통계를 예로 들면 타이완에 매년 투입된 예산은 군비에서, 일반 계정에서 심지어는 교육 재정 등에서 인출되었다. 매년 적게는 7백여 만 엔에서 많게는 1천 3백 여 만 엔, 평균 천만 엔 가까운 돈을 투입했다.[16)] 1903년까지 통계의 의미는 1902년이 되어서야, 다시 말해 〈시모노세키조약〉에 따라 타이완을 점령하기 시작한 지 7년이 지나서야 군사 진압 작전이 일단 종결되기 때문이다.

요컨대 전쟁 배상금은 크게 보아 첫째는 침략 전쟁 비용을 충당하고 앞으로의 전쟁에 대비한 군비를 증강하는 일, 둘째는 천황의 황실을 강화함으로써 앞으로 일본 정치가 천황주의적인 성향으로 기울어질 것을 예고했다. 전쟁이 진행되는 가운데 생성되고 상승되는 광기에 가까운 반청 배외주의와 국수주의적 여론에 대해서는 이미 살펴 본 대로이다. 청으로부터 받아 낸 거대한 전쟁 배상금과 랴오뚱반도 반환 대상금은 이렇듯 일본 제국주의의 형성과 확립을 위한 도정에서 가장 중요한 물적 기반의 하나로 된 것이다.

셋째, 일본은 양쯔장(揚子江) 어구인 상하이, 쑤죠우·항죠우(蘇州·杭州)에서 충칭(重慶)에 이르는 창짱(長江)유역과 후뻬이(湖北)지역 등에서 자유로운 경제활동을 보장받았다. 중국에 대한 제국주의 경제 침략이 해안에서 내륙으로 파고 들어 깊어지면서 청 왕조의 몰락과 중국의 반식민지화의 커다란 계기로 된 것이다. 상하이에서 충칭까지의 물길은 1천 5백 킬로미터의 길이에 천 톤 급의 배가 오르내릴 수 있다. 하류인 양쯔짱을 포함하는 이 창짱은 중국에서 가장 크고 긴, 세계에서 네 번째로 큰 강일 뿐 아니라 예나 지금이나 중국에서 물산이 가장 풍부하고 인구밀도가 높은 유역을 거느린다.

〈시모노세키조약〉과 뒤따르는 통상조약 그리고 열강에 대한 최혜국 특혜 규정으로 말미암아 이 지역은 이내 일본과 열강들의 근대 자본주의 경제권에 급속히 편입된다. 뿐만 아니라 청일전쟁 전후처리를 위한 청정부의 여러

15) 中塚明, 《日清戰爭の硏究》(東京 : 青木書店, 1968) 참조.
16) Ono Giichi, 앞의 책, pp.146~148.

가지 개혁 정책도 3년 치의 세입을 몽땅 다 부어야 할 정도의 과도한 배상금 부담, 그리고 정부 정책과 기업들 사이의 정책적 차이와 현실 인식의 괴리 등으로 인해 쉬이 추진될 수가 없었다.[17]

더욱이 제국주의 열강들은 다투어 조차지를 요구하였다. 특히 '삼국간섭'으로 랴오뚱반도가 반환되자 청은 러시아 독일 프랑스 삼국에게 그 대가를 지불하지 않을 수 없었다. 중국의 정치－경제적인 半식민지화가 본격적으로 진행되게 된 것이다.

그러나 이 전쟁에서 중국의 패배가 무엇보다 동아시아의 일원으로서 과거 중화세계의 변경에 처한, 그래서 상대적으로 멸시하던 일본에게 당한 사실은 중국인들에게 뼈아픈 상처를 남겼다. 메이지유신으로 시작된 일본의 근대화와 양무운동으로 시작한 중국의 근대화가 비교된 것이다.

전쟁 후 여러 열강의 영토할양 요구에서 비롯된 '亡國' '亡種' '동아시아의 病夫' 등의 자학적인 상징어로 나타나는 위기의식과 더불어 기존의 양무식 부국강병 노선은 파탄되고 새로운 모색이 필요해 졌다. 종래의 '變法論'이 하나의 새로운 운동으로 전화될 소지가 여기에 마련된 것이다.[18]

지역적으로 샨뚱지역은 또 다른 문제를 안고 있었다. 직접 전화에 휘말린 피해지역이었음에도 불구하고 청정부의 직접적 통치력이 아직도 가장 효과적으로 운영되는 지역이기도 했기 때문이다. 일본군에게 유린된 이래 영국이 쨔오죠우(膠州)와 웨이하이웨이를 강점하였고 특히 쨔오－찌(膠－濟)철로의 건설은 운수 노동자들의 대량 실직을 부른데다 줄줄이 들어오는 수입품으로 지방 농업과 수공업은 큰 타격을 입고 있었다. 더 나아가 300여 선교사들이 천 개가 넘는 교회에서 벌이는 선교활동은 '民教'의 갈등도 격화시켰다.[19]

이와 같은 전쟁의 직접적인 피해와 전후의 국제적－국내적 모순, 그리고

---

17) 이 외에도 청정부의 배상금 조달문제 등에 대해서는 謝俊美, 〈再論中日甲午戰爭的賠款問題〉(張海鵬 主編, 《第二屆近百年中日關係史國際硏究討論會論文集》, 北京 : 中華書局, 1995), 28～36쪽 참조.

18) 尹惠英, 〈變法運動과 立憲運動〉(서울大學校 東洋史學硏究室 편, 《講座 中國史 Ⅵ : 改革과 革命》, 지식산업사, 1989), 12～13쪽.

19) 金培喆, 〈'教案'과 義和團〉(서울大學校 東洋史學硏究室 편, 《講座 中國史 Ⅵ : 改革과 革命》, 지식산업사, 1989), 68～69쪽.

사회 심리적 갈등은 이제 산뚱지역으로 하여금 지금까지 분해되고 생성되던 제 사회 계층으로 하여금 1890년대 중반 이후에는 기존 체제에 대한 부정의 고장으로 만들었다. 이 지역이 의화단운동의 근원으로 된 것은 당연한 일이었으며 북 중국을 중심으로 번져나간 이 운동은 전국적인 것으로 되어 청조 멸망의 한 계기로 된다.[20]

2) 전쟁의 영향과 의의

청일 개전 당시 일본은 큰 승리를 예상하지는 못하였다. 1890년 국회 개설이래 시끄러워진 내정문제의 돌파구를 뚫고자 하는 계산도 있었지만, 전쟁의 목표는 '독립' 조선에 대한 지배권 확립과 약간의 배상금 정도였다. 잇단 승전과 反淸 열기로 영토 점령으로까지 팽창된 무리한 강화조건, 특히 랴오뚱반도의 할양은 열강의 의구심을 증폭시켰다. 조약 조인 불과 일주일 뒤인 1895년 4월 23일, 랴오뚱반도의 할양에 러시아, 독일, 프랑스가 무력사용을 불사하겠다며 제동을 걸어 왔다. 일본은 배상금을 얹어 받고 물러났다. 이른바 '삼국간섭'과 '랴오뚱반도 還付' 사건이었다.[21]

이후 1905년 러일전쟁의 승리까지 10년간 일본은 '절치부심' '와신상담'을 국론으로 삼았다. 청일전쟁 중에 이미 여물어진 '광적인 애국심'이 전쟁 직후의 국민적 적개심과 융합하여 제국주의의 심성을 다졌다. 당대 으뜸가는 계몽주의자이며 여론지도자였던 랴오뚱반도 후쿠자와 유키치(福澤諭吉)는 "전승

20) 미시적인 개관으로는 戚俊杰, 〈甲午戰爭期間的黃縣團練〉(戚其章·王如繪 主編, 앞의 책, 662~73쪽).
총체적 기술로는 李宏生·宋青藍 主編, 〈山東通史 : 近代卷 上冊〉(安作璋 主編, 《山東通史》, 濟南 : 山東人民出版社, 1995)를 참조할 것.

21) 이에 대한 서양 제국주의의 역학관계에서 분석한 표준적 참고로는 William Langer. *The Diplomacy of Imperialism, 1890~1902(2d ed.)*(N.Y. : Knopf, 1951). 또 러시아 중심 서술로는 Andrew Malozemoff, *Russian Far Eastern Policy, 1881~1904, with Special Emphasis on the Causes of the Russo-Japanese War*(Berkeley : Univ of Calif. Press, 1958). 중국측의 해석으로는 楊遵道, 〈三國干涉還遼的實現及其影響〉(山東省歷史學會 編, 《甲午戰爭九十周年紀念論文集》, 濟南 : 濟魯書社, 1986), 313~26쪽. 일본측의 당시 대응에 대해서는 陸奧宗光의 《蹇蹇錄》을 참조할 것.

의 감격에 눈물을 흘렸고", 토쿠토미 소호오(德富蘇峯)는 "삼국간섭을 계기로 정신적으로 딴 사람이 되었다"고 술회했다. 1930년대의 국수주의는 한 세대 이전인 이때에 다져진 토양 위에서 쉽게 꽃피울 수 있었던 것이다. 제국주의의 물적 토대와 정신적 토대를 일군 1895년은 따라서 일본의 근대사에서 하나의 커다란 분기점이었다.

청일전쟁은 중국·일본·조선에만 영향을 미친 사건이 아니었다. 영국은 이 전쟁을 계기로 세계전략과 동아시아 정책을 면밀히 재구성하고 있었으며,[22] 미국은 조선에 함대와 병력을 파견하는가 하면 강화교섭에 효과적으로 개입하기도 했다.[23] 러시아·독일·프랑스의 '삼국간섭'이 전쟁의 결과뿐 아니라 동아시아 대륙에서의 각국의 지위는 물론 전쟁 당사국들의 장래 운명에 얼마나 큰 영향을 끼쳤는지에 대해서는 두말할 나위가 없다.

즉 19세기 말, 1890년대 일본의 침략행위는 조선과, 또는 청국과 일대일로 독자적으로 진행될 수 없는 것으로 되어 있었다. 일본의 침략정책은 제삼자인 서양 열강 세력에 의해 실질적으로 '지원'이나 '간섭'을 받았던 것이다. 일국 대 일국의 침략과 전쟁 행위는 이미 국제적인 사태로 바로 연결되는 이른바 역사의 세계사화의 과정에 들어 선 것이다.

패전 중국은 이 전쟁으로 20세기 전반 역사의 서막을 연 것이나 다름없었다. 전쟁이 끝난 지 5년 뒤의 의화단운동은 지금까지 반세기 동안의 배외 감정 반제국주의 감정이 민중 중심의 난동으로 표출된 것이었다. 이미 불이 지펴있던 공화·국민 혁명의 열기도 전쟁 이후 더욱 거세게 일었다. 마치 러일전쟁 중에 일었던 러시아혁명운동 전야의 양상을 방불케 한다.

청국의 패전 원인은 일반적으로 봉건적 청정부의 부패와 무능, 군대의 부패와 제도적 전략적 미숙 등으로 치부된다.[24] 그러나 이러한 미시적 분석 외

---

22) 영국은 전쟁 초기까지 청을 중시했고 일본의 실력을 인정하지도 않았을 뿐 아니라 최후의 승리는 중국으로 돌아가리라는 관측을 내리고 있었다. 鹿島守之助, 《日英外交史》(東京 : 鹿島研究所, 1959), 154쪽.

23) 미국과 이 전쟁과의 관계에 대해서는 Jeffrey Dorwart, *The Pigtail War : American Involvement in the Sino-Japanese War : 1894~1895*(Amherst : Univ. of Mass. Press, 1975) 참조.

24) 李英 主編, 《中國戰爭通鑑》(北京 : 國際文化出版公司, 1995), 765~66쪽.

에도 이 전쟁의 패전을 단순한 전쟁사의 주제를 너머 역사의 패전으로 보아야 한다는 지적이 일찍부터 있었다. 일본의 승리는 진보의 승리였으며 나아가 그 진보는 미국의 제독 페리(Mathew C. Perry)가 안내한 결과였다. 중국은 이제 절망적 상태일 뿐 아니라 그 몽매한 반 진보성은 앞으로도 몇 번 더 일본과 같은 손에 의해 충격을 받아야 할 것이며 한국은 일본의 지도에 의하지 않고서는 그들 부패 무능한 지도자들 손아래 영원히 깨어날 수 없다는 주장이었다.[25]

전쟁을 전쟁에 국한시켜 개전에서 종전까지 다루면서 단절된 시기의 역사로써 해석할 때의 전형적인 해석일 것이다. 그러나 이런 종류의 해석은 이미 일본이 이 전쟁을 '의전'으로 규정하고 서양 각국에 언론 홍보활동을 시작할 때의 논리와 다름없는 것이다. 나아가 중국과 일본과 한국의 19세기말의 역사를 연장해서 근대사 또는 근현대사 또는 현대사라는 시대구분적 시각을 가지고 해석을 가할 때는 전쟁의 승패만을 가지고 내리는 해석과는 달리 오히려 예리하고 공평한 해석에 도달하기 쉽게 만들 수 있다.

이를테면 전쟁의 결과가 일본의 인민들에게 그리고 이웃 나라의 인민들에게 가져다 준 결과가 무엇인가에 대한 논의이다. 안으로는 일본이 근대적 혁신으로 국민국가 형성에 성공했으며 그 결과물의 하나로써 청일전쟁의 승리를 예시할 수 있다. 따라서 통합된 국민적 에너지의 효율적 결집과 주도면밀하고 치밀한 일본군의 편제나 작전도 정녕 그 한 부분일 것이다.

그러나 불행하게도 이 구성원인 일본의 '국민'은 곧 제국주의 제국의 '신민'으로 편제된다. 이 전쟁 이후 일본의 아이들은 목제 무라타 총을 장난감으로 삼게 된다. 군가가 동요를 대신했고 이러한 사회 분위기는 1945년 일본이 패망할 때까지 계속되었다.[26]

바깥으로는 무엇보다도 일본은 이 전쟁으로 말미암아 아시아의 제 민족에 대해 '성실함'과 '겸손함'을 잃어버렸다는 지적이다. 이는 이러한 도덕적인 문

25) 이를테면 Trumbull White, *The War in the East : Japan, China, and Corea* (Philadelphia & Chicago : J.H. Moore & Co.,1895), pp.671~673.

26) Stewart Lone, *Japan's First Modern War : Army and Society in the Conflict with China, 1894~1895*(London : St. Martin's Press, 1994), pp.186~187.

제에 멈추는 일이 아니라 앞으로 적어도 50년간 끊임없는 전쟁과 전장으로 이 지역에 참화를 몰고 오는 시발점을 이 전쟁으로 인해 만들게 되었다는 점이다.[27]

전쟁으로 인한 일본인들의 사회 경제적 고통은 두말 할 나위가 없다. 이 전쟁에서 이미 수만의 일본 젊은이들이 전사했고 중국의 군인 비전투원 수만이 죽었다. 그러나 이 사실은 앞으로 50년 동안 연달아 닥쳐 올 전화의 시작에 불과한 것이었다. 전쟁에 이김으로써 번 돈은 그러나 거의가 다음 전쟁을 위한 군비 확장에 재투자되었다. 중국에서의 승리는 일본으로 하여금 중국의 '의화단운동'때 서양 제국주의 열강의 연합군의 보조 역할, 이른바 '극동의 헌병' 역할을 떠 안고 아시아에의 압박국으로 된다. 청일전쟁에서 보여준 실적이 있기 때문이다.[28]

많은 역사가들이 이 전쟁으로 말미암아 중국의 반식민지화가 가속되었다고 결론내린다. 그러나 다시 한번, 1890년대를 하나의 세기말적 기준으로 잘라 평가한다면 모를까 동아시아의 역사를 현재까지의 연속·단절의 문제와 결부시켜 해석한다면 이 패전의 역사적 의미는 단편적으로 존재할 수 없다.

청일전쟁 후 5년 뒤의 의화단운동 뿐 아니라 이 전쟁 후 15년 뒤에 성공한 1911년의 국민혁명은 모두 역사의 단절이라기 보다는 연속적 의미가 강하다. 아시아에서 실질적으로는 최초로 공화정 체제를 수립하는 이 반 왕조 체제 혁명도 중국근대사의 근본문제를 해결할 수는 없었다. 1919년대의 5·4 지적운동과 20~30년대의 민중운동으로 연장될 수밖에 없었던 이유는 19세기 말, 아니 19세기 중반부터 중국 근대사의 핵심문제는 언제나 인구의 90퍼센트를 차지하고 있던 농민-인민문제와 제국주의의 침략문제라는 이중적 모순과 맞닿아있지 않은 적이 없었기 때문이다.

결론적으로 청일전쟁 시기 중국의 인민이란 농민을 주축으로 하는 계층적·계급적 의미를 지니는 동시에 반 외세와 반봉건의 역사적 주체성을 지니는 '인민'으로 상당 기간 활성적으로 존재하게 된다. 이들의 역사적 역할이 '성공했다'고 볼 수 있는 시점은 평가하는 이의 관점에 따라 다를 수 있겠지

27) 宇野俊一, 《日淸·日露 : 日本の歷史》(小學館, 1976), 18~23쪽.
28) 中塚明, 앞의 책, 306~16쪽.

만 제도적으로는 1949년의 인민공화국 수립으로, 실제적으로는 현재의 중국에 이르는 20세기 전반 중국과의 연속성에서 찾을 수 있으리라는 전망이 가능할 것이다. 오늘날의 중국은 이른바 대내적 통합과 대외적 주체성을 현재 진행형으로 함께 누리고 있는 것이다.

시모노세키조약에 의해 신제국주의로 등장한 뒤로 1945년의 패전까지 일본은 반세기 동안 파죽지세의 팽창으로 '국위'를 선양한 것이 사실이다. 그러나 러시아, 중국, 미국과 차례로 전쟁을 치른 50년간, 식민지 조선을 비롯한 주변국 인민들에게 가한 폭력은 물론, 일본 인민의 간단없는 고통과 희생은 핵 공습과 미군 점령으로 막을 내린다. 딱하게도 일본은 패전 후 또 하나의 반세기가 지난 지금도 무엇이 일본의 바람직한 미래상인지 제시하지 못한 채 역사의 주체성을 회복하지 못하고 방황하고 있다.[29]

지난 100년간 일본 역사의 실상이 있었던 그대로의, 객관적인 해석을 아직도 받지 못하고 있는 증거는 최근의 정부 주도의 인위적인 역사 교과서 해석에도 얼마든지 나타나고 있기 때문이다.

우리가 주목해야 할 점은 첫째, 일본이 갑오농민전쟁을 진압한다며 한반도에 자의로 파병하면서 〈천진조약〉이라는 국제법상의 권리를 내세웠던 점이다. 동시대의 역사에는 같은 역사상이 고유명사만 바뀐 채로 얼마든지 반복될 수 있다. 고유명사를 뺀다면, 한반도의 내정에 외세가 국제법적 근거를 내세우며 개입할 수 있는 전례는 1890년대에 이미 존재했던 것이다.

둘째, 일본은 청과 전쟁을 열기 위해서 한국의 근대화 즉 조선의 내정개혁을 명분으로 내세웠다. 개혁파를 지원한답시고 명성황후 시해와 같은 유례없는 만행도 주저하지 않았다. 이 과정에서 일본과 논리를 같이 하는 한국인들이 서슴치 않고 일본을 도왔다. '근대화'를 지향하는 이념적 친일파였다. 이들에게는 그러나 민족 역사의 발전에는 민족적 주체가 무엇보다도 우선한다는 역사 인식이 결여되어 있었고 '근대화'에 관한 한 그 으뜸가는 역사적 모범 사례는 그때나 지금이나 다 알다시피 일본의 근대화 과정이다.

셋째, 일본은 '동학란'으로 어지러운 한국 민중에게 유포했듯 국제 사회에

29) 피터 두으스 著, 金容德 譯, 《日本近代史》(知識產業社, 1983), 제16장.

서도 이 전쟁을 절망적인 중국으로부터 한국을 구해내는 '의로운 전쟁'으로 선전하며 친일적 여론을 조성하였다. 미국의 여론은 일본에 기울고 뻬이징과 토오쿄오 주재 외교관들은 표면적으로는 국외 중립을 내세우면서도 청일간의 교섭과정에서 효과적인 후원자가 되었다.[30] 이 전략에는 국제적으로 잘 알려진 일본의 평화주의자도 동참했고 고대 일본이 한반도를 통치했다는 군부 주도의 역사 해석까지 동원되었다. 근대화된 역사학이 국제 정치에 이용되는 모습과 이때 형성된 언론 매체망의 국제화라는 현대적 모습이 실제 사례로 이 전쟁에서 드러나고 있다.

마지막으로 지적할 것은 청일전쟁－시모노세키조약 당시 미국과 일본 두 신생 열강은 정녕 협조자였으나 이후 동아시아－태평양지역에서 양국관계는 점점 악화된다는 사실이다. 1895년 청일전쟁의 승리로 새로운 제국주의 일본이 등장함과 거의 동시에 1898년 미국 또한 이 지역에서의 새로운 팽창주의자로 부상하기 때문이다. 하와이와 필리핀 한국 그리고 중국은 두 신생 팽창국의 공통된 목표가 되었다. 이 지역에서 두 나라의 갈등은 미국이 하와이와 필리핀을 선점함으로써 본격화된다.

일찍이 청일전쟁이 막 끝나자마자 일본이 호주를 침공하리라는 소문이 국제 사회에 나돌았다.[31] 일본은 일찍부터 필리핀과 하와이를 침공, 식민지로 만들 계획도 세우고 있었다.[32] 미국이 남·북미 대륙을 벗어난 지역에서 지향했던 팽창의 목표지점과 동일했던 것이다. 19세기가 다 가기 전에 두 나라는 일단 자신의 영향권을 수립했고 러일전쟁 중에는 한국과 필리핀에 대한 상호 이익범위를 확인했다. 바로 〈태프트－카츠라 밀약〉을 통해서다.

이후 수십년간 미·일 양국간에는 갈등과 협상이 교차했으나 중국문제, 일본 제국주의 체제를 유지하기 위한 자원문제, 미국 서부에서의 일본 이민문제 등 크고 작은 문제들이 두 나라를 끝내는 태평양전쟁으로까지 몰고 가는 요인으로 된다. 이렇게 본다면 태평양전쟁과 전후 체제란 19세기말에 동아시

30) 戚其章, 《甲午戰爭國際關係史》(北京 : 人民出版社, 1994), 96~97쪽.

31) Stewart Lone, 앞의 책, p.180.

32) 하와이에 관해서는 Hilary Conroy, *The Japanese Frontier in Hawaii, 1868 ~1898*(Berkeley : Univ. of California Press, 1953), 필리핀에 관해서는 Marius B. Jansen, 앞의 책을 참조할 것.

아·태평양지역에 등장한 두 신팽창주의의 반세기 동안의 대립과 모순관계가 전쟁에 의해 해결된 그 결론에 다름 아닌 것이다. 청일전쟁이 그 시발점에 자리잡은 것이다.

한국을 둘러싸고 19세기말에 형성된 밑그림이 21세기에 접어드는 지금의 그것과 비교해서 기본적으로 어떻게 얼마나 바뀌었는가 하는 문제는 역사적으로 깊이 되새겨 보아야 할 문제이다. 만약 피동·능동의 주체들이 고유명사만 바뀐 채 본질적인 변화가 없는 구조가 연속되고 있다면 당시의 한·일관계의 침략·피침략·지원·간섭의 구조적 틀에 대한 올바른 분석과 해석을 토대로 한 통시적이면서 동시에 공시적인 개방적 접근이 필요할 것이다.

한국 근대사의 해석과 관련해서 지적하고 싶은 점은 근대 한국사나 한·일관계사의 큰 줄기를 '침략과 저항' 또는 '도전과 응전'이라는 이분법적 접근에 대해서 근본적인 질문이 필요하리라 생각된다. 한국의 근대사, 특히 1894~95년과 같은 결정적인 시기의 본질을 규명하기 위해서는 이 시기의 구조적 모순이 전제되어야 할 것이다. 수직적으로는 조선사회의 누적적인 역사적 모순이 있고 수평적으로는 1890년대의 현실적 모순이 있다. 따라서 조선 인민의 절대 다수였던 농민들의 운동에 대해서는 '반제'와 '반봉건'이라는 종·횡의 축을 전제하고 구조적으로 접근되어야 할 것이다.

동아시아 근대에 있어서 이 시기는 총체적으로 보아 조선의 모든 인민이 와해된 상부구조와 하부구조 속에서, 상·하, 지배·피지배를 묻지 않고, 새로이 강요되는 인식과 세계를 맞아 사상과 행동, 나아가 인식체계의 구조 자체를 재편성하여 가는 능동적이며 주체적인 움직임을 일구어내는 데 반드시 필요한 시기였다. 이러함에도 불구하고 중국이나 한국에서의 이러한 움직임을 침략 대 저항으로 단순 도식화시킨다거나, 일본과 비교하여 '민족에너지의 분열'로만 규정짓는다는 것은 각 민족사의 내재적·주체적 발전과 이에 반드시 소요되는 역사적 도정을 부정함으로써 패배주의적 역사관으로 흐를 가능성을 경계해야할 것이다.

중국은 청일전쟁 이후 반세기 동안의 경험을 통해 근대적 의미에서의 '민족' 개념을 재발견함과 동시에 지금까지 자신의 역사에 존재하지 않았던 근대사적 의미의 '인민(people)'이라고 불리는 계층을 탄생시켰다. 같은 기간 조선이 경험한 역사는 민족의식의 고양과 더불어 '인민'과 '국민'을 아우르는 분열된 역사상을 맺게 된다. 일본인들은 전쟁 이전에 이미 형성된 천황제 하의 '신민'으로써 20세기 중반을 맞는다. 패전 이후 이들 일본인들이 진정한 의미에서 '신민'으로부터 '시민'으로 변신했는지 단정할 수 없다. '신민' 시대의 역사를 과거의 역사로 잘라서 단정할 수 있는 증거가 아직은 빈약하게 보이기 때문이다.

〈朴英宰〉

일본군 침략 작전도

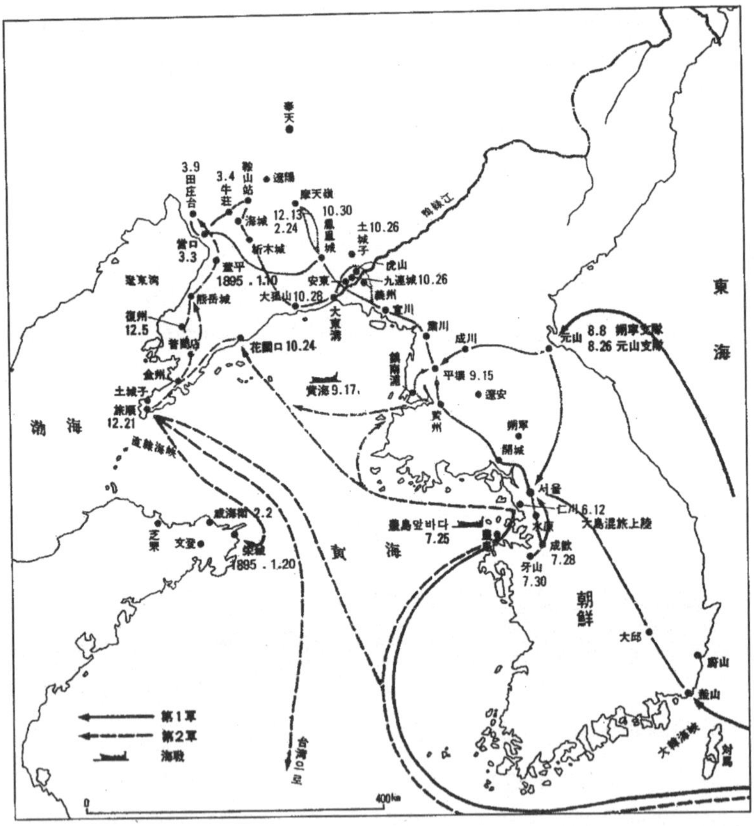

출전 : 《一億人の昭和史 : 日本の戰史-1 : 日露戰爭》(每日新聞社 : 1979), 22쪽을 편집.

Ⅱ. 청일전쟁과 1894년 농민전쟁

1. 청·일군의 조선 출병과 농민군의 전주성 철수
2. 청일전쟁의 발발과 농민군의 정세인식
3. 평양전투와 농민군의 동향
4. 일본군의 청국 진입과 농민군의 재봉기

Ⅱ. 청일전쟁과 1894년 농민전쟁

청일전쟁과 농민전쟁은 동아시아 3국의 근대화 과정에서 일획을 긋는 커다란 사건으로 양자간은 불가분의 관계를 맺고 있었다. 그러나 본 주제와 관련해 볼 때 대부분의 연구는 '청일전쟁' 그 자체에 한정하여 청국과 일본간의 전투과정을 서술하는 데 초점을 맞추거나, 일본자본주의 발달사 또는 국제정치학의 측면에서 열강을 중심으로 한 세력관계, 동맹관계 등에 대한 이해에 치중되어 왔다. 따라서 이 전쟁에 대한 각 단계별 농민군의 정세인식과 동향은 거의 도외시되어 있다.

그런데 전주화약 이후 제2차 농민전쟁에 이르기까지 농민군의 활동은 청일전쟁의 전과정과 밀접하게 연결되어 있었다. 청일전쟁의 진행과정은 농민군이 전쟁수행을 하는 데 있어 큰 영향을 미치고 있었다. 또 다른 제국주의 국가로 성장하기 위한 발판을 마련코자 일본이 도발한 청일전쟁은 제1차 농민전쟁 이후 봉건제의 타파와 중앙권세가의 축출 등 개항 이후 고양되어 오던 농민적 의지를 실천하는 데 심각한 문제를 초래하는 것이었다. 이를 해결하는 데 농민군들은 더욱 고심하지 않을 수 없었다.[1] 그것은 결국 농민전쟁이 반봉건 전쟁에서 반봉건·반침략 전쟁으로 전환하게 되는 중요한 변수로 작용하였다. 반면 농민군의 활동 또한 조선출병, 경복궁점령 이후 일본의 대청전쟁 수행 및 조선지배정책을 추진하는 데 커다란 장애가 되는 것이었다.

이 시기 조선지배권을 둘러싸고 전개된 청·일군의 출병은 조선인 모두에게 국가적 위기로 작용하게 되었다. 이즈음 농민군들은 청·일의 군사적 동

---

1) 청일전쟁 전과정과 관련한 농민군의 정세인식과 단계별 동향 및 집강소 시기 청일군 개입이 농민군의 활동에 미친 영향에 대해서는 다음 연구가 참고된다.
조재곤, 〈청일전쟁에 대한 농민군의 인식과 대응〉(《1894년 농민전쟁연구》 4, 역사비평사, 1995).
裵亢燮, 〈執綱所 時期 東學農民軍의 활동양상에 대한 一考察－外勢의 介入이 미친 영향을 중심으로－〉(《歷史學報》 153, 1997).

향과 사태의 추이를 지켜보면서 2차전쟁 준비를 하고 있었다. 특히 평양전투 이후 일본의 '보호국화' 정책에 대항하여 대일 항전의 전면화로 전화하였다. 그러나 정세인식과 향후 방략 및 행보에 있어 농민군의 각 세력은 모두 동일한 방식으로 대응해 나가는 것은 아니었으며, 입장의 차이를 보이고 있었다.

이러한 시기에 일본은 농민군의 활동을 무력화시키고자 하였으며, 일련의 청일전쟁 승리과정에서 대농민군 정책은 토벌에서 살륙·초토·박멸로 변화되고 있었으며 이에 따라 농민군의 활동 또한 이전의 국지적 차원에서 탈피하여 전면전으로 바뀌어 나가고 있었다.

1. 청·일군의 조선 출병과 농민군의 전주성 철수

1894년 시작된 청일전쟁은 이른바 '청·일 각축기'의 최종 분기점이라 할 수 있다. 일본이 청일전쟁을 일으킨 계기는 조선의 정치적·군사적 지배와 시장의 장악에 있었다. 따라서 일본은 자신들의 '이익선' 확보를 위해 군비확장정책을 지속적으로 추진하였다.[2] 일본은 1876년 함포의 위력을 매개로 조선을 강제 개국시켰고, 1880년대 임오군란과 갑신정변에 개입하여 우리 나라에 대한 지배권을 확보하려 하였다. 그러나 끝내 청국에게서 그 우위권을 빼앗지 못하였다. 이에 따라 일본은 청국과의 전쟁을 겨냥하면서 조선 지배를 실현하고자 하였다. 이러한 목적아래 1884년부터 1894년까지 10여 년간 계속 軍備와 軍費를 증강하면서 그 돌파구를 모색하였다. 그들은 표면적으로는 청국의 '속방'인 조선을 '독립'시킨다는 명분을 제시하면서 군대 파견을 통한 조선 침략의 기회를 넘보고 있었다.

그러던 중 1894년의 농민전쟁 발발은 일본의 입장에서는 그들의 침략 의

---

2) 中塚明, 《近代日本と朝鮮》(三省堂, 1977), 54~55쪽.
藤原彰·今井清一·大江志乃夫 編, 《近代日本史の基礎知識》(有斐閣, 1983), 139~140쪽.

지를 실현시킬 수 있는 절호의 '外事' 즉, 기회로 파악하였고 그것은 출병 기회를 모색하는 방향으로 나아가게 되었다. 그러나 한 나라의 군대를 다른 나라에 주둔시켜 그 나라를 자신들의 이해관계 아래 두는 것은 설령 그들의 힘이 강하더라도 대내외적으로 어느 정도의 명분이 필요한 것이다. 일본정부는 조선 침략의 결정적 시기를 모색하고 있던 중에 전라도 농민군의 전주점령 보고를 듣고 이를 더없이 좋은 기회로 생각하고 출병을 결정하게 된다.

일본내의 극우세력들과 언론은 이미 그해 1월부터 조선정책에 우유부단하고 '늙고 게으른' 오오토리 케이스케(大鳥圭介)공사를 체임시키고 군대를 파견하자는 여론을 조성하고 있었으며,[3] 4월경부터 일본정부는 조선출병을 대비하여 비밀리에 郵船會社 등에 운수 및 군 수요물품의 징발을 지시하고 있었다. 이 무렵 일본은 군사파견을 기정사실화한 것이 분명하다. 그러나 일본 政局當路者 중 조선정책에 강경한 입장을 견지하던 외무대신 무츠 무네미츠(陸奥宗光)도 "출병 문제를 논의하는 것은 너무 이르다는 것을 면할 수 없다"[4]고 말한 바와 같이 아직까지는 청국을 대상으로 한 본격적인 전쟁준비는 아닌 듯하다.

이와 같은 상황에서 청국정부는 처음부터 일본정국의 형세를 오판하고 있었다. 청국의 실력자 袁世凱 등은 일본은 항상 정부와 의회의 알력으로 조선에 군대를 파견하는 등의 대결단을 행할 수는 없을 것이라 생각하였다.[5] 조선의 농민전쟁에 대해서도 일본과는 다르게 평가하고 있다. 청국은 제1차 농민전쟁의 핵심을 反封建으로 이해하고 농민군이 제기하는 외국인 구축은 명분에 불과하다고 생각하고 있었다. 반면 일본은 농민군의 핵심주제는 反倭洋으로 평가하고, 이에 조선을 '보호'하겠다는 입장을 견지하고 있었다.[6] 당시 청국정부는 일본보다 자국의 힘이 우세하다고 단정하고 양국간의 전쟁발발 가능성을 인식치 못하고 있었다. 따라서 청국은 즉시 철수를 하지 않고 지연하여 일본의 출병 기회를 제공하였다.

---

3) 《二六新報》, 명치 27년 2월 25일.
4) 陸奥宗光, 《蹇蹇錄》(岩波書店, 1940), 14~16쪽.
5) 《蹇蹇錄》, 19쪽.
6) 《淸季中日韓關係史料》 6(臺北 : 중앙연구원근대사연구소), 갑오 5월 17일, 3381쪽.

농민전쟁과 그로 인한 청군출병은 일본정국의 국면전환 계기로 작용하여 일본정부와 군부는 의회해산과 출병의 구실을 마련할 수 있었다. 즉 〈天津條約〉을 근거로 드디어 4월 29일 일본 천황은 조선파병 결정을 재가하는데, 이는 민씨정권의 청국군 개입요청보다 하루 빠른 것이다.[7] 결국 일본의 침략 의도는 이미 짜여져 있었으며 향후 계획된 수순을 밟아가게 될 것임을 알 수 있다.

여기서 우리가 눈여겨 볼만한 점은 일본 국내 여론의 동향이다. 자국 정부의 의지를 일찍부터 간파한 일본언론은 정부의 과단성을 촉구하고 한 걸음 더 나아가 초보적인 전쟁준비 절차와 방법론을 제시하고 군사를 동원한 개입을 권고하는 등 정부를 부추기고 있었다. 조선정부의 청국군 개입 요청일인 4월 30일 보다 4일 전인 같은 달 26일 후쿠자와 유키치(福澤諭吉)는 자신이 깊게 관여하고 있던 《時事新報》에 〈내란은 일본에 있어 중대하다〉라는 제목의 논설에서 청국과의 전쟁 필요성과, 그 일환으로 조선의 농민군 진압에 일본정부가 앞장설 것을 주장하고 있다. 그는 농민군의 '소동'은 일본의 권위에 영향을 주는 것으로 따라서 청국병사가 출동하면 자신들도 출동하여야 할 것이라 주장하였다. 후쿠자와는 그 방법으로 군함 외 별도의 보호 조처가 있어야 할 것, 兵隊를 파견할 것 등을 제안하고, 전쟁준비를 암시하는 표현인 "臨機의 工風이 있지 않으면 안된다"고 하였다.[8] 특히 결론 부분에 "당국자의 주의를 요하는 바"라 하여 처리에 신중성을 기할 것까지 역설하였다. 《萬朝報》 역시 조선문제 '해결'과 대청전쟁 수행의 또 다른 명분으로 明治 10년 西南의 亂 이래 '20여 년간에 걸친 일본의 태평'을 들고 이는 필연적으로 전쟁을 요구하게 되는 상황이라고 주장하고 있었다.[9] 이러한 여론과 더불어 전쟁준비의 본격화가 이루어진 이즈음 일본정부는 5월 4일 〈陸海軍省令〉을 발해 보도관제를 선포하였다.[10] 이날 일본내의 대외강경파는 출병응원을 선언하고,[11] 5월 7일 자유당은 시찰원을 조선에 파견하여 농민전쟁

7) 朴宗根 著, 朴英宰 譯, 《淸日戰爭과 朝鮮 : 外侵과 抵抗》(一潮閣, 1992), 16쪽.
8) 《時事新報》, 명치 27년 5월 30일.
9) 《萬朝報》, 명치 27년 6월 13일.
10) 《國民新報》, 명치 27년 6월 9일.
11) 《郵便報知新聞》, 명치 27년 12월 30일. 〈명치 27년 회고의 일록〉.

의 사정을 조사 보고케 하였다.12) 5월 14일에 이르면 국권주의자들은 스스로 민병대를 구성하여 민간차원에 이르기까지 농민전쟁에 적극 개입하려는 움직임을 보이고 있다.13) 이렇듯 전운이 감도는 가운데 일본정부는 청일전쟁을 준비하는 과정에서부터 시종일관 제3국의 개입을 우려하고 전쟁을 청일 양국간으로 한정시키고자 하는 노력을 보이고 있었다.14) 재야에서도 여타국의 개입을 강력 대응하겠다고 결의하였다.15)

반면 청국은 일본 조야의 조선침략과 대청정책을 제대로 인식하지 못하고 과거 임오군란과 갑신정변시 일본을 압도했던 사실을 회상하면서, 그 연장선상에서 만약 전쟁이 벌어지는 형국에 도달하더라도 당연히 일본에 승리할 것이라고 생각하고 있었다. 이와 같은 안이한 인식은 외국관리는 물론 상인과 농민군을 포함한 우리 나라 대다수 사람에게도 마찬가지였다. 이들 역시 양국이 전쟁을 치르게 된다면 당연히 청국이, 그것도 최초의 1·2차전에서 승리하게 될 것이라고 예견하고 있었다.16) 사태의 심각성을 인식하지 못하고 있으나 그럼에도 불구하고 청국정부는 다가올지도 모를 전쟁에 대비하고자 하였다. 그와 같은 사실은 이홍장이 "우리의 군대가 조선에 파병되면 곧 일본에 알려야 되니 우리는 일본과 무력적인 대결도 불사하게 될 결정적인 시기에 봉착할 것이다. 이때를 위하여 우리는 만반의 자세로 임해야 할 것이다. 원세개에게 일을 보아가며 살피도록 해야 한다"고 훈령한 데서 알 수 있다.17)

제1차 농민전쟁을 구실로 조선을 둘러싼 청·일 양국이 이와 같은 조선정책을 전개하고 있는 급박한 상황에서 조선은 내부적으로 농민군의 활동이 활발해지고 있었다. 특히 전라도 전역에서 활동하던 농민군은 드디어 4월 27일 전주를 점령하였다. 농민군에 의한 전주점령 직후부터 정부의 借兵문제 논의는 본격화되었다. 농민군을 '미친 벌떼와 궁한 개'18)로 비유한 선혜청 당

---

12) 《萬朝報》, 명치 27년 6월 10일.
13) 《大阪每日新聞》, 명치 27년 6월 17일.
14) 《蹇蹇錄》, 17쪽.
15) 《萬朝報》, 명치 27년 6월 13일.
16) 《蹇蹇錄》, 32쪽.
17) 《淸光緖朝中日交涉史料》 13-5(北京 : 文海出版社, 1963), 北洋大臣來電.

상 閔泳駿은 무기력한 중앙군과 지방군의 힘으로는 도저히 이에 대적할 수 없다고 판단하였다. 이에 집권 민씨세력은 초토사 홍계훈의 청에 따라 청국의 '天兵'의 힘을 빌어 이들을 토벌토록 하는 방안을 마련하고 비밀리에 이를 관철시키고자 하였다.

그러나 민영준의 淸軍借兵論은 조정에서도 반대에 직면하게 된다. 그 이유는 ① 外兵에 의해 '몇만의 생명(농민군)이 절멸'당할 것이며, ② 외병의 통과지역 등에서는 막대한 폐해가 생겨 인심을 동요시킬 것이기 때문이며, ③ 일본과 구미열강이 그들의 공관이나 거류민을 보호한다는 구실로 군대를 파견할 위험성도 있었기 때문이었다.[19] 농민들의 봉기원인을 직시하고 있던 영돈령부사 金炳始는 "수렴정치에 견디지 못하여 백성이 起鬧한 것을, 바로 동학도에 그 책임을 돌려서 수천 명을 살상한 것도 참지 못하겠거니와, 여기서 淸兵을 청원한 것은 또 하나의 실책이다. 타국의 병을 빌려서 우리 백성을 살해한다는 것이 어찌 있을 수 있는 일인가"[20]라 하면서 민영준 등의 請兵을 힐책하였다. 당시 국제정세에 밝은 洪鍾宇도 5월 9일 민영준과의 대좌에서 청군출병은 일본측에게 출병의 구실을 주고 결과적으로 민영준은 권좌에서 쫓겨나게 될 것이라는 내용의 충고를 하고 있었다.[21]

그럼에도 불구하고 청국군을 부르는 것은 당시 집권 권력층의 입장에서는 부득이 취할 수밖에 없는 선택이었다. 정부는 원세개를 통해 군사파견 요청서를 전달하였고, 청국은 군함을 곧바로 조선에 파견하였다. 이 청에 따라 5월 5일에는 聶士成이 지휘하는 청국군 1천 명이 충청도 아산만에 상륙하였다. 이와는 별도로 일본 역시 청국과 조선의 정국을 살피면서 5월 4일 청국측에 일본군의 조선출병을 통지하였고, 5월 6일 공사 오오토리는 일본군을 인천항에 상륙시켰다. 이날 본국에 있던 보병 제11연대 선발대도 우지나(宇品)港을 출발하였다.

---

18) 《駐韓日本公使館記錄》 4(번역본, 국사편찬위원회, 1898), 1894년 6월 20일, 發第82號, 日兵 入京에 관한 韓國 朝廷 및 京城內의 상황 탐정보고, 131쪽.
19) 朴宗根, 앞의 책, 12쪽.
20) 《東學亂記錄》 上, 〈甲午實記〉(국사편찬위원회, 1959), 14쪽.
21) 金正明 編, 《日韓外交資料集成》 4, 日淸戰爭編(東京 : 巖南堂書店, 1965), 일청양국의 군대파견에 관한 탐정 보고의 건, 24쪽.

그런데 청일양국의 군사배치 목적은 각기 달랐다. 그것은 출병과정을 보면 어느 정도 이해될 수 있을 것이다. 농민군 진압과 종주권 강화에 주안점을 두고 있었던 청국은 농민군의 근거지와 근접지인 아산에 주둔하였다. 반면 인천과 왕궁이 있는 경성에 주둔한 일본군은 조선의 내전에 따른 영사관과 자국 신민 보호를 명분으로 하지만 실제는 정권전복을 통한 대청 우위와 조선지배에 목적이 있었다.

청·일군의 조선출병은 농민전쟁의 판도를 轉變시키는 결정적 계기가 되었다. 전주를 점령한 농민군은 양국 군사의 출병으로 심각한 문제가 도래될 것이라 생각하고 있었다. 全琫準 등 농민군 지도부는 이를 청일전쟁이라는 국제분쟁이 야기될 것을 깊이 우려하고 일본군이 조선에 들어온 5월 8일 전주에서 정부측과 강화를 체결하였다. 곧바로 전주성을 철수한 농민군은 이후 전라도를 중심으로 각처에 집강소를 설치하였다. 5월 11일 전봉준 등은 순변사 李元會에게 〈全羅道儒生等原情〉을 제출, 14개조의 폐정개혁안을 제시하고,[22] 이후 향촌내의 질서를 바로잡고 내부모순 해결에 치중하는 방향으로 계획을 진행시켜 나갔다.

이렇듯 전주화약이 성립되게 된 배경에는 농민군측의 경우 청일전쟁과 관련하여 볼 때 크게 두 가지가 언급될 수 있겠다. 먼저 농민군은 예상되는 청국군의 진압을 크게 두려워하여 수만의 군사가 왔다는 소식에 전력의 열세를 고려하여 화해협정을 맺게 되었다. 두번째로 전봉준은 청·일 양국군의 출동으로 인한 국제분쟁과 그것으로 인해 초래될 조선의 국가적 위기를 막아보려고 깊이 고려하였다.[23] 그러나 농민전쟁의 휴지기(전주화약후 집강소 시기)가 됨에 따라 조선에 주둔할 명분이 약화되자 곤혹스러워진 일본은 5월 17일 충청·전라도 지방에 시찰요원을 파견하여 농민군의 실상을 파악[24]하는 한편, 이른바 '내정개혁'을 빌미로 조선문제 개입명분을 찾기 위해 다시 전전긍긍하게 되었다. 이 보다 며칠 앞서 일본 대리공사 스기무라 후카시(杉

22) 金允植, 《續陰晴史》上(국사편찬위원회, 1960), 갑오 6월, 322~326쪽.

23) 鄭昌烈, 《甲午農民戰爭硏究－全琫準의 思想과 行動을 중심으로－》(연세대 박사학위논문, 1991), 160~161쪽.

24) 《統署日記》3(고려대 아세아문제연구소), 고종 31년 5월 17일, 330쪽.

村濬)는 민씨정권을 타도하고 친일개화파 정권을 수립할 계획을 구상하고 있었다.[25]

이미 일본공사 오오토리는 청국군 출병에 우선하여 자국정부에 1천 명 규모의 군사를 조선에 파병시키자고 주장하면서, 청국군과 더불어 민란을 진압할 것과 조선에 대한 주도권을 장악하자고 제안한 바 있었다.[26] 그러나 5월 5일 일본군 조선파병 문제에 관한 스기무라와의 회견에서 외무독판 조병직은 농민전쟁으로 ① 약간의 소요는 있지만 서울은 안전하고 농민군도 조만간 진정될 것이니 일본병을 파견 주둔시킬 필요는 없다고 하여 과거 임오군란 시와 차별성을 부각시키고, ② 일본이 군사를 파견하면 각국이 모방하여 조선은 물론 동양 전체에 큰 해가 될 것이며, ③ 일본병이 서울에 들어오게 되면 인심이 흉흉해질 뿐더러 '의외의 폐'를 일으킬 우려가 있다[27]고 하여 일본군의 파병을 사실상 거절하였다. 그럼에도 불구하고 일본은 전주화약 성립 직후 '내정개혁'의 명분으로 대규모의 혼성여단을 조선에 진주시켰다.[28] 이는 일본의 침략의지를 극명하게 알 수 있는 것으로, 당시 오오토리공사도 다수의 호위병을 필요로 하지 않는다고 본국정부에 상신하고 있었음에도 불구하고 일본정부는 군사를 조선에 대거 상륙시켰다.

일본의 '내정개혁' 제안에는 상당한 계산이 깔려 있다고 할 수 있다. 일본은 첫째, 당면의 긴급과제였던 철병을 회피하고 주둔을 계속하기 위한 구실을 마련함과, 둘째, '내정개혁'에 의해 청을 도발케 함으로써 開戰에 끌어넣고자 하였다. 당시 일본은 조선에 '내정개혁'을 권고하고 이로 인해 청·일 양국군의 전쟁을 촉진하게 된다면 오히려 다행한 일이라 생각하고 있었다.[29] 셋째, '근대화'를 명분으로 미국과 영국의 지지를 얻는데, 이는 또한 구미의 상품시장이 되고, 넷째, 조선에서 일본의 정치·경제적 지배를 강화하는 데

25) 杉村濬, 《明治二十七·八年 在韓苦心錄》(1904), 12~13쪽.
26) 藤村道生, 〈日淸戰爭〉(《岩波講座日本歷史》16－近代 3, 岩波書店, 1980), 15~16쪽.
27) 伊藤博文 編, 《秘書類纂 朝鮮交涉資料》 中(비서류찬간행회, 1936), 명치 27년 6월 9일, 公使館護衛兵派遣ノ儀通知顚末, 372~373쪽.
28) 朴宗根, 앞의 책, 22쪽.
29) 《駐韓日本公使館記錄》 3, 1894년 6월 15일, 동학란 변란시 한국군대 보호에 관한 일청교섭관계 1건, 133쪽.

목적이 있었다.[30] 결국 이는 피상적 '개혁'을 빌미로 농민군의 의지를 희석화 내지 무력화하기 위한 기도에 불과한 것이었다. 이를 위한 공작으로 일본은 상황을 급박하게 전개시켜야 하고, 한편으로는 이를 왜곡시킬 필요가 있었다. 5월말~6월초의 어느 기간에 외무대신 무츠는 오오토리공사에 훈령하여 병사를 계속 주둔시키고 농민군 조사에 지연책을 쓸 것과, 농민군의 활동이 치열하게 전개되고 있는 양 허위보고서를 작성할 것을 다음과 같이 지시하였다.

> 우리 군대의 철수가 지연되는 이유로 삼기 위해 각하는 공공연한 방법을 써서 공사관의 직원이나 영사관의 직원을 폭동이 일고 있는 지방에 파견하여 실황조사를 하도록 하여야 한다. 그리고 그 실황조사는 될 수 있는 대로 느리게 천천히 할 것이며, 그 보고서는 고의로라도 평화로운 상태와는 반대가 되도록 작성케 할 것을 절망한다. 만약 시찰원을 보호하기 위해 필요하면 순사를 수행케 하여도 무방하다. 또한 조선정부가 평화와 질서가 회복되었다고 말하면서 우리 군대의 철수를 요구해 올 경우에는 제국정부와 각하가 만족할만한 바가 있어야 하기 때문에 실황조사차 특별히 파견한 관리의 보고를 기다려야 한다고 답변하여야 한다(《駐韓日本公使館記錄》 3, 1894년 6월 15일, 동학당 변란시 한국군대 보호에 관한 일청교섭관계 1건, 123쪽).

그것은 일본군의 철수를 지연시키는 한편 주둔 명분을 억지로라도 찾으려는 계책에서 나온 것이다. 일본이 청일전쟁을 도발한 이유는 정치 · 군사적 요인에만 있었던 것은 아니었다. 일본내의 전쟁 도발 여론은 경제적 측면에서도 작용하고 있었다. 《大阪每日新聞》은 6월 중순 〈동학당 반란이 일한무역에 미치는 영향〉이라는 제목의 기사에서 인천항의 5월(양)중 무역 상황을 설명하고 '동학당의 요란'으로 인해 해초와 牛皮의 무역 수량 감소가 현저하다고 통계를 비교 분석하여 주장하였다.[31] 《萬朝報》도 '鷄林의 亂'이 일본경제에 미치는 영향으로 ① 商船이 결핍하여 정기항해를 중단하기까지 하고, ② 운임은 점차 등귀하고, ③ 생산지의 물가는 더욱 하락하고, ④ 수요지의 물가는 더욱 증가한다고 하였다. 결국 '조선의 내란=선박의 결핍=운임의 등귀'로

30) 朴宗根, 앞의 책, 37쪽.

31) 《大阪每日新聞》, 명치 27년 7월 15일.

이어지고 생산지와 수요지의 가격차는 현격히 심해지기에 이르렀다는 것으로, 신문은 일본 국내의 여론을 환기시켜 전쟁을 유도하고 있었다.[32] 그러나 이 시기 대부분의 언론에서 언급하고 있는 것 그대로 '공황'은 필연의 형세였다. 그럼에도 불구하고 당시 일본 내부의 경제적 모순은 농민전쟁에서 기인한 것이라고 전가시키는 것이다. 여하튼 이러한 시각은 후일 청일전쟁 과정에서 일본의 조선이권 획득정책에 반영되었고, 그것은 결과적으로 제2차 농민전쟁의 원인으로도 작용하는 하나의 요인이 되었다.

이상의 상황을 종합해 볼 때 일본의 조선침략과 대청전쟁의 각본은 어느 정도 구색이 갖추어져 있었음을 알 수 있다. 그럼에도 불구하고 조선내 일본 외교당국자 사이에 의견이 반드시 일치되어 있었던 것만은 아니었다. 전쟁수행 방침도 일사분란하게 진행되지 못하였다. 공사 오오토리는 온건정책을 취하였던 데 반해 간혹 공사의 업무도 대행했던 1등 서기관 스기무라는 강경책을 견지하였다. 당시 정부측의 강경론은 대본영의 방침에 의거한 것으로 스기무라와 군참모들이 수행하고 있었다.[33] 처음 일병 출동문제에 관하여만 해도 공사 오오토리와 오오시마 요시마사(大島義昌) 여단장간에 불화가 있었다. 그러나 공사의 철병안을 일본정부가 받아들이지 않자 그 역시 대세를 간파하고 곧바로 강경노선으로 표변하였다. 이 시기 강경론이 지배적이었던 일본 조야에서는 청국과의 전쟁 직전인 6월 9일 국권주의적 입장에 서있던 일본내 주전론자와 전쟁불사파들이 대청전쟁을 기정사실화하고 전쟁권유와 명분을 축적하고 있었다. 당시 이와 같은 입장을 반영하고 있었던 대표적인 잡지는 《日本人》인데, 7월 11일 刊한 15호의 〈일청의 싸움은 드디어 피할 수 없다〉는 제목의 기사에서는 다음과 같이 주장하였다. "금번 조선사건은 만약 불행하게 국면을 평화로 종결지으면 바다를 건너간 장사, 들에서 暴露한 數旬, 一兵이 칼 써봄 없이, 총 한번 쏘아본 일없이, 앙앙하며 돌아오면… 동양 천지는 영구히 平和穩安하다고 망령되이 단언할 수 없고 평화는 일시의 幻影이 될 뿐이다. 일청의 충돌은 결코 안개와 같이 소멸될 수 없다. 하루하루 고요함 속에 절박하여 옴을 알아야 할 것이다."[34]

---

32) 《萬朝報》, 1894년 6월 9일.
33) 朴宗根, 앞의 책, 32쪽.

일본군이 서울에 들어온 후 조선정부는 곧 청일 양군의 철병을 위한 방법을 강구하기 시작하였다. 정부는 그 대책으로 저지의 방법을 조회하고, 공사를 면회하고자 고문관 르젠드르(Charles W. LeGendre, 李善得)를 인천에 파견하였다. 그러나 이 모두는 스기무라 임시대리공사와 면회가 성립되지 않아 해결될 수 없었다.[35] 한편 민영환은 르젠드르와 함께 일본군과 청국군의 철병운동을 전개하였다 한다.[36]

그러면 이 기간 청국군의 동향은 어떠하였는가. 청국 제독 葉志超는 5월 3일 청국을 출발하여 이틀 후인 5월 5일 충청도 아산에 도착하여 '倡亂한 土匪' 정벌에 임하는 입장을 표명하고 이를 고시하였다.[37] 그는 진주하자 마자 농민군 동향을 정탐하고자 5월 11일 제1지대를 전라도 전주에 파견시켰다. 다시 청국군은 5월 26일 충청도 공주에 도착하여 농민군이 집결해 있는 전라도로 전진을 기도하였다. 그러나 농민군의 활동은 두드러지지 않을 뿐만 아니라 청국군 출병의 소식을 듣고 해산하였다고 정찰결과를 보고한 후 5월 28일 그대로 공주에 주둔하였다. 섭지초의 부대는 6월 8일 아산으로 회군하여 그곳에 머무르고 있었다.[38] 그리고 농민군의 정세를 정찰한 섭지초는 6월 6일 '東匪'는 이미 진정되었고, 철회하여도 명분상 손해가 없어 일본군과 동시에 철병해도 될 것이라 주장하였고 '초가을에 서서히 대거를 도모'하자고 본국정부에 보고하였다. 그러나 이러한 주장은 6월 12일 철회되고 오히려 6월 17일 아산주둔 군대 외에 추가파견이 결정되었다. 그 결과 6월 21일 3척의 배로 증원병이 아산에 도착하였다. 증파된 병사들은 다음날 白石浦에 상륙하여 이후 성환에 근거하는 한편, 1천 명의 군사를 천안에 진주시켰다.[39] 이들은 주둔하고 있던 충청도 각처에서 농민군의 동향을 계속 탐색하면서 본국정부의 훈령을 기다리고 있었다.

---

34) 《日本人》 15호(政教社, 명치 27년 7월 18일), 1~2쪽.
35) 《秘書類纂 朝鮮交涉資料》 中, 명치 27년 6월 11일, 大鳥公使帶兵入京ノ顚末, 375~376쪽.
36) 《大阪每日新聞》, 명치 27년 6월 26일.
37) 《隨錄》(京都大 河合文庫 소장자료), 갑오 5월 10일, 〈甘結〉.
38) 參謀本部 編, 《明治 二十七·八年 日淸戰爭》 1(동경인쇄주식회사, 1904), 77~84쪽.
39) 《明治 二十七·八年 日淸戰爭》 1, 86~90쪽.

반면 일본공사 오오토리는 전라도의 "亂徒들은 아직 평정되지 않았다"라고 일시적 휴전상태로 인정하고 있었다. 공사는 농민군들이 다만 위축되어 전주에서 금구·고부로 퇴거한 것에 불과하다고 지적하면서 군대의 지속적 주둔을 통하여 공사관과 일본상인을 보호하여야 한다고 역설하였다.[40] 이러한 일본의 입장에 일정하게 의견을 같이하고 있었던 安駉壽도 농민군의 재발을 우려하는 한편 5월 17일 일본공사와의 비밀담화에서 일본군대의 주둔을 청원하였다.[41] 일본은 청국과의 전쟁을 기정사실화하고 그 사이에 농민군이 서울에 들어갈 것을 우려하였다. 만약에 사태가 예상과 같이 전개된다면 이는 자국 공사관·영사관 및 거류민의 安危와 직결되는 것으로 조기에 개입, 즉각 병사를 파견하여 이에 대응해야 할 것이라 생각하고 있었다. 일본 국내에서는 청일 양군의 출병으로 인한 농민군의 전주성 철수는 '불가사의한 일'이나 이는 일시 잠복에 불과하다고 평가하고 있었다.[42] 그러므로 조선과 청국의 일본군 퇴거 요구에 대해 그 대응책으로 농민군 재기의 움직임이 그대로 남아 있기 때문에 진실로 평정되었다고 인정할 수 없으므로 철병요구에 응할 수 없다는 것을 정부는 분명히 할 것을 요구하고 있다.[43]

이와 같은 농민전쟁에 대한 청·일의 인식차는 일본측 대표인 코무라 쥬타로(小村壽太郎)와 청국측 대표 孫毓汶의 대화에서 확연하게 나타난다. 코무라는 농민군은 청·일병 출동소식을 듣고 각처에 잠복하고 있는 것이므로 일본과 청국은 양국 병사의 주둔 필요성을 의논해야 할 것이라고 주장하였다. 반면 손육문은 전라도의 내란은 전부 진정되었고 농민군도 대부분 항복하였다 하여[44] 이를 양국이 동시철병을 주장하는 근거로 삼고 있다.

그러나 6월부터 조선의 '내정개혁'에서 '종속'으로 명분을 전환한 일본은,[45]

---

40) 《駐韓日本公使館記錄》 3, 1894년 6월 17일, 機密第112號 本66, 일본군의 입경문제로 한국정부와 오고간 문서 제50호, 86쪽.

41) 《駐韓日本公使館記錄》 4, 1894년 6월 24일, 發第85號, 조선국 政情에 관한 정보보고, 136쪽. 이와 아울러 홍계훈의 초토사군은 당시 군산에 정박한 筑紫艦에 병기와 탄약을 공급하였다 한다(《大阪每日新聞》, 명치 27년 6월 22일).

42) 《時事新報》, 명치 27년 6월 27일.

43) 《東京日日新聞》, 명치 27년 7월 3일.

44) 《日韓外交資料集成》 4, 7월 9일 오후 4시 조선사건에 관해 總署 王大臣과의 면담개략, 77~78쪽.

왕궁점령・청일전쟁 도발 직전인 6월 14일 영국과 〈영일개정조약〉을 조인하는 등 조선 경략시 영국의 협력을 얻는 데 성공하였다. 영국측 조약대표인 킴벌리(Kimberly)외상은 이 조약은 "청국의 대병을 패주시키게 하는 것보다도 오히려 우세한 것이 된다"고 하면서 다가올 청국과의 전쟁에서 일본의 승리를 전망하였다.[46] 영국은 청일전쟁뿐만 아니라 이후 러일전쟁기에도 일본과 몇 차례의 조약을 체결하여 일본의 전쟁 승리와 조선 지배정책 강화에 결정적으로 기여할 정도로 청일전쟁과 러일전쟁 당시 일본의 대조선 침략 파트너로 역할을 하고 있었다.

영국의 외교적 지원에 고무된 일본정부는 6월 17일 오오토리공사에게 청국을 상대로 한 개전방법을 일임하였다. 이날부터 경부 군용전신선 가설에 착수하였다. 이에 오오토리는 6월 18일 조선측에 청국군 퇴거와 굴욕적 불평등 무역조약으로 악평높던 〈조청상민수륙무역장정〉의 폐기를 강하게 요구하였다. 그리고 청국과의 개전에 즈음하여 전쟁에 임하는 온・강 양면의 '표리 2개주의'를 채택하였다.[47] 무츠에 의하면 이는 표면에서는 "이루어진 평화를 파괴하지 않고, 국가의 영예를 보전하고, 일청양국의 권력 평균을 유지"한다고 하면서, 이면에서는 "전력을 다하여 당초의 목적을 관철"하는 것이었다.[48] 이에 대본영에서는 ① 해전에서 승리하여 제해권을 수중에 넣을 때는 육군은 북경으로 돌입한다. ② 해전의 승패가 미결될 때에는 조선의 유지를 꾀한다. ③ 크게 패하여 제해권을 상실할 경우는 일본은 대륙으로부터 빠진다는 3가지의 상이한 전략적 개념을 정하였다. 당시 일본정부는 패전상태까지 염두에 두면서 계획을 진행시킬 정도로 전쟁의 승리를 예측하는 것은 쉽지 않은 일이었다. 그러나 이후 전쟁 진행과정에서 일본은 자국측에 가장 유리한 ①안에 근접하는 형태로 계획을 추진해 나갔다.[49] 이와 같은 일본의 전쟁방침에 대해 이미 6월 12일 이전부터 조선상인들은 청・일간의 一戰은 피할 수 없는 것이라 감지하고 일본인으로부터 상품주문을 중단하고 잔금 회

---

45) 朴宗根, 앞의 책, 43쪽.
46) 《岩波講座 世界歷史》 近代 9−10, 東洋篇 VII(1978), 426쪽.
47) 藤村道生, 앞의 글, 23쪽.
48) 《蹇蹇錄》, 17쪽.
49) 藤村道生, 앞의 글, 26쪽.

수에 분주하고 있었다.[50] 개전 1달 전부터 전쟁의 움직임은 민간에서도 어느 정도 예견되고 있었다.[51]

청일전 이전 1893년부터 전쟁을 미리 계획한 일본군부는 농민군의 동향파악 등 첩보활동에 주력하였고 그 후에도 계속해서 정보수집을 하고 있었다. 참모차장 가와카미 소로쿠(川上操六)은 1893년 4월 이치지 고우가이(伊知地幸介)와 다무라 이요조(田村怡與造) 두 명의 少佐를 조선과 청국으로 들어가게 하였는데, 이들은 첩보활동을 마치고 동년 8월 귀국하였다. 이 시찰에 기초하여 이후 작전계획을 수립하였다. 또한 농민군의 활동이 활발하던 1894년 5월경에는 경성공사관附 武官 와타나베 데스타로(渡邊鐵太郞) 대위 및 참모본부원 이치지소좌가 부산과 경성에서 첩보활동을 하였다.[52]

한편으로는 본국내의 浪人을 조선에 진출케 하고 농민군과 접촉시켜 재봉기를 부추기고자 하였다. 특히 일본정부의 배후지원으로 조선에 진출하게 된 天佑俠을 비롯한 일군의 낭인배들은 자신들이 마치 농민군에 결정적인 힘을 부여할 것이라 착각하고 있었다. '義俠의 革命軍'을 자처한 천우협은 전주화약에 따라 상대적으로 일본군의 조선진출과 청국과의 개전 명분이 빈약해지자 이에 새로운 빌미를 마련하려고 부심하였다. 이는 국내의 이른바 '對外硬派'도 동일한 것이었다.[53] 비록 그들의 행로에는 미심쩍은 바가 많지만, 청일전쟁 직전 농민군의 정세파악을 위해 천우협의 다케다 한시(武田範之) 등은 농민군을 방문, 이들의 의견과 목적을 정탐하고,[54] 이를 본국정부와 대본영에 보고하여 전쟁수행의 참고자료로 활용토록 한 것만은 명백한 것 같다.[55]

---

50) 《駐韓日本公使館記錄》 3, 1894년 7월 14일, 臨庶第39號, 貿易商 田中良助의 聞取書, 203~204쪽.

51) "어느 누가 말을 전하기를 袁大人이 馬山浦에서 싸움을 신청하고 大鳥圭介는 城內에서 싸움을 청하였다고 한다"(崔鳳吉, 《歲藏年錄》, 갑오년 6월초 1일).

52) 《明治二十七·八年 日清戰爭》 1, 94~95쪽.
葛生能久, 《日支交涉外史(上)》(黑龍會, 1938), 225쪽.
5월 30일 귀국한 伊知地 소좌의 복명을 받아 일본정부는 파병을 결정하게 된다.

53) 葛生能久, 위의 책, 220~221쪽.

54) 《二六新報》, 1894년 11월 20일.

55) 천우협 낭인들과 농민군 지도부의 접촉문제는 姜昌一, 〈天佑俠と'朝鮮問題'-'朝鮮浪人'の東學農民戰爭への對應と聯關して〉(《史學雜誌》 97-8, 1988) 참조.

천우협과는 별도로 전직 군인 출신인 우미우라 도쿠미(海浦篤彌)와 그의 동행인 곤토 겐키치(近藤賢吉)·야마가타 이노스케(山縣伊之助)도 6월 18일 전봉준과 회견하여 그에게 재봉기를 촉구하였다 한다. 그러나 그들이 주장하는 '농민군 추동설'은 실상 사실과 부합되지 않는 점이 많으며 그들의 권유에 따라 농민군이 재봉기했다는 것도 명확히 나타나지는 않는다.

그러면 청·일군의 조선출병과 관련하여 이 시기 농민군 동향은 어떠하였는가. 전주성을 철수한 농민군은 집강소에서 각처에 통문을 돌려 擧兵을 절제하고, 사태추이를 관망하고 있었다. 6월 중순 경 태인·담양 등의 농민군은 집강소의 농민적 지배를 더욱 강화하고 있었다. 이 지역 대다수의 농민은 농민군에 편입되어 있었다. 그와 같은 사실은 다음의 기록에서 알 수 있다. "태인 담양간 촌락은 서로 연결되어 있었으며 土民은 대개 道人 아닌 자가 없었다. 門頭에 '道人이 아니면 이 문에 들어오는 것을 허가하지 않는다'는 표찰을 걸은 2, 3 가옥이 있어 이 지방의 人氣를 알 수 있다."[56]

일본인 여행객의 보고에 의하면 집강소 활동에 주력하고 있던 전봉준·孫和中 등 농민군 지도부는 청일 양국의 출병이 불가하다는 사실과 각국 공사에게 군함 및 군대의 철회를 유세할 목적으로 공주를 거쳐 서울에 진출코자 한다는 풍문이 있었다 한다.[57] 이를 통해 전봉준 등은 적어도 가을에 다시 봉기하려고 계획하였고,[58] 대일전 준비에 노력하고 있었다는 것을 감지할 수 있다. 9월의 제2차 농민전쟁에 대비한 전봉준 진영의 준비상황은 크게 3가지 방향 즉, ① 30여 명의 장교로 하여금 농민군 무장대를 훈련시키고,[59] ② 재정적 준비, ③ 민심의 수습[60]을 통한 물리력 확보에 치중하고 있었다.

〈趙宰坤〉

---

56) 海浦よし編, 〈東學黨視察日記〉(《初齋遺稿》), 85쪽. 初齋는 海浦篤彌의 號다.

57) 《駐韓日本公使館記錄》 3, 1894년 7월 23일, 臨庶第48號, 5월 14일부터 전라·충청지방을 여행한 상인 白木彦太郎의 聞取書 要點, 215~217쪽.

58) 《初齋遺稿》, 91쪽.

59) 《初齋遺稿》, 93쪽.

60) 《初齋遺稿》, 99쪽.

2. 청일전쟁의 발발과 농민군의 정세인식

쿠데타를 통하여 친청 민씨정권을 뒤엎고 친일정부 수립을 구상하고 있던 일본정부는 청국과의 개전이라는 급박한 사안에 효율적으로 대처하고자 하였다. 따라서 6월 중순에 가면 조선문제에 관한 일체의 自決權을 오오토리공사에게 부여하여 조선 지배정책 추진을 본격화하기 시작한다.[1] 일본정부는 자신들의 출병목적은 “청과의 개전에 있는 것이 아니라 조선정부의 개혁에 있다”고 언급하면서, 그러나 “이 목적을 방해하는 자는 누구도 용서 못하고 전쟁도 불사할 것이다”라고 엄포를 놓고 있다.[2] 청일전쟁 직전에 이르기까지도 일본군의 정탐활동은 계속된다. 특히 6월 11일 노구치(町口)중위 등 일본군의 평양정찰은 그곳 민중의 강렬한 저항에 직면하게 되었고, 中和에서 임무를 계속하였으나 그것조차 여의치 않아 다시 황주로 퇴거하였다.[3] 이러한 시기에 일본은 6월 21일 새벽 그들의 무력으로 경복궁을 점령, 궁궐수비 조선군을 무장해제시키고, 곧 이어 기존의 정부 구성원들을 축출하는 한편 새롭게 친일정권을 수립시켰다.

甲午倭亂 또는 경복궁 쿠데타로 불리는 일본군에 의한 왕궁점령은 중앙정부는 물론 재야 모두 일본에 의해 국권이 종속될 풍전등화의 위기로 인식되었던 중대한 사건이었다. 이에 따라 농민군의 활동도 이전과는 다른 새로운 방향으로 전개될 수밖에 없었다.

왕궁을 일본군이 점령하였다는 소식은 얼마 지나지 않아 삼남지방에까지 전파되었다. 이에 전라도 일부 집강소의 농민군은 6월말부터 군사를 다시 일으키기로 논의하고,[4] 일본군과 그들 거류민을 쫓아낼 목적으로 무장을 강화하여 즉각 북상하였다. 利仁에서는 대규모 군중집회를 개설하여 결전의 의지를 다지고 있었다.[5] 영남의 농민군도 즉각 봉기에 돌입하였다. 특히 이 지역

1) 《時事新報》, 1894년 7월 17일.
2) 《大阪每日新聞》, 명치 27년 7월 19일.
3) 參謀本部 編, 《明治 二十七・八年 日淸戰爭》 2(동경인쇄주식회사, 1904), 1~2쪽.
4) 《東京日日新聞》, 1894년 8월 5일.

의 경우 일본군의 상주 낙동과 함창 태봉의 병참기지 설치는 농민군을 크게 자극하는 것이었다.[6] 7월 1일 무렵 농민군들은 충청도·전라도·경상도 각처에서 봉기에 돌입하는 등 지역을 확대해 나가고 있었다.[7] 충청도 黃山의 경우 이 기간 두 차례의 봉기 소식을 단편적으로 접할 수 있는데, 첫번째 봉기에서 특이한 것은 이 지역 농민군은 다른 지역보다는 며칠 앞선 6월 22일~23일 사이에 봉기에 돌입한다는 점이다. 그 목적은 청국인과 단결해서 서울로 공격해 들어가겠다는 계획이었다 한다.[8] 그렇지만 날짜상으로 볼 때 일본군의 경복궁 강점이 이루어진 하루 뒤이기 때문에 지방에서 즉시 소식을 접하기는 어려웠을 것이다. 이곳도 여타 지역과 비슷하게 일본군의 왕궁점령 소식을 듣고 청·일개전이라는 위기의식과 관련 7월초 재차 봉기에 돌입, 軍需를 확보하면서 계속해서 인접한 강경 지역으로 모여들고 있었다.[9] 그러나 이때까지 농민군 측은 조직적이고 본격적인 대일항전을 준비하는 단계는 아니었다. 그렇지만 이러한 모습은 경복궁 점령으로 인해 분명 국권이 위기상황에 돌입하였음을 감지한 농민군의 상황인식과 대응임은 분명하다.

6월 21일 경복궁 침입을 전후로 한 기간 청일군의 동향을 살펴보면, 먼저 다수의 청국군은 평양을 중심으로 조선 북부지역에 포진하고 있었다. 충청도에서는 농민군 토벌을 위해 각처로 파견되었던 일부 군사들도 아산으로 귀환하고 있었다.[10] 반면 왕궁을 점령한 일본군은 이후 곧바로 교전을 위해 청국군 주력이 주둔하고 있던 아산지역으로 전함을 대거 급파하는 형국이었다. 6월 23일 오오토리공사는 조선정부에 압력을 가해 그로부터 청국군의 '驅逐依賴'를 획득할 수 있었다.[11] 이날 일본 해군은 아산 앞바다 풍도 일원에 있

5) 洪性讚, 〈1894년 執綱所期 設包下의 鄕村事情〉(《東方學志》 39, 1983), 70~72쪽.
6) 申榮祐, 〈1894년 영남 예천의 농민군과 보수집강소〉(《東方學志》 44, 1984).
7) "충청도뿐만 아니라 전라도도 다시, 각도에 있어서도 모두 舊 7월 1일로 봉기하였다"(《大阪每日新聞》, 명치 27년 8월 20일).
8) 《駐韓日本公使館記錄》 3(국사편찬위원회, 번역본, 1988), 1894년 8월 16일, 臨庶第78號, 충청도 黃山地方 東學黨 재발상황 문취서 별지보고, 240~241쪽.
9) 《駐韓日本公使館記錄》 3, 1894년 8월 10일, 臨庶第44號, 충청도 黃山의 동학당 재발 等에 관한 별지보고, 236~238쪽.
10) 《明治 二十七·八年 日淸戰爭》 1, 117쪽.
11) 朴宗根 著, 朴英宰 譯, 《淸日戰爭과 朝鮮 : 外侵과 抵抗》(一潮閣, 1992), 76~77쪽.

던 청국함대를 기습적으로 선제 공격하였다.

이로부터 청일전쟁은 본격적으로 전개되었다. 일본 외무대신 무츠는 청일 교전의 원인은 '조선의 독립'과 '내정개혁'[12]에 있다고 주장하였다. 한편 그는 아산전투도 조선정부의 위탁을 받아 청국군을 쫓아내는 일로부터 발단된 것이라고 일본정부가 국제적으로 표명하였지만, 실제로는 일·청 양국간의 문제라고 보았다.[13] 여기서 무츠는 일본측의 궁극적 목표는 청국과의 전쟁을 통한 동아시아 제패에 있음을 분명히 밝히고 있다.

그러나 치밀한 사전 계획과 준비에도 불구하고 일본군의 작전 수행은 여러 점에서 난관에 봉착하게 되었다. 아산전투 직후 일본군은 곧바로 성환에서 청국군과 전투를 하게 되는데, 전투과정에서 어려웠던 것으로는 우선 병참을 제대로 마련하지 못하였다는 점이 지적되고 있다. 그렇지만 이보다 더 근원적인 문제는 일본군을 침략군으로 보고 있었던 조선민중의 반일감정과 비협조, 완강한 저항, 대다수 지방관의 일본군 지령 회피, 대원군을 비롯한 정권 담당자의 비협조뿐 아니라 농민전쟁의 재발 우려 등 전투 외적인 상황의 전개였다. 마지막 문제와 관련하여 7월 1일 천황의 대청 선전포고 후 무츠 무네미츠(陸奥宗光) 외무대신은 주일 미국공사를 설득하여 농민전쟁의 근원은 그대로 남아 있다는 것을 미국정부에 전보토록 하였는데 이를 그대로 받아들여 공사는 본국정부에 電稟하였다.[14]

심지어 6월말 수원에서는 징발된 인마의 도망에 대한 책임추궁을 우려한 보병 제21연대 3대대 대대장 코시 마사츠나(古志正綱)가 자살하는 사건까지 있었다.[15] 만약 이 같은 상황이 계속 연출된다면 전투에서 이기고도 전쟁에서 지는 결과를 초래할 수 있기 때문이다. 이러한 점이 전쟁수행에 막대한 지장을 초래한다는 사실을 인식한 일본은 후일 8월의 평양전에서는 각별히 유념하게 되었다. 그럼에도 불구하고 전쟁은 일본군의 압승으로 귀결되었다. 청국군은 일본군의 우세한 화력 공격을 막아내지 못하고 결국 패배하였다. 7

12) 陸奥宗光, 《蹇蹇錄》(岩波書店, 1940), 121쪽.
13) 《蹇蹇錄》, 104쪽.
14) 《蹇蹇錄》, 78쪽.
15) 《明治 二十七·八年 日淸戰爭》 1, 131~132쪽.

월 4일 성환은 일본군에게 함락되었고, 청국군은 조선 남부에서 축출되었다.

그러면 청국은 왜 초기의 전투에서 어처구니없는 참패를 당하였는가. 청국은 전쟁으로 다가올 결과를 오판하고 자국의 승리를 당연한 것으로 전망하고 있었다.[16] 또한 아산과 성환전투의 패배에도 불구하고 7월말 이후에 이르기까지도 청국군은 즉각 전면전을 구상하지 않고 완만한 작전을 전개하고 있었다. 평양에 장기 주둔하고 남하할 기미를 보이고 있지 않았다.[17] 이러한 오판된 장기주둔책으로 일본은 다음 전투를 준비할 수 있는 시간을 벌 수 있었고 이후 일본군대는 계속 조선에 증파되었다. 결국 일본의 입장에서 보면 평양전투의 승리는 어느 정도 예견된 것이라 할 수 있다.

아산·성환전투의 결과 일본측 입장에 동조하는 일부 지역의 지방관은 일본군의 승리 격문을 자신의 관내에 붙이고 兵杖의 운반에 병참부 인접지역의 주민을 동원하였다.[18] 초전의 승리에 고무된 일본은 이후 진무책을 고안하여 이를 조선인민에게 관철시킬 좋은 기회로 이해하였다. 따라서 7월부터 한편으로는 강경진압책을 다른 한편으로는 회유와 동화정책을 채택하였다.[19] 이는 제2차 농민전쟁 이전 일본군의 대 농민군 정책의 골격을 수립한 것이며, 종래의 견제적 작전에서 공세적 작전으로 변화하는 계기가 되었다.[20]

그것은 7월 17일 일본 각의에서 甲乙丙丁의 조선정략 4개안 수립에 반영된다.[21] 이는 아산·성환전투 직후 오오토리공사의 새로운 정세에 대처할 일본의 대조선정책 요구에 의한 것이다. 그 골자를 보면 甲案은 '일본 승리 후

16) "현금 왜노는 궁성을 점거하고 畿近에 주둔하여 좌우를 엿보고 있다. 인천·공주·평양의 해륙 부근은 넘지 못하고 있다. 생각컨대 天兵에 피해를 입을 것 같아서이다"(《淸季中日韓關係史料》 6, 臺北 : 중앙연구원근대사연구소, 3606쪽).

17) 《駐韓日本公使館記錄》 5, 1894년 8월 31일, 機密第176號 本100, 조선정부 내정개혁의 전반적 진행상황, 29쪽.

18) 李晩燾, 《響山日記》(국사편찬위원회, 1985), 갑오 7월 9일, 687쪽. 보수관료 출신으로 경북 禮安의 향제에서 생활하고 있었던 이만도 역시 이곳에서 일본군 군수물자의 강제운반에 참여하였다.

19) 伊藤博文 編, 《秘書類纂 朝鮮交涉資料》 中(비서류찬간행회, 1936), 명치 27년 8월, 朝鮮國內戰後警察ニ關スル上申, 405쪽.

20) 일본육군성 편, 《明治軍事史》(原書房, 1966), 913쪽.

21) 《蹇蹇錄》, 134~139쪽.

자치론', 乙案은 '보호국화론', 丙案은 '일청제휴론', 丁案은 '조선중립화론'이라 할 수 있다. 일본정부는 일단 乙案을 채택하기로 결정하였는데 이는 보다 강력한 조선침략 정략을 채택하자는 것이다. 그러나 조선에 이해관계를 가진 외국의 간섭이 우려되는 등 위험부담이 따를 수 있는 것이었다. 결국 청일전쟁에서 일본이 승리한다면 조선정책은 열강의 반응을 예의 주시하는 선에서의 '보호국화' 정책을 추진하겠다는 것이다.

아산전투 후 농민군의 활동 상황을 살펴보면 다음과 같다. 먼저 對淸戰 수행과 관련한 일본군의 조선인 인부 동원과 식량 징발에 대해 7월 하순 경상도 함창현의 농민군은 "縣官을 포박하고 책하기를 인민을 무임으로 일본을 위해 사역케 했다고 하고 인민에게는 일본의 용역에 따르지 말 것"이라 하였다. "따라서 현관의 명령에 응하는 사람이 없고 현관은 두려워 사직하거나 또는 거처를 옮겨 그의 소재지를 알지 못할" 정도가 되어 있었다 한다.[22) 아산전투 후에도 대다수의 관료층과 농민들은 현재는 일본군이 승리하였지만 결국에는 청국군에게 패망할 것이라 전망하였다. 당시 많은 조선인들은 청국함대, 특히 북양함대는 규모와 질에 있어 일본의 함대에 비해 월등한 것으로 인식하고 있었다. 심지어 청국이 선박에 군기와 군량을 싣고 바다를 건너 일본 내륙으로 들어갔다는 소문이 나돌 정도였다. 이 기간 俄羅斯(러시아) 병사 20만 명이 討倭를 위해 우리 국경에 머물고 있다는 헛소문도 있었다.[23) 이 때 농민군 지도부는 비밀리에 사자를 서울에 보내 자신들의 의지를 관철시키고자 하였다.[24)

한편 충청도 아산의 농민군은 아산전투 후 다시 봉기한다. 청국군의 아산도착 직후 곧바로 퇴산한 이곳의 농민군은 이 기간 재집결하고 평양에 있는 청국군과 제휴하여 전쟁에 총력을 기울여 일본군을 퇴치하고자 하였다. 이 지역은 초기 청일전쟁의 중심지로서 청국군의 주력이 주둔하고 있었던 지역적 특수성이 강하게 작용하고 있었다. 이 곳의 농민군은 성내에 "지금 형세로 보아 청국이 와서 돕고(청일전쟁) 본국에서 의병을 일으켜(농민전쟁) 내외

---

22) 〈中路兵站監本部陣中日誌〉, 67쪽(朴宗根, 앞의 책, 200쪽에서 재인용).
23) 필자 미상, 《記聞錄》, 갑오 7월 17일 및 朴冀鉉, 《日史》, 갑오 8월 19일.
24) 《二六新報》, 1894년 11월 14일, 〈동학당의 진상(5)〉.

에서 협공하면…" 이라는 내용의 방문을 붙여 북상을 통한 일본군의 축출을 호소하였다.[25] 8월 중순 전라·충청도의 농민군은 연합하여 대대적인 서울진격전을 구상하였고, 이에 위기의식을 느낀 일본은 대본영에 구원병 추가파견을 요청하였다.

이미 전봉준 등 집강소의 농민군 지도부는 일본군의 왕궁점령과 아산전투의 소식을 접하고 있었다. 전봉준은 7월초 남원에서 이와 같은 사실을 감사 金鶴鎭측으로부터 파견된 사마 宋寅會로부터 들었을 것이다. 일설에 따르면 전봉준은 곧바로 밀사를 대원군에 파견하여 그의 섭정을 지지하고 개혁을 권유하였다 한다.[26] 그러나 당시 집강소 활동에 주력하고 있던 전봉준은 주로 내부문제에 치중하여 개혁사업을 전개해 나가고 있었다. 이 당시까지도 전봉준 등 농민군 지도부는 일본군의 조선진출과 왕궁점령을 식민지화의 결정적 위기로까지는 생각하지 않았던 것 같다.[27] 이들은 농민전쟁을 지속시키면서 농민적 지향을 확산하려 하였다. 그러므로 일찌감치 북상을 구상하고 있었다. 그러나 일본군의 갑작스런 입성과 그로 인한 민씨정권의 붕괴로 시기를 놓치고 말았다.

> 내가 원래 병을 일으킨 것은 경성에 가서 정부의 간적을 없애기 위해서인데, 어찌 그들의 말을 기다릴까. 그런데 우리들의 상경에 앞서 일본병이 많이 경성에 들어갔기 때문에 그 뜻을 이룰 수 없었다(《東京朝日新聞》, 1895년 3월 5일, 〈東學黨大巨魁生擒(2월 18일 경성발)〉; 강창일, 〈갑오농민전쟁 자료발굴 : 전봉준 회견기 및 취조기록〉, 《사회와 사상》 창간호, 1988, 256~257쪽에서 재인용).

이에 그들은 제1차 전쟁의 입장을 계속 유지하는 한편 일본과 청국의 군사적 동향과 사태의 추이를 예의주시하면서 집강소에서 결정적 시기의 도래만을 기다리고 있었다.

아산·성환전투 직후 전봉준 등 농민군 지도부의 구체적 동향은 다음과

---

25) 《駐韓日本公使館記錄》 5, 1894년 9월 26일, 機密第189號 本112, 충청도 동학당에 관한 휘보, 47~49쪽.

26) 《二六新報》, 1894년 11월 14일, 〈동학당의 진상(5)〉.

27) 鄭昌烈, 《甲午農民戰爭研究－全琫準의 思想과 行動을 중심으로－》(연세대 박사학위논문, 1991), 236~237쪽.

같다. 7월 15일 농민군 지도부는 남원에서 청국과 일본의 개전과 관련한 대책을 논의하기 위한 농민대회를 개설하는 한편 집강소의 통치권을 강화하려는 노력을 보이고 있었다. 그러나 남원대회 이후 전봉준과 손화중・金開南 3인의 농민군 지도부는 청일전쟁 개전 직후의 정세인식과 농민군이 향후 취해야 할 방략에서 서로 입장 차이를 보이고 있었다. 黃玹은 이를 다음과 같이 적고 있다.

> 봉준이 개남에게 말하기를 지금 시세를 보니 倭와 淸이 싸워 한쪽이 이기게 되면 반드시 군사를 우리 쪽으로 돌릴 것이다. 우리 무리가 비록 많으나 오합지졸이어서 쉽게 달아나 끝내 뜻을 이루지 못할 것이다. 그러니 귀화를 빗대어 각 고을에 흩어져 있다가 서서히 그 상황변화를 살피는 것이 좋을 것이다 하니 개남이 대중은 한번 흩어지면 다시 모으기 어렵다 하여 듣지 않았다(黃玹, 《梧下記聞》 2筆, 92쪽).

전봉준은 농민군을 해산시킨 후 기회를 포착하자고 하였고, 김개남은 대일전쟁 조기강행론을 주장하였음을 알 수 있다. 한편 손화중은 조기해산론을 주장하였다. 비슷한 입장에 있었던 전봉준과 손화중은 8월말까지도 '官民相和'의 집강소 질서를 유지하고자 하였으나,[28] 김개남은 이에 극력 반대하고 전면전을 전개하고자 하였다. 특히 전봉준과 김개남의 의견대립은 상호 접합점이 없었던 것으로 향후 제2차 전쟁시기에 가면 농민군이 집중된 전투력을 발휘할 수 없는 큰 요인이 되었다.

7월 17일 茂朱집강소 앞으로 보내는 통문에서 전봉준은 "바야흐로 外寇가 궁궐을 범하여 국왕을 욕보였으니 우리들은 마땅히 목숨을 걸고 義로써 싸워야 하나… 그 화가 宗社에 미칠지도 모른다. 물러나 은둔하여 시세를 관망한 연후에 세력을 모아 다음 계책을 도모하는 것이 萬全之策이다"[29] 라고 농민군의 현실적 입장과 향후 방략을 설명하고 있다. 이 무주통문에서는 주로 청국과 일본의 개전에 유념하면서 집강소내의 단속을 강화하는 문제가 제시되어 있다. 그 내용에서 볼 때 이 기간 전봉준은 경복궁에 침입한 일본

28) 鄭昌烈, 위의 책, 250쪽.
29) 《隨錄》(京都大 河合文庫 소장자료), 갑오 7월 17일, 茂朱執綱所.

의 진의를 파악하고 탐색하는 데 치중하고 있었던 것으로 생각된다. 즉 전봉준은 7월 중순경에 이르기까지도 전면전을 구상하고 있지 않았다. 결과적으로 농민군의 대일항전의 전면화는 평양전투 후 조선의 '보호국화'가 무르익어 가는 시기인 9월말 이후를 기다릴 수밖에 없었다.

〈趙宰坤〉

3. 평양전투와 농민군의 동향

먼저 평양전투 직전 청일군의 동향을 살펴보면 다음과 같다. 아산과 성환의 전투에서 패한 청국병의 다수는 葉志超의 인솔 아래 관동과 관북으로 우회 퇴주하여[1] 평안감사 閔丙奭의 적극적 원조로 평양에서 합류하게 된다. 여기에는 경복궁에서 왕실호위를 하다 일본군에 의해 무장해제 당하고 쫓겨난 조선수비대도 합세하였다. 나머지 패잔병은 개별적 고립적인 활동을 하던가 아니면 농민군의 진영에 투속하고 있었다.[2] 고종의 명을 받은 민병석은 7월 20일 이홍장에게 전보하여 개화내각을 부정하고 원병을 재차 청원하였고, 고종은 7월 28일 민병석에게 다시 이를 전보토록 하였다.[3] 이보다 며칠 앞서 고종은 자신이 발표한 政令은 倭人의 협박과 핍박에서 말미암은 것으로 본인의 의지와는 하등 관계가 없다는 뜻을 외무참의 閔商鎬를 통해 중국에 전달한 일이 있었다.[4] 농민군과의 대결 문제는 이 단계에 가면 부차적인 것으로 이해될 정도로 아산과 성환전투에서 청국의 패배는 조선정부로 하여금 후일 일본의 식민지가 되지 않을까 하는 충격을 던져주었다. 또한 예상되

1) 《東學亂記錄》上(國史編纂委員會, 1959), 〈甲午實記〉, 59쪽.
2) 그러나 이 문제로써 농민군이 친청적·사대적 성향을 지녔다고 할 수 없다. 한 예로 청국 패잔병 500여 명이 전봉준이 있던 논산 대본영으로 와서 받아들이기를 애원하자 '정상이 불쌍하여 물리치지 않고' '주의를 묻지 않고' 軍中에 받아들였다고 한다(吳知泳, 《東學史》 필사 초고본 三, 1924, 59~60쪽).
3) 田保橋潔, 《日清戰役外交史の硏究》(東洋文庫, 1965), 333~334쪽.
4) 《清季中日韓關係史料》 6(臺北 : 중앙연구원근대사연구소), 7월 22일 北洋大臣 李鴻章, 3053쪽.

는 평양전투에 대해 초조해 하고 있었다.

평양전투 이전인 7월 10일부터 평양 근방 中和에서는 청·일군 사이에 국지전이 있었다. 그러나 성환전투 이후 전투력을 완전히 회복하지 못한 상태에서 일본군은 '韓民'의 거센 반항에 직면하고 있었으며 이곳의 여단은 중요 정찰기관을 상실하였다.[5] 이는 일본군 활동의 취약성을 보여 주는 것으로, 일본의 의지와는 달리 평양전투가 지연되는 한 원인이 되었다. 여기서 '한민'은 농민군인지 일반민인지 자료상으로는 확인되지 않는다. 그러나 당시 농민군의 계통적 활동이 파악되지 않는 이곳의 지역적 특성상 후자일 가능성이 높다. 한편 청국군의 7월초 평양 도착 후 일본인에 대한 그곳 인민들의 적개심은 더욱 증가하였다 한다.[6]

청국은 전쟁이 장기 지연될 것으로 판단하고 제3국의 자연스러운 개입을 유도하기 위한 외교적 방면에 노력을 기울였다. 조선문제는 열강간의 이해관계와 긴밀한 관련이 있기 때문이었다. 반면 인력이나 경제적인 면에서 여력이 없던 일본은 이를 간파하고 속전속결주의를 채택하여 빠른 시일내에 전쟁을 승리로 종결짓고자 하였다. 이를 위해 일본은 평양전 직전인 8월 중순부터는 중국인과 조선인으로 변장한 첩자를 서북지역에 침투시켜 청국군의 동태를 파악하고 각종 문서류를 수집하여 이를 병참부 등에 보고하였다.[7]

7월 14일 평산에 통신소를 개설한 일본군은 정찰 수색을 강화하였고, 당시 청국군은 평양을 근거지로 하여 황해도의 봉산과 안악에까지 주둔하면서 평양회전에 대비하고 있었다.[8] 7월 26일 〈朝日兩國盟約〉 체결 후 일본은 조선병을 평양회전에 동원시킬 것과, 인부와 식량징발을 조선에 강요하였다. 일본은 아산전투부터 징발문제를 우려하였는데 평양회전을 앞두고 이의 타개는 절실한 문제였다. 그러나 아산전투 때와 마찬가지로 조선인의 반일감정과 동원된 인부들의 도망은 계속되었다.[9] 8월 2일을 시점으로 북진을 개시한 5

5) 參謀本部 編, 《明治 二十七·八年 日淸戰爭》 2(동경인쇄주식회사, 1904), 3쪽.
6) 《駐韓日本公使館記錄》 5(국사편찬위원회, 번역본, 1990), 1894년 8월 11월, 機密第160號 本89, 旅團 凱旋後의 景況, 15쪽.
7) 《二六新報》, 1894년 12월 27일. 〈변복간첩일기 7〉.
8) 《時事新報》, 1894년 8월 21일.
9) 朴宗根 著, 朴英宰 譯, 《淸日戰爭과 朝鮮 : 外侵과 抵抗》(一潮閣, 1992), 102~

사단 지휘하의 4團隊는 평양행군시 ① 양곡운반의 어려움, ② 인부의 도피, ③ 도로의 불편, ④ 낮의 폭염과 야간 습냉[10] 등의 어려움을 보고하였다. 그럼에도 불구하고 전쟁의 대세는 일본 편으로 기울어지고 있었다. 일본군 제3사단은 7월 27일부터 30일 사이 원산항에 상륙하였으며 8월 2일 평양을 향해 출발하였다. 한편 용산을 출발, 북진을 시작한 일본군 선행대는 8월 7일 황주를 점령하였다. 이어 8월 17일 평양을 공략하여 함락시킨 일본군은 다음날 18일 황해해전에서의 승리를 통해 청국의 북양함대를 궤멸시켰다.

일본군의 평양점령과 서해안 제해권 획득의 결과 청국군의 전투력은 치유될 수 없을 정도로 약화되었다. 그 반면 일본군은 자유로이 조선 연안을 항행하면서 병력과 군수품 수송을 할 수 있게 되었다.[11] 이 일련의 전투 승리로 일본은 대륙으로의 진로를 열고, 농민군에 대한 탄압을 단계적으로 가중시킬 수 있게 된다. 8월 18일 외무대신 무츠는 전승지역에 조선군 고급 장교를 파견하여 민심을 복종케 하라고 지시하였고,[12] 8월 19일 오오토리공사는 평양승리의 전말을 조선인과 재외국인에게 알리도록 지시하였다.[13] 이는 전쟁에서 일본이 승리하고 있음을 알림으로써 힘의 우위를 과시하는 한편 농민군을 무력화시키기 위한 선무전의 일환이었다. 이날 무츠는 오오토리에 훈령하여 평양전투의 청국군 패주로 이 기회에 조선에 대한 적당한 간섭이 필요하며, 그 방법으로 먼저 조선정부에게 일본의 세력확장에 주의할 것을 전달하고 다음으로 제3국에 대한 조선의 외교·내치상의 중대한 사건은 일본공사의 동의를 받은 후 시행케 할 것을 지시하였다.[14] 이는 대조선 정책의 자신감에서 기인하는 것으로 앞에서 언급한 7월 17일 채택된 乙案 즉, '보호국화' 정책은 이때부터 본격적으로 시작된다고 하겠다. 이 훈령의 결과 농민군 토벌은 더 적극적이 되었다. 평양전투와 황해해전에서 승리한 일본군은

103쪽.

10) 《明治 二十七·八年 日淸戰爭》 2, 93~94쪽.

11) 田保橋潔, 앞의 책, 346쪽.

12) 《駐韓日本公使館記錄》 4, 1894년 9월 17일, 일본군 전승지역으로 조선군 장교 파견 지시, 293쪽.

13) 《駐韓日本公使館記錄》 3, 1894년 9월 18일, 평양전승전말 상보 요망, 270쪽.

14) 金正明 編, 《日韓外交資料集成》 4, 日淸戰爭編(東京 : 巖南堂書店, 1965), 140~141쪽.

지속적인 대청전쟁을 위해 계속 북상하였고 나머지는 농민군 진압을 위해 대거 남하하고 있었다.

평양전투를 앞둔 시기 농민군의 동향과 관련하여 우리의 흥미를 끄는 점은 홍선대원군의 행보이다. 일본에 의해 권력에서 영구히 배제될 위기의식을 느낀 대원군은 농민군을 이용하고자 하였다. 일본측의 기밀문서에 의하면 농민군의 전면적인 움직임을 감지한 대원군은 평양에서 "일청 양군은 반드시 일본군의 패배로 돌아가고 청국군은 곧바로 경성에 돌입하는 경우에 청국과 款을 통하고, 또 일면에는 陽으로 동학당 진무의 효유를 발하고 陰으로 밀사를 보내 동학당을 招集하여 청국군 來着時 내외 세력을 규합하여 일본병을 격퇴할 것을 계획"[15]하였다 한다. 즉 대원군은 농민군을 조종하여 서울 진격전을 계획하고 있었다. 이점은 대원군이 밀사를 통해 전봉준에게 보낸 〈卽遣三南召募使李建永密示爾等〉이란 밀지내용에서도 확인된다.[16] 그와 같은 사실은 〈기밀문서〉 부록에서도 나타난다. 법부아문의 李秉輝 취조문에 의하면 호서에 있던 대원군의 부하 鄭寅德이 朴東鎭·朴世綱 등에게 제안한 작전구상의 개요는 다음과 같다.

① 한 무리는 近畿에 머문다.
② 다른 한 무리는 경성에 들어가 종로에 도회하여 萬人疏廳을 개설하는 한편 글을 정부에 보내 각 공사관에 조회케 한다.
③ 주상을 상왕으로 받들고 중전과 세자를 폐하고 埈鎔으로 보위케 한다.
④ 개화당을 모두 살해하고 '自主之政'을 수립한다.
⑤ 밀사를 청병에 보내 일병을 협공한다.
(李秉輝가 법부아문에서 취조받을 당시의 자술서. 〈기밀문서〉 중 부록 ; 李相佰, 〈東學黨과 大院君〉, 《歷史學報》 17·18합집, 1962, 15쪽 참조).

8월 대원군과 농민군의 동향을 알 수 있는 이 자료에 의하면 일부 호서 농민군 세력은 이준용·대원군과 연결하여 왕권을 뒤엎으려는 기도를 보인

---

15) 〈東學黨事件に付會審の顚末具報〉 초본(李相佰, 〈東學黨과 大院君〉, 《歷史學報》 17·18합집, 1962, 12쪽에서 재인용).
16) 李相佰, 위의 글, 12~13쪽. 이는 평양전투시 일본군이 노획한 문서 중의 일부이다.

다. 鄭喬도 그의 저서에서 대원군 지시에 의해 湖西守宰와 농민군은 합력 북상하여 청국군과 더불어 남북으로 협공하여 일병을 타파코자 하였다 한다.[17] 주요 부분에서는 앞의 자료와 부합되는 견해를 보이며, 이는《東學亂記錄》의 이병휘 공초에서도 상당부분 일치한다.[18]

당시 대원군·농민군·조선정부 모두 평양전의 승패 여하에 대단한 관심을 가지고 있었다. 특히 대원군은 평양회전 직후 鄭碩謨를 통하여 김개남에게 접근하고자 하였는데, 이는 전봉준의 지시로 무산되었다. 전봉준의 대원군관은 그리 긍정적인 것만은 아니었다.[19] 봉기진정 효유에 대해서도 전봉준은 정면으로 거부하였다.

평양전투 시기에 가면 농민군의 활동은 이전 아산·성환 전투기에 비해 더 적극적이 된다. 제2차 농민전쟁을 일으키기 직전 전봉준은 일본군이 조선에 들어온 궁극적인 목적, 즉 '入韓의 本旨'를 확인하고자 하는 노력을 보이고, 이를 통해 일본의 '보호국화'의 본질을 인식하고 있었다. 그와 같은 점은 "금년 6월 이래 일본이 그치지 않고 계속 우리 나라에 온 것, 이는 반드시 우리 나라를 倂呑코자 하는 것이다"라는 전봉준 口供書(供草)의 내용에서 알 수 있다.[20] 전봉준은 평양전투 직전인 8월 11일 전주 전라감영에서 일본인 탐문자와 접견하고 필담으로 "그런데 우리들의 擧兵은 생각지도 않게 그 매개가 되어 금일 淸日의 兵爭을 보기에 이르렀는데, 우리는 이를 千秋의 遺感으로 여기는 바다"라 하였다.[21] 이 단계에 가면 전봉준과 농민군에게 조선 영토에서의 청·일간의 전쟁은 '천추의 유감'으로 인식될 정도로 심각한 것이었으며, 농민군의 반봉건 사업 추진과정에서 커다란 걸림돌로 작용하였다. 그러나 아직까지 대일 전면전을 구상하고 있지는 않았다.

이 기간 지방의 반일운동은 주로 일본군의 징발에 반대하여 행해지고 있었는데, 일본군이 북진하는 시점부터 적극적으로 전개된다.[22] 8월 7일 충청

17) 鄭喬,《大韓季年史》上(국사편찬위원회, 1971), 고종 31년 7월, 93쪽.
18)《東學亂記錄》下(국사편찬위원회, 1959), 重犯供草 : 李秉輝 再招 및 李秉輝 三招.
19) 이에 대해서는 뒤의 4장 주 13), 14), 15) 참조.
20)《東京朝日新聞》, 1895년 3월 5일.
21)《日淸交戰錄》12(1894년 10월 16일), 東學黨守令訪問記, 43쪽.
22) 朴宗根, 앞의 책, 196쪽.

도와 경상도에서는 일본군과 그들의 지원세력에 대한 응징 차원에서 병참부를 습격하는 등의 운동을 전개하고 있었다.[23] 병참부는 청일전쟁의 교두보로 여기를 공격함으로써 일본의 전쟁수행에 막대한 지장을 초래하였다. 한편 평양전투는 농민군 뿐만 아니라 이들과 근본적 입장은 다르지만 사태의 추이를 관망하고 있던 일부 의병세력의 봉기도 이끌어냈다. 본격적인 의병투쟁의 전 단계로서의 의미를 갖는 안동을 근거지로 하는 유생출신 徐相轍이 주도하던 이 의병이 격문을 통해 청일전쟁 문제를 거론하면서 일본군 철수를 주장한 것은 바로 그 예이다.[24] 이에 오오토리는 농민군과 의병봉기는 청일전쟁의 작전수행에 중대한 지장을 초래하였다고 하면서 조선정부에 만전의 진압대책을 취할 것을 요구하였다.

8월 17일 평양전투에서 이두황이 이끄는 조선의 壯衛營兵과 평양감사 민병석 휘하의 衛戍兵은 일본군과 청국군 양편에 각기 참가하여 전투를 전개하였다.[25] 당초 평양의 청일교전시 일본의 전승을 믿지 않던 조선인들은 예상과는 달리 일본의 승리가 전해지자 당황하고 의아해 하였으며, 대다수는 戰果에 대해서도 제대로 이해하고 있지 못하였다.[26] 이는 농민군에서도 거의 동일하였으리라 판단된다.

평양전투 이후 함경도 지방은 일본측 입장을 따르는 새로운 관리가 부임하였으며 8월말 경부터 일체의 文報는 明治 연호를 사용하였다.[27] 이는 일본군이 이 일대의 지배권을 완전히 장악하였음을 의미한다. 평양을 중심으로 하는 서북지역도 마찬가지였을 것이다. 일본의 대조선 정책에 평양전투 승리가 미치는 영향은 심각한 것이었다. 일본은 이를 계기로 노골적인 내정간섭 정책으로 전환하였으며 따라서 개화파의 개혁정책도 후퇴 내지는 희석화되고 있었다.[28]

---

23) 《駐韓日本公使館記錄》 4, 1894년 9월 6일, 추원경부의 지방시찰 보고요지, 283쪽.

24) 《駐韓日本公使館記錄》 1, 京第87號, 1894년 9월 28일, 안동의병격문, 123~125쪽.

25) 《明治二十七·八年 日淸戰爭》 2, 200쪽.
平壤民團役所, 《平壤發展史》, 1914, 512쪽.

26) "淸倭가 평양에서 서로 칼을 접하고 싸웠는데 왜의 사망자는 천여 인이고 청은 수백 인이다"(李晩燾, 《響山日記》, 국사편찬위원회, 1985, 651쪽).

27) 《淸季中日韓關係史料》 6, 3694쪽.

28) 鄭昌烈, 《甲午農民戰爭硏究-全琫準의 思想과 行動을 중심으로-》(연세대 박

평양전투 이전부터 개화파정부는 일본과 세를 합하여 농민군 토벌계획을 세우고 있었고,[29] 이러한 소식은 금방 전국에 깔렸다. 호남의 집강소에서는 다시 농민군을 일으켜 대적하자는 의논이 이루어졌다.[30] 이에 따라 8월초에는 충청도 농민군, 8월말에는 전라도 농민군이 본격적인 무력투쟁으로 전화하려는 움직임이 나타난다.[31] 평양전투 즈음인 8월 경기·충청·전라·경상·강원 '5도 인민' 16명은 연명으로 오오토리공사에 〈陳情書〉를 제출하였는데, 이들 5도 인민이 파악한 농민군 봉기 이유 역시 일본군의 대규모 조선진출에 있었다.[32] 남접과 북접의 연합 시도 또한 청국군의 평양퇴각과 일본군의 제해권 확립 즈음에 이루어진다. 그런데 충청·전라·경상 등지 농민군의 북상준비와 천안 농민군의 일본인 살해 등의 요인으로 8월 24일경 삼남지방은 세금징수가 불가능하게 되었다. 이에 일본은 원활한 수세를 위해 1개 중대와 30명의 순사를 파견하여 조선정부 군대에 협조케 하였다.[33]

이처럼 평양전투 이전까지 일본의 조선지배는 안정된 것도 아니었고 당시 戰局 형세도 예측하기 어려운 상황이었다. 식민지화에 대한 위기의식이 팽배해가는 시기는 평양전투의 결과가 전국적으로 알려진 이후로 보아야 할 것이다. 이 기간 전라도 농민군과 경상·충청도 농민군의 행동방략과 향후 행보에는 일정한 차이가 있었다. 대체로 전라도는 집강소와 연관하여 주로 내부모순 즉 반봉건의 폐정개혁에 주력하면서 기회를 보고 있었고, 반면 경상·충청도의 농민군은 斥日의 깃발을 들고 지속적으로 병참부를 습격하는 등 대외모순 해결에 노력하고 있었다.[34]

당시 전봉준은 반봉건 문제 해결에 시간을 집중 할애하였고 평양전투 이전까지 관망적인 경향이 강하였다. 그리고 8월말 이후에도 전봉준은 '官民相

사학위논문, 1991), 249쪽.

29) 《駐韓日本公使館記錄》 4, 1894년 9월 6일, 萩原警部의 지방시찰 보고요지, 283쪽.

30) 吳知泳, 《東學史》(필사 초고본 三, 1924), 47쪽.

31) 김양식, 〈1, 2차 全州和約과 執綱所 운영〉(《역사연구》 2, 1993), 161쪽.

32) "이번 여름 귀국이 대병을 보낸 후 그(농민군) 세가 더욱 치열하고…"라는 구절(《大阪每日新聞》, 1894년 10월 4일).

33) 《駐韓日本公使館記錄》 4, 1894년 9월 23일, 동학당 진압을 위한 일본군 파견 승인 요청, 297쪽.

34) 《二六新報》, 1894년 11월 8일, 〈동학당의 진상(1)〉.

和之策'을 견지하고 주변세력의 움직임을 보면서 나름대로의 시간을 벌고 있었다고 생각된다. 그는 8월말에도 전면전을 구상하지 않았다. 반면 민과 관의 '相和'가 불가능하다고 보는 계열인 김개남은 전봉준·손화중의 보류권유를 거부하고 남원 입성 후 농민군을 무장시키면서 인근 지역을 점령하고 8월 25일 大會를 개최, 재봉기의 분위기를 강화하고 있었다.[35] 이와 같은 움직임은 8월말부터 도처에서 나타나고 있었다. 그것은 결국 제2차 농민전쟁이 임박하고 있음을 예고하는 것이었다.

〈趙宰坤〉

4. 일본군의 청국 진입과 농민군의 재봉기

평양의 청국군 후퇴는 일본군이 농민군과 전면전을 전개할 수 있게 되는 계기가 되었다. 평양전투 후 일본군은 '폭도토벌'의 명분으로 농민군에게 방향을 돌렸다. 일본은 이미 2차 봉기 발발 이전부터 본격적인 진압체제를 취하였다. 그 이유는 ① 농민군이라는 위협요소의 존속은 '조선보호국화' 정책과 대청전쟁 진행에 중대한 장애로 그 여파가 북부에까지 확대되기 이전에 뿌리를 뽑고, ② 농민군을 신속히 진압함으로써 열강의 '성가신' 간섭요소를 미연에 저지하는 데 있었다.[1]

그 결과 9월 중순 일본 병참부는 대본영에 농민군 토벌에 전념할 군대 특파를 요청하였다. 오오토리공사도 전라도와 충청도의 농민군이 연합하여 서울로 올라온다는 보고를 접하고 9월 19일 대본영 육군참모에게 정벌병력의 증강을 요청하였다.[2] 이는 농민군 세력에 대한 강한 위기의식을 반영한 것

35) 김양식, 앞의 글, 161·165쪽.
《梧下記聞》 2筆, 91~93쪽.

1) 朴宗根 著, 朴英宰 譯, 《淸日戰爭과 朝鮮 : 外侵과 抵抗》(一潮閣, 1992), 211쪽.
2) 《駐韓日本公使館記錄》 3, 1894년 10월 17일, 동학당 정토를 위한 병력증강 요청, 284쪽.

으로 일본은 곧바로 응원병을 조선에 파견하였다.[3] 일본은 9월 중순부터 농민군의 전면적인 재봉기 구도로 파악하고 있었다. 이에 대본영은 농민군에 대한 대대적 토벌작전으로 전환코자 하였다. 이는 청일전쟁 진행과정에서 일본이 계속적으로 승리함에 따르는 자신감에 연유하는 바 크다.

조선정부도 온건책을 견지하던 전라감사 金鶴鎭을 파면하고 농민군 토벌에 강력한 입장을 취하던 충청도 홍주목사 李勝宇를 일시 감사로 임명하였다. 이와 더불어 농민군 진압에 앞서 일본은 서울을 비롯한 각처에 방을 붙여 평양전투의 승리를 지속적으로 홍보하였다. 일본군의 평양전 승리 이후 노골적으로 일본편향으로 방향을 세우는 지방관도 생겨났다. 예를 들면 9월 초 해주부사 趙熙一은 관내에 방을 걸어 평양전투의 일본군 승리를 떠들썩하게 알려 황해도 농민군 무마의 효과를 기대하고자 하였다. 그는 농민들에게 일본군에 협조할 것을 당부하면서 일본군을 비방하거나 평양에서의 일본 승리를 패배라 말하는 자를 체포하여 엄형을 가하고 있었다.[4]

청일전쟁 초기 일본의 목적은 조선지배에 국한되어 있었던 제한적 전쟁의 의미가 강하였다고 할 수 있다. 그런데 전쟁 수행과정에서 예상 밖으로 무기력한 청국군의 모습을 보자 본래의 정책을 대폭 수정하지 않을 수 없었다. 이에 따라 평양과 황해전투 직후 제2군의 편성에 착수하고, 청국 본토의 분할을 목적으로 대륙침략전쟁에 박차를 가하게 되었다. 9월 26일 일본군의 청국 영토 진입이후 전쟁은 성격변화를 보이게 된다. 일본군이 압록강을 넘어 청국 영토로 진입하기 직전까지 당시 우리 나라에서는 청일전쟁과 농민전쟁이라는 2개의 전쟁이 병행되고 있었다.[5] 이 양자는 성격이 서로 다른 종류의 전쟁이나 상호 밀접한 관련과 영향력을 가지면서 전개된다. 그러나 이제 청국군이 사라진 조선내에서는 일본은 농민군의 활동 저지에 주력할 수 있게 되었다.

일본군이 농민군 토멸에 본격적으로 투입되는 것은 평양전투 한달여 후부

3) 《日淸交戰錄》 13(1894년 10월 20일).
4) 《大阪朝日新聞》, 명치 27년 10월 17일.
5) 농민전쟁의 실태를 알 수 있는 한 자료에 의하면 "客擾連至本倅"라 하여 조선내에서의 청국과 일본과의 전쟁을 '客擾', 즉 남들의 소란(전쟁)으로 평가하고 있다(金若濟, 《金若濟日記》 권 3, 조선사편수회 필사본, 1929, 갑오 11월 20일조).

터였다. 총리대신 金弘集은 일본의 청국 봉황성과 여순구 함락을 기대하면서 충청관찰사 朴齊純에게 보내는 서한에 다음과 같이 적고 있다. "전쟁이 종결된 후 일본 陸兵 10만이 개선하고 그 소식이 匪徒에게 들리면 당연히 이들은 소산할 것이고 그 날은 멀지 않았다. 매우 관심이 되는 바이다."[6] 즉 대청전 수행을 위해 국경을 넘어갔던 병력이 개선하는 즉시 농민군 토벌에 투입되기를 고대하고 있었다. 이어 9월 21일 농민군 焦土를 위해 일본은 신정부와 결탁, 신정부는 이를 수락하고 농민군에 대한 대대적 '살륙정책'을 공식적으로 취하기 시작하였다.

일본의 조선에 대한 정책 변화는 곧바로 공사교체로 연결되었다. 즉, 오오토리가 퇴임하고 9월 27일 이노우에카오루(井上馨)가 주한일본공사로 부임하였다. 대부분의 조선정책을 본국의 훈령에 따라 하고 일등서기관 스기무라 등 강경파의 견제에 의해 개인적 입지가 약했던 오오토리와는 달리 전직 내무대신이자 일본 정계의 원로로서 본국정부로부터 막강한 권한을 위임받은 이노우에는 신임공사로 부임하자마자 대원군 추방작전을 전개한다. 그는 10월 1일 대원군과 마주한 자리에서 일본의 토벌군 파견은 조선정부의 청원에 의해 부득이 이루어진 것으로 명분화하고 있다.[7] 이노우에는 11월초 대원군의 '농민군 선동'과 청국군 지원 요청 서한 등을 문제 삼고, 나아가 대원군의 종손자 李埈鎔과 농민군이 관련되었다는 설 등을 문제삼아 결국 대원군을 정계에서 추방하였다. 일본군이 청국 영토로 진입한 직후로 청일전쟁의 종반이었던 이 기간에 일본이 대원군을 추방한 것은 국가원로로서의 그의 상징성과 '對民安集'이라는 이용가치가 소멸되었다고 보았기 때문이었다. 이후 거칠 것이 없어진 일본은 고종을 위협하여 친일내각을 재구성하고, 각종 새로운 형식의 조약을 강요하고 이권 침탈을 자행하였다. 즉, 일본의 입장을 대변할 친일정부를 앞세워야만 농민군 진압의 효율성을 기할 수 있기 때문이었다. 조선에서 치러진 대청전쟁에서의 승리는 일본이 조선지배 정책을 노골화하는 직접적 계기가 된다.

---

6) 《東學亂記錄》 上(국사편찬위원회, 1959), 갑오 9월 9일, 錦營來札(道園), 78쪽.

7) 양인의 대화내용은 伊藤博文 編, 《秘書類纂 朝鮮交涉資料》 下(비서류찬간행회, 1936), 263쪽 참조.

이러한 일련의 계기적 과정에서 농민군 재봉기의 배경을 찾을 수 있다. 이 시기 시대적 모순을 해결하기 위해 적극적인 움직임을 보인 층은 농민이라는 단일 계층으로 나타난다. 왜냐하면 당시는 농민전쟁이 전개되던 기간으로 현실적으로 농민군만이 대응하고 있던 상황이었다. 이 기간 심각한 외부 모순이 피부적으로 감지됨에도 불구하고 양반 유생층들 중 대일전쟁의 문제를 제기하는 자는 찾아보기 어려운 형편이었다. 오히려 농민군의 활발한 움직임이 이들에게는 이른바 '綱常'의 문란, 즉 신조의 위기로 인식되었고, 자신들의 힘의 열세에 대해 개탄만 하였다. 따라서 이들은 청일전쟁에 대한 대책수립보다는 '東匪'의 진압이라는 데 일차적인 관심을 두었다. 그리고 언제든지 기회만 온다면 농민들의 '준동'을 막겠다는 자들이 적지 않았다. 결국 이 시기 여러 계층 중 청일전쟁의 결과 나타난 일본군의 침략행위에 대해 저항할 수 있는 층은 농민군뿐이었다.

노골적인 식민지화의 요구와 국가적 위기는 농민군의 일차적인 목적인 반봉건사업 추진과정에 커다란 장애요소로 기능하는 것이었다. 그러므로 농민군은 재봉기하여 반침략 의지를 천명하였다. 후일 재봉기의 목적에 관한 일본공사 이노우에의 심문에 전봉준은 답하기를 먼저 奸佞을 갈고, 중앙정부와 협력하여 일본병을 척퇴코자 擧義하기에 이르렀다 한다. 이 시기에 가면 농민전쟁은 반혁명적 세력에 대한 응징의 성격을 갖는 반침략전쟁으로 전화되는 의미를 갖는다. 그리고 이러한 반침략전쟁은 반봉건전쟁과 동시 병행적으로 추진되는 것이다.

전면적 재봉기 이전인 8월말~9월 초엽 이후부터 농민군의 움직임은 활발해지고 그러한 분위기는 남부의 도처에서 보인다. 경상도의 진주농민군 집강소인 忠慶大都所에서는 9월 2일과 10일에 관내에 방문을 내걸었다. 특히 9월 10일의 재차 작성된 방문에 의하면 옛 兵使의 유임을 바라고 '倭人과의 조약에 따라 선출된' 신임 병사의 부임을 저지코자 진주에서 농민군 대회를 갖고자 하였다 한다. 이 〈嶺右(경상우도)의 各邑 各村에 사는 大小民들에게〉라는 방문에 "우리 나라는 옛날부터 小中華라 칭해 왔으며…삼천리는 예의의 나라이고 풍부한 강토이다. 그러나 지금은 國運이 否塞하고 人道가 頹廢하므로 간신들이 禍를 불러들여 倭胡들이 우리 국경을 침범하기에 이르렀다. 그리하여 북쪽 三道는 모두 胡人의 땅이 되었고, 남쪽 五道는 倭賊들이 가득하여…"라 하였다[8] 농민군 대회를 저지하기 위해 일본군은 9월 24일 부산으로부터 수비대 1개 중대를 파견하였다.[9] 또한 전라도 집강소 設包 지역 지방관들의 첩보에 의하면 이곳에서는 10일 전후로 전면적 봉기 준비의 움직임이 나타나고 있었다. 《駐韓日本公使館記錄》에 나타난 사례를 근거로 이를 도표화하면 다음과 같다.

〈표 1〉 집강소 설포 지역 농민군의 봉기 준비 상황

지 역	일 시	인 원	내 용
高 山 縣	9월 10일	300여 명	군기고를 부수고 군기와 물품을 탈취
礪 山 府	9월 10일		대포와 창으로 군기고에 돌입,물건을 탈취
全 州 府	9월 13일		군기고를 파괴하고 銃桶과 環刀를 탈취
威鳳山城	9월 16일	100여 명	군기고의 물품을 모두 탈취
南 原 府	9월 16일		色吏를 난타하고 官庫의 쌀과 軍米를 탈취
綾 州	9월 16일	10여 명	동전 2만량과 백목 30통을 남원대도소로 수송토록 재촉

* 《駐韓日本公使館記錄》 1, 全州近地 東學黨의 官庫物品 奪取에 관한 報告 ① 〈行全羅道觀察使 兼都巡察使 親軍武南營外使 爲謄報事〉, 開國 503년 9월 15일, 129쪽 및 ② 〈行全羅道觀察使 兼都巡察使 親軍武南營外使 爲謄報事〉, 開國 503년 9월 18일, 130~131쪽.

한편 9월 10일 태인현감의 첩보내용에 의하면 전봉준은 私通에서 "지금 이런 거사는 몹시 커서 비용이 많이드니 公穀과 公錢을 이용해야 하겠으니 군수미 300석과 동전 2천 량을 밤사이 金溝 元坪의 大都所로 수송하기 바란다"[10]고 하였다 한다. 또한 다른 '東匪의 私通文' [11]에도 "군기고에 있는 화

8) 《駐韓日本公使館記錄》 1, 1894년 10월 22일, 南站發甲第152號, 東學黨의 檄文通報 및 情報通知 要請, 140쪽. 이에 의하면 진주의 농민군들은 성리학적 명분론의 입장 즉, 華夷論的 '小中華' 의식을 견지하면서, 우리 국내에서 서로 싸우는 일본과 청국 모두 오랑캐로 비판하고 있다. 이는 여타 지역의 농민군들의 격문에서는 보기 힘든 매우 독특한 경우이다.

9) 《駐韓日本公使館記錄》 1, 1894년 10월 22일, 南站發甲第152號, 東學黨의 檄文通報 및 情報通知 要請, 139쪽.

10) 《駐韓日本公使館記錄》 1, 1894년 9월 18일, 行全羅道觀察使 兼都巡察使 親軍武

약·탄환·창포 등을 하나도 빠짐없이 대도소로 수송하기 바란다"로 되어 있다. 이는 김제군수의 牒呈과도 일치한다.

이로 볼 때 전봉준도 9월 초엽부터 제2차 농민전쟁 준비에 마지막 박차를 가하고 있었다. 실제 그 자신도 삼례역에서 800여 명의 부하를 인솔하고 9월 14일 새벽 전주성내로 들어와 두 차례에 걸쳐 군기고에 있는 화포와 탄환·環刀 등의 무기를 마련하여, 다시 삼례로 향하였다. 이 당시 김개남의 남원대도소에서는 光州牧과 高山縣에 傳通을 보내 동전·백미·백목 등을 수송하라 하였고, 삼례대도소에서도 砲軍이 돌아다니며 群山과 인근 읍에 통문을 돌려 곡물반입을 강요하여 원근 각 읍으로 당시 독촉받지 않은 곳이 없다 할 정도였다.[12]

농민군은 대원군 재등장의 희구와 개화파 신정부에 대한 불신, 왕궁점령과 일본군의 국토유린, 농민군 탄압에 대한 응징의 결의를 강하게 가지게 되었다. 전봉준의 견해도 대체로 이와 같다고 할 수 있다. 그러나 다른 것은 유사하더라도 대원군觀에 대해서는 전봉준은 일반 농민군과는 약간 다른 견해를 가지고 있었던 듯하다. 그것은 1895년 양력 2월 일본공사 이노우에가 대원군과의 관련설 추궁에 대한 전봉준의 답변에서도 명확히 보인다. 일본과 갑오정부는 대원군의 재등장을 두려워하여 '농민군 사주설' 혹은 '밀약설'을 거론하여 대원군을 묶어 놓으려고 하였다. 당시 이노우에의 "대원군은 어떤 사람인가"라는 심문에 전봉준은 "대원군이 계속 정치를 행하는 것은 威權이 매우 깊은 것이지만 당시는 老萎하여 정치를 집행할 기력이 없다. 원래 우리나라의 정치를 그르치게 한 것도 모두 대원군이 한 것이기 때문에 인민들은 그에게 설복하지 않는다"[13]라고 답하고 있다. 그렇다면 전봉준보다 대원군측에서 더 적극적인 제휴의 손짓이 있었던 것으로 보아야 할 것이다.

이와 비슷한 내용은 내부대신 朴泳孝의 전봉준 심문 내용중에서도 보인다.

南營外使 爲謄報事, 130쪽.

11) 위와 같음.

12) 《駐韓日本公使館記錄》 1, 1894년 9월 18일, 行全羅道觀察使 兼都巡察使 親軍武南營外使 爲謄報事, 131쪽.

13) 《郵便報知新聞》, 명치 28년 3월 7일, 〈東學黨巨魁の審問〉(信夫淸三郎, 《增補 日淸戰爭》, 1970, 21쪽에서 재인용).

재판소에서 박영효가 대원군과의 연락여부를 문초하자 전봉준은 "대원군 또한 有勢한 자로 어찌 백성을 위하여 同情이 있었으랴"하여 대원군과 농민의 계급적 기반의 차이를 말하면서 전쟁과정에서 일본측에 의해 수시로 거론되던 '대원군 지령설'을 정면으로 부인하고 있다.[14] 전봉준은 공초에서 대원군의 효유문은 보았으나 이는 깊이 믿기 어려움으로 다시 재기를 도모하였고, 그 이유는 "下情이 상달되지 못하고 上澤이 下究되기 어렵기 때문에" 상경하여 民意를 상세히 개진함과 더불어 일본의 의도를 파악하고자 한 것이었다 한다.[15] 전봉준은 이미 7, 8월 사이에 경복궁이 점령되었다는 소식을 알고 있었다.[16] 그럼에도 즉각 재봉기를 자제하면서 제2차 전쟁을 준비하기 위해 장시간 고려를 한 듯하다.

이전부터 일부 국지적 형태를 보이고 있었지만, 전면적인 2차 농민전쟁으로 승화되는 것은 삼례의 대도소를 거점으로 한 전봉준의 활동으로부터 시작되었다. 전봉준이 주장하는 재봉기의 이유는 중앙관료를 갈고, 일본병과 접전하여 이를 척퇴하는 데 있었다.[17] 이듬해 법부대신 徐光範 주재하의 3월 29일(양) 법무아문 권설재판소의 판결선고서에 의하면 그 이유를 일본의 조선'병탄' 위기에 저항코자 하는, 반침략적 측면에 중점을 두고 있었다.

> 7월 하순의 태인 제집으로 귀거하니라. 그후 피고는 일본군대가 대궐로 들어갔다는 말을 듣고 필시 일본인이 아국을 倂呑코져 하는 뜻인줄 알고 일본병을 쳐 물리치고 그 거류민을 국외로 구축할 마음으로 다시 起兵을 도모하여 전주 근처 삼례역이 토지광활하고 전라도 요충지로 동년 9월경에 태인을 發程하여 원평을 지나 參禮驛에 이르러 그곳을 기병하는 大都所로 삼고 진안접주, 전주접주… 등 각 지방 인민에게 혹 격문을 돌리고 혹 유세하고 전라우도의 군사를 모으기를 4천여 명이 됨에 각 관아에 들어가 군기를 강탈, 각 지방 富民의 전곡을 징봉…(〈東學農民軍指揮者 全琫準, 孫和中, 崔永昌(卿宣) 判決宣告書 原本〉, 《韓國學報》 39, 1985년 여름호 부록, 189쪽).

---

14) 吳知泳, 《東學史》(필사 초고본 四, 1924), 3~4쪽.
15) 《東學亂記錄》下, 을미 2월 19일, 〈全琫準五次問目〉.
16) 위와 같음.
17) 《東學亂記錄》下, 〈全琫準 初招 問目〉.
《東京朝日新聞》, 1895년 3월 5일.

정토군 독립 제19대대 사령관 미나미 고지로(南小四郎)가 전봉준 포획 당시의 취조문에서도 그와 같은 사실을 확인할 수 있다. 전봉준은 경복궁 강점 이래 일본군의 폭주를 '병탄'의 구조로 이해하고 있다.[18]

농민군 재봉기의 시점은 일본군이 청국 영토로 진입하는 시기와 같다. 의주함락 이후 압록강을 넘어 간 일본군이 봉천전투에서 크게 승리하였다는 소식을 듣게된 조선인들의 위기의식은 더욱 고조되었으며[19] 따라서 대일관의 근본적인 변화가 있게 되었다.

당시 삼남(경상·전라·충청)은 농민군의 세력범위에 있었으며, 서도(평안·황해)는 청일교전에 통로가 막혀 있었다. 외무대신 金允植의 표현에 따르면 "우리 정부는 공고하지 않기 때문에 누차 외부의 刺衝을 만나고 내부의 풍파를 일으켜"라 하여 정부의 약체성을 탄식하고 있다.[20] 다소 과장된 표현이겠지만 김윤식은 박제순에게 보내는 편지에서 이와 같은 상황 때문에 "朝令은 십리 밖에서도 시행되고 있지 않다(朝令不行於十里外)"라는 표현을 쓰고 있다.[21] 군국기무처에서 논의하여 작성한 개혁안도 효율적으로 전파되기 힘들지경이었다.[22] 청일전쟁과 농민전쟁의 영향으로 인한 전국의 세입상황을 살펴보면 평안·황해 2도는 청일전쟁으로 유린당하고, 전라·충청과 경상도의 절반은 농민군과 관군에 징수 당하고, 강원도는 산악이 많고, 함경도의 징세는 변경수비 군수에 충당하였다. 따라서 조선은 재정이 궁핍하게 되었으며, 서울과 경기 일원을 제하면 조세 징수 자체가 가능한 것이 아니었다. 그러므로 당해 년도의 세입은 세출을 감당할 수 없게 되었다.[23] 이렇듯 당시 농민군의 적극적 활동으로 징세는 여의치 않았다. 이는 일본측의 대청전쟁시 작전수행에도 중대한 장애를 초래하는 것이었다.

그러나 10월 12일과 13일 양일간 일본군은 금주와 대련만을 함락하였다.

---

18) 《東京朝日新聞》, 1895년 3월 5일.

19) 《大阪朝日新聞》, 1894년 9월 25일, 〈한인의 감정〉.

20) 金正明 編, 《日韓外交資料集成》 4-日淸戰爭編(東京 : 巖南堂書店, 1965), 〈외대 김윤식과의 담화 보고의 건〉, 170쪽,.

21) 《東學亂記錄》 上, 갑오 8월 11일, 錦營來札(雲養), 85쪽.

22) 菊池謙讓, 《朝鮮近代史》 下(鷄鳴社, 1937), 338쪽.

23) 《駐韓日本公使館記錄》 5, 1894년 11월 24일, 機密第217號 本132, 내정개혁을 위한 대한정략에 관한 보고, 74쪽.

청국 관내 동북부에서의 청국과의 전투는 일본군을 조선의 농민군 진압에 투입시키는 데 많은 어려움이 따르는 것이었다. 그렇지만 이제 金州·大連灣 함락으로 청국 관내에서 청국군과 전투를 벌이던 병력을 농민군 토벌에 집중적으로 투입시킬 수 있었다.

이즈음 인천의 이토(伊藤)중좌는 이노우에공사에게 15일에 三路進軍 병력이 용산을 출발, 남하하라는 출동명령을 받았으니 곧 출발하겠다고 보고하였다.[24] 한편 이날 공사는 오야마 이와이(大山巖)대장에게 전문을 보내 금주와 대련만 함락을 축하하면서 반면 농민군 '만연'에 대한 대책으로 ① 3개 중대를 출동시켜 농민군을 적극적으로 토벌케 할 것과, ② 대원군·이준용과 농민군 연결의 개연성을 차단하라고 하였다.[25] 이노우에는 다시 무츠외무대신에게 농민군 토벌방법으로 道를 3분하여 농민군을 포위, 일거에 '박멸'하는 방법을 채택하고 있다고 보고하고 있다.[26] 10월 19일 노무라 야스시(野村靖) 내무대신은 훈령으로 청국과 조선의 '점령지'[27]에 일본 경찰관을 파견시키고, 농민군 정벌시 순사 13명을 군대에 배속시켜 서류를 수색하고 수령을 포박하도록 하였다. 곧바로 다음날 무츠는 이노우에에게 전보하여 '할 수 있다면 강력하게' 순사파견을 시행토록 지시하였다.[28]

한편 미나미가 이끄는 후비보병 독립 제19대대는 10월 2일 일본을 출발하여 9일 인천에 도착하였다. 농민군 토벌 전담부대인 제19대대 파견의 목적은 명분상 조선군을 응원하는 것으로 되어 있었다. 그러나 실제로는 ① 조선의 군대를 그들의 지휘하에 두고 일본군법을 적용, 절제에 복종케 하고, ② 남원지역을 중심으로 하는 전라도 농민군의 근거지를 진압, 이들을 소탕하고, ③

24) 《駐韓日本公使館記錄》 3, 1894년 11월 10일, 3로로 진군할 일본군 용산출발 명령, 373쪽.

25) 《駐韓日本公使館記錄》 3, 1894년 11월 20일, 대원군과 동학당 정황에 관한 보고, 374~375쪽.

26) 《日韓外交資料集成》 4, 1894년 11월 16일, 동학당 토벌방법 보고의 건, 207쪽.

27) 내무대신의 훈령은 일본정부의 방침이라 할 수 있다. 그러므로 '점령지'라면 '보호국화'와는 다른 차원으로 일본의 대조선 정책도 이즈음 더욱 강경하게 바뀌고 있음을 알 수 있다.

28) 《日韓外交資料集成》 4, 1894년 11월 12일, 청국 점령지에 경찰관 파견에 관한 건, 207~208쪽.

향후 이 지역 농민군이 강원·함경 및 경상도 방면으로 도주하는 것을 방비함에 있었다.[29] 10월 15일 제19대대는 농민군의 본격토벌을 위해 남하하였다. 이와 같이 일본군의 농민군에 대한 입장이 대대적 토벌작전으로 전환될 즈음 조선정부에서는 각도 지방관리와 대소인민에게 농민군 剿滅을 위해 3路로 진군한 일본군에 적극 협력과 주선을 권유하는 취지의 〈勅諭〉 포고문을 발표하였다.[30]

10월 25일 여순 함락 직전 무렵에 가면 일본군과 관군 연합군은 전국 곳곳에서 농민군과 치열한 전투를 벌이고 있었다. 그러나 아이러니칼하게도 농민군 토벌의 핵심은 관군이 아니라 일본군이었다. 일본은 관군을 지휘하였고 관군은 일본군 산하에 배치되어 함께 농민군을 진압하였다. 10월 12일 이노우에공사는 이토병참감에게 농민군 진압차 출동하는 대장들에게 훈령하여 조선군 각 부대를 일본 士官의 명령에 복종케 하고 일본군법을 준수케 하며, 군사의 진퇴도 일본 사관의 지휘 명령에 따르게 하라고 지시하였다.[31]

당시 개화당정부의 농민군 진압 기본방침도 "모름지기 일본 사관과 협의하여 만약 공적이 있으면 즉시 사관에게 양보하여 그 환심을 사는 것이 금일의 묘책이다"[32]라고 할 정도로 철저하게 일본군에 종속되는 것이었다. 무기력한 정부는 농민군 진압이 어렵자 일본군의 무력과 그들의 지휘를 받아 이를 해결하고자 하였다. 한편 이노우에공사는 고종을 알현하고 軍制를 정하는 문제를 개진하였다. 이때 내란 진무를 위해 충분한 병력을 양성할 필요가 있다고 하면서 세입의 일정부분을 군비에 충당할 것과, 士官을 양성할 것 등을 주장하였다.[33] 그러나 그 내용에 대외방비에 관한 항목이 전혀 없다는 데 문제가 있는 것이다. 예컨대 海軍無用論을 주장하는 것을 보아서도 알 수 있

29) 《駐韓日本公使館記錄》 5, 1894년 11월 9일, 機密第210號, 동학당 진압을 위한 제19대대 파견에 따른 훈령, 65~68쪽.
30) 《高宗實錄》, 고종 31년 11월 4일조.
31) 《駐韓日本公使館記錄》 5, 1894년 11월 9일, 機密第210號, 동학당 진압을 위한 제19대대 파견에 따른 훈령, 68쪽.
32) 《東學亂記錄》 下, 李圭泰往復書竝墓誌銘, 478~479쪽.
33) 《日韓外交資料集成》 4, 1894년 11월 20·21일, 알현의 모양 보고의 건(一)(二), 219~220쪽. 그가 예를 들고 있는 일본사관이 훈련한 교도중대는 이 기간 실제 농민군 토벌에 주력하고 있었다.

다. 조선의 입지조건상 해군은 대외방비에 매우 중요한 군사기구로, 이 한가지 사실로 보아도 일본은 조선 군제의 식민지적 개편을 추구하고 있었음을 반증하는 것이다. 이는 〈大日本軍 第2中隊 大隊長 南小四郞 麾下 左先鋒 李(12월 8일)〉라는 공문의 제목에서 극단적으로 나타나 있다.[34] 조선의 군대가 이와 같이 철저하게 일본군에 종속됨에 따라 자신들에게 대항할 위험성이 전혀 없다고 판단한 일본은 12월말 농민군의 신속한 진압을 위해 조선군에 탄환 30만 발을 지급하였다.[35]

한편 여순 함락 기간에 일본은 조선정부와 〈朝日功守同盟〉을 체결하여 청국군을 정토하는 방안을 마련하였다.[36] 이 동맹안의 표면적 내용은 양국이 동맹하여 청국과 싸우는 데 명분을 두고 있지만 실제로는 농민군 토벌에 중점을 두고 있었다. 이노우에는 11월 1일 외무대신 김윤식에 보내는 전문에 양국이 동맹하여 청국과 싸우고 있는 이러한 '비상시기'임에도 불구하고 일본군을 경내에서 쫓아버리려고 농민군은 누차 군용전신선을 방해하고, 士官을 살해할 뿐만 아니라 병참부를 습격한다고 하였다. 따라서 이들은 일반 범죄인과 다르기 때문에 '수괴'와 관련된 심문 시에는 일본영사를 입회할 수 있게 하라고 요구하였다.[37]

제2차 전쟁 이후 농민군 활동은 매우 치열하게 전개되었다. 특히 충청도와 전라도 농민군의 盛勢는 중앙군과 지방 감영병으로서는 '以寡敵衆'의 형세였다. 10월 24일 지리산 하단의 하동·곤양·단성·진주 일대는, 진주 討捕使의 비유에 의하면 마치 "밥에 파리가 몰려드는 것과 같다"고 할 정도로 이곳의 농민군의 세력은 강하여 지방관이 일본군대의 주둔을 '엎드려' 원할 정도가 되었다.[38]

삼남의 농민군 토벌에 주력할 이 시기 수원은 충청도 농민군 초토의 사령

---

34) 《東學亂記錄》下, 갑오년 12월 25일, 日本士官函謄, 448쪽. 밑줄은 필자가 강조하기 위하여 친 것이다.
35) 《東學亂記錄》下, 갑오년 12월 말일, 日本士官函謄, 427쪽.
36) 《日韓外交資料集成》4, 1894년 11월 24일, 조선국 내정개혁에 관한 보고의 건, 238~240쪽.
37) 《駐韓日本公使館記錄》5, 1894년 11월 27일, 第259號, 동학당 심판에 일본영사 입회 요구, 5쪽.
38) 《各司謄錄》63(국사편찬위원회, 1992), 갑오 10월 24일, 札移電存案, 283쪽.

기지로서 역할하였다. 華營에서는 총리대신에게 전보하여 천안에 분국을 두어 공주·청주·보은 등의 소식을 듣게 하였다.[39] 또한 이전 평양전투, 황해해전의 청일전쟁 지역인 서북 지역은 서울에서 지속적으로 李鶴圭·조희일·권형진 등 3인의 선유사를 파견, 일본군대와 같이 북진하면서 일병출병의 뜻을 諭示하였다.[40] 그럼에도 불구하고 이 지역 농민군은 일본군과 대적하고 있는 청국군에 대한 호응의 의지를 보이고 있었다.[41] 일본은 10월말 황해도 농민군 토벌명령과 더불어 첩보를 통해 대원군·이준용·민왕후가 농민군에게 보냈다고 알려진 서한 입수에 주력하고 있었다.[42] 황해도는 11월 10일에 일본병사가 해주관찰부에 주둔하였다. 이곳에서는 일본군 진입 이후에야 비로소 관측에서 힘을 얻어 농민군 진압작전을 체계적으로 전개할 수 있게 된다. 그러나 농민군의 저항은 만만치 않게 전개되었다. 황해도 지역은 지방서리들로서 농민군에 참여하는 자도 적지 않았다.[43]

청일전쟁 말기 일본측은 청국군이 농민군을 소집하여 관군과 더불어 일본군과 개화당을 살륙코자 한다는 여론을 환기시켜 농민군 토벌명분을 계속 축적하고 있었다. 또한 대원군과 그 손자 이준용이 농민군을 이용하여 일본공사관을 습격할 것이라는 설을 유포하였다.[44] 따라서 더 적극적인 농민군 토벌책이 지속적으로 있어야 할 것이라 주장하였다.[45]

그렇지만 평양전투 이후 중국본토의 대청전에서 일본군의 계속되는 승리로 조만간에 청·일간의 '和局'이 예견되고 있었다. 이 기간 일본은 농민군의 '用力撲滅'을 위해 많은 군인과 무기를 호남지방으로 내려보냈으며, 개화파정부에서도 '비도의 剿滅'은 얼마 남지 않았다고 낙관하고 있었다.[46]

---

39) 《各司謄錄》 63, 갑오 11월 13일, 札移電存案, 286쪽.
40) 《大阪朝日新聞》, 명치 27년 12월 5일.
41) 《韓國民衆運動史資料大系－1894년의 農民戰爭篇》 1(여강출판사, 1994), 黃海道東學黨征討略記, 541～543쪽.
42) 《駐韓日本公使館記錄》 3, 1894년 11월 26일, 충청·황해도 동학당 정토상황, 304쪽.
43) 《東學亂記錄》 下, 甲午海營匪擾顚末, 732～733쪽 ; 黃海道東學黨征討略記, 525～526쪽.
44) 《二六新報》, 1894년 12월 7일.
45) 《二六新報》, 1894년 12월 15일.
46) 《東學亂記錄》 上, 갑오 11월 冬至前 1일, 錦營來札(雲養), 95쪽.

이러한 상황에서 농민군 지도부는 더욱 위기의식을 가지게 되었다. 또한 일본군에 대한 농민군의 힘의 열세는 더 이상 농민적 지향을 확산시켜 나가기 어려운 상황에 직면하게 되었다. 이에 농민군 지도부는 부득이 정부군과 화해를 모색할 수밖에 없었다. 전봉준은 11월 12일 京軍과 營兵 및 이서·상인 등에게 〈告示〉를 발해 조선사람끼리의 골육상전을 지양하고 '道는 다르나 斥倭와 斥化는 그 뜻이 같은 것'이라 하면서 '同心合力'하여 연합을 통한 대일 항전을 제의하였다.

> 금년 10월에 개화간당이 왜국과 연결하여 밤을 타고 왕성에 들어가 군부를 핍박하고 국권을 제 마음대로 하였다. 더구나 방백수령이 모두 개화파 소속으로 인민을 어루만지고 구휼하지 아니하며 살륙을 좋아하고 생령을 도탄에 빠지게 하였다. 이에 우리 東徒가 의병을 일으켜 왜적을 소멸하고 개화를 제어하며 조정을 잘 다스리고 사직을 안전하게 보존하려 한다. 매양 의병이 이르는 곳의 병정과 軍校가 의리를 생각지 아니하고 나와서 싸우니 비록 승패는 없으나 인명이 서로 상하니 어찌 불쌍하지 아니하리요. 그 진심은 조선사람끼리 서로 싸우자 하는 바 아니거늘, 이와 같이 골육상전하니 어찌 애닮지 아니하리요. (중략) 방금 大軍이 서울을 점령하여 팔방이 흉흉한데 오로지 서로 싸우면 가히 골육상전이라. 한편으로 생각하건대 조선사람끼리라도 道는 다르나 斥倭와 斥化는 그 義가 일반이라. 두어자 글로 의혹을 풀어 알게 하노니 각자 돌려보고 충군우국의 마음이 있어 곧 의리로 돌아오면 상의하여 함께 척왜척화하여 조선이 왜국이 되지 아니하게 하고 同心合力하여 큰 일을 이루게 할지라(《東學亂記錄》下, 〈宣諭榜文并東徒上書所志謄書〉 중 '고시 경군여영병이교시민', 379쪽).

이와 같은 구상에도 불구하고 현실적인 힘의 열세는 농민군으로 하여금 계속 수세에 몰리게 하였다. 우세한 화력과 관군의 지원을 받는 일본군의 대대적인 '토비'활동으로 농민군은 대부분의 전투에서 패배하였다. 11월 중순 해미·서산·태안 등 충청도 해안지역은 일본군이 '義勇兵'을 구사하여 도주하던 농민군 수백 명을 체포하였고,[47] 전라도 농민군 주력이 활동하던 홍덕과 고창지역에서는 京軍이 民堡軍의 '赴義'를 통하여 잔여농민군('流賊')을 잡아 살해하고 있었다.[48] 일본군은 농민군 토벌 경군을 배속받아 계속해서 대

47) 《大阪每日新聞》, 1894년 12월 19일, 〈해미 방면의 동도 진정되다〉.
48) 필자미상, 《擧義錄》, 갑오 11월 25일, '興德官'의 密令, 21~22쪽.

거 남하하였다.[49] 이러한 기회에 편승하여 과거 농민군과 계급적 대립관계를 형성하고 있었던 지방양반과 유생을 중심으로 한 民堡軍, 儒會軍, 스스로 '의병'이라 칭하는 무리 및 褓負商 등 수많은 反農民軍 그룹이 형성되었다. 이들은 도처에서 패잔농민군을 색출하여 살해하고 있었다. 또한 鄕約과 5가작통, 10가작통의 作統制를 실시하여 패잔농민군을 숨겨주거나 이들에 협조하는 기미가 있는 사람들까지 모두 얽어매었다.

청일전쟁 막바지인 1895년 1월초 일본은 온건책으로 이른바 '歸順反正'의 농민군 효유방안을 마련함과 동시에 강경책으로 청일전쟁을 치르던 병사 중 일부를 지방관과 연합하여 농민군 초토화에 힘을 집중시켰다.[50] 이는 농민군의 잔여세력까지 완전히 토벌하겠다는 것이다. 따라서 한달 후가 되면 지방에 출정했던 일본군은 목적을 달성하고 서울로 속속 귀환하고 있었다.[51] 정월말 호남으로 내려갔던 중앙군과 일병은 모두 철수하였다. 이 시기에 가면 대다수 농민군은 궤멸되거나, 각 지역으로 은둔하고 있었다. 잔여세력 초멸에 노력하는 기간이 되는 것이다. 그리고 그해 2월에는 농민군 잔여세력의 재발방지를 위해 각 요충지에 일본군을 주둔시켰다.[52] 또한 대청전쟁의 최종 승리를 확인하는 〈시모노세키조약〉 체결 즈음인 3월 일본군 수비대 1만 명을 조선에 배치하였다.[53] 이는 농민군의 완전 진압을 의미하는 것으로서, 결국 이 기간에 이르면 일본과 농민군과의 전쟁은 후자의 완전한 참패로 끝나게 되었다. 이제 남은 것은 정부군과 민보군 등 반농민군 및 일본군의 패잔농민군에 대한 잔혹한 살상행위만이 뒤따를 뿐이었다.

〈趙宰坤〉

---

49) 《各司謄錄》 63, 갑오 12월 18일, 札移電存案, 291쪽.
50) 《日韓外交資料集成》 4, 1895년 1월 26일, 츠쿠바함 승선 병사로서 東學黨 討滅協力方의 件, 326쪽.
51) 《各司謄錄》 63, 을미 정월 11일, 札移電存案, 293쪽.
52) 《日韓外交資料集成》 4, 1895년 3월 12일, 동학당 토벌을 위하여 일본군대의 각 요지 分屯에 관한 건, 354~355쪽.
53) 《日韓外交資料集成》 4, 1895년 4월 8일, 일청평화후에 있어서 對韓방침을 정하는 건에 붙인 內申의 건, 361~362쪽.

Ⅲ. 갑오경장

Ⅲ. 갑오경장

1. 제1차 개혁

1) 제1차 개혁의 배경

甲午更張은 廣義로는 1894년 7월부터 1896년 2월까지 일어났던 조선왕조 내 일련의 일본 내지 서구지향형 근대화운동을 총칭하며, 狹義로는 1894년 7월 27일에 설치되어 12월 17일에 폐지된 軍國機務處에서 개혁 議案을 심의·채택하면서 추진했던 개혁활동을 지칭한다. 제1차 개혁은 바로 이 협의의 개혁을 의미하는 것이다.[1] 갑오경장은 1894년 봄 全琫準의 古阜民亂에서부터 시작된 제1차 東學農民蜂起와 이를 계기로 조선에 대한 지배권을 공고화하기 위해 일본이 도발한 淸日戰爭을 배경으로 추진되었다.

(1) 동학농민봉기에 대한 정부의 대응

동학농민군의 봉기가 1894년 4월 23일 고부민란을 시발로 전라도 각지로 확산되자 5월 6일 정부는 洪啓薰을 兩湖招討使로 임명하여 농민군을 진압토록 하였다. 그리고 5월 8일에 이르러 농민봉기에 대한 대책회의를 열었다.

이 회의에서 무엇보다도 주목할 사실은 당시 정부대신들이 농민군을 조기에 진압할 수 있다는 낙관적인 태도를 취했다는 점이다. 즉, 대신들은 동학농민봉기를 지방군대로써 진압할 수 있는 소규모 민란으로 간주하고, 그 수괴를 체포하면 사태가 진정될 것으로 판단했던 것이다.

또한 高宗을 비롯한 대부분의 대신들은 이러한 사건의 재발을 방지하기

1) 柳永益, 〈甲午更張을 圍繞한 日本의 對韓政策〉(《甲午更張硏究》, 一潮閣, 1990), 3쪽.

위해 '大更張'을 추진해야 할 필요가 있다는 의견을 제시하였다. 그들은 농민봉기의 원인이 지방관들의 가혹한 착취로 말미암아 농민들의 생활이 궁핍해진 데 있다고 보았다. 다시 말해, 그들은 봉기의 궁극적인 책임을 농민군이 아니라 閔氏戚族의 失政 탓으로 돌렸던 것이다. 그렇지만 정부대신들은 지방관들을 청렴한 인물로 교체해야 된다는 것 이외에 달리 참신한 개혁방안을 제시하지 못하였다.2)

이처럼 대신회의는 동학농민군에 동정적인 반면 민씨척족에게는 비판적인 분위기 속에서 진행되었다. 이 회의에 참석했던 閔泳駿·閔應植·閔泳煥 등 8명의 민씨척족은 아무런 이견을 제기하지 못하였다. 고종 역시 대신들이 피력한 봉기의 원인과 개혁의 필요성에 동의하면서도 개혁을 추진하기 위해 인사개편을 단행할 의지를 갖고 있지 않았다.

그러나 이 회의 다음날인 5월 10일에 홍계훈이 이끄는 정부군이 黃土峴戰鬪에서 농민군에게 대패함으로써 정부는 청군의 파병을 요구할 정도로 위험한 상황을 맞이하게 되었다. 그럼에도 불구하고 정부의 조치는 여전히 농민군을 진정시키는 하나의 수단으로써 인사개편을 단행하는 데 머물렀다. 고종은 5월 22일 전라감사 金文鉉을 파면하는 대신 그 자리에 金鶴鎭을 임명하고 동시에 前古阜郡守 趙秉甲과 前按覈使 李容泰를 각각 징역과 유배에 처하였으며, 이어서 26일에는 의정부의 제의에 따라 均田使 金昌錫을 해고시켰다. 그리고 5월 31일에는 전국 각도에 탐관오리의 축출과 각종 불법·탈법적인 무명잡세의 징수를 금하는 조칙을 발포하였다.3)

그런데 이러한 조칙이 내려졌던 날에 농민군에 의해 全州城이 함락되었다. 정부가 농민군의 전주 점령 사실을 모른 채 조칙을 반포하였다는 것은 농민군의 요구를 기꺼이 받아들일 용의가 있었음을 시사해준다.

한편 민영준은 홍계훈으로부터 형세가 불리하므로 外兵을 빌려 농민군을 진압할 수밖에 없다는 보고를 받고, 5월 16일에 고종에게 청군의 파병을 요청토록 건의하였다. 그러나 5월 18일에 열린 대신회의에서 민씨척족을 제외한 대부분의 대신들은 청군의 차병은 물론 무력으로써 동학군을 토벌하는

---

2) 《高宗實錄》, 고종 31년 4월 4일.
3) 《高宗實錄》, 고종 31년 4월 27일.

데 반대하고, 여전히 탐관의 징계와 인재등용 등을 단행하여 농민군을 진정시켜야 된다고 주장하였다. 이러한 정부대신들의 태도는 유교적 도덕주의와 부정확한 상황판단에 근거한 것이었다. 그들은 정부가 청군을 끌어들일 경우 더 심각한 문제가 발생할 것을 우려하였다.[4] 결국 고종은 청병문제에 대해 결정을 내리지 못한 채 국내 최정예군인 江華營의 병정들을 동원하여 농민군을 진압토록 지시하였다.

그러나 5월 26일 민영준은 袁世凱를 방문하여 농민봉기가 확대될 경우 청군의 파병을 요청하지 않을 수 없을 것이라고 말하였다. 이에 원세개는 농민군 진압을 위해 파견된 조선군의 무능을 비판하고 자신은 닷새 안에 농민봉기를 진압할 수 있다고 호언장담하였다.[5]

5월 31일 농민군의 전주성 함락 이후 정부대신들은 여전히 청군 청병안에 반대하였지만, 6월 3일 민영준은 고종에게 청병을 강력히 건의하여 그의 윤허를 받아냈다. 그 즉시 민영준은 내무부 참의 成岐運을 원세개에게 보내 청군의 파병을 정식 照會하였다.[6] 당시 원세개는 조선정부의 공식적인 파병 요구가 있을 경우 곧바로 본국 정부에 군대 파견을 요청할 준비를 갖추고 있었다.[7] 청국정부는 원세개의 파병 요청 통보를 받자마자 조선에 군대를 파견키로 결정하고 1885년의 天津條約에 따라 이 사실을 일본정부에 통고하였다.

청·일 양국이 조선에 군대를 파견하게 되자 정부측과 농민군간에는 극적으로 全州和約이 맺어졌다. 6월 6일에 정부는 홍계훈으로부터 정부군이 농민군을 압도하고 있다는 희소식을 접하였다. 이에 고무된 정부대신들은 청군의 파병이 일본군과 러시아군의 派韓을 초래할 것이라고 경고하면서 민영준을 신랄히 비난하였다. 이 때문에 민영준도 원세개에게 이미 조선으로 출발한

4) 日本外務省 編, 《日本外交文書》 27-2(東京 : 日本國際連合協會, 1936), 문서번호 498, 154쪽.
5) 《日本外交文書》 27-2, 문서번호 501, 155~156쪽.
6) 國史編纂委員會 編, 《東學亂記錄》 上(國史編纂委員會, 1959), 8쪽.
《日本外交文書》 27-2, 문서번호 516, 166쪽.
田保橋潔, 《近代日鮮關係の硏究》 2(朝鮮總督府 1940), 280~281쪽.
7) 《日本外交文書》 27-2, 문서번호 503, 157~158쪽.

청병의 상륙을 중지시킬 것을 제의하지 않을 수 없었다.[8)]

결국 6월 7일 조선정부는 통리교섭통상사무아문(외아문) 주사 李鶴圭를 통해 청국정부에 청군을 상륙시키지 말아 달라고 요구하였으며, 6월 9일 청군이 牙山에 당도했을 때에 그들의 상륙을 허락치 않았다. 그러나 청군은 조선정부의 요청과 제지 노력을 무시하고 아산에 상륙하고 말았다.

청군이 아산에 상륙하자 정부대신들이 우려했던 문제들이 벌어지기 시작했다. 6월 7일에 이미 일본정부는 조선에 군대를 파견하기로 결정하고, 그 다음날 이를 조선정부에 통보하였던 것이다. 외아문 독판 趙秉稷은 이러한 통보를 받자마자 주한 일본 임시대리공사 스기무라 후카시(杉村濬)를 통해 일본정부에 파병 반대입장을 통보함과 아울러 주일공사 金思轍에게 훈령을 내려 일본 외무대신에게도 동일한 의사를 전달토록 하였다.[9)]

그럼에도 불구하고 6월 10일 420명의 일본해병이 인천에 상륙하여 오오토리 게이스케(大鳥圭介)공사의 지휘 아래 서울로 진군하였다. 이 소식을 접한 정부는 즉각 일본군의 철수를 요구하는 서한을 스기무라임시대리공사에게 보냈다. 아울러 정부는 미국인 고문관 르젠드르(Charles W. LeGendre,李善得)와 외아문 참의 閔商鎬를 인천에 급파하여 일본군의 서울 입성을 제지토록 하였다. 이에 오오토리공사는 르젠드르와의 면담을 회피하고 민상호가 도착하기 전에 해병과 함께 인천을 출발하였고, 영등포로 파견된 외아문 협판 李容稙의 설득을 뿌리친 채 서울로 진입하였던 것이다.[10)]

청·일 양군이 조선에 진입하자 동학농민군은 이들에게 파병 구실을 주지 않기 위해 전주화약을 체결하고 이미 해산하였지만, 청·일 양국의 군사적 교착상태는 지속되었다. 이러한 정세하에서 정부대신들은 가능한 한 빨리 외국군대를 철수시킬 방책을 모색하였다. 6월 17일 민영준은 원세개를 방문한 자리에서 철군을 요청하였지만, 그는 열강의 외교적 항의와 간섭 혹은 청군의 발동으로 일본이 군대를 철수하지 않을 수 없게 될 것이라고 대꾸하였다. 심지어 청군이 일본군을 손쉽게 물리칠 수 있다고 장담하기도 하였다.

8) 《日本外交文書》 27-2, 문서번호 524, 172쪽.
9) 《日本外交文書》 27-2, 문서번호 527, 176~178쪽.
10) 朴宗根, 《淸日戰爭과 朝鮮》(一潮閣, 1989), 18쪽.

6월 18일 서울에서 일본이 10척의 군함에 5,000명의 군사를 파한했다는 소문이 나돌자, 도성안의 백성들은 전쟁 발발의 공포감에 휩싸여 성밖으로 피난하기 시작하고 식량과 연료 등의 물가가 폭등하는 사태가 벌어졌다. 그러나 고종과 정부대신들은 막연히 원세개와 李鴻章의 중재에 의존하는 것 이외의 다른 방도를 강구하지 못한 채 사태를 관망할 뿐이었다.[11]

그런데 이러한 중요한 시점에서 민영준과 원세개간의 신뢰마저 금이 가기 시작했다. 대단위 일본군의 서울 입성을 염려한 민영준이 일본군 철수요구의 전제조건으로 청군의 先철병을 원세개에게 요청했기 때문이다. 6월 20일 민영준이 淸館을 방문했을 때, 원세개는 청군을 서울에 우선 진입시켜 의주로·한강 연안 등의 전략적 요충지를 장악하겠다는 의견을 제시하면서 협조를 당부하였다. 이와 정반대의 사안을 요청하러 온 민영준은 그에 대한 답변을 회피하려는 의도에서 그 문제에 관해서는 韓圭卨과 협의하는 것이 좋겠다고 답변하였다. 원세개는 이러한 민영준의 태도에 실망한 나머지 그 동안 그를 믿은 것이 자신의 커다란 실수였다고 말하면서 민영준을 꾸짖었다.[12]

이 사건 후 민영준은 종래의 친청적인 입장을 바꾸어 일본에 대해 우호적인 태도를 취하기 시작했다. 이때부터 7월 13일 宣惠廳 堂上직에서 해임될 때까지 민영준은 당면한 위기의 해결책을 모색하기 위해 정부내 요직에 친일관료들을 기용하였다. 예컨대, 그는 安駉壽의 천거를 받아들여 오랫동안 자신과 사이가 좋지 않았던 金嘉鎭을 내무부 참의로, 兪吉濬을 통리교섭통상사무아문 主事로 각각 임명하였다. 안경수·유길준·김가진 등은 바로 갑오경장 기간 중 핵심적인 개혁관료로 활약하게 되는 인물들이었다.[13]

이처럼 민영준과 원세개의 관계가 악화된 후 6월 28일에 조선정부는 여전히 청국정부가 조선을 위기에서 구출해줄 것으로 기대하고 이홍장에게 중재를 요청하였다. 이에 대해 이홍장은 7월 1일자 전보에서, 열강은 조선에서의 일본의 행동을 인정하지 않으며, 청군은 조선에서 일본군을 철수시킬 것이므로 조선정부는 일본공사의 요구를 하나도 받아들이지 말라고 답신하였다. 원

11) 《日本外交文書》 27-2, 문서번호 571, 225~227쪽.
12) 《日本外交文書》 27-2, 문서번호 579, 238~239쪽.
13) 柳永益, 《甲午更張硏究》(一潮閣, 1990), 116~119쪽.

세개도 이와 똑같은 부탁을 조선정부에 하였다. 더욱이 조선의 원로대신들은 대부분 전쟁 발발 시 청국이 결국 승리할 것이라는 막연한 기대를 갖고 있었기 때문에 청일전쟁 개시 전까지 친청적 내지 중립적인 태도를 견지하고 있었다.[14] 이 점은 7월 12일 西太后의 還曆을 축하하기 위해 조선정부가 進賀兼謝恩使 李承純 등에게 은 10만 냥을 지참시켜 北京에 파견한 사실에서도 잘 드러난다.[15]

그러나 정부의 대신들은 이때부터 일본공사 오오토리로부터 내정개혁을 실시하라는 압력에 직면했다. 조선정부는 약 4,000명의 일본군이 수도를 점령한 상황에서 일본의 요구를 쉽사리 물리칠 수는 없었다. 6월 26일 오오토리공사가 처음 내정개혁안을 제시했을 때, 고종은 개혁이 실시되기를 바라면서도 그에 앞서 일본군의 철수가 선행되어야 한다는 입장을 취하였다.[16]

6월 23일과 28일에 열린 대신회의에서 고종과 대신들은 일본군의 불법파병과 내정개혁요구에 관한 대책을 진지하게 논의하였다.

우선 23일의 회의에서 고종은 개혁에 열의를 보이면서 인사, 군정 및 재정을 교정해야 한다는 의견을 피력하였다. 이에 대해 金炳始는 일본군의 서울 침입에 강력하게 항의하는 동시에 재정 악화의 원인이 제도 자체의 결함보다는 세입의 대부분이 소수의 관리들, 즉 민씨척족의 수중으로 잘못 들어가는 데 있다고 주장하였다. 따라서 그의 개혁에 대한 입장은 어디까지나 유교적인 인간중심의 개혁사상 범주에서 벗어난 것이 아니었다.[17]

28일의 회의에서도 대부분의 대신들은 김병시와 유사한 태도를 취하였다. 영의정 沈舜澤은 節用을 당시의 급무로 보았고, 좌의정 趙秉世는 새로운 인재를 확보한 후에 정치를 논하자고 주장하였고, 우의정 鄭範朝는 성급히 更張을 논의하면 소요를 유발하기 쉬우니 백성들에게 절실하게 시급한 것만을 골라 한 가지씩 폐단을 풀어가야 한다는 의견을 제시하였다. 그러나 이들과는 달리 金弘集은 다음과 같이 좀더 적극적인 개혁추진을 주장하였다.

---

14) 《日本外交文書》 27-1, 문서번호 583, 242쪽 ; 문서번호 598, 592쪽.
15) 《日省錄》, 고종 31년 6월 10일.
16) 《日本外交文書》 27-1, 문서번호 371, 558~559쪽 ; 문서번호 389, 583쪽.
17) 《東學亂記錄》 上, 11~12쪽.

> 대저 更張이라 함은 바로 정치의 병폐에 대해 이를 變通하여 그 마땅함에 맞게 하는 것이니, 곧 당시에 취해야 할 時措라는 뜻입니다. 漢臣의 말에 '거문고의 소리가 조화롭지 못하면 반드시 그 줄을 풀어서 다시 조여야 한다'고 하였습니다. 이것은 거문조의 줄고르는 것으로 나라 다스리는 것을 비유한 것입니다. 만약 경장하지 않을 수 없는 일이 있다면 어찌 융통성없이 舊規만 지켜 구차히 고식책을 일삼는 것이 옳겠습니까(《高宗實錄》, 고종 31년 5월 25일).

즉, 김홍집은 경장의 의미를 통치구조를 근본적으로 변혁시키는 것보다는 문란해진 기강을 바로잡는 것에 한정시키고 있지만, 舊規에 따른 임시변통책을 버리고 새로운 방법으로 현실의 문제를 개혁시켜야 한다고 역설하였던 것이다.

그러나 이 회의가 끝나고 구체적인 조치가 내려지기도 전에 7월 3일 오오토리공사는 또다시 일본정부의 내정개혁안을 제시하였다. 정부는 이를 수용하지 않으려 했지만 일본의 강력한 요구에 결국은 굴복하고 말았다. 그리하여 정부는 내무부 독판 申正熙와 협판 金宗漢·曹寅承 등 3명을 위원으로 임명하고 그들로 하여금 일본공사 오오토리와 함께 내정개혁안을 협상토록 지시하였다.

첫 번째 회담을 마친 다음 오오토리공사는 조선정부가 친청적인 인물들을 위원으로 파견하여 일본측의 비판을 일시적으로 회피하면서 동시에 이홍장 및 열강 공사들이 조선을 대신하여 일·청 양국군의 철수문제에 개입할 때까지 시간적 여유를 벌려고 노력한다고 진단하였다.[18] 따라서 그는 다음과 같이 조선정부의 개혁이 성공할 수 없을 것이라고 내다보았다.

> 本使로부터 엄중한 압박을 받았기 때문에 조선정부는 본사가 제출한 국정개선안을 수납하고 위원 3명을 임명하였습니다. 본사는 지난 10일 이들 위원과 만나 該案의 명세서를 제출하였습니다. 그렇지만 본사는 이들 위원과의 회의에서 유효한 개선을 이룩할 수 없다고 믿습니다. 왜냐하면 조선정부가 실제로 조금도 개선을 하려는 뜻이 없고 支那黨이 궁중에서 더욱 세력을 확대해가고 있기 때문입니다(《日本外交文書》 27-1, 문서번호 400, 594쪽).

---

18) 《日本外交文書》 27-2, 문서번호 598, 592쪽.

그럼에도 불구하고 7월 10일·11일·15일 등 3차례에 걸쳐 오오토리공사는 서울 南山의 老人亭에서 조선측 위원들과 회담을 가졌다. 우선 제1차 노인정회담에서, 일본공사 오오토리는 조선정부에 〈內政改革方案綱目〉을 정식으로 제시하였다. 이 강목은 애당초 이토오 히로부미(伊藤博文)가 발의하고 무쓰 무네미쓰(陸奥宗光)가 부연했던 내정개혁안을 현지의 오오토리공사가 조선정부에 제출하기 전에 이상적인 수식어를 가미하여 작성한 문서였다.[19] 이에 대해 신정희·김종한·조인승 등 조선측 위원들은 일본의 내정개혁 압력을 거부하려고 노력하였다. 즉, 조선은 다른 나라들이 칭찬할 정도로 훌륭한 제도를 오래 유지해 왔는데, 이들 제도들은 근대 일본의 것과 동일하며, 고종이 이미 개혁관련 조칙을 발포하였을 뿐 아니라 유능한 관료들이 구체적인 개혁조치를 강구하고 있다고 주장하였던 것이다. 달리 말하면, 그들은 조선정부의 개혁은 현재 실시 중이며, 조선의 전통적 제도안에 일본측이 내정개혁안에서 제시한 요소들이 이미 포함되어 있으므로 단지 그 점들을 복원·활용하면 된다고 변론한 셈이다.[20]

7월 11일의 제2차 회담에서 오오토리는 전 27조 강목의 내정개혁 요구항목을 ① 10일내에 실행할 것, ② 6개월내에 실행할 것, ③ 2개년내에 실행할 것 등 3종의 시한부 범주로 구분하고 그 접수와 결행을 강요하였다. 이러한 강압적인 내정개혁요구에 대해 조선측 위원들은 이 시한조건부 개혁 권고가 내정간섭이라고 논박하였지만, 그 문서의 접수만은 거절하지 못하고 받아와 이에 대한 조선측의 최종 결정을 국왕과 정부에 미루었다.

국왕 고종은 강목에 제시된 일본의 내정개혁 요구에 대처하는 비밀궁정회의를 7월 11일과 12일 두 차례에 걸쳐 개최하여 時·原任大臣을 비롯한 고관들의 의견을 종합하였다. 그 다음 7월 13일에 그는 오랫동안 세도가로서 행세했던 민영준을 선혜청 당상직 등에서 해임함과 동시에 시·원임대신을 總裁官으로 받들고 15명의 堂上으로 구성된 校正廳이란 개혁추진기구를 창설하여 초미의 내정개혁을 독자적으로 실행한다는 결의를 나타내었다.[21]

---

19) 이 강목의 성립과정에 관해서는 田保橋潔, 〈近代朝鮮に於ける政治的改革〉(朝鮮史編修會 編, 《近代朝鮮史硏究》, 朝鮮總督府, 1944), 4~20쪽 참조.

20) 《日本外交文書》 27-1, 문서번호 400, 613~615쪽.

교정청의 구성원을 살펴보면, 總裁는 심순택·조병세·정범조·김홍집·김병시 등 시·원임대신이었고, 堂上에는 金永壽·尹用求·朴定陽·閔泳奎·申正熙·李裕承·金晩植·趙鍾弼·沈相薰·金宗漢·曺寅承·金思轍·朴容大·李容稙·魚允中 등, 郎廳에는 金珏鉉·鄭寅杓 등이 각각 임명되었다. 이들 중에는 노인정회담의 위원 뿐 아니라 어윤중·박정양 등 나중에 갑오경장에서 중요한 역할을 담당하게 될 개화파 관료들이 포함되어 있었다.[22]

이러한 조치가 내려진 다음 7월 15일에 모인 제3차 노인정회담에서, 그리고 그 다음날 외아문 독판 및 노인정 대표 3인이 발송한 공한을 통해서 조선정부는 일본의 내정개혁요구를 정식으로 거부하였다. 제3차 노인정회담에서 신정희는 다음과 같이 거부이유를 밝혔다.

> 일본정부의 권고에 매우 감사한다. 조선정부도 10년 이래 내정개혁의 필요를 느끼고 점차적으로 개혁에 착수하여 왔다. 그렇지만 아직 그 실효를 거두지 못하던 차에 남도에 민란이 발생하고, 또 그 외 지방에서도 民擾들이 잇따라 일어났다. 그러므로 이때에 조정회의에서도 개혁을 단행하지 않으면 안된다고 결정하고, 이를 위해 대군주 폐하로부터 엄중한 칙령도 내려졌고, 계속해서 校正廳을 설치하고 위원들을 임명하였으므로 머지 않아 一新된 정치를 바라볼 수 있을 것이다. 귀 공사가 지금 대군을 주둔시키고 기한을 정해서 개혁의 실행을 촉구하는 것은 자못 내치에 간여할 우려가 있다. 따라서 修好條規 제1조의 취지에 맞지 않는다. 우리 정부가 만약 귀 공사의 청구에 응할 때는 체약 각국이 아마 均霑의 例에 따라 나름대로의 주문을 하게 될 것이다. 그렇게 될 경우 조선의 자주 체면은 손상될 염려가 있다. 더욱이 대군이 주둔하는 한 민심이 경요되어 다스려질 수 없기 때문에 도저히 개혁의 목적을 달성하기가 어려울 것으로 여겨진다. 따라서 귀 공사는 먼저 衛兵을 철수시키고, 아울러 기한을 정해 실행을 촉구한 내정개혁안을 철회시켜 주기를 바란다(《日本外交文書》 27-1, 문서번호 412, 60쪽).

즉, 신정희는 조선정부가 이미 개혁운동을 시작했다고 주장하면서 일본군의 철수와 아울러 시한부로 결행을 강요한 〈내정개혁방안강목〉의 철회를 요

21) 金仁順, 〈조선에 있어서 1894년 내정개혁 연구〉(《甲申·甲午期의 近代變革과 民族運動》, 청아출판사, 1983), 220~223쪽.

22) 金明燮, 〈제1차 갑오농민전쟁기 정부의 개혁추진과정〉(《한국근현대사연구》 3, 1995), 23~26쪽.

구하였던 것이다. 이때 조선측은 거부 이유로서, 일본은 남의 나라의 내정개혁을 권고하기 전에 철병부터 실행할 것, 일본이 요구하는 내정개혁요건은 '我國 憲章과 概無異同'인 바 그 중 몇가지 새로운 사항은 이미 교정청을 통하여 독자적으로 실시하고 있다는 등의 완벽한 반박 논리를 내세웠던 것이다.[23)]

이러한 조리있는 거부 조회를 받은 오오토리공사는 이론상 궁지에 몰린 사실 이외에 몇 가지 정치적 고려에서 조선정부에 대해 내정개혁문제를 더 이상 추궁하지 않기로 했다. 그 정치적 고려란, "① 조선정부는 我 擧動과 辭氣에 극히 예민한 주의를 가하고 있으며…, ② 조선정부내에는 [외국인] 참모자가 많고…, ③ 我 大兵의 주둔에도 불구하고 근래 그들의 頑强心을 더욱 더 굳혀 왔다"[24)]는 정세파악이었다. 다시 말하면, 오오토리공사는 이러한 조선의 국내외 정세를 고려하여 이권조항이 내포된 내정개혁을 당분간 강요하지 않는 것이 유리하다고 판단하였던 것이다. 오오토리공사는 결국 강목의 실행 강요를 당분간 포기하고 그 대신 원래 무쓰가 陳腐爛熟하다고 지적한 바 있는 소위 屬邦論을 내세워 7월 23일 일본군이 감행할 경복궁 점령의 구실로 삼았다.

한편 교정청 설립 후 7월 15일부터 18일까지 국내의 당면문제들에 대한 일련의 개혁조치들이 단행되었다. 교정청의 건의에 따라 의정부는《大典會通》의 규정에 따라 帳籍을 정확히 조사·보고토록 하였고, 각 宮·營·衙門과 지방의 營·梱·邑·鎭에서 지난 10년 이래 신설된 잡세를 혁파하였다. 또한 교정청은 7월 18일에 지방관의 불법적인 세금포탈 및 토지강점 금지 등 동학농민군의 요구를 부분적으로 받아들인 개혁조치를 취하였다.

교정청이 시도한 이 같은 개혁은 일본의 개혁요구를 외면하고 독자적으로 입안·추진한 것이지만, 기존 제도의 운영을 개선하는 데 머물렀을 뿐 근본적인 제도개혁을 겨냥한 것은 아니었다. 더욱이 7월 21일 金炳始를 영의정에 임명한 사실로 미루어 고종이 교정청을 통해 추진하고자 했던 개혁은 보수

23)《日本外交文書》27-1, 문서번호 412, 605~610쪽.

24)《日本外交文書》27-1, 문서번호 411, 604~605쪽 ; 문서번호 412, 612쪽.

적인 것이었음을 알 수 있다. 그러나 김병시가 영의정으로 임명된 지 얼마 되지 않은 7월 23일 일본군이 경복궁을 점령하고 친일적 개혁관료들이 집권함으로써 갑오경장의 단서가 열렸다.

(2) 청일전쟁 중 일본의 대한정책

1885년 천진조약 체결 이래 일본은 조선문제에 관해 親淸反露 노선을 고수하면서 청국의 대한간섭정책을 묵과 내지 후원해 왔다.[25] 일본정부는 1894년 봄 동학농민봉기의 발발을 계기로 대군을 한반도에 급파하고 청국과의 전쟁을 불사한다고 결정한 다음 조선의 자주독립을 운위하고 조선에 대한 내정간섭을 시도하였다. 일본정부가 조선의 내정개혁문제를 처음 거론한 것은 6월 15일의 각의에서 였다. 이 자리에서 총리대신 이토오는 동학봉기 진정 후 청·일 양국 공동으로 조선의 내정을 개혁하자는 안을 발의함으로써 명분을 잃어버린 일본군 혼성여단의 留駐와 청국과의 외교협상의 구실로 삼았다.[26]

이러한 안건을 각의에 제출했을 때 이토오와 외무대신 무쓰는 이것이 청국측에 의해 수락되지 않을 것을 예상했다. 그렇지만 이토오는 일종의 외교적 방편으로 이러한 제안을 했던 것이다. 그 당시 일본 위정자는 되도록 대청전쟁을 도발하여 동아시아의 패권을 장악하기를 원했고 그렇지 못할 경우 일본군 출병의 보상으로서 청국으로부터 외교적 양보만이라도 얻어냄으로써 조선에서 청·일 양국간의 세력균형을 유리하게 바꾸려고 기도하였다. 이 목적에 맞는 대청외교협상을 서둘러야 하는 마당에 그들은 종래 거론된 일이 많았던 朝淸從屬論(속방론)은 "陳腐爛熟하여 世人의 視聽을 聳動하기에 부족"하다는 이유 때문에 일단 접어두고 이보다 더 참신한 구실인 내정공동개혁이라는 안을 제기했던 것이다.[27] 즉, 이토오·무쓰 등이 조선의 내정개혁을 거론한 궁극적 목적은 조선에서 對淸 외교상 유리한 위치를 확보하려는 데 있었다. 이점에서 그들은 조선의 내정개혁문제에 대해 냉소주의적 입장을 취

---

25) 1885~1894년간 일본이 채택한 대한정책에 대해서는 다음이 참조된다.
山邊健太郎,《日韓併合小史》(東京 : 岩波書店, 1966), 75~78쪽.
林明德,《袁世凱與朝鮮》(臺北 : 中央硏究院 近代史硏究所, 1970), 90쪽.

26)《日本外交文書》27-2, 문서번호 551, 206~207쪽.

27) 陸奧宗光,《蹇蹇錄》(東京 : 岩波書店, 1967), 104쪽.

한 것이라 말할 수 있다.

조선 내정개혁문제에 대한 일본의 냉소주의적 태도는 무쓰의 경우에 더욱 두드러지게 나타나고 있었다. 6월 21일 청의 총리아문으로부터 예기한 대로 공동개혁 제의에 대한 거부조회를 받게된 그는 당일의 각의에 다음 6개조의 단독 내정개혁안을 제출하여 통과시켰다.

一. 官司의 職守를 분명히 하며 지방관리의 情弊를 矯正할 事.
一. 外國交涉의 事宜를 중히 하여 職守 其人을 택할 事.
一. 재판을 공정히 할 事.
一. 회계출납을 엄정히 할 事.
一. 兵制를 개량하며 경찰의 制를 설치할 事.
一. 幣制를 정할 事.
一. 交通의 便을 일으켜 釜山·京城 기타의 地에 철도를 설치하며 각 요지에 전신선을 설치·개조할 事(《日本外交文書》 27-1, 문서번호 382, 569~570쪽).

이 개혁안을 제출함에 있어 무쓰는 조선의 내정개혁 그 자체에 대해서는 진정한 관심이 없고, 오히려 이를 빙자하여 조선에서의 이권확장을 도모하고 청·일간의 전쟁을 촉발하려 했음이 분명하다. 이 점은 그가 6월 29일부로 발송한 오오토리공사 앞 '朝鮮國 內政改革交涉에 관해서 유의할 사항 申送의 건'이란 內訓에 여실히 나타나 있다.

제1항의 官司의 職守를 분명히 하며 지방관리의 情弊를 矯正한다는 一事에 관해서는 [조선정부가] 우리에게 이를 반드시 실행한다는 약속을 하도록 만드는 이외에 당장으로서는 평판이 좋지 않은 인물을 免黜遷轉하는 것으로 만족할 것.

제2항의 外國交涉의 事宜를 중히 하여 職守 其人을 택한다는 一事에 관해서는…장래 언행일치의 행동을 할 수 있는 實力家, 즉 소위 勢道라 할 수 있는 인물을 외국교섭의 당국자로 임명하도록 하는 것을 목표로 삼아 담판할 것.

또 재판·회계·병제·경찰·幣制에 관한 각 항에 이르러서는 지금 당장에 실행될 수 있는 것도 아니기 때문에 우선은 [조선정부로부터] 반드시 개량할 것이라는 明約을 받아두는 것으로써 만족할 것.

단, 교통의 便을 일으킨다는 一項에 관해서는 전신이건 철도이건 확실한 약속을 받아둠과 동시에 조속히 이에 착수할 수 있도록 함이 가장 필요함(《日本外交文書》 27-1, 문서번호 388, 581~582쪽).

이 내훈을 음미해 보면, 무쓰는 조선의 제도개혁 따위에는 별로 관심이 없었고 내정개혁을 내세워 조선정부 주요 부서내의 인사개혁을 추진하면서 철도 및 전신선 부설권 등 이권을 획득하는 데 관심을 집중한 것을 간파할 수 있다.

무쓰는 자신의 청일전쟁 회고록인 《蹇蹇錄》에서 이러한 입장을 다음과 같이 솔직하게 시인하였다.

> 나는 처음부터 조선내정의 개혁을 정치적 필요 이상의 의미가 있는 것으로 보지 않았으며, 의협정신으로써 십자군을 일으킬 필요성은 조금도 발견치 못하였다. 고로 조선내정의 개혁은 제일로 아국의 이익을 主眼으로 삼는 정도에 그치되 이것 때문에 굳이 아국의 이익을 희생시킬 필요가 있는 것으로 보지 않았다. …조선내정의 개혁으로 말하자면 이는 원래 청·일 양국간에 얽혀 있는 난국을 조정하기 위하여 案出해낸 하나의 정책이었던 것인데 事局이 일변하여 결국 아국이 독자적으로 이를 담당치 않으면 안되게끔 된 것인 바, 나는 애당초 조선의 내정개혁 그 자체에 대해서 각별히 무게를 두지도 않았고, 또 조선과 같은 나라에서 과연 만족스러운 개혁이 이루어질 수 있을 지 의심하였다(陸奧宗光, 《蹇蹇錄》, 東京 : 岩波書店, 1966, 47~48쪽).

이는 이토오나 무쓰같은 일본의 위정자가 그 당시 조선의 내정개혁문제에 관해서 가졌던 냉소주의적 태도를 가장 잘 요약한 표현이며, 또 일본 외교의 실리주의를 잘 드러낸 것으로 볼 수 있다.

무쓰 등 일본 위정자가 조선 내정개혁을 표방했던 기간에 확보하려 했던 경제적 이권으로는 京釜·京仁간 철도부설권 및 전신선 설치권, 일본인에 대한 내지과세 폐지, 防穀令 全廢, 木浦港 개항, 해관 관리권을 비롯해서 일본 화폐의 통용권, 광산의 조사 및 개발권, 연안 어업권, 연해 해운권, 조선내 우편 관리권, 그리고 전라·충청·경상도의 지세 수취권 등을 들 수 있다. 이 같은 이권들은 대체로 일본정부 내지 국민이 1894년 이전에 오랫동안 주목·垂涎하였으나 원세개를 앞세운 청국의 대조선 종주권강화정책 때문에 쉽사리 획득할 수 없었던 것으로서, 일본의 대규모 파병 이후 6월 중순부터 《時事新報》 등 일본 민간의 유력지에서 사설을 통해 강조했던 종목이었다.

무쓰는 이러한 이권들의 확보에 비상한 열의를 보였다. 이 점은 그가 오오토리공사에게 내린 여러 차례의 이권획득 노력 지시에 명백히 나타나 있다. 그리고 이러한 노력의 결과로서 일본은 갑오경장 기간에 〈暫定合同條款〉과 군국기무처 議案의 형식을 빌어 잠정적으로 이들 이권을 확보하였다.

한편 무쓰가 구상한 조선정부내 인사개혁의 목표는 먼저 김가진·조희연·권형진·유길준 등 국내의 반청·친일경향의 개화파 인사들을 규합하여 그들로 하여금 일본의 정책에 동조하는 정치세력을 형성하여 집권태세를 갖추게 하는 것이었다. 그런데 무쓰는 그들이 조선의 정치판도에서 亞流인사들이라는 점을 감안하여 그들을 대표하는 領袖로서 보다 명망있는 인물, 예컨대 大院君·閔泳翊 및 朴泳孝 등을 포섭·이용하려 하였다. 이 같은 발상의 일환으로 7월 14일 무쓰는 駐홍콩 일본영사 나카가와 쓰네지로오(中川恒次郞)에게 홍콩에 망명중인 민영익을 유도·환국시켜 그로 하여금 대원군과 합작하여 민영준의 친청 세도정권을 대체해 보도록 종용케 했다. 그러나 이 계획은 민영익의 固辭로 수포화되었다. 그러자 7월 28일부터 무쓰는 박영효 등 갑신정변 관련 망명객들의 귀국을 서둘러 주선하기 시작하였다.

그런데 박영효의 환국 주선을 지시한 그날에 무쓰는 오오토리공사에게 조선국의 왕궁점령(7월 23일)과 그에 수반한 정변을 축하하는 다음과 같은 전문을 발송하였다.

> 본인은 귀하의 성공을 축하한다. 이 기회를 이용하여 최단 시간내에 조선정부의 인사개혁을 단행하되, 대원군에게는 가능한 한 최대의 원조를 베풀어 그의 집권을 공고히 하는 데 최선을 다함으로써 同 정권이 최소한 1년간 유지되도록 하라. 가능하면 대원군을 설득하여 유능한 일본인을 조선정부내에 顧聘토록 하라(《日本外交文書》 27-1, 문서번호 425, 632쪽).

이것으로 미루어 보건데, 무쓰는 대원군을 정점으로 하는 권력체계하에 기왕 국내에서 성장한 친일개화파 인사들과 甲申政變 이래 일본·미국 등지에 망명하고 있던 개화파 인사들을 총망라하고, 그 위에 일본고문관을 배치하는 형태의 새로운 친일정권 수립을 구상한 것을 간파할 수 있다. 이러한 구상은 대원군파·박영효파·국내개화파 등 각종 정치세력간의 미묘한 이해와 감정의 대립을 고려에 넣지 않은 안이한 탁상안이었기 때문에 결국 11월 하순에 이르러 파탄되었다.

조선의 정치인들을 조종·이용하려고 시도하는 과정에서 무쓰를 포함한 일본의 위정자들은 시행착오를 거듭했다. 그러한 시행착오의 원인은 그들이 근본적으로 조선의 내정개혁에 무관심했을 뿐더러 조선인에 대해 편견을 갖고 있었기 때문이다. 그 당시 명치정부의 위정자들은 조선정치인들을 통틀어 '蒙昧無識의 輩'로 간주하고 친일 개화파 인사들조차 '半知半開의 開化者'로 얕잡아 보고 있었다.[28] 따라서 무쓰 등은 이들 조선인을 兵威나 賄賂로써 쉽게 농락할 수 있을 것으로 단정하였다. 이러한 인식이 1894~96년간에 일본이 청일전쟁에서 승리를 거두고 내정개혁 등을 벌이고도 종국에는 한반도에서 정치적 기반을 상실하고 쫓겨 나가게 된 요인 중의 하나라고 볼 수 있다.

한편 1894년 7월 23일 새벽 5시경에 오오시마 요시마사(大島義昌)중장 휘하의 일본군 혼성여단 2개 대대는 조선의 왕궁인 경복궁을 불의에 습격·침입하였다. 조선측 궁성수비대(箕營兵) 약 600명은 迎秋門과 光化門으로 돌입하는 일본군과 격전을 벌인 끝에 70여 명의 사상자를 내고 퇴산하였다. 이렇게 쉽사리 경복궁을 석권한 일본군은 慶會樓에 본부를 설치하고 서울과 수원 등 궁성 내외의 조선군대를 무장 해제시켰다. 이어서 별도로 동원된 일본군 1개 중대와 경찰대 및 일본인 壯士輩의 호위 아래 대원군이 경복궁에 입궐함으로써 민씨계 친청정권을 대체하는 새로운 친일 정권이 수립되었다. 7월 23일 이후 8월 24일까지 경복궁은 일본군에 의해 수비되었고, 일본공사관이 발급하는 門票없이는 궁궐 출입이 불가능하게 되었다. 이러한 분위기에서 軍國機務處를 통하여 갑오경장의 막이 오른 것이다.

일본정부는 7월 23일 경복궁 점령 이후 9월 16일 平壤戰의 첩보에 접하기까지 조선의 친일정권에 대하여 될수록 간섭을 삼가는 태도, 즉 소극적 간섭 정책을 취하였다. 일본측의 이러한 정책은 무쓰외무대신과 오오토리공사에 의해 추진되었다.

무쓰는 원래 일본군부의 왕궁 강제점령안에 찬성하지 않았다. 그러나 현지

28) 陸奧宗光, 위의 책, 121·125쪽.

의 오오시마여단장과 오오토리공사의 협의로 왕궁 점령이 실현되고 대원군의 신정권이 수립되자 그는 이 정권의 탄생을 축하하고 왕궁점령문제를 묵과하였다. 7월 23일 이후 사태는 급진전하여 8월 1일에는 청·일 양국이 정식으로 선전포고를 함으로써 동아시아 근대사상 획기적인 청일전쟁이 본격화되었다. 전쟁도발의 대의명분을 조선의 자주독립에 걸었던 일본정부가 전쟁을 치르는 대가를 보상받기 위해 조선에서 일련의 중대조치를 취할 것은 애당초 명약관화한 일이었다.

그러나 개전초 일본정부는 열강과의 외교절충 및 불투명한 戰局의 장래 등 여러 가지 이유로 확고부동한 대한정책을 채택할 수 없었다. 그러나 7월 28일에 무쓰가 오오토리공사에게 내린 훈령 가운데 대원군정권내에 일본고문관을 배치하도록 노력하라고 지시한 것은 일본정부가 조선을 보호국화하려고 했다는 최초의 징표라고 말할 수 있다.[29] 일본내각이 조선의 장기적 내지 근본적 처리방안을 정식으로 거론한 것은 8월 17일이었다. 이 날의 각의에서 무쓰는 4개항의 조선문제처리안을 제시하였다. 일본내각은 이 안을 집중 논의한 끝에 조선문제에 대한 최종적 결정은 뒷날로 미루되 당분간 무쓰가 제시한 4개안 중 乙策의 大意를 대한정책의 지표로 삼는다는 데 합의했다. 이 을책이란, "조선을 명의상 독립국으로 공인하되 [일본]제국이 간접·직접으로 영원 또는 어느 장기간 그 독립을 保翼扶持하여 他의 侮를 막는 노력을 할 것"이라는 표현을 빌린, 사실상의 보호국화안이었다.[30] 그런데 일본정부는 청일전쟁 종결 후 三國干涉에 잇따라 열린 각의에서 대한정책을 재정립할 때까지 이 안을 지표로 삼아 대한침략정책을 추진해 나갔던 것이다.

조선의 보호국화라는 정책목표를 설정한 무쓰는 이의 실현에 필요한 제1단계 조치로서 오오토리공사로 하여금 조선의 신정권과 〈暫定合同條款〉이라는 명의의 이권 관련 조약과 〈大朝鮮·大日本兩國盟約〉이란 군사동맹조약을 8월 20일과 26일에 각각 체결케 하였다. 이로써 오오토리는 이권 획득과 고문관 배치 등 對조선 내정간섭에 필요한 법적 근거를 확보한 셈이다. 그러나 일본정부는 청일전쟁의 수행과정에서 조선정부와 국민의 협조가 필수라는

29) 《日本外交文書》 27-1, 문서번호 289, 477쪽 ; 문서번호 379, 562~567쪽.
30) 陸奧宗光, 앞의 책, 134~139쪽.

전략적 고려와 러시아를 비롯한 열강의 외교 내지 무력간섭을 회피하려는 의도에서 조선의 새 친일정권에 대해 강압적인 간섭을 되도록 삼가는 정략을 취하였다. 즉, 8월 23일 무쓰는 오오토리공사 앞으로 보낸 '조선국에 대한 장래의 정책에 관한 훈령의 건'에서 "결코 조선의 독립권을 침해하는 따위의 행위는 군사상 불편 혹은 경제적 불이익을 초래할지라도 가급적 피할 것"과 "조선정부에 대한 청구는 불가피한 경우에 한하되…조선정부가 我요구에 견딜 수 없다는 느낌을 일으키지 않도록 충분히 주의할 것"을 지시하였던 것이다.31)

이러한 무쓰의 對韓간섭 최소화 지시는 오오토리공사측에서 이미 무쓰에게 제의한 바 있었다. 즉, 오오토리는 8월 4일부로 무쓰에게 보낸 대한정책의견서에서 다음과 같이 이러한 정책을 주창한 바 있다.

> …조선정부는 이미 개혁파의 수중에 들어가 諸事 我 勸告를 받아들이려는 경향이 있는 이상 우리로서는 이들을 강경주의로써 대하는 것이 유리하지 않습니다. 요컨대, 우리가 조선을 취급하는 寬嚴의 정도는 종전 청국이 조선을 취급한 예에 비하여 한층 조선에 이롭도록 고려되지 않으면 안됩니다. 그렇지 않을 경우 조선의 君臣은 그 苦惱을 참다 못하여 결국 제2자에게 의뢰하게 될 것입니다(《日本外交文書》 27-1, 문서번호 429, 636쪽).

이와 같이 오오토리는 열강이 간섭할 가능성이 있다는 외교적 고려에서 이미 自家囊中에 들었다고 간주한 조선의 신정권에 대해 종래 청국의 대한 간섭에 비해 한층 더 관대하게 대할 것을 역설한 것이다.

이러한 입장을 오오토리공사에게 부과되었던 조선의 내정개혁이란 과제에 결부시켜 살펴 보건대, 그는 조선의 개혁파관료가 착수한 갑오경장에 대해 방관주의·점진주의·불간섭주의로 임할 것을 주장했던 것이다. 다음에 인용하는 오오토리의 8월 14일부 '조선 내정개혁 권고에 관하여 我 政府가 택할 방침 大要'라는 무쓰 앞 품신은 그의 이러한 입장을 여실히 증명해주는 문서이다.

31) 《日本外交文書》 27-1, 문서번호 441, 652쪽 ; 문서번호 437, 644~646쪽 참조.

1. 조선 내정개혁이란 차제에 각종의 폐정을 廢除하고 근본적인 혁신을 단행하는 것이라고 하지만, 행정제반의 제도를 세우는데 있어서 其 국정을 詳察하여 민지·민력의 정도를 잰 다음 이에 적합한 제도를 세운 연후에 국민의 智力 증가에 따라 이를 점차로 개진함이 필요하다고 생각합니다. 갑자기 지나치게 고상한 법률을 제정하거나 민정에 맞지 않는 제도를 설치하지 말아야 할 것입니다.
2. 구래의 제도라 할지라도 이를 존속시켜서 해가 없는 것, 또는 이의 廢革으로 말미암아 얻는 效益은 적고 오히려 민심을 거슬릴 것은 당분간 존치시켜 두는 것이 좋겠습니다.
3. 개혁사업은 될수록 조선 인사의 손에 맡겨 실행케 하되 우리측에서 깊이 간섭하지 않는 것이 肝要합니다. 왜냐하면 우리가 깊이 개입·간섭할 때에는 어쩌면 이를 支那가 저지른 잘못과 동일한 것으로 보고 비방할 터이며, 나아가 그들로 하여금 아국을 厭忌하는 감을 갖게 함으로써 他日 제3국으로 하여금 그 間隙에 개입하는 불행을 초래할 수 있기 때문입니다….
4. 조선정부의 초빙에 응할 재정·병제 및 법률 등의 분야에 고문관을 我 정부에서 추천하되… 조선정부의 개혁은 본[공사]관에서는 전혀 관여치 말고 오로지 고문관에게 일임하는 것이 좋겠습니다. 또한 이들 고문관에게는 정부에서 미리 內訓을 주어 諸事에 주재공사와 협의케 함으로써 공사의 의견에 저촉됨이 없도록 하는 것이 필요하다고 봅니다.
5. 歐美의 감각을 損치 않게 하기 위하여 미국인 고문관 1, 2명을 고용하는 것이 득책인 것으로 봅니다. 단, 이들에게는 은연중에 우리측의 보호를 가하여 반드시 우리의 방침에 찬성토록 함이 專要하다고 생각합니다(《日本外交文書》 27-1, 문서번호 436, 643~644쪽).

이 인용문을 음미해 보면, 오오토리공사는 조선인들이 개시한 갑오경장을 조선인들에게 일임하고 자신은 직접 간섭하지 않는 입장을 自擇하였음을 알 수 있다. 그가 이러한 입장을 고수하여 실행에 옮기고 있었다는 사실은 9월 17일자 그의 군국기무처 활동상황 보고서에서 방증된다.[32] 즉, 오오토리공사는 9월 17일까지는 불간섭주의 내지 방관주의 태도를 견지했지만 平壤戰鬪(9월16일)에서의 일본측 승리에 따른 대세변화를 계기로 대원군파·박영효파·친일개혁파 등 조선인 정파간에 사활을 건 정쟁이 전개되자 개혁운동에 대

32) 伊藤博文 編,《秘書類纂 : 朝鮮交涉資料》中(東京 : 秘書類纂刊行會, 1936), 649쪽 참조.

해 적극간섭을 조심스럽게 진언하였던 것이다.[33]

오오토리공사 뿐만 아니라 그 예하의 스기무라서기관이나 무쓰의 '私設公使'격인 오카모토 류우노스케(岡本柳之助) 등 壯士輩도 초기의 갑오경장에 간여하지 않았다는 것은 무쓰나 오오토리가 취했던 정략으로 미루어 의심의 여지가 없다. 스기무라서기관은 滯韓경력이 가장 오래된 일본공사관내 최고참으로서 대원군의 입궐 유도와 군국기무처 설립에 직접 간여했던 인물이다.[34] 그러나 그가 일단 설립된 군국기무처의 개혁활동에 적극 개입했다는 증거는 어떠한 문건에서도 찾아볼 수 없다.

오카모토는 1894년 봄 東京에서 결성된 金玉均友人會의 일원으로 上海에 건너가 김옥균의 유골을 수습하려다 실패하고 귀국 후 '동학란' 발발의 '희소식'을 듣고 청일전쟁 도발에 필요한 막후활동－예를 들면, 대원군의 조종－을 하라는 임무를 띠고 동향의 무쓰외무대신에 의하여 서울로 특파된 壯士로서, 7월 23일 이전에 대원군과 수차 면담하여 대원군으로 하여금 출마·입궐을 결심하게 만든 장본인이었다. 그러나 그는 일본군의 경복궁점령 직후 7월 26일에 일본으로 귀환하였다가 이듬해 4월에 군사고문 자격으로 다시 내한하였다. 따라서 그는 갑오경장 시행기간 중 서울에 부재중이었으므로 개혁운동에 개입했을 리가 없다. 또한 오오토리공사를 비롯한 일본인이 갑오경장 중에 고문으로 활동한 적도 없었다. 왜냐하면 외무대신 金允植이 施政고문과 군사고문의 초빙을 일본공사에게 정식으로 의뢰한 것이 8월 20일이며, 오오토리공사가 이 조회를 본국정부에 요청한 것이 8월 28일이었고, 실제로 일본고문관이 조선정부내에 배치된 것은 제1차 개혁이 끝난 다음 해인 1895년 초였기 때문이다. 다시 말하면, 제1차 개혁(협의의 갑오경장)은 대원군을 추대한 조선인 친일개혁파 관료들이 주동이 되어 추진한 개혁운동이었다.

그러나 갑오경장이 개시된 지 얼마 안되어 일본이 예기한 바와는 달리 조선의 신정권내에 심각한 알력의 조짐이 나타나고 이를 쉽게 통제할 수 없음을 감지한 일본정부는 친일정권에 대해 강경책을 펴게 되었다. 즉 일본은 9월 16일 平壤戰의 大捷을 계기로 대한정책을 전환하였다. 9월 18일자

33) 《日本外交文書》 27－1, 문서번호 447, 665~666쪽.

34) 杉村濬, 《明治二十七·八年在韓苦心錄》(東京 : 杉村陽太郎, 1932), 62~63쪽.

무쓰의 오오토리공사 앞 훈령은 이 새로운 적극간섭책의 채택을 의미하는 것이었다.

> 지난 16일 평양의 一戰에서 재조선 청군이 모두 潰敗된 이상 지금까지 일·청간의 승패 여하를 관망하면서 首鼠兩端의 태도를 취하고 있던 조선인도 점차 주저의 念을 버리고 지향을 一定하였겠기에 이제 조선의 내정과 외교사를 모두 무경험한 彼國人의 소임에 방임할 경우 장차 어떠한 不願事를 야기할 지 모르며, 그렇게 되면 비단 아국이 이제까지 彼를 위하여 진력한 일들을 畵餠에 屬歸케 할 우려가 적지 않을 뿐더러 彼國을 위해서도 불이익임은 물론인 고로, 이번의 平壤得勝 人心一轉의 기회를 이용하여 각하는 韓廷에 대하여 우리 세력을 확장하는 데 주의하여 제3국에 대한 피국의 외교는 물론 內治상의 일이라도 자못 중대한 건은 반드시 각하의 의견을 諮詢하여 동의를 얻은 후 시행하도록 유도하기 바랍니다(《日本外交文書》 27-1, 문서번호 449, 667~668쪽).

이 같은 對韓廷 강압·간섭정책이 현지에서 발효한 것은 9월 19일부터이다. 즉, 그날 일본공사관이 조선국 외부에 조회한 '갑오경장의 실적에 관한 반성 촉구'라는 문서는 갑오경장에 대한 일본측의 소극적 방관주의 태도에 종지부를 찍는 의미를 지닌 것이었다.

이러한 정책전환에 따라 일본정부는 새로운 정책을 현지에서 집행할 적임자로서 명치유신의 元勳이며 현직 내무대신인 이노우에 카오루(井上馨)를 발탁하여 주한공사로 임명하기에 이르렀다. 10월 하순에 서울에 부임한 이노우에공사는 그 동안 군국기무처가 이룩한 개혁의 업적을 무시 내지 백지화하고, 자기 나름의 경륜에 입각하여 박영효를 포함시킨 제2차 김홍집내각과 제휴하여 차원이 다른 개혁운동을 전개함으로써 갑오경장은 새로운 국면으로 접어들게 되었다.

2) 제1차 개혁의 추진세력

갑오경장 중 서울 정계에서 浮沈했던 조선인 정파는 편의상 다섯 그룹으로 대별될 수 있다. 즉, 첫째 金弘集·金允植·魚允中·趙羲淵·兪吉濬 등 甲午改革派(甲午派), 둘째 朴泳孝·徐光範 등 甲申政變派(甲申派), 셋째 朴定陽·

李完用·尹致昊 등 貞洞派(혹은 親美派), 넷째 大院君·李埈鎔·李容泰 등 大院君派, 그리고 다섯째 高宗· 閔妃를 둘러싼 洪啓薰·李道徹·沈相薰·玄興澤·李學均 등 宮廷派 등이었다. 이들 정파가운데 개혁 전기간에 걸쳐, 특히 제1차 및 제3차 개혁기간에, 가장 오래 정권을 유지하였을 뿐 아니라 개혁운동에서 가장 큰 역할을 담당했던 세력은 김홍집·유길준 중심의 갑오파였다.35)

갑오파는 1885년부터 1894년까지 약 10년간 민씨척족정권이 조선을 통치할 때 권력의 중추부에서 소외당하여 정치적으로 핍박받고 있던 反淸·反閔의 불평세력이었다. 그들은 1894년 6월 2일 동학농민군의 전주 점령 후 민씨정권이 청군에 군원을 요청한 것을 계기로 일본의 이토오내각이 한반도 출병을 결의할 무렵부터 활발히 집권운동을 벌인 끝에 7월 23일을 기하여 일본공사관의 지원으로 민씨척족정권을 대신하여 집권하였다.

갑오파의 중핵인물은 유길준·조희연·安駉壽·金嘉鎭·權瀅鎭·金鶴羽 등 6명의 소장 문무관료였는데, 그들은 평생 개혁을 희망해 온 인사들로서 일본군이 서울에 침입해 온 것을 '호기'로 삼아 일본군이 철수하기 전에 민씨들을 몰아내고 그 대신 대원군을 총리로 추대하여 政事를 근본적으로 개혁하려는 세력이었다.36) 이들 중 유길준·김학우·권형진 등 3명은 평소 서울 竹洞에 있는 조희연의 저택에 자주 모여 변혁을 모의했다. 특히 유길준과 김학우는 일본정부의 출병 결정이 내려진지 4일 만인 6월 6일에 김가진·안경수의 중개로 일본공사관의 통역관 겸 첩자인 고쿠부 쇼타로(國分象太郎)와 면담하면서 자신들이 품고 있는 반청·반민감정과 개혁의지를 표출시키고 있었다.37)

한편 6월 23일에 김가진과 유길준은 안경수의 천거로 민씨척족정권의 세

35) 柳永益, 《甲午更張研究》(一潮閣, 1990), 179~180쪽.
주진오, 〈갑오개혁의 새로운 이해〉(《역사비평》 26, 1994).
韓哲昊, 〈갑오개혁 주도세력의 현실대응론〉(《한국근현대사연구》 11, 1999).

36) 《日本外交文書》 27-2, 문서번호 579, 239쪽.
金正明 編, 《日韓外交資料集成》 4(東京 : 巖南堂, 1967), 42쪽.

37) 菊池謙讓, 《朝鮮王國》(東京 : 民友社), 419~420쪽.
國史編纂委員會 編, 《駐韓日本公使館記錄》 1(國史編纂委員會, 1986), 264~269쪽.

도가 민영준에 의해 통리교섭통상사무아문(외아문)의 參議 및 主事로 각각 기용되었다. 그들은 6월 11일에 서울에 군대를 끌고 입성한 오오토리공사의 내정개혁 압력을 무마하는 외교임무를 맡았던 것이다. 6월 23일 이후 한 달 동안 유길준은 외아문 主事로서 아마도 고의적으로 과격한 내용의 외교문서를 기안함으로써 조·일·청 관계의 파국을 재촉하였고, 또 김가진과 안경수 등은 일본공사관과 내통함으로써 일본측의 내정개혁 및 청일전쟁 도발 노력에 협조하고 있었다.

드디어 7월 23일 일본군이 경복궁을 침입하자 이들 갑오파 관료들은 일본공사관 일등서기관 스기무라 및 壯士 오카모토 등이 주모한 대원군 引出공작을 후원하여 그 일을 성사시키는 데 일조했다. 일단 쿠데타가 성공하자 그들은 대원군을 섭정으로 추대하고, 또 오랫동안 민씨척족정권하에서 푸대접을 받아 온 3명의 원로급 개혁정치가 즉, 김홍집·김윤식·어윤중을 신정권의 최고위직에 맞아들임으로써 국내외적으로 비교적 체면이 서는 개혁정권을 출범시킬 수 있었다. 이들 갑오파는 7월 27일에 새로 발족된 軍國機務處의 (會)議員으로 特擢되고, 또 8월 15일에는 金弘集·李埈鎔內閣(소위 제1차 김홍집내각)의 대신 혹은 협판직 벼슬을 제수받았다(〈표 1〉 참조). 이로써 그들은 1개월 반 가량의 적극적인 집권 노력 끝에 권력의 중추에 자리잡을 수 있었던 것이다.[38]

〈표 1〉 제1차 김홍집내각의 구성원(1894년 8월 15일~12월 17일)

議政府 總理大臣	金弘集		
左贊成	金壽鉉		
右贊成	李裕承		
都憲	朴容大·李重夏·李泰容※·曺寅承		
	(兪吉濬※·尹瀗·趙漢國·李鑢永)		
宮內府大臣	李載冕	協辦	金宗漢※
內務衙門大臣	[閔泳達※]	協辦	李埈鎔

38) 柳永益, 앞의 책, 179~183쪽.

外務衙門大臣	金允植※	協辦	金嘉鎭※
度支衙門大臣	魚允中※	協辦	金喜洙(韓耆東)
法務衙門大臣	[尹用求]	協辦	金鶴羽※(鄭寅星)
工務衙門大臣	徐正淳	協辦	韓耆東(安駉壽※·李道宰·趙東弼)
學務衙門大臣	朴定陽※	協辦	鄭敬源※
軍務衙門大臣	[李奎遠]	協辦	趙羲淵※(白樂淵)
農商衙門大臣	嚴世永	協辦	鄭秉夏(成岐運·高永喜)
警務使	安駉壽※(李鳳儀·李允用※·許璡)		
壯衛使	趙羲淵※		
統衛使	李埈鎔		
摠禦使	李鳳儀		

* 1.《高宗實錄》, 고종 31년 7월 15일~11월 21일.
2. ※표는 군국기무처(회)의원 겸직자.
3. [ ] 내는 수임 거부자
4. ( ) 내는 8월 15일 이후 임명된 자

일본군의 경복궁 불법점령과 동시에 탄생한 대원군~김홍집정권은 군국기무처라는 비상 입법 및 정책발의기구를 통하여 7월 27일부터 10월 29일까지 3개월간에 결쳐 일대 개혁을 단행하였다. 이 기간에 군국기무처는 무려 210건의 제도개혁안 내지 정책건의안을 의결하고 국왕의 재가를 거쳐 이를 실시코자 하였다.

군국기무처 의안 중에는 군국기무처의 조직 및 운영, 그리고 구성원의 변동에 관련된 의안이 25건(章程案 2건과 議政案 23건)이다. 이 의안들의 내용을 검토해 보면, 갑오경장을 추진했던 세력이 군국기무처를 어떠한 기구로 인식하고 있었는지, 그리고 그 구성원이 어떻게 변하고 있었는지를 알 수 있다.

우선, 군국기무처의 조직과 운영을 밝혀주는 의안으로는 7월 28일에 기초된 〈軍國機務處章程〉, 7월 30일에 채택·발포된 〈議政府官制〉 안의 군국기무처 관계 조항, 그리고 군국기무처의 기능을 규정한 2건의 의정안 등 세 가지 종류가 있다. 첫째의 〈군국기무처장정〉에 의하면, 군국기무처는 會議軍國機務 一切更張之處로서 ① 京外諸官府職制, ② 州縣職制, ③ 行政與司法應行一切規則, ④ 田賦貸稅及各項財政應行一切規則, ⑤ 學政, ⑥ 軍政, ⑦ 殖産

興業及營商所管一切事務, ⑧ 以上諸項外 凡係軍國一應事務를 모두 회의할 수 있으며, 여기에서 의결된 안건은 국왕에게 품지한 후 거행하도록 규정하고 있다.[39)]

이 〈군국기무처장정〉에 따르면, 군국기무처는 독재적 권한을 가진 개혁입법기관인 것이다. 그러나 이 장정은 고종 혹은 대원군측의 반대, 군국기무처 의원간의 의견 불일치, 또는 일본공사의 제지 중 어떤 한 이유로 공포된 일이 없다. 따라서 이 장정은 법적 효력이 없었고 단지 군국기무처 의원간의 내규 정도로 활용되었던 것으로 보인다.

군국기무처의 기능과 구성에 관해서는 7월 30일에 의결·공포된 〈의정부관제〉내에 따로 규정된 바가 있다. 여기에서 군국기무처는 의정부 산하의 9개 기구 중 수위 부서로서 다음과 같은 직권과 구성원을 가진 것으로 규정되었다.

> 군국기무처는 국내 대소사무를 專議한다. 總裁 1원, 總理大臣이 겸한다. 副總裁 1원, 의원 가운데서 品秩이 높은 사람이 겸한다. 會議員은 10인 이상 20인 이하로 한다. 書記官 3인, 1인은 총리대신 秘書官이 겸한다(《日省錄》, 고종 31년 6월 28일).

이에 의하면, 군국기무처는 '국내 대소사무를 專議한다'라는 극히 막연한—그러므로 막강할 수 있는—직권을 가진 정책의결기관으로서, 그 구성원은 총재(총리대신 겸임)를 포함해서 21인 이하이다. 이것이야말로 7월 27일부터 12월 27일까지 존속한 군국기무처의 母法的 규정인 것이다.

그런데 이 규정이 발표된 후 이를 보완하는 두개의 의안이 의결·채택됨으로써 군국기무처의 기능이 좀더 분명해졌다. 즉, 7월 30일에는 "비록 平民일지라도 진실로 利國便民할 起見을 가진 자는 군국기무처에 上書하여 회의에 부치게 할 것"이라 하여 일반 민중에게도 군국기무처에 대한 발의권을 인정하는 획기적 의안이 채택되었고, 8월 9일에는 군국기무처에서 의결·채택된 의안은 일단 국왕의 재가를 거친 후 '邦憲'으로서 법적 효력을 발휘하

39) 軍國機務處 編, 《議定存案(第一)》(奎 17236).

는 것으로 확인되었다.[40]

이상을 종합해 볼 때, 초기의 군국기무처는 21명 이하의 인원으로 구성된 의정부 산하의 정책의결기구로서 여기서 의결·채택된 의안은 국왕의 재가를 거친 후에 국법으로서 효력을 발휘할 수 있었다. 그러므로 군국기무처는 초정부적 입법기구는 아니었던 셈이다.

그런데 8월 15일에 이르러 소위 제1차 김홍집내각이 성립되었을 때 군국기무처 의원 중 다수가 새 내각의 대신 혹은 협판으로 임명되었다. 이를 계기로 군국기무처에서는 8월 18일에 "各 衙門大臣 및 將臣·警務使는 군국기무처 회의원을 겸한다"는 의안이 채택됨으로써 내각 대신과 군사·경찰관계 최고책임자들이 당연직 [회]의원이 되었다. 따라서 8월 18일 이후의 군국기무처는 엄격히 말해 여말선초의 都評議使司나 조선시대 중기 이후의 備邊司를 방불케하는 최고집권자의 合坐機關으로 변질되었고, 그 인원도 21인 이상－즉, 30인 정도－으로 증가되었다고 볼 수 있다. 그러나 실제로는 8월 중순 이후 군국기무처의 중요성이 점감하여 '각 아문대신·장신 혹은 경무사' 중에서 원래 군국기무처 의원이 아니었던 자가 회의에 참석한 일이 없었기 때문에 합좌기관으로서의 기능을 발휘하지는 못하였다.

군국기무처의 기능과 관련하여 주목할 만한 또 하나의 사실은 군국기무처 의원 중 일부가 군국기무처를 양권분립제하의 근대적인 입법부로 개조하려고 시도한 일이 있었다는 점이다. 즉, 어윤중이 사회를 맡았던 10월 9일의 군국기무처회의에서는, '만국의 통례'에 따라 군국기무처를 의정부의 예하기구가 아닌, 의정부(행정부)에 대치하는 독립된 입법기구, 즉 議會[41]로 개조할 것을 의결하였다. 그러나 이 획기적인 의정안은 10월 19일자의 군국기무처회의에서 어떤 이유에서인지 '당분간 보류·취소'(付黃消案)되어 한국사상 최초로 시도된 의회설립기도는 무산되고 말았다.

---

40) 《議定存案(第一)》 및 柳永益, 앞의 책, 229~239쪽. 또한 이에 대한 번역은 宋炳基·朴容玉·朴漢卨 編著, 《韓末近代法令資料集》 1(大韓民國 國會圖書館, 1970)을 참고했다. 앞으로 군국기무처 의안에 대해서는 별도로 註를 달지 않겠다.

41) 군국기무처 의원들은 8월 10일부터 가끔 군국기무처를 '議會'로 호칭하였다.

회의는 議事部로 하고 정부는 행정부로 하여 서로 對峙 混淆하지 않은 것이 만국의 통례이어서 군국기무처가 정부에 예속되는 것은 事體에 들어맞지 않는 것이므로 지금 마땅히 군국기무처의 장정을 고쳐 專一事權케 함으로써 정부와 더불어 서로 上下케 할 것(《韓末近代法令資料集》 1, 102쪽).

다음으로 군국기무처의안 중에서 군국기무처 구성원의 변동을 알려주는 의안들이 섞여 있어 갑오경장 추진세력간의 권력배분 내지 암투의 일각을 드러내 보인다.

잘 알려진 바와 같이, 7월 27일 군국기무처가 발족할 당시 총재·부총재 및 의원으로 임명된 사람은 아래 〈표 2〉의 18명이었다.

이들 이외에 군국기무처의 서기관(郎廳)으로서 前司事 柳正秀, 前主事 吳世昌, 그리고 幼學 金仁植 등이 임명되었다. 〈표 2〉의 18명은 모두 7월 23일의 쿠데타 이후 대원군·김홍집 혹은 일본공사관의 배려로 괄호내에 표시된 관직에 특탁된 인물들이었다. 그 중 적어도 2명(朴準陽·李源兢)은 대원군계열의 인물로 알려졌다.[42]

〈표 2〉 군국기무처 구성원

總　裁(領 議 政)	金弘集		
副總裁(內務督辦)	朴定陽	會議員(內務參議)	朴準陽
會議員(內務協辦)	閔泳達	〃 (　同　)	李源兢
〃 (江華留守)	金允植	〃 (　同　)	金鶴羽
〃 (內務協辦)	金宗漢	〃 (　同　)	權瀅鎭
〃 (壯 衛 使)	趙義淵	〃 (外務參議)	兪吉濬
〃 (大 護 軍)	李允用	〃 (　同　)	金夏英
〃 (外務協辦)	金嘉鎭	〃 (工曹參議)	李應翼
〃 (右 捕 將)	安駉壽	〃 (副 護 軍)	徐相集
〃 (內務參議)	鄭敬源		

42) 杉村濬, 앞의 책, 66~71쪽.

그런데 군국기무처의 의원구성에 관해서는 앞에서 논급한 8월 18일의 의안 이외에 두 차례의 규정 개정이 있었다. 즉, 8월 2일에 군국기무처에서는 선혜청제조 魚允中, 이조참의 李泰容, 그리고 참의내무부사 權在衡 등 3인을 군국기무처 의원으로 추가 임명함으로써 〈의정부관제〉의 회의원 정원인 21명을 채운 것이다. 그 후 9월 21일에 군국기무처는 이태용은 '病未赴會'란 이유로, 그리고 이원긍과 김하영은 '現在外職'이란 이유로 각각 의원직에서 減下하고, 그들 대신 工務協辦 李道宰, 同知中樞院事 申箕善, 壯衛營領官 禹範善을 의원으로 임명함으로써 정원 21명을 계속 유지하였다. 따라서 8월 18일의 결의를 논외로 하면, 갑오경장 기간 군국기무처 의원으로 발령받은 자의 연인원은 24명이었고, 일정 회기 중 의원수는 21명을 초과하지 않았음을 알 수 있다.

그런데 8월 1일 군국기무처는 대원군의 愛嫡孫으로서 왕위를 노리는 인물로 알려진 檢校直提學 李埈鎔을 군국기무처 의원으로 임명해 줄 것을 국왕에게 건의하였는데, 이에 대해 국왕은 그의 임명을 거부한 일이 있었다. 그럼에도 불구하고 8월 15일에 이준용은—아마도 대원군의 배려로—내무협판과 통위사로 임명됨으로써 군국기무처 밖에서 강력한 권력기반을 구축하고 있었다. 그후 대원군·이준용 등은 평양에 집결한 청군과 내통하고, 삼남지방의 유생 및 '東學黨'으로 하여금 반일·반개화의 의병을 조직·궐기하도록 사주하는 등 일련의 반일활동을 벌인 결과 일본공사관 및 군국기무처내 친일개화파와 불화를 일으켜 결국 8월말에 이르러서는 군국기무처와 노골적으로 반목하게 되었다.[43]

8월 1일에 국왕이 이준용의 의원직 임명을 거부한 사실과 9월 21일에 대원군~이준용계 인물로 알려진 이태용과 이원긍이 의원직을 박탈당한 사실은 군국기무처내에서의 대원군 지지세력의 거세를 의미하는 것이었다. 바꾸어 말하자면, 대원군은 애당초 군국기무처의 창설에 찬성했고 자파 계열의 의원 3명(박준양·이원긍·이태용)을 그 안에 부식하여 군국기무처의 개혁운동에 영향력을 발휘하고자 하였다. 그러나 이것이 뜻대로 이뤄지지 않게 된 8

43) 李相佰, 〈東學黨과 大院君〉(《歷史學報》 27·28합집, 1962), 12~13쪽.

월 하순부터 그는 일련의 반일공작에 착수하고 또 군국기무처의 개혁사업을 노골적으로 반대하였다. 그러므로 군국기무처 의안 중 8월 중순 이전에 의결·채택된 의안은 어느 정도 대원군의 입김이 작용한 것으로 간주할 수 있으며, 그 후의 것은 그의 의사와 무관하거나 그것에 역행한 것으로 볼 수 있다.

그러면 군국기무처를 주도한 세력은 과연 누구였는가를 살펴보기로 하자. 군국기무처 의원 중 9월 21일에 새로 임명된 3명의 의원은 초기의 군국기무처 활동과 무관했고, 또 다른 5명(이태용·정경원·권형진·김하영·이원긍)은 군국기무처 존속 기간 동안 외직을 맡아 군국기무처 회의에 꾸준히 출석하지 못하였다.[44] 또 다른 일부 의원은 대원군계열의 인사로서 8월 중순 이후 병을 핑계로 출석을 하지 않았던 것으로 판단된다. 따라서 초창기부터 최종 회의가 열린 10월 29일까지 꾸준히 군국기무처 회의에 참석하여 의안의 심의·채택에 적극 관여한 의원은 〈표 3〉에 제시된 11명에 불과했던 것으로 추정된다.

〈표 3〉에 제시된 군국기무처 의원의 사회·정치적 배경 중 중요한 공통적 특징을 살펴보면 다음과 같다.

첫째, 그들은 1880년대 초반에 김옥균·박영효·서광범 등 소위 급진개화파와 더불어 조선의 개화·자강운동에서 두각을 나타냈으나 갑신정변에는 가담하지 않은 소위 온건개화파 계열의 인사들이었다. 그들은 급진개화파들이 국외로 망명한 후 그들과 절연하고 국내에서 은인자중하면서 개혁운동을 펼 기회를 노리고 있었던 개화세력이었다.

둘째, 그들은 1885~1894년간 친청·보수적인 민씨척족정권 하에서 조선의 내외정을 감찰했던 청국의 駐箚官 원세개에게 친일 혹은 친미·친러 개화파, 또는 '獨立路線派'로 지목받아 핍박을 당하거나 민씨척족계 실권자와 사이가 좋지 않아 정부요직에서 몰려난 인물들이었다. 따라서 그들은 반청·독립사

44) 이태용은 7월 30일에 경기도 남양부 안핵사로, 정경원은 8월 9일에 호서선무사(17일에 삼남선무사겸차)로, 김하영은 9월 6일에 원산감리로, 이원긍은 9월 9일에 북청부사로, 권형진은 9월 18일에 관서선유사로 각각 발령받아 외직에서 종사하였다.

상이 강하고 동시에 민씨척족의 세도정치에 대해 반감을 품은 인물들이었다. 그들 중 일부(김가진·안경수·조희연·권재형)는 일본공사관의 신임이 두터운 '倭黨'으로 알려졌고,[45] 다른 일부(박정양·이윤용)는 미국 내지 러시아공사관과 인연이 깊은 소위 친미·친러파(정동파) 인사들이었다.[46]

〈표 3〉 군국기무처 핵심멤버들의 배경

姓 名	年齡	本貫	家族背景(父官職)	科擧登科	外遊國	甲午年 以前 主要官職	甲午更張中兼職
金弘集	52	慶州	(參辦)	文科	日本·淸國	修信使(1880), 統理交涉通商事務衙門督辦(1884), 判中樞府事(1886), 水原留守(1889)	總理大臣
朴定陽	54	潘南	(牧使)	文科	日本·美國	朝士日本視察團 朝士(1881), 機器局總辦(1883), 內務府協辦(1885), 駐美全權公使(1887~1889), 戶曹判書·判義禁府事·典圜局管理 兼 交換局管理(1892)	學務大臣
金允植	59	淸風		文科	淸國	領選使(1881), 江華留守(1882), 統理交涉通商事務衙門督辦(1885), 沔川郡流配(1887~1894)	外務大臣
魚允中	46	咸從		文科	日本·淸國	朝士日本視察團 朝士(1881), 西北經略使(1882), 宣惠廳堂上(1885), 兩湖宣撫使(1893), 延日縣 定配(1893)	度支大臣
金嘉鎭	48	安東	庶子(禮判)	文科	日本	統理交涉通商事務衙門 主事(1883), 內務府主事(1885), 駐日公使館參贊官·辦事大臣(1887~1891)	外務協辦
安駉壽	41	竹山	庶子	無	日本	統理交涉通商事務衙門 主事(1887), 典圜局幇辦(1890~1894), 壯衛營領官·別軍職(1890)	度支協辦·警務使

45) 杉村濬, 앞의 책, 43~45쪽 및 54·60쪽.
《日本外交文書》 27-1, 문서번호 424, 631쪽.

46) 韓哲昊, 〈甲午更張 中(1894~1896) 貞洞派의 改革活動과 그 意義〉(《國史館論叢》 36, 1992), 33~45쪽.

姓 名	年齡	本貫	家族背景(父官職)	科擧登科	外遊國	甲午年 以前 主要官職	甲午更張中兼職
趙義淵	38	平壤	(經庶歷)	武科	日本·淸國	敎鍊兵隊生徒(1881), 機器局委員·幇辦(1883~1887), 鍊武公院參理事務(1888), 機器局會辦(1893)	軍務協辦
兪吉濬	38	杞溪		無	日本·美國	朝士日本視察團 隨員(1881), 統理交涉通商事務衙門主事(1883), 報聘使隨員(1883)	議政府都憲·內務協辦
金鶴羽	32	金海	庶子	無	日本·淸國·러시아	機器局委員(1884), 內務府主事(1885), 典圜局委員(1885~1886), 鍊武公院事務(1888)	法務協辦
李允用	41	牛峰	庶子(戶判)	無	無	全羅道兵馬節道使(1885), 漢城府右尹·判尹(1885~1888)	警務使
權在衡	39	安東	庶子	無	日本	釜山監理署書記官(1884), 仁川港幇辦(1887), 駐日公使館署理公使(1891~1893)	漢城府尹

셋째, 그들의 거의 전부는 1894년 이전에 외교·문화사절단(朝士일본시찰단·영선사·보빙사 등)의 단원 혹은 유학생으로서 일본·청국·미국·러시아 중 한 나라 이상에 遊歷한 경험이 있어 외국어에 어느 정도 능통하고 근대적 문물에 선각한 인물들이었다. 아울러 그들은 고종의 능력본위 인재등용정책에 힘입어 국내에서 주로 외교·통상전담기구 및 機器局·典圜局·鍊武公院과 같은 개화·자강추진 기관에 기용될 수 있었기 때문에 국왕에 대해서는 강도높은 충성심—즉, 勤王思想—을 갖고 있는 인물들이었다.

넷째, 이들은 본관 혹은 출신지역으로 따져 볼 때 대체로 조선왕조의 종친(전주 이씨) 혹은 세도가문(여흥 민씨, 안동 김씨, 풍양 조씨 등)에 속하지 않은 비교적 약세의 양반가문 출신이거나 변방의 토반 출신으로서 개인적 능력으로 출세한 업적지향형 인물들이었다. 특히 김홍집·박정양·어윤중·김윤식 이외의 소장인사들은 조선의 전통적 사회체제내에서 고위관직으로 출세하기가 어려웠던 양반의 庶子(서얼) 혹은 中人이거나, 과거를 통하지 않고 외국 유학을 했거나, 달리 개화·자강관계 전문지식을 갖추었기 때문에 주요 관직에 등용된 경력이 있는 자들로서 조선왕조의 신분제도 내지 정치체제에 대해 불만이 많은 인물이었다.

무엇보다도 그들 가운데 양반의 서자가 다수 포함되어 있었다는 사실은 주목할 만하다. 이에 관련하여 《*Japan Weekly Mail*》紙는 1894년 11월 24일자 〈朝鮮宮廷내의 파벌〉(Factions in the Korean Court)이라는 제목의 논설에서, 조선정부내에는 현재 '嫡室派'와 '小室派'(Bastards's faction)가 대립하고 있다고 하면서, '改革派·小室派'의 정치적 입장에 대해 다음과 같이 논평하였다.

> 조선 궁정내의 파쟁이야말로 현재 이 나라의 개혁 진행을 저해하는 가장 주요한 원인이다.…개혁파 멤버의 거의 대부분은 서자들인 바, 그들은 한때 대단한 권력을 행사하여 군국기무처 의원 20명 중 적어도 12명이 서자 중에서 나왔다. 그들이 표방하는 [개혁의] 모토는 신분적 차별의 철폐와 능력본위의 관리임용이다. 그들이 이러한 정책을 적극적으로 추진한 결과 구체제를 옹호하는 세력은 대원군의 주위로 결속하게 되었다. 말하자면, 중립파·친청파 및 여타의 모든 세력이 단합하여 이 서출들의 증대하는 영향력을 익세하려 들게 되었다. 서출들의 권한이 크다고는 하지만 이러한 여러 적대세력의 연합된 반대를 이겨내기에는 역부족이었다. [따라서] 이들은 자파의 힘을 증대시키면서 적대세력을 타도할 방책을 여러모로 강구하였다.…그러나 이러한 공작은 실패하였고 개혁파, 즉 소실파의 영향력은 이제 결정적으로 쇠퇴일로에 있다. …개혁파는 현재 참담한 처지에 놓여 있으며 오로지 일본의 후원에 힘입어 자신들의 지위를 유지하고 있다(《*Japan Weekly Mail*》, 1894년 11월 24일).

요컨대, 조선정부내의 '개혁파·소실파'는 한때 군국기무처 의원 20명 중 12명을 헤아릴 정도로 그 세력이 컸으나, 점차 대원군파·중립파·친청파 등 보수연합세력의 반발에 부딪쳐 그 기세가 꺾이었다. 따라서 그들이 주도한 개혁작업도 지체되고 말았으며, 그들은 목하 일본측의 지원으로 겨우 명맥을 유지하고 있다는 것이다. 아울러 이 기사에서는 이들 '개혁파·소실파'가 표방하는 개혁의 취지가 班常차대와 같은 전통적 신분제도상의 질곡을 혁파하고 능력본위의 관리임용제도를 실현하는 데 있다고 지적하였다. 그러나 이 '개혁파·소실파'는 그후—이 신문 논설에서의 예상과는 달리—쉽사리 실권하지 않고 상당 기간 권력을 유지하였다.

여하튼, 갑오경장 중 그 정확한 숫자는 파악할 수 없으나 10여 명의 양반 서자가 내각의 대신 내지 협판직위에 올랐다는 사실은 한국사회사상 특기할 만하다. 고종은 1882년 9월 4일에 개인의 신분배경에 구애됨이 없이 인재를 등용할 것이라는 교서를 반포한 바 있다.[47] 그러나 이 취지는 그후 관철되지 않아 1864년부터 1894년까지 30년간에 당상관 직위에 오른 375명의 고관 중 서얼과 중인출신 관료는 각각 2명과 1명에 불과했다.[48] 이것은 갑오경장 중 '개혁파·소실파'의 대거 등장이 사회신분제도상 공전의 변동을 의미하는 획기적인 사건이었음을 뜻한다.[49] 환언하면, 갑오경장을 기해서 대두·집권한 개화파 관료는 비단 민씨척족정권의 내치·외교에 대해서 불만이 있었을 뿐 아니라 구체제를 뒷받침하고 있던 신분제도에 대해서도 반발하고 있던 혁신적 세력이었음을 알 수 있다.

다섯째, 이들은 일본·미국·청국 등 외국에 遊歷 혹은 유학하거나 서울에서 외국인과 교섭하는 직책을 맡아 일하는 가운데 영어와 일본어 등 한문 이외의 외국어문을 터득하고 근대적 학문에 눈떠 전통적인 학문 내지 사상체계에 대해 비판적 안목을 갖게 된 인물들이었다. 따라서 그들은 詞章 위주의 科文을 虛學으로 간주하여 배척하고 그 대신 便民利國 내지 利用厚生에 관련된 實學 내지 時務學을 연마하였다. 다시 말하면, 그들은 사상적으로 조선 후기의 실학, 특히 북학의 전통을 이어 받은 인물들로서 주자학·성리학

47) 《高宗實錄》, 고종 19년 7월 22일.

48) Carlos Kenneth Quinones, *"The Prerequisites for Power in Late Yi Korea, 1864~1894"*, unpublished Ph. D. dissertation, Harvard University, 1975, pp.375·492.

49) 杉村濬은 갑오개혁 기간에 격화된 하극상 현상을 다음과 같이 표현하였다.
"…이번 革政 이래 상하신민의 정형은 크게 疇昔과 달라졌다. 문지도 없는 미천배가 갑자기 대신의 현직에 오른 사실은 크게 이목을 놀라게 하였다. 이러한 부류의 하나인 평민[출신] 대신대리 이주회가 이번에 훈련대 입위건과 관련하여 3일간이나 廷爭·항언한 사실이라던가, 경무청의 순검이 대담하게도 왕족懿親인 이준용의 邸內를 침범하여 그를 집거한 사실이라던가, 또 정부가 왕실비를 제한하려고 왕실 부속의 전원 등을 몰수할 때 궁중에서 이를 반환할 것을 요구하자 [정부측에서 이 요구에] 감히 항거한 사실 등 여러 사실은 분명히 대군주로 하여금 인심의 放肆를 실감케 하였고, [나아가] 이런 사태가 계속되면 결국 순검이 심궁까지도 진입해서 어떠한 不題의 企圖를 할지도 모른다는 우려를 낳게 만들었다"(《日本外交文書》 28-1, 문서번호 313, 451쪽).

체계에 사상적으로 도전한 혁신세력이었다고 말할 수 있다.

여섯째, 그들은 대부분 직업적 관료로서의 경력을 지닌, 따라서 관료적 출세를 인생의 최고목표로 삼는 지식인 관료들이었다. 그들의 사고방식은 관료주의적이었으므로 일반 국민에 대해 엘리트의식과 고자세로써 임하는 경향이 강했다. 따라서 그들은 개혁운동을 추진함에 있어 상의하달식의 '위로부터의 혁명(revolution from above)' 방식을 택하게 되었다. 이들은 특정 정치적 이데올로기로써 무장된 이념집단도 아니고 또 경제적 이해관계로 뭉친 이익단체도 아니었다. 그들은 형식상 국왕 혹은 왕조에 대한 충성심으로써 결합된 그룹으로서 상호간의 동지적 연대의식이 약했다. 따라서 이들은 국왕의 권위가 극도로 추락되었던 갑오경장 기간에 여러 정파로 나뉘어 이합집산하면서 소위 파쟁을 되풀이할 소지를 안고 있었다. 이러한 약점 때문에 그들은 일본측의 분할통치정략(divide and rule tactics)에 쉽사리 농락당하기도 하였다.

총체적으로 볼 때, 군국기무처의 핵심멤버들은 반청·반세도사상이 강하고 전통적인 정치·사회체제에 불만이 많은 반면 서양 및 일본의 문물에 선각한 '半知·半解의 開化者'[50] 혹은 '略涉外國情形 出入宮闈者'[51]로서 성취동기가 강한 업적지향형(achievement-oriented)의 관료 엘리트였다. 그들 대부분은 일본·미국 혹은 러시아 등 외국공사관과 일정한 인연을 맺고 자신의 출세를 도모해 온 인물들이었다. 특히 그들 중의 다수가 출세 의욕이 강한 양반의 서자였다는 사실은 군국기무처가 어떻게 전통 파괴적인 혁신적 개혁을 그처럼 과감히 추진할 수 있었는가를 이해하는 데 중요한 열쇠가 된다. 그리고 이렇게 많은 수의 서자 및 과거 未登科者가 정부의 당상관직을 점유했던 사실은 조선왕조 초유의 일로서 특기할 만하다.

한편 그들은 1880년대 초반의 개화운동에서 두각을 나타내었으나 1885년 이후 그 재능을 충분히 발휘할 수 없었던 정예 개혁세력이었다. 따라서 그들은 상당히 강한 충군·애국사상과 이에 부수하는 독립·자주의식을 가졌고 또 개혁에 대한 사명감도 컸다고 여겨진다. 그들은 자신들의 이상을 구현하

---

50) 陸奥宗光, 앞의 책, 154쪽.
51) 《高宗實錄》, 고종 31년 8월 2일.

는 데 필요한 개략적인 복안과 전문가적 소양을 어느 정도 갖추고 있었지만 오랫동안 중앙정계 내지 관계에서 소외되어 자신들의 경륜과 이상을 시행착오를 거쳐 실험할 기회를 갖지 못하였다. 따라서 그들은 막상 '更張'을 펴야 할 마당에 구체적인 개혁안을 한꺼번에 제시·실천하기에 역부족인 상태에 있었다. 보다 근본적으로, 그들은 동학농민군과 같은 민중세력을 등에 업지 못하였을 뿐 아니라-明治維新 때 일본의 長州藩·薩摩藩의 武士집단이 가졌던 것과 같은-독자적인 군사적·경제적 기반을 확보하지 못한 세력이었다. 이러한 여러 가지 취약점이 있는 관료집단이기 때문에 그들은 나름대로의 독립·애국정신이 있었음에도 불구하고 갑오경장 기간 그들의 집권을 도와준 일본에 줄곧 의존하는 외세의존적 성향을 드러내고 있었다.

3) 제1차 개혁의 내용

(1) 대외관계의 개혁

군국기무처의안 중에는 의원들의 민족주의 의식을 드러내는 의안 6~7건, 그들의 반청 독립사상을 나타내는 의안 2건, 그리고 그들의 對日 종속성을 드러내는 의안 10여 건이 들어있다.

군국기무처 의원은 회의 벽두에 議[定]案 제1호로서 "금후 국내외의 公私文牒에 開國紀年을 쓸 것"[52]이라는 표현을 빌어 조선의 독립을 간접적으로 천명하였다. 이 의안이 채택된 날짜가 청·일간에 선전포고가 있기 이틀전인 7월 30일이었던 점을 감안한다면 그 내용이 상당히 대담한 것이었음을 알 수 있다. 이어서 군국기무처에서는 신설될 學務衙門 관제안에서 編輯局의 職掌을 "국문 綴字, 各 국문 번역 및 교과서 편집 등에 관한 사무를 관장한다"라 규정하고, 또 "무릇 국내외 公私 문자 중 歐文으로 상용되는 외국 국명·지명·인명이 있으면 모두 국문으로 번역하여 시행할 것"이라는 내용의 의안을 채택함으로써 교과서와 공문서에서 한글(국문)을 사용할 것을 강조하고

---

52) 軍國機務處 編,《議定存案(第一)》(奎17236).
柳永益, 앞의 책, 229~239쪽.

있었다.

나아가 군국기무처는 군인의 정신교육과 관련하여 "군무아문에서 국문으로 군졸교과서를 편찬하여 매일 시간을 정하여 교수케 할 것"이라는 의안을 결의하였다. 이것은 군인의 애국애족(爲國護民) 함양을 위해서 한글로 교과서를 만들어 교육할 것을 건의한 것으로서 주목을 요한다. 뿐만 아니라 일본의 압력에 양보하는 여러 의안을 채택하였지만 동시에 "국내 토지·산림·광산은 본국 입적 인민이 아니면 점유 및 매매를 허가하지 말 것", "무릇 외무아문에서 외국과 교섭하는 중대한 사건, 즉 立約·聘雇 등의 일은 該 아문의 대신·협판이 공동으로 辦理하여 총리대신의 인가를 거쳐 시행할 것" 등의 의안을 채택함으로써 제국주의 열강, 특히 일본의 이권 내지 국권침탈을 막으려는 자세를 보였다.

이러한 민족주의적 결의의 연장선상에서 군국기무처는 오랫동안 조선의 자주·독립을 저해하였던 청국과의 관계를 종래의 宗藩관계에서 평등관계로 바꿈으로써 청국의 간섭에서 벗어나 締約 각국과 자주·평등의 원칙에 입각한 외교를 펼칠 것을 결의하였다. 의안 제2호인 "청국과 약조를 개정한 뒤 특명전권대신을 열국에 파송할 것"이 바로 그것이다. 이 의안의 구체적 내용은 임오군란 이후 청국이 조선의 종주국으로서 체결한 〈朝淸商民水陸貿易章程〉, 〈奉天與朝鮮邊民交易章程〉 및 〈中江通商章程〉 등 일련의 불평등조약을 개정하고, 나아가 1887년 이후 청국 주차관(袁世凱)의 방해로 인하여 좌절된 바 있는 서구 체약국에 대한 공사 파견계획을 부활·실현시킨다는 것이었다.[53] 8월 12일에 채택된 또 하나의 의안, 즉 "이제부터 萬國通例를 준수하여 각국 사절이 陛見할 때 가마를 타고 待候所 門外에 이르는 것을 준허할 것"은 그 동안 원세개에게만 특별히 허여되었던 외국 사절의 왕궁내에서의 乘轎權을 각국 외교관에게 공평히 허용해 준다는 것을 의미하는 것으로서 청국의 종주권 부인과 연관된 것이었다.

이와 같이 군국기무처 의원은 대체로 자주·평등의 독립외교를 지향하고 있었지만, 일본에 대해서는 편파적인 저자세를 드러내고 있었다. 첫째, 군국

---

53) 宋炳基, 〈소위 '三端'에 대하여〉(《史學志》 6, 1972), 109~116쪽.

기무처는 청일전쟁이 선포된 8월 1일에 "금번 일본정부에서 出力하여 우리 고유의 자주를 保認하였으므로 급히 전권대사를 파견하여 후의를 치사하고 隣好를 더욱 돈독히 할 것"이라고 하여 일본의 조선 출병을 변호하고 전권대사를 빨리 파견하여 대일관계를 더욱 돈독히 할 것을 강조하였다. 이어서 9월 3일에는 "현재 본국과 일본은 관계가 綦重하여 교제를 더욱 敦密히 해야 하므로 금번 報聘大使는 평소 聲望이 두드러진 사람을 속히 파견하며, 駐箚東京辦理公使를 감하하여 교섭사무에 익숙한 사람을 전권공사로 차송할 것"이라 하여, 우선 일본에 보빙대사를 파견하여 致謝하고 또 주차동경변리공사를 전권공사로 격상·대체함으로써 양국간의 '綦重한 隣好관계'를 더욱 돈독히 할 것을 결의하였다. 그리고 8월 1일에 채택된 의안에서는 "日兵이 각 지방에 留駐하는 것은 청병을 방비하기 위한 것이어서 조금도 惡意가 없으므로 무릇 우리 士民은 이를 洞悉하여 相安 無事의 뜻을 각 지방에 行會할 것"이라고 하면서 일본군의 조선 침략이 악의에서 비롯된 것이 아니라고 극구 변호하고 이 점을 각 지방 국민에게 주지시킴으로써 민중의 반일감정을 무마하려 하였다.

다음으로, 군국기무처는 일본측의 군사적 내지 경제적 요구에 굴복하여 일본인 고문관과 군사교관을 초빙하고 일본식 화폐제도를 도입하며 防穀令을 철폐하는 등의 내용을 지닌 의안들을 채택하였다. 즉 8월 15일에 "각부아문에 각각 外國雇員 1인을 두어 고문케 할 것"이라는 의안으로써 정부 8아문 내에 외국인(즉, 일본인) 고문관 한 사람씩을 고빙할 것을 의결하였고, 9월 5일과 21일에 이의 실현을 촉구하는 의안을 추가로 채택하고 있었다. 그리고 8월 26일에는 "親衛營을 장차 설치함에 하사관 敎成 일절이 가장 긴요한 바 마땅히 材力 健强한 자 2백인을 뽑아 교사를 延請하여 훈련케 할 것"이라 하여 친위영이라는 신식 근위대를 발족시키되, 이에 앞서 200명의 하사관을 선발·교성하고 이들의 훈련을 위해 일본으로부터 교관(敎師)을 초빙할 것을 의결하였다. 이것이 바로 나중에 악명을 얻게 된 訓練[鍊]隊의 濫觴이라고 볼 수 있다.

또 8월 10일에 "挽近 각 지방관이 자주 미곡을 禁阻하므로 급히 申飭 弛禁하여 유통을 편하게 하며, 水旱·兵戎으로 降旨하여 특별히 금하는 외에는 일절 勿禁하는 뜻으로 각도에 행회할 것"이라 하여 평상시에 지방관이 임의로 방곡령을 발포할 수 없도록 조처하였다.

그리고 8월 11일에 〈新式貨幣發行章程〉을 채택함으로써 銀본위의 일본식 화폐제도를 도입하기로 하되, 우선 "신식화폐를 많이 주조하기에 앞서 외국화폐를 혼용할 수 있다. 단 본국 화폐와 동질·동량·동가인 것만 통행을 許한다"(제7조)라고 하여 조선내에서의 일본화폐(외국화폐) 유통권을 인정하였다.[54]

그 외에도 군국기무처가 일본측 압력 때문에 채택한 것으로 여겨지는 의안이 두 가지 더 있다. 즉, 당시 궁중에서 반일운동을 획책하고 있던 미국인 고문관 르젠드르(Charles W. LeGendre, 李善得)를 해고하는 것과, (장차 일본인을 조선 海關에 기용하기 위한 준비조치로써) 3항 "해관에 고빙된 서양인 해관직원들로 하여금 조선정부로부터 새로 인준을 받도록 하라"는 의안이 그것이다. 그러나 이 두 의안은 모두 미국과 러시아공사관의 후원을 받고 있던 국왕이 '姑除'로 처리하면서 윤허하지 않았기 때문에 발효치 못하였다.

일본의 정치·군사 및 경제상의 이익을 도모하는 이 같은 일련의 의안은 일본공사 오오토리와 조선의 외무아문대신 金允植간에 8월 20일과 8월 26일에 각각 체결된 〈朝日暫定合同條款〉 및 〈朝日盟約〉에 포함시키지 못한 사안들이었다. 바꾸어 말하면, 오오토리공사는 이 같은 의안과 조약의 형식을 빌어서 그가 6월 26일 이래 '내정개혁' 권고란 미명 아래 조선정부로부터 탈취하려고 기도했던 정치·군사·경제상의 이권들을 모두 확보할 수 있었던 것이다.

요컨대, 군국기무처 의원들은 한편으로는 각국에 대해 자주·평등한 외교를 펼칠 것—특히 청국에 대한 宗藩관계를 단호히 단절할 것—을 강조하는 입장을 택하면서 다른 한편으로는 일본이 도발한 청일전쟁을 비호·방조하고 또 일본이 강박하는 정치적·군사적·경제적 요구에 쉽사리 굴복하는 친일 저자세를 드러내고 있었다.

---

54) 姜德相, 〈甲午改革に於ける新式貨幣發行章程の硏究〉(《朝鮮史硏究會論文集》 3, 1967), 99~109쪽.

(2) 동학 '비도'에 대한 대책

군국기무처가 개혁사업을 추진하는 동안 6월 11일의 전주화약을 계기로 일단 자진 해산했던 동학농민군이 반일·반개화의 기치하에 재궐기하고 있었다. 이러한 민중의 동향에 민감했던 군국기무처는 처음에는 동학농민군의 폐정개혁요구를 충족시켜 주는 개혁안을 채택함으로써 민심을 수습코자 하였다. 그러나 9월초에 이르러 삼남에서 반일 민중운동이 재연하자 이번에는 이 운동을 진압할 대책을 강구하게 되었다. 군국기무처 의안 중 20여 건은 바로 재기한 동학농민군(의병)의 회유 내지 진압에 관련된 것이었다.

군국기무처는 갑오경장 초두에 일련의 평등주의적인 사회제도개혁을 선언함으로써 민심을 수습하려 하였다. 즉, 7월 30일에 채택된 "문벌·반상의 등급을 劈破하고 귀천에 관계없이 인재를 選用할 것", "寡女의 재가는 귀천을 無論하고 그 자유에 맡길 것", "공사 노비의 典을 일절 혁파하며 人口의 판매를 금할 것"과 같은 의안과 8월 2일에 채택된 "驛人·倡優·皮工의 면천을 허할 것" 등 일련의 혁명적 개혁안들은 양반 이외의 모든 신분계층과 부녀대중으로부터 지지와 호응을 얻으려는 대원군~김홍집정권의 정치적 배려에서 나온 개혁안으로 이해할 수 있다.

8월 15일에는 그 동안 민씨척족정권내에서 권력을 농단하여 '罔上虐民'하거나 궁중 질서를 문란케 한 자, 또는 지방관으로서 민중의 착취를 자행하여 제1차 동학농민봉기를 유발시킨 대표적인 책임자로서 전 宣惠廳 당상 閔泳駿, 민비 측근의 巫女 眞靈君(金昌烈母), 그리고 전 삼도통제사 閔炯植 등 3인을 지목하고, 그들의 엄단(誅戮)을 국왕에게 촉구하였다.

이에 대해 국왕은 진령군의 처벌건은 긍정하되, 민영준·민형식 등은 이미 7월 24일에 遠惡島로 안치된 사실을 상기시키면서 誅戮刑을 가하려 하지 않았다. 군국기무처는 국왕의 미온적인 태도에 반발하여 8월 16일 진령군을 조속히 체포·처벌할 것과 兩閔을 엄벌에 처하는 건에 관한 국왕의 결단을 촉구하였다. 그런데 이때 이들은 이미 도망하였으며 갑오경장 기간 실형에 처해진 일이 없다.[55] 따라서 이들의 처벌을 논한 군국기무처 의안은 다분히 민

55) 민영준은 7월 23일의 정변 직후 평양을 거쳐 香港으로 망명하였다가 1895년 9

심수습을 겨냥한 정치적 제스처에 불과했다고 여겨진다.

이상과 같은 조치 이외에 군국기무처는 동학농민군이 전주화약 전에 '原情' 형식으로 제시했던 폐정개혁요구56)에 응하는 경제개혁을 단행함으로써 민심을 무마하고 民擾의 재발·확산을 방지하려 했다. 이러한 내용의 의안은 모두 15건 이상인데 이를 분류·검토해 보면 다음과 같다.

첫째, "贓吏의 律은 舊典을 신념하여 엄중히 懲辦하되 原贓은 入官할 것"과 "각 도 상납 중 官逋·吏逋를 급히 該 道伯으로 하여금 명확하게 조사·구별하여 보고하고 정부조처를 기다리도록 할 것" 등의 의안을 채택함으로써 중앙정부 관리들의 공금횡령과 지방관들의 상납금 착복을 엄금하고 그들이 이미 횡령·포탈한 것은 국고에 회수하는 조치를 강구하였다.

이러한 시책의 연장으로 지방관 혹은 鄕豪(豪右)들이 평민의 재산을 불법으로 침탈하는 폐단을 엄금하고, 과거 10년간 지방관 혹은 호우에 의하여 불법적으로 점탈당하거나 헐값으로 강매당한 田地·삼림 및 가옥 등 재산의 경우 그 피해자가 불법 점탈 내지 강매한 사실에 관해서는 문서와 증인으로써 이를 증명하기만 하면 원상복구를 해준다는 구제책도 강구하였다.

둘째, 田稅제도의 문란과 잡세의 남징 등에 기인한 민폐를 시정코자 하였다. 그 구체적 조치로써, 군국기무처는 동학농민봉기가 일어난 지역내의 해변과 山郡邑의 結價를 재조정할 것과 지방의 관아 및 군영에서 무시로 거둬들인 損補錢·鹽硝代錢·歲儀 등 명목의 잡세와 잡공, 궁중 각사가 징수해오던 藥債·筆債·鋪陳債·求請錢·罰例錢·戶長債 등 명목의 잡세, 그리고 京邸吏·營邸吏가 징수해 온 邸債 등을 모두 혁파키로 하였다. 뿐만 아니라 지방관청에서 공전 지출을 過限한 경우 그 결손을 메우기 위해 民貸를 하는 폐와 지방의 영·읍 관아에서 민간으로부터 관수용품을 구입할 때 그 가격

월 말에야 귀국하였다(鄭喬, 《大韓季年史》上, 國史編纂委員會, 1957, 89쪽 ; 黃玹, 《梅泉野錄》, 146쪽 ; 《東學亂記錄》上, 47·60쪽 참조).

민형식은 갑오경장 초에 잠적했다가 1895년 6월 1일에야 自現·就囚하였다. 그후 그는 동년 8월 17일에 내려진 국왕의 특사로 민영준 등 다른 민씨 및 친민계 '죄인' 24명과 더불어 방송되었다(《官報》, 개국 504년 5월 13일 ; 《東學亂記錄》上, 61쪽 참조).

56) 韓㳓劤, 《東學亂 起因에 관한 硏究》(서울大 出版部, 1971), 72~204쪽 참조.

을 일방적으로 하향 조절하여 구매하는 따위의 폐단도 엄금하였다.

셋째, 還穀제도의 폐해를 교정하는 조치를 취하였다. 즉, "각도 환곡 중 移貿·加作 등의 명목은 영원히 혁파할 것"이라 하여 환곡제도의 운영상 이무·가작 등 명목으로 자행되던 모리 행위를 근절함과 동시에 "備荒穀을 응급히 籌辦해야 하는 바 民으로 하여금 社倉을 설립토록 하여 米租를 축적하고 정기 출납케 하는 가장 좋은 제도이므로 정부에서 조례를 제정, 각 州縣에 반급하여 준행하는 데 편하도록 할 것"이라 하여 민간주도의 사창제를 도입·실시함으로써 현행 환곡제를 혁파할 계획을 세웠던 것이다.[57)]

군국기무처는 민심무마책의 일환으로써 이상과 같은 사회·경제적 개혁조치를 취함과 아울러 민요가 일어날 조짐이 있는 지방에 宣諭使를 파견하여 정부의 개화정책을 홍보하고, 또 "日兵이 각 지방에 留駐하는 것은 청병을 방비하기 위한 것이어서 조금도 악의가 없다"고 하면서 일본군의 국토유린을 변호하기도 하였다.

그러나 이러한 기만적인 선유는 실효를 거둘 수가 없었다. 따라서 9월초부터 삼남지방의 민중들간에 반일 '義旅'(의병)[58)]를 조직하여 일본군을 몰아내고 친일 개화정권을 타도하려는 움직임이 나타났다. 이에 당황한 군국기무처는 다음 9월 3일을 기해 '萎民'(몹쓸 백성)에 대해 무력행사까지도 불사한다는 새로운 대책을 수립하여 이를 국왕에게 건의하였다. 즉, 삼남지방 각처에 위민이 날로 거칠어지고 騷訛가 날로 심해졌으므로 그 지역에 삼남 都宣撫使를 특파하여 우선 위민을 효유·귀화시키되, 그들의 귀화가 불가능한 경우 후속적으로 파견되는 군대로써 탄압한다는 일면 회유, 일면 탄압의 양면정책을 건의한 것이다. 이것은 9월 3일 이후 군국기무처 의원들이 동학의병과 적대적인 긴장관계에 들어간 것을 의미한다.

---

57) 탁지부대신 魚允中의 발의로 1895년 7월 18일에 '社還條例'(전 19조)가 제정·발포되었다(《韓末近代法令資料集》 1, 466~468쪽 참조).

58) 1894년 가을에 재기한 동학농민군이 '義兵'이라고 자칭한 사실은 1895년 11월 12일에 내려진 국왕의 교지 중, "近日 匪徒滋擾 是無前之變 抗拒君命 而稱曰義兵…"이란 문구로써 알 수 있다(《高宗實錄》, 고종 30년 9월 26일).
전봉준도 공초에서 자기가 거느린 군대를 '義旅'라 칭하였다.
韓國學文獻硏究所 編, 《東學思想資料集》 1(亞細亞文化社, 1979), 319쪽.
柳永益, 《東學農民蜂起와 甲午更張》(一潮閣, 1998), 1~28 및 178~205쪽 참조.

이 같은 군국기무처의 동학 위민 진무방안에 대해 국왕의 재가가 있었음에도 불구하고 아마도 정부측의 준비 부족으로 이 방책은 곧 실천에 옮겨지지 못하고 있었다. 따라서 군국기무처는 9월 23일에 이르러 동학 위민에 대해 '恩威兼行'토록 하되, 구체적으로는 의정부로 하여금 선탄압·후선유라는 우선순위로써 삼남의 위민을 진압할 것을 건의하면서 아울러 의정부·탁지아문·군무아문과 각 영으로 하여금 이에 필요한 구체적인 動兵조치를 서두를 것을 촉구하였다.

이 의안이 채택되고 이에 대해 국왕의 윤허가 내려졌음에도 불구하고 정부는 위민에 대해 효과적인 진압조치를 취하지 못하고 있었다. 따라서 10월초에 이르러서는 동학 '匪徒'가 경기도 竹山·安城 등지에까지 출몰하는 사태가 벌어졌다. 이에 놀란 군국기무처는 10월 7일에 이 지방에 유능한 지방관을 파선하여 그로 하여금 비도를 帶兵·剿捕케 하는 대책을 강구하였다. 아울러 羅州·淳昌·洪州·安義 등 4읍의 守宰가 중앙정부의 지원도 없이 그 지역의 '匪類'를 招諭하는 데 성공한 사례를 거론·장려하고 그 수재들에게 인근 각 읍의 비도를 剿撫하는 일까지 위임할 것을 건의하였다. 이같이 군국기무처 의원들은 10월 7일 이후 동학 위민을 비도 혹은 비류로 규정하고 이들에 대해 剿討 위주의 탄압책으로 임할 것을 주장하고 있었다. 그리고 이러한 내용의 의안은 군국기무처의 거의 마지막 회의일인 10월 17일에도 되풀이 거론·채택되고 있었다.

이상으로써 군국기무처 의안 가운데 민중, 특히 동학 위민·비도의 움직임에 관련된 의안들을 살펴보았다. 군국기무처 의원들은 애당초 대대적인 정치·사회·경제적 개혁조치를 단행함으로써 대다수 민중의 지지와 호응을 획득할 것을 기대했던 것 같다. 그러나 예상외로 9월초부터 삼남지방을 중심으로 반일·반개화의 슬로건을 내세운 동학농민의 의병전쟁이 전개되자 이에 당황한 의원들은 동학의병을 위민으로 규정하고 이들에 대해 일면 회유·일면 탄압의 '恩威兼行' 정책을 택하기로 결의하였다가 급기야 의병의 기세가 치열해진 9월말에 이르러서 선탄압·후선유책으로 대처하려 하였다. 그후 10월초에 이르러 동학의병의 기세가 더욱 높아져 그들이 경기도까지 위협하는 지경에 이르자 군국기무처는 동학 위민을 비도·비류로 규정하고 그들에 대해 무력으로 탄압할 것을 건의하였던 것이다. 정부가 10월 19일에 兩湖巡撫營을 설치하고 申正熙를 道巡撫使에 임명한 것은 바로 이러한 군국기무처의 동학의병 진압책이 발의된 다음이었다. 이렇게 조직된 정부군은 일본으로부터 특파된 '동학당정토군'과 합세하여 11월 9일부터 본격적인 동학의병 진압전쟁에 돌입함으로써 근대사상 초유의 외세를 낀 대규모 동족상잔이 빚어지게 되었다.

(3) 정치·행정제도의 개혁

군국기무처 관제안의 거의 전부와 의정안의 약 ⅓에 해당하는 50여 건은 조선왕조의 정치·행정제도 개혁에 관련된 것이었다. 따라서 제1차 갑오경장의 중점은 바로 이 정치·행정제도의 개혁에 있었다고 말할 수 있다.

군국기무처는 7월 30일에 "本朝의 成憲을 謹稽하고 각국의 通例를 參互하여"[59] 궁내부관제와 의정부 및 8아문의 관제를 제정하고, 이어서 이에 부수하는 각종 장정과 의안을 의결함으로써 새로운 정치·행정체제를 구축하려 하였다. 그런데 《經國大典》에 기초한 조선왕조의 전통적인 통치체제는 국왕을 정점으로 하여 그 밑에 최고정무기관인 의정부와 행정기관인 6조가 있어서 정책결정 및 통치기능을 담당하도록 되어 있었다. 이러한 조선왕조의 통치·행정기구는 봉건적 家産국가의 유제로서 근대국가의 조직으로서는 몇가지 근본적인 불합리성 내지 취약점을 안고 있었다.

첫째, 국왕 및 왕족의 奉戴·扶持를 목적으로 하는 궁중부서가 東班 京官職의 4할을 차지할 정도로 비대하며, 또 이들에 관한 행정업무가 일반 대민행정과 분리되어 있지 않아 행정이 비효율적이었다.[60]

둘째, 국왕에 대한 자문 내지 諫諍을 하는 기관인 言官 三司(홍문관·사헌부·사간원), 국왕의 製撰·記錄·修學 등을 담당하는 학술·교육기관(홍문관·춘추관·성균관·경연), 行刑을 담당한 三法司(의금부·형조·한성부), 재정을 담당한 호조와 선혜청, 그리고 군사행정기관인 병조·훈련원·선전관청 등이 국왕의 직속기관으로 병립하여 상호간에 상하 명령체계가 불분명하고 또 각

59) 《高宗實錄》 및 《日省錄》, 고종 30년 6월 28일.
60) 千寬宇, 〈甲午更張과 近代化〉(《思想界》 2-9, 1954), 24쪽.

부서간의 소관사항이 중복되어 비능률적인 폐단이 있었다.[61] 특히 왕조 초창기부터 의정부의 기능이 약했기 때문에 임금이 유약하거나 무능한 경우 중앙관료기구들이 경쟁적으로 난립하여 통치와 행정에 극심한 혼란을 가져올 가능성이 있었다.

셋째, 六曹直啓制를 택한 조선왕조에서는 실제로 대민행정을 6조가 분장하고 있었는데, 이 6조는 점차로 복잡·다기해진 근대국가의 다양한 업무를 관장·처리하기에는 그 기구가 부족·부적합하였다. 따라서 1881년 이후 조선정부는 각종의 근대적 기구, 예컨대 統理機務衙門(1881), 統理軍國事務衙門과 統理交涉通商事務衙門(1882), 博文局(1883), 轉運署(1883), 機器局(1883), 濟衆院(1885), 內務府(1885)와 그 산하의 典圜局(1885), 商理局(1886), 種牧局(1886), 育英公院(1886), 電郵總局(1887), 鑛務局(1887) 등을 무원칙·임기응변적으로 첨설하여 환경변화에 응급 대처하고 있었다. 이 역시 행정의 무질서와 비능률성을 더욱 심화시켰다.[62]

군국기무처는 종래의 통치·행정제도에 일대 개혁의 메스를 가하여 중앙의 모든 정치·행정기구를 궁내부－의정부－8아문체제로 재정비하되, 잡다한 궁중부서를 신설된 궁내부 산하로 통합하여 의정부와 분리시키고, 의정부에

61) 金雲泰, 《朝鮮王朝行政史 : 近世篇》(一潮閣, 1981), 65~114·222~240쪽.
62) 이들 기구에 관해서는 다음이 참고된다.
全海宗, 〈統理機務衙門 設置의 經緯에 대하여〉(《歷史學報》 17·18합집, 1962).
Young Ick Lew, "An Analysis of the Reform Documents of the Kabo Reform Movement, 1894", *Journal of Social Sciences and Humanities* No. 40, 1974.
李光麟, 〈統理機務衙門의 組織과 機能〉(《學術院論文集(人文·社會科學篇)》 26, 1987).
田美蘭, 〈統理交涉通商事務衙門에 關한 硏究〉(《梨大史苑》 24·25합집, 1990).
韓哲昊, 〈統理軍國事務衙門(1882~1884)의 組織과 運營〉(《李基白先生古稀紀念韓國史學論叢》 下, 一潮閣, 1994).
———, 〈閔氏戚族政權期(1885~1894) 內務府의 組織과 機能〉(《韓國史硏究》 90, 1995).
———, 〈閔氏戚族政權期(1885~1894) 內務府 官僚 硏究〉(《아시아문화》 12, 1996〉).
殷丁泰, 〈高宗親政 이후 政治体制 改革과 政治勢力의 動向〉(《韓國史論》 40, 서울대 국사학과, 1998).

권력을 집중시킨 다음 그 산하의 6조를 8아문으로 늘리고 이들 아문에 행정권을 배분하였다. 따라서 종래의 언관삼사, 삼법사, 예문관, 춘추관, 성균관, 경연 등 기관은 폐지 내지 개편되었다. 그리고 1881년 이후 남설된 여러 근대적 기구는 8아문의 하나 혹은 그 예하의 국으로 개편되었다. 결과적으로 조선의 중앙통치·행정조직은 1885년 이후 천황제하의 일본 궁내부-내각 중심 체제와 유사하게 변혁된 것이다.

군국기무처는 이렇게 의정부와 8아문에 권력을 집중시키는 반면 국왕의 권한을 축소하고 동시에 臣民의 對정부 권한도 감소시킴으로써 보다 더 강력한 중앙집권적 통치·행정체제 수립을 기도한 셈이다.

첫째, 왕권을 제약하는 일련의 조치를 취하였다. "오늘의 事勢를 돌아 보건대 대군주 폐하가 백관을 親率하고 날마다 外殿에 나아가 萬機를 親裁한 연후에 王政을 들 수 있고 朝著를 맑게 할 수 있다"라 하여 국왕이 매일 외전에 나와 대신들과 더불어 친재할 것을 의결함으로써 일단 군주제를 옹호하는 입장을 분명히 하면서 국왕이 적극적으로 정무처리에 앞장설 것을 촉구하였다. 그러나 실제로 군국기무처는 국왕의 전제군주로서의 고유권한을 잠식·제약하고 있었다. 우선 일본식 궁내부제도를 도입하여 궁중의 잡다한 기구를 궁내부 산하의 府(宗正府·宗伯府)·院·司·署·殿·宮 등으로 개편하여 체계화·간소화하였다. 또 이들 궁내부 소속 관원의 수를 감축하는 한편 "궁내부의 대소 관원은 各府衙門官을 겸할 수 없으며 각부아문의 대소 관원도 궁내부관을 겸할 수 없을 것"이라 하여 궁중 및 부중 관리간의 상호 겸직을 금함으로써 궁내부와 의정부의 사무를 분리하였다.

다음으로 국왕의 전통적인 인사권·재정권·군사권 등을 박탈하거나 축소시켰다. 구체적으로 〈文官授任式〉을 제정하여 勅任官(2품) 이상의 관리는 총리대신, 각 아문대신, (의정부)贊成 및 都憲의 추천에 따라 국왕이 임명하되, 칙임관(3~6품), 判任官(7~9품)의 임명은 총리대신 및 각 아문대신의 재량에 맡김으로써 종래 국왕이 행사했던 인사권에 상당한 제약을 가하였다. "궁내부 각 사의 종전 應入錢穀을 度支衙門이 전관하고 그 一切應用을 탁지아문이 酌發한다"라는 원칙 아래 종래 각 궁이 가지고 있던 田畓·堤堰·柴場 등으로부터의 수세권을 탁지아문이 인수하였다. 또 종래의 外方進供之規를 혁파하여 어용물품은 필요에 따라 탁지아문이 궁중에 별설한 進供會社를 통하여 조달케 하고, 왕실의 전매품이었던 홍삼에 관한 사무를 탁지아문이 관장토록 함으로써 종래 국왕 및 궁중이 향유하던 재정권을 박탈하였다. 그리고 종래 국왕의 動兵權을 상징하던 宣傳官廳을 폐지하고 그 대신 신설된 軍務衙門으로 하여금 모든 군사행정을 통할케 함으로써 국왕의 군사 통제권도 약화시켰다. 또 나아가 承政院을 폐지하고 그 대신 궁내부 내에 承宣院을 신설하여 이를 의정부의 산하기구로 격하시키기로 결의하였다. 그러나 이 의안은 아마도 국왕의 반대로 인하여 10월 19일 회의에서 취소되었다.

이렇게 갑오경장을 통해 군권이 침식된 결과 전제군주였던 국왕은 이제 사실상 입헌군주제하에서의 '군림하되 통치하지 않는' 군왕과 같이 그 지위와 권한이 약화되었다. 이렇게 허약해진 조선의 국왕 고종은 외국인의 눈에 '유급 자동인형(salaried automaton)'[63]으로 비춰지기까지 하였다.

둘째, 군국기무처는 종래 유명무실했던 의정부를 중앙통치의 중추기구로 만들고, 의정부 및 그 산하 8아문에 권력을 집중시켰다. 우선 의정부의 기능을 '總百官 平庶政 經邦國'이라고 규정하고, 그 밑에 군국기무처·都察院·會計審査局, 銓考局·중추원·기로소 등 큰 권한을 행사할 수 있는 기구 혹은 도태된 曾經顯職 관리의 우대기구를 직속시킴으로써 이를 중앙의 최고 관부로 격상시켰다.

앞에서 논급한 군국기무처와 의정부 관할하에 놓이게 된 기구들을 살펴보면 다음과 같다. 첫째, 도찰원은 종래 사헌부의 기능과 유사한 기능을 담당한 부서로서, "내외 백관의 臧否·功過를 규찰하여 정부에 告明하고 상벌을 公行"하는 일이 그 주요 직무였다. 그러나 도찰원의 都憲(총 5명)은 칙임관(종2품 이상의 관리) 임명시에 총리대신·각 아문대신과 더불어 그 후보자를 추천할 권한이 있고, 會計審査局과 紀功局(혹칭 忠勳局)을 관할하는 권한이 있으며, 또 법무아문에서 새로이 제정하는 律例의 초고를 그것이 군국기무처에 제출되기 전에 검토·평론하는 권한, 그리고 사직·獻策 이외의 목적으로 쓰여진 상소문을 그것이 국왕에게 봉정되기 전에 미리 심사하여 그 내용의 사

---

63) Isabella B. Bishop, *Korea and Her Neighbours*(Seoul : Yonsei University Press, 1970 ; 초판, 1898), p.261.

실 부합 여부를 판별·확인하는 권한 등을 갖고 있었다.

둘째, 중추원(혹칭 散班院)은 '文武蔭資憲 이상 無實職人'으로서 更張으로 인하여 산질된 자를 수용하여 "顧問에 對備"하고 "酌量 給俸하여 후일의 取用을 기다리게 하거나 혹은 달리 區處"하는 것을 목적으로 설치된 기구로서 도태될 고관들의 관직대기소 내지 자문기관이었다.

셋째, 전고국은 "관리 이력 및 實學의 薦書를 관장한다" 혹은 "각 府衙에서 보낸 바 選擧人의 考試를 관장한다"라 하여 과거제도가 폐지됨에 따라 새로운 방식으로 관리임용시험을 주관하게 된 기구였다.[64]

의정부와 더불어 그 중요성이 높아진 8아문에는 각각 다음과 같은 직권이 분수되었다.

內務衙門 : 지방인민의 制治事務 總管
外務衙門 : 交涉通商事務와 公使·領事 等官의 감독 관장
度支衙門 : 전국 재정의 量計·출납과 조세·국채 및 화폐 등 일체 事宜의 總轄, 각 지방재무 감독
法務衙門 : 사법·행정경찰·赦宥 관리, 고등법원 이하 각 지방재판 감독
學務衙門 : 국내 교육·學務 등의 행정 관장
工務衙門 : 국내 일체의 工作·營繕사무 관장
軍務衙門 : 전국 육해군정 統割, 군인·군속 감독, 管內 諸部 관장
農商衙門 : 농업·상무·예술·漁獵·種牧·광산·지질 및 영업회사 등의 일체 사무 관장(《韓末近代法令資料集》 1, 6~13쪽).

군국기무처는 이렇게 중앙의 의정부와 8아문에 실권을 집중시킨 다음 이들 기구의 원활한 운용을 위하여 근대적인 일본식 관료제도를 도입하였다. 이때 시도된 관료제 개혁의 특징을 살펴보면 다음과 같다. 첫째, "科文取士는 朝家의 定制에 관계되어서 虛文으로써는 어려우므로 實才를 수용하는 科擧法을 上裁를 거쳐 변통한 뒤 選擧條例를 특별히 정할 것"이라 하여 유서 깊은 과거제도를 폐지한 다음 문관의 임용을 위해 〈選擧條例〉를, 그리고 무관의 선용을 위해서는 〈武官條例〉를 제정토록 하였다.[65] 또한 종래 관리의

64) 《韓末近代法令資料集》 1, 4~6쪽.
65) 《韓末近代法令資料集》 1, 33~34쪽.

임용과정에서 강조되었던 署經과 親避之規 등의 절차를 폐지하였다.

둘째로, 종래 18등급으로 나뉘어졌던 관등 품계를 12등급으로 나누고, 이를 또 일본식의 칙임관·주임관·판임관 등으로 3분하였다. 그리고 각 관등에 상응하는 官秩과 月俸을 정하였다.

셋째로, 〈官員服務紀律〉과 〈官員懲戒例〉 등 관리의 엄격한 공무집행 및 관기확립을 기하는 관제를 제정하고,[66] 관리와 兵弁은 간편한 제복(公服)을 착용토록 정하며, 또 公文式 용지의 양식을 통일하는 등 근대 서양과 일본에서 통용된 능률적인 행정처리양식을 도입하였다.

이상에서 살펴본 바와 같이, 군국기무처는 중앙집권화와 행정의 효율화를 도모하기 위하여 정부와 8아문을 중앙정부의 실질적인 집권기구이자 제도개혁의 추진기구로 만들었던 것이다. 군국기무처가 단행한 파격적인 정치·행정제도의 개혁에 따라 국왕의 권한은 약화된 반면 총리대신·각 아문 대신·찬성·도헌 등의 권한이 강화되었음을 알 수 있다. 그런데 갑오경장 당시 군국기무처의 총재 및 의원들이 이러한 중직들을 모두 장악하고 있었다는 사실과 이 같은 제도개혁을 연관시켜 살펴볼 때, 군국기무처가 실시한 정치·행정제도상의 개혁은 궁극적으로 군국기무처 의원 자신들의 권한 확대와 무관하지 않았음을 간파할 수 있다. 그런데 기이하게도 갑오경장 때 채택된 관제안과 의안 등에는 총리대신과 각 아문 대신, 찬성과 도헌, 내무대신과 경무사 등 사이의 명령체계 내지 상하관계를 명시한 규정이 없었다. 각 아문대신·將臣·경무사가 군국기무처 의원직을 겸임할 수 있도록 하는 의안이 채택되었고, 또 칙임관 및 지방관을 임명함에 있어 총리대신이 각 아문대신·찬성 및 도헌과 협의하여 公擧토록 한 규정이 만들어진 점으로 미루어 갑오경장 기간에 집권했던 군국기무처 의원들은 일종의 집단지도제를 유지·지향하고 있었다고 말할 수 있다.

(4) 지방행정제도의 개혁

군국기무처는 중앙정부의 정치·행정제도를 개혁하는 데 치중함과 동시에

66) 《韓末近代法令資料集》 1, 56~59쪽.

소규모의 지방제도 개혁도 단행하였다. 그중 주목할 만한 것은 각 면 인민들이 유능한 대표자 한 사람씩을 선거(圈選)하여 읍단위의 향회를 조직하고 이 향회로 하여금 정부의 명령사항과 醫療 등 지방행정사업을 평의하고 공동으로 결정케 하는 일종의 지방자치제를 실시키로 결의한 것이다.67)

이외에도 漢城府와 監理署의 직권을 재조정하는 개혁을 단행하였다. 한성부의 경우, 종래의 한성부 判尹(정2품)과 그 밑의 左·右尹(종2품)직을 감하하고 그 대신 少尹을 漢城府尹(칙임 3품관)으로 개칭하고 "都下의 지방인민을 관할하고 각국 상민과의 소송을 掌理"케 하였다. 이때 한성부가 종래 행사하고 있던 도민에 대한 경찰·사법권은 경무청 혹은 사법기관으로 이관하되 濬川司만은 여전히 한성부 소관으로 남겼다.

군국기무처는 3항 감리서의 기능을 중시하여 감리의 직위를 지방장관과 동격인 3품으로 격상시키고 동시에 지방관이 감리직을 겸임하던 관례를 중지시켰다.

또 각급 지방관의 임용규정을 개정했는데, 이에 따르면 監留·梱師 이하 郡縣 및 履歷僉使까지를 포함하는 지방관과 한성부 부윤 및 3항 감리를 임명할 때에는 총리대신이 각 아문 대신·(의정부)찬성 및 도헌 등과 협의하여 공거처리하고, 2품 이상의 경우에는 국왕에게 備望奏聞하여 取旨點用하고, 3품 이하의 경우에는 單方奏聞하여 差遣토록 하였다. 그리고 中軍·虞候를 임용할 때에는 道帥臣이 자벽한 뒤 開單呈送하여 총리대신으로 하여금 奏聞케 하고, 그 외에 察訪은 工務대신이, 監牧官은 내무대신이, 鎭堡官은 군무대신이, 그리고 감리서의 판임관 이하 관원은 감리가 각각 內職의 판임관 選任例에 따라 임용하도록 규정하였다.68)

(5) 경제제도의 개혁

군국기무처가 추진한 여러 가지 개혁 중 아마도 가장 돋보이는 것은 경제

67) 崔敬洛, 〈第一次甲午更張攷－《高宗實錄》から見た制度改革內容とその運營－〉(《朝鮮學報》 46, 1967), 79~86쪽.

68) 군국기무처에서 지방관의 임명권을 이처럼 세분해서 규정한 것은 당시 내무아문대신서리였던 李埈鎔의 권한을 空洞化하기 위한 목적에서 나왔다.

제도의 개혁이었을 것이다. 갑오경장 초기 정부의 재정은 전정·군정·환곡 등 이른바 삼정의 문란으로 말미암아 궁핍하였을 뿐 아니라 개항 이후 무역을 통한 일본 및 서구 열강의 침탈로 인해 더욱 악화되고 있었다. 조선정부는 개항에 따른 각종 비용과 근대적 문물의 수용 및 제도개편을 실시하는 과정에서 극심한 재정난을 겪고 있었던 것이다. 이같이 취약한 전근대적 재정구조의 체질을 개선하고 '편민이국'·'부국강병'의 목적을 달성하는 것은 결코 용이한 작업이 아니었다.

우선 군국기무처는 종래의 복잡한 재정기구를 度支衙門으로 일원화시키는 조치를 단행하였다. 그리하여 신설된 탁지아문이 "전국 재정의 量計·출납과 조세·국채 및 화폐 등 일절 事宜를 總轄하고 각 지방 재무를 감독하는" 권한을 갖도록 함과 아울러 宮內府·宗伯府·宗親府에 소속된 "각 사의 종전 應入錢穀은 탁지아문으로 하여금 전관케 하며 일체의 應用은 모두 탁지아문에서 酌發케 한다"고 규정함으로써 국가의 재정을 일원화하였던 것이다.

이어 "아직 上下되지 않은 各 貢價의 實數를 査明, 탁지아문 國債局에 부하여 限年 배급케 할 것"과 "國舅房의 祭需價米는 이미 탁지아문에서의 예에 의하여 상하하고 있으므로 종전의 太常寺에서 享品을 封送하던 것을 영구히 정지할 것", 그리고 "궁내부에 進供會社를 別置하여 종전의 어용물품을 수용 진배하되 매월 말에 시가에 따라 核算 出給할 것" 등의 의안을 결의하여 탁지아문으로부터 분리되어 독자적인 재정을 운영하였던 왕실의 재정권을 모두 부정하였다. 또한 "紅蔘 一款은 탁지아문으로 永付하되 條規를 另定할 것", "前 鑛務監理 李容翊을 監理로 還差하여 咸鏡道 鑛務를 董督케 하되 징수한 세금은 3개월마다 공무아문으로 呈寄하여 탁지아문으로 전부토록 할 것", 그리고 "外方進貢의 規는 일체 혁파하되 각 지방에서 應貢해야 할 物價를 탁지아문에서 妥籌 收入, 궁내부로 이송하여 貿辦 進排할 것" 등의 의안을 채택함으로써 홍삼·금광·외방진공에 대한 국왕의 권한을 탁지아문으로 이관해 버렸다. 이 같은 국왕 및 왕실의 독립적인 재정운영권 박탈조치로 말미암아 군주권은 크게 위축되었다. 그 결과 국왕은 궁내부 산하의 진공회사로부터 화폐로 월봉을 지급받는 신세가 되었던 것이다.

경제 및 재정제도를 재편하기에 앞서 군국기무처는 중앙정부와 지방관아의 재정실태를 명확히 파악하기 위해 각 司의 錢穀과 未捧數, 各 宮·司·營의 濬掌田畓·堤堰·柴場 및 收稅各目, 그리고 각 도 상납 가운데 官逋·吏逋, 轉運署 설치 후 三南稅米의 봉납 여부 등을 조사·보고토록 하였다. 이러한 조치와 아울러 "아직 上下하지 않은 각 관리 祿料의 實數를 査明, 탁지아문 國債局에 부하여 限年 배급케 할 것"이라 하여 탁지아문으로 하여금 산하의 국채국을 통해 관리의 월봉 지급문제와 각종 부채를 청산하도록 조치하였다.

그리고 군국기무처는 "일체의 상납하는 대소 米太·木布는 모두 代錢으로 마련하고 은행을 설립, 公錢을 획급하여 미곡을 貿遷케 함으로써 근본을 넉넉하게 하며 原錢을 定期를 어기지 말고 탁지아문으로 상납하되 代錢을 다시 상세히 酌量할 것"이라 하여, 金納制의 실시와 함께 근대적 은행제도 설립을 서둘렀다. 좀더 구체적으로, 종래의 물납세를 금납제로 고친 다음 은행을 설립하여 농민들의 생산물을 화폐와 교환케 하고, 그 자본을 정부의 공금에서 제공하고 업무의 진행에 따라 탁지아문이 원금을 회수하려 했다. 그러나 미곡 무역행위가 은행 본래의 기능과 부합하지 않았기 때문에 군국기무처는 결국 금납제 업무를 맡아 볼 米商會社를 농상아문의 주도아래 급히 설치하도록 조처하기에 이르렀다.

군국기무처가 추진한 경제제도 개혁가운데 가장 주목할 만한 것은 은본위제에 입각한 근대적 화폐제도의 수립이었다. 8월 11일에 군국기무처는 "신식화폐와 구화폐의 兌換法에 관한 조례를 제정할 것"을 의결하는 동시에 〈新式貨幣章程〉을 발포하였다. 이 장정에 의하면, 신식화폐는 1냥 및 5냥 銀, 2錢 5分 白銅, 5분 적동, 1분 황동 등 4종 5등급으로 나누며, 5냥 은을 본위화로 하고 그 나머지를 보조화로 삼았다.

〈신식화폐장정〉의 초안은 1891년에 이미 안경수를 위시한 개화파관료들이 공포한 바 있는 〈신식화폐조례〉였다. 그러나 이 조례는 화폐제조권을 일본에게 빼앗길 것을 염려한 청국의 간섭으로 말미암아 시행되지 못하고 있었다. 그런데 〈신식화폐장정〉 중 "신식화폐를 많이 주조하기에 앞서 잠시 외국화폐를 혼용할 수 있다. 다만, 본국화폐와 同質·同量·同價인 것만 통행을 허한다"는 제7조는 〈신식화폐조례〉에서는 나타나지 않았던 규정이었다.

이 조항에서 논급된 외국화폐가 다름 아닌 일본화폐였고, 신식화폐는 실제로 충분히 주조되지 못하여 그 절대량이 부족하였다.69) 이러한 사실들로 미루어 이 화폐개혁은 일본화폐가 조선내에 광범위하게 침투할 수 있는 법적 기반을 마련해 주었을 뿐 아니라 조·일 양국간의 화폐제도를 통일함으로써 궁극적으로 낙후된 조선의 경제를 일본의 자본주의 경제체제에 예속시키는 데 기여하였음이 분명하다. 그러므로 이 화폐개혁은 갑오경장 중 일본측이 확보했던 중요한 경제적 이권이었다고 평가할 수 있다.

화폐제도의 개혁과 아울러 군국기무처는 度量衡의 전국적인 통일을 도모하였다. 종전에 工曹 관할사항이었던 도량형에 관한 업무를 내무아문으로 이관하고, "내무아문에서 新式丈尺·斗斛·秤衡을 頒發, 힘써 획일케 함으로써 문란의 폐를 막을 것"을 의결하였던 것이다.

이상과 같이 추진된 군국기무처의 경제제도 개혁은 거시적으로 볼 때 그다지 혁명적인 것은 아니었다. 즉, 군국기무처는 토지소유권의 재분배 또한 양진에 기초한 지세체제의 근본적 개편 따위는 시도하지 않았던 것이다. 기껏해야 지세가 면제되었거나 가벼웠던 궁방토 내지 역둔토 등에 지세를 약간 더 부과하는 조치를 취하는 데 그치고 말았다. 또한 갑오경장 벽두에 驛遞局·전신국·철도국·광산국·燈椿局·건축국 등으로 구성된 공무아문과 農桑局·공상국·산림국·獎勵局 등을 구비한 농상무아문을 신설함으로써 근대적 상공업을 일으킬 의욕을 드러냈지만 본격적인 산업화에 필요한 의안을 입안·제시하는 데까지 이르지 못했다. 또한 개혁 추진에 필요한 재정수요를 충당하기 위해 국내의 자본을 발굴·활용하기보다는 일본으로부터 차관을 도입할 계획을 논의했으나 이것마저 제대로 실현하지 못하였다.

(6) 군사제도의 개혁

조선정부는 1881년 이후 외국인 교관을 고빙하고 근대적 무기 및 훈련방법을 도입함으로써 군사제도의 근대화를 추진해 왔다. 그 결과 1894년 전까지 조선군은 각축하는 열강의 영향하에 非체계적으로 '근대화'되고 있었다.

---

69) 元裕漢, 〈典圜局攷〉(《歷史學報》 27, 1968), 83쪽.

군사들은 일본인·청국인, 그리고 미국인 교관에 의해 훈련을 받았을 뿐 아니라 군대조직 역시 청국식의 壯衛營·統衛營·摠禦營, 조선의 전통적인 兵曹·經理廳·扈衛廳, 그리고 미국식 鍊武公院 등으로 편제되었던 것이다. 그런데 이렇게 조직·훈련된 조선의 관군은 1894년 봄에 봉기한 동학농민군을 진압하지 못할 정도로 취약하였다.

따라서 군국기무처는 국가보위의 당위성은 물론 반일·반개화세력의 도전으로부터 정권을 보호해야 하는 절실한 현실적 필요성 때문에 군사제도의 개혁을 서둘렀다. 이를 위해 우선 親衛軍의 설치를 시도하였다. 즉, 8월 14일에 군국기무처는 "현금 戎政이 확립되지 않아 군심은 가지런하지 않고 자주 기율을 어기는 바 있으므로 급히 이를 변통하여 별설하는 친위군을 제외한 각 영을 통합하여 대장 1원을 두되 우선 勅差하여 신편제에 따라 호령케 할 것"을 결의하였던 것이다. 이어 8월 26일 "친위영을 장차 설치하려고 하는데 하사관의 교육과 양성이 가장 긴요한 바 마땅히 건장한 200인을 뽑아 교사를 延請하여 훈련케 할 것"을 건의하였다.

그러나 이 같은 친위대 설치노력은 군국기무처의 의도대로 추진되지 않았다. 왜냐하면 9월 11일에 군국기무처가 "친위영의 設施는 현재 매우 급한 일이므로 領率將官을 친위영 都總官이라 칭하고 이로 하여금 편제케 할 것"을 의결하였지만 이에 대해 고종은 별도의 지시를 기다리라고 비답함으로써 그 설치를 미루었기 때문이다.[70] 이때 군국기무처가 현실적으로 초빙할 수 있었던 군사교관은 일본교관이었는데, 고종은 일본교관 대신 서양인 군사교관의 고빙을 바랬기 때문에 친위대 설치가 뒤로 미루어졌던 것으로 여겨진다.[71]

9월 23일 군국기무처는 친위군을 제외한 각 영을 통합하여 통합된 부대에 대장 1원을 두되 우선 勅差하여 신편제에 따라 호령케 하자는 의안을 올렸

---

70) 《日省錄》, 고종 31년 8월 12일.

71) 《舊韓國外交文書》 3(《日案》 3), 문서번호 3144, 고종 31년 8월 20일. 오오토리 공사는 내정개혁의 반성을 촉구하면서 외무아문에 보낸 공함에서 첫째 항목으로, "조선국 정부에서는 일본국 정부에 相托하여 군제를 釐整하고 대오를 훈련시키고 있음에도 불구하고 근래에 친위영을 창설, 양원을 청빙하여 이를 훈련시키려고 한다고 하는 바 이는 일본정부가 단연코 묵과할 수 없다"고 항의하였다.

다가 이 역시 국왕에 의해 각하당하였다. 이에 군국기무처는 더 이상 군제개혁을 추진하지 않고 당면 과제인 동학농민군 진압에 주력하였다. 그리하여 "각 該 영사로 하여금 5일마다 군무아문에서 군무대신과 회동, 각 영의 應行사건을 참조하여 무릇 營規·軍紀·糧餉·編制 등에 관한 것을 협의 歸一토록 할 것"과 "근래 지방병제가 갈수록 解頹하여져서 緩急한 때에 하나도 믿을 만한 것이 없으므로 군무아문 및 탁지아문에서 위원을 특파, 각도의 鎭堡 및 山城을 순시하여 錢穀의 應入·應下와 군졸 額數를 일일히 成冊 修報토록 할 것"을 의결함으로써 동학농민군의 재기에 대비한 합동참모제를 수립하고 지방병제를 강화시켰던 것이다.

이상과 같이 군국기무처는 친위대를 설치하려고 하였으나 실패한 뒤 별다른 군제개혁 노력을 하지 않았다. 그 근본 이유는 그 당시 조선이 군사력 증강을 도모할 처지에 있지 않았을 뿐 아니라 일본정부 역시 조선의 군사력 강화에 무관심이었기 때문이다. 주지하다시피, 동학농민군의 제2차 봉기는 일본군과 조선관군에 의해 진압되었다.

(7) 경찰제도의 개혁

군국기무처는 처음에 "비록 평민일지라도 진실로 利國便民할 起見을 가진 자는 군국기무처에 上書하여 회의에 부치게 할 것"이라 하여 일반 국민의 對정부 건의권을 인정하는 획기적인 의안을 채택한 바 있다. 그러나 그후 군국기무처는 한편으로 간언과 상소 등 구체제하에서 국왕 및 집권정부에 대해 비판기능을 행사했던 대간제도를 폐지하고 그 대신 억압적인 근대적 경찰제도를 도입함으로써 臣權(민권)을 크게 위축시켰다.

조선왕조 정치사에서 이채를 발휘했던 대간제도는 갑오경장 중 사간원·사헌부·홍문관 등 言官 3司가 폐지됨으로써 슬그머니 사라졌다. 이 소극적 개혁은 갑오경장 기간에 단행된 정치제도개혁 중 가장 중요한 것의 하나로 손꼽을 수 있다.

다음으로, 군국기무처는 "대소 관원의 상소는 辭職·獻策·言事를 제외한 무릇 劾論 등에 관계되는 것은 의정부로 啓下, 도찰원으로 付하여 該員에게 傳問하여 實狀·實證을 査得한 뒤에 품처할 것"이라 하여 대소 관원이 핵론과 관계된 상소를 했을 경우 의정부의 도찰원이 그 製疏者를 불러 상소내용의 사실 부합 여부를 확인한 다음 국왕에게 稟處토록 의결함으로써 집권정부의 정책을 비판하는 상소를 사실상 봉쇄하였다고 볼 수 있다. 이것은 역시 민권의 위축을 의미했다.

이렇게 국민의 집권정부에 대한 비판을 억압하는 한편 군국기무처는 내무아문 예하에 警務廳이란 강력한 경찰기구를 설치하여, "民의 災害를 막고 靜謐을 馴致"한다는 명목하에 국민의 제반 활동, 특히 정치활동을 규제하고 그들의 반정부활동을 탄압할 수 있는 제도적 장치를 마련하였다. 예컨대, 〈行政警察章程〉에 의하면, 신설된 행정경찰은 ① 民이 방해를 입는 곳을 防護하는 사무, ② 건강 보호, ③ 放蕩·淫逸을 제지하는 일, ④ 국법을 범하고자 하는 자를 은밀한 가운데 探捕하는 일[72] 등 통상적인 보호경찰 업무뿐만 아니라 정치사찰 업무도 담당할 수 있게 되어 있었다. 〈警務廳官制職掌〉에서는 이를 더욱 구체화하여, 경찰관은 다음과 같이 다양한 사무를 襄助하도록 명시하였다.

> 영업, 場市, 회사, 제조소, 敎堂, 강당, 道場, 演藝, 遊戲所, 徽章, 葬式, 彩會, 도박, 선박, 河岸, 도로, 교량, 철도, 전선, 공원, 車馬, 건축, 전야, 어렵, 人命傷痍, 群集喧譁, 총포 화약, 발화물, 刀劍, 수재, 화재, 표파선, 유실물, 매장물, 전염병 예방, 소독, 검역, 종두, 식물, 의약, 가축, 屠場, 묘지, 기타 위생에 관계되는 사무일체, 罪人搜捕, 증거물을 수집하여 總巡에게 부하는 일, 瘋癲, 棄兒, 迷兒, 결사, 집회, 신문잡지, 도서, 기타 板印 등의 경찰사무(《韓末近代法令資料集》 1, 40쪽).

이를 자세히 음미해 보건대, 경무청은 국민의 생활안전과 보건을 보살필 뿐 아니라 결사·집회·출판 등을 감시·통제함으로써 정부에 대한 비판이나 정부운동을 탄압하는 기능도 발휘할 수 있게 되었다. 그런데 〈행정경찰장정〉 제4절에 의하면, "경찰지서 소관부내에 違警罪를 범하는 자가 있으면 該서장이나 서리하는 관리가 즉시 처결을 행한다"고 하여 警務官에게는 즉결처분권까지도 부여되어 있었다. 그리고 8월 24일의 의안에 의하면, 경무청은

72) 《韓末近代法令資料集》 1, 44~47쪽.

"무릇 한성부 소관의 일체의 소송을 경무청으로 이부한다"라 하여 경범죄의 처벌과 한성부내의 소송을 담당하는 권한도 갖고 있었다.73)

이와 같이 경무청은 일반 국민의 생활전반에 개입하고 공공질서를 유지한다는 명분 아래 반정부 내지 반개혁운동을 탄압할 수 있는 권한을 부여받았다. 그런데 사실상 경찰은 즉결처분권을 남용하고 있었는데, 이 점은 어윤중이 사회한 10월 9일의 군국기무처 회의에서 채택된 의안을 통하여 확인된다.

> …근일 범죄자로 경무청에 被繫된 자는 혹 法司의 재판을 거치지 않은 채 처단하는 경우가 있어 인명을 중히 하고 형벌을 신중히 하는 길이라 할 수 없으므로 금후 중죄의 결안은 법사의 공판을 거치지 않고서는 생명을 遽害치 못하게 함으로써 啓下 안건의 실효를 거두도록 한다(《日省錄》, 고종 31년 9월 11일).

이상으로써 살펴 보건대, 군국기무처는 한편으로 간언과 상소의 통로를 봉쇄하고 다른 한편으로는 억압적인 경찰제도를 설립함으로써 집권정부로 하여금 국민위에 군림하여 마음대로 개혁을 추진하고 통치와 행정을 펴나갈 수 있는 제도적 장치를 마련했다고 말할 수 있다.

(8) 사법제도의 개혁

조선의 사법제도는 고문과 연좌율 등 비인도적인 요소들을 내포하고 있었다. 또한 일원화된 법집행기관과 공개재판제도 등의 부재로 말미암아 형조, 의금부, 포도청 그리고 중앙 및 지방의 군영, 심지어 권세있는 개인들까지도 임의로 혐의자들에게 재판을 거치지 않고 형벌을 가할 수 있었다.

따라서 군국기무처는 이러한 불공평하고 비인도적인 관행들을 폐지하면서 새로운 사법행정제도를 도입하였다. 즉, "죄인 자기 이외의 연좌율을 일절 勿施할 것"이라는 의안을 채택하여 연좌법을 폐지하였으며, 각 부·각 아문·각 군문에서 함부로 체포·施刑하는 것을 금지시켰다. 또한 "무릇 대소 죄인은 진실로 사법관이 재판·明定하지 않고서는 함부로 죄벌을 가하지 말 것"을 의결하여 공개재판과정을 거쳐 형벌을 가하도록 하였다. 이어서 "신식 법률

73) 孫禎睦, 〈甲午更張과 都市의 制度上 變化〉(《鄕土서울》 35, 1977), 107~109쪽.

을 반포하기에 앞서 무릇 법관이 대소 죄인을 심문할 때는 다만《大典會通》刑典에 의하여 시행하는 것을 許하며 함부로 栲刑을 가하지 말 것"이라 하여 고문을 폐지하였고, '賄賂를 索取하는 자'의 법집행을 강화하였다. 나아가 죄인의 자손들도 관원으로 통용될 수 있도록 조처하였다. 이 같은 군국기무처의 의안들은 대체로 개개인에게 공평한 재판을 받을 기회를 보장하는 개혁조치로서 한국 사법사상 획기적 의의가 있는 것이었다.

한편 법무아문은 "사법·행정경찰·赦宥를 관리하며 고등법원 이하 각 지방재판을 감독"하는 기능을 담당하였다. 왕명에 의해 대소 관원의 公罪를 다스리는 義禁司는 법무아문에 소속되었다.74) 그러나 "典獄은 경무청에 부하여 대소 죄인을 물론하고 모두 경무청조규에 비추어 判定을 概行한다"는 의안을 가결시켰기 때문에 실질적으로 경무청이 법무아문보다 더 큰 권한을 갖게 되었다. 다만, "죄안이 錯綜하여 考究하기 곤란한 것은 경무사가 문안을 갖추어 관원을 시켜 該犯을 법무아문으로 인도하여 訊問 決罪"하도록 되었다. 이로 미루어 군국기무처 의원들은 행정부에서 분리된 강력하고도 독자적인 재판기구를 설치하기를 바라지 않았음을 알 수 있다. 바꾸어 말하자면, 그들은 자신들이 재판권을 행사하기를 원했던 것이다.75)

(9) 사회제도의 개혁

조선의 전통사회는 양반중심의 신분제사회로 특징지워 질 수 있다. 그런데 군국기무처는 전통적 신분제도와 문벌 및 출신지역을 가려 개인을 差待하는 관습의 철폐에 착수하였다. 군국기무처가 실시한 사회제도의 개혁은 반상·귀천을 초월한 능력본위 인재등용과 평등주의적·민주주의적 사회질서의 수립, 노비 및 여타 천민층의 점진적 해방, 서얼의 後嗣權 획득과 기술직 中人들의 宦路 확장, 그리고 여성의 대우 향상과 혼인풍습의 개선 등을 포함한 것이었다.

첫째, 군국기무처는 평등주의에 입각하여 양반제도의 혁파를 지향하는 각종 의안을 의결·발포하였다. 7월 30일에 군국기무처는 "문벌·반상의 등급

74)《韓末近代法令資料集》1, 11·31쪽.
75) Young Ick Lew, 앞의 글(1974) pp.47~48.

을 劈破하고 귀천에 관계없이 인재를 選用할 것"이라 하여 문벌·반상의 신분적 차이를 초월하여 인재를 등용하겠다는 정책을 천명하였다. 이 의안은 반상의 계급적 차별 내지 양반제도의 혁파를 천명한 것이라기 보다는 앞으로 반과 상, 귀와 천을 가리지 않고 능력본위로 인재를 뽑아 정부의 관료체계를 충원하겠다는 정책을 선언한 것에 불과했다. 왜냐하면 갑오경장 개시 직전인 1894년 7월 24일에 "대저 국가를 도모하는 도리는 用人으로 爲先하나니 四色偏黨의 論을 일체 타파하고 門地에 구애됨이 없이 오직 어질고 재주 있으면 이를 천거할 것이며, 무릇 내치·외무에 의한 것은 時宜를 힘써 좇을 것이니 대소 臣工은 각각 奮勵之義를 닦아 극히 予의 寡昧로써 정치를 새롭게 하려는 것을 도와 급히 보국안민의 책을 도모함이 가하니라"[76]라는 조칙이 반포되었을 뿐 아니라, 갑오경장기간 양반제도 자체를 혁파하겠다는 혁명적 내용의 개혁안이 나오지 않은 채 '능력본위 인재등용'을 강조하는 국왕의 조칙 내지 교서만 여러 번 반포되었기 때문이다.

군국기무처는 "文武尊卑의 구별을 폐지하되 다만 품계에 따라 相見儀를 갖추도록 할 것"이라 하여 문존무비의 전통을, 그리고 "대소 官·士庶人의 等馬의 規를 일체 豁除하되 무릇 고등관을 만나면 다만 길을 양보할 것"이라 하여 官尊民卑의 폐습을 타파하려는 개혁안을 의결하였다. 또한 "비록 평민일지라도 진실로 利國便民할 起見을 가진 자는 군국기무처에 상서하여 회의에 부칠 것"이라 하여 평민에게 제한된 범위의 참정권을 인정하였으며, "무릇 諸 의안으로 이미 윤허 시행토록 한 것은 邦憲으로 삼아 認眞 시행하되 만약 違戾者가 있으면 귀천을 불구하고 據律 論罰하여 단연 容貸치 않을 것"이라 하여 모든 국민이 법앞에 평등함을 명백히 하였다. 마지막으로, "무릇 官人이 비록 고등관을 지낸 자라도 休官 후에는 任便 營商할 것"이란 의안을 가결해 자본·지식·경험 등 여러 가지 조건을 갖춘 양반관료들로 하여금 사·농·공·상의 전통적인 직업적 편견에 구애받지 말고 근대적 기업에 참여할 것을 권장하였던 것이다. 이러한 의안들은 총체적으로 능력본위의 인재등용을 재천명하고 나아가 평등주의적·민주주의적 사회질서 내지 근대

---

76) 《高宗實錄》, 고종 31년 6월 22일.

적 경제질서를 수립하는 데 목적을 둔 개혁안들이었다고 평가할 수 있다.

둘째, 군국기무처는 노비 및 천민층의 해방과 관련하여 "公私 노비의 典을 일체 혁파하며 人口의 販買를 금할 것"과 "죄인 자기 외의 연좌율을 일체 勿施할 것", 그리고 "驛人·倡優·皮工의 면천을 許할 것" 등 일련의 혁명적 개혁안을 제정·공포하였다. 이러한 개혁조치는 조선의 노비제도가 비인도주의적이고 시대착오적인 봉건적 遺制이기 때문에 이를 완전히 타파해야 된다고 주장한 군국기무처 의원들의 이상주의적 동기, 그리고 동학농민봉기에 노비를 포함한 다수의 천민들이 가담하고 있었다는 사실을 의식하고 이들을 민심수습 차원에서 무마하려 한 대원군 등의 정치적 동기 등이 복합적으로 작용하여 취해진 것으로 볼 수 있다.

이 의안들을 종합해보면, 모든 노비와 일부 천민이 해방되고 또 노비의 매매금지 및 연좌율 폐지를 통해 천민의 재생산이 금지되었다고 말할 수 있다. 특히 세계에서 드물게 가혹하고 악랄했던 연좌율을 폐지하고 역인·창우·피공을 면천한 조치는 역사적으로 획기적 의의가 있는 것이었다.

그러나 군국기무처가 추진한 이 같은 사회제도 개혁에는 몇 가지 중요한 한계성이 있었다. 그들은 면천의 수혜대상에 노비 이외에 역인·창우·피공만을 골라 지적함으로써 이 범주에 속하지 않은 妓生·內人·牢令 등 다른 천인계층은 제외시켰던 것이다. 또한 처음에는 노비제 혁파와 천민의 면천을 과감하게 실천하려는 적극적인 태도를 보였지만, 각지에서 해방된 노비들이 과격한 하극상 운동을 벌리자 노비의 즉각적인 해방을 중단하거나 점진적으로 추진하려는 입장을 취하였다. 이 점은 1894년 9월 9일에 전국 지방관에게 시달한 〈內務衙門訓令〉에서 노비가 주인을 경멸하는 행위를 보일 때 이를 적극 억제토록 지시한 데에서 극명하게 드러난다.[77] 이렇게 따져 볼 때, 군국기무처는 9월 9일 이후 지방관들로 하여금 노비해방을 중단하거나 점진적으로 추진하는 자세를 취하였다고 말할 수 있다.

마지막으로, 공노비해방 조치는 실은 1894년 이전, 멀리 임진왜란 이래 조선왕조가 꾸준히 추진해 온 노비해방조치—특히 1801년의 內寺奴婢制 폐지

77) 《關草存案》, 갑오 8월 초 10일, 〈內務衙門訓令〉.

와 1886년의 奴婢世役制 폐지—의 연장선상에서 취해진 하나의 완결조치에 불과했다는 사실을 간과해서는 안된다. 갑오경장 때 해결해야 할 과제는 이미 반포된 노비해방령을 철저히 시행하는 것과 노비의 재생산을 금지하는 것, 그리고 노비 이외의 다른 모든 천민신분층에게 면천의 혜택을 주는 것 등이었는데 군국기무처가 취한 조치들은 바로 이러한 미해결과제의 완결을 겨냥한 것으로 그 법제사적 의의에 한계가 있다.

셋째, 군국기무처는 서얼 및 중인의 사회적 지위 향상에 관한 의안들을 의정·반포했다. 이러한 조치는 군국기무처 의원 가운데 서얼 및 중인출신이 많았다는 사실과 적지 않은 관련이 있다.

우선 군국기무처는 7월 30일에 "嫡妻와 妾에 모두 자식이 없은 뒤에 비로소 率養을 許하여 舊典을 申明할 것"이란 의안을 가결한 데 이어 그 다음날인 8월 1일에 이 의안 마지막 부분에 "令前의 것을 追論할 수 없다"는 일절을 추가함으로써 가정내에서의 서얼의 후사권을 확인하였다. 또 "만약 嫡長子가 자손이 없으면 衆子가, 중자가 자손이 없으면 妾子가 제사를 받든다"는 《경국대전》의 奉祀조와 "嫡妻와 妾에 모두 아들이 없는 자는 官에 신고하여 同宗의 支子를 세워 잇게 한다"라는 立後조 등 구전의 申明을 의무화함으로써 서얼차대 해소문제를 적어도 법적으로 완결시키려 했다.

다음으로, 군국기무처는 "각 府衙의 칙임관을 派定한 후 먼저 都察院에 회동하여 각 사의 吏胥를 시험하여 文算 才諝가 있는 자는 실시일을 기다려 재능에 따라 관직을 줄 것"이라는 의안을 채택함으로서 유능한 기술직 중인을 될수록 많이 신정부의 관료체제에 흡수하려고 시도하였다. 그리고 "무릇 醫譯雜職 및 賞加人으로 각 府衙의 奏·判任官이 된 자는 모두 新授階級에 따라 시행하되 原資에 구애받지 않도록 할 것"이라는 의안은 신규 절차를 거쳐 주·판임관이 된 중인들의 기득권을 보장하기 위해서 마련된 것으로 이해할 수 있다. 이러한 조치에도 불구하고 기술직 중인들이 많이 발탁·서용되지 않자 "다만 엎드려 생각컨대 정치를 경장하고 百度를 維新하여 비록 비천한 무리라도 진실로 재능이 있으면 모두 嚮用될 수 있는데 오직 世累한 사람만이 홀로 鴻渥을 均霑하지 못한다고 하는 것은 비단 取人을 넓게 하는 것이 되지 못할 뿐 아니라 發政 施仁하는 端에도 欠이 있는 것이어서 天聖

에 再奏하는 것이 급히 聖聽을 돌리어 폐기된 向隅의 무리로 하여금 聖澤을 고루 입도록 해야 할 것"이라는 의안을 채택함으로써 중인출신 관료들의 불만을 표시하고 그들을 위한 개혁의 추진을 촉구하였다.

넷째, 군국기무처는 "남녀의 조혼을 즉시 엄금하되 남자는 20세, 여자는 16세 이후에 비로소 嫁娶를 허가할 것"과 "寡女의 재가는 귀천을 무론하고 그 자유에 맡길 것" 등 조혼 금지와 과부 재가허용에 관한 의안을 채택함으로써 인도주의적 입장에서 여성의 사회적 대우를 개선하려고 노력하였다. 조선사회의 악폐 중의 하나였던 조혼을 금지한 이 같은 조처는 《경국대전》의 可婚 규정이 제정된 이래 초유의 것이었다는 점에서 역사적으로 커다란 의의가 있다. 그리고 각종 폐단을 불러일으켰던 재가금지규정을 철폐한 사실 역시 전통적인 사회·가족제도내에서 여성의 열악한 지위를 향상시키는 단초를 열어주었다는 점에서 주목할 가치가 있다.[78]

(10) 교육제도의 개혁

군국기무처는 외교·교육·문화사업의 여러 부문을 맡아보던 종래의 禮曹와는 달리 교육행정사업을 전담하는 學務衙門을 독립시켜 전통적인 유교교육을 지양하고 그 대신 합리성과 실용 위주의 교육제도를 수립함으로써 '이국편민'과 '부국강병'에 이바지하려 하였다. 이러한 취지는 학무아문에 옛 성현들의 사당과 경적을 보관·관리하는 사무를 담당하는 成均館 및 庠校書院事務局 이외에 중학교·대학교·기예학교·외국어학교·전문학교를 관장하는 전문학무국, 소학교·사범학교를 맡아보는 보통학무국, 그리고 국문철자·각 국문 번역 및 교과서 편집 등에 관한 사무를 관장하는 편집국 등을 설치한 사실에서도 잘 드러난다.

학무아문은 근대적인 학교교육을 발전시키기 위해 1894년 9월 2일 다음과 같은 〈學務衙門告示〉를 발포하였다.

---

78) 柳永益, 〈甲午更張과 社會制度 改革〉(《韓國社會發展史論》, 一潮閣, 1992), 258~287쪽 참조.

> 돌이켜 보건대 시국은 크게 바뀌었다. 모든 제도가 다 함께 새로와져야 하지만 영재의 교육은 무엇보다 시급한 일이다. 그러므로 본 아문에서 소학교와 사범학교를 세워 먼저 서울에 행하려 하니, 위로 공경대부의 아들로부터 아래로 서민의 준수한 자제에 이르기까지 다 이 학교에 들어와 經書·子傳·六藝·百家의 학문을 배워 아침에 외고 저녁에 익히도록 하라. 그리하여 장차 일을 알아 시대를 구하고 內修와 외교에 각각 크게 쓰고자 하나니 진실로 좋은 기회이다. 앞으로 대학교와 전문학교도 차례로 세우려 한다. 무릇 사방의 학자들은 책을 가지고 달려와 전심으로 가르침을 받들어 聖世를 이루려는 뜻을 버리지 말라(《朴定陽全集》 4, 268쪽).

이 告示는 시국의 변화에 따른 국민교육의 중요성을 역설하고 신분상 귀천의 구별없이 소학교에 입학할 것을 권고함과 아울러 장차 각 지방에 소학교를 세울 것과 전문학교·대학교를 설립할 것이라는 정부당국의 포부를 담은 것이었다. 또한 학무아문대신 朴定陽은 1894년 10월 15일 漢城師範學校 및 附屬小學校가 개설된 후 수시로 이 학교들을 방문하여 수업상황을 점검하였고, 鑄洞의 日語學校(1891년 2월 개교)와 磚洞의 英語學校(1894년 2월 개교) 개학식에 참석하는 등 개인적으로 신교육에 큰 열의를 보여주었다.[79]

이러한 맥락에서 군국기무처는 科擧 지향, 즉 科文(虛學) 중심의 전통교육이 조선의 쇠퇴를 초래한 근본 원인이라는 판단하에 과거제도를 과감히 혁파하는 대신 새로운 관리임용제도를 채택하였다. 과거제도의 폐지는 전통적 유학교육의 틀을 탈피하여 국문·本國 및 만국역사·본국 및 만국지리·수학·물리·외국어·체조 등 국학 및 실학을 가르치는 근대적 학교교육으로의 획기적 전환을 의미하는 것이었다.

또한 군국기무처는 교과서를 우선적으로 편찬할 것을 촉구하는 의안을 채택하였다. 이 작업은 소학교 설립과 동시에 착수되었는데, 한글 교과서 편찬사업은 학무아문의 參議였던 李商在의 책임아래 추진되도록 예정되어 있었다.[80] 아울러 군졸을 대상으로 한글 교과서를 편찬·출판하여 군졸들에게 매일 몇 시간씩 가르치도록 하는 조치도 취해졌다.[81] 뿐만 아니라 "국내외 공

79) 《從宦日記》, 갑오년 9월 17일~11월 18일(《朴定陽全集》 3, 178~184쪽) 참조.
80) 박득준, 《조선근대교육사》(한마당, 1989), 39쪽 참조.
81) 《高宗實錄》, 고종 31년 9월 28일.

사문자 중 歐文으로 상용되는 외국국명·지명·인명이 있으면 모두 국문으로 번역하여 시행"할 것을 결의하였다. 마지막으로, 군국기무처는 "年少하고 총명한 자제를 선발하여 외국의 각 학교에 파송하자"는 의안을 채택함으로써 외국(특히 일본)의 선진문화와 학문을 신속히 받아들여 활용코자 하였다.

군국기무처가 채택한 이들 의안은 근대적 학교교육을 정착시키는 데 필요한 조치들로서 갑오경장과 그 이후에 단행된 교육제도개혁의 방향을 제시해 주었다는 점에서 주목할 만하다.[82] 그럼에도 불구하고 군국기무처에서 채택한 교육관련 의안이 4개에 불과했다는 사실은 군국기무처 의원들이 교육개혁을 급선무로 여기지 않았음을 시사한다.

〈柳永益〉

2. 제2차 개혁

1) 제2차 개혁의 배경

일본이 청일전쟁을 도발하면서 조선에서 추구한 최소한(minimum)의 정책목표는 러시아의 남하정책에 대처하는 데 필요한 전략적 시설을 한반도내에 설치·확보하며, 또 강화도조약 체결 이래 구축된 조·일간의 불평등조약체제를 일층 강화하면서 본원적 자본축적에 필요한 각종 이권을 획득하는 것이었다. 이러한 침략적 발상의 연장으로서 일본이 조선에서 추구한 최대한(maximum)의 목표는 바로 조선왕국을 일본제국의 보호국으로 약취하는 것이었다.

일본내각은 청일전쟁을 개시할 때 미리 조선에 관한 장기적 정책목표를 설정해 놓고 있지 않았다. 그러나 선전포고를 한 지 17일 만인 8월 17일에 내각은 장차 조선을 어떻게 처리할 것인가에 대해 다음 4개의 대안을 거론하고 그 가운데 '을'안을 채택하였다.

---

82) 韓哲昊,《親美開化派硏究》(國學資料院, 1998), 110~119쪽.

(갑) 조선을 명실 공히 독립국으로 處置할 것.
(을) 조선을 명의상 독립국으로 공인하되 제국이 간접·직접으로 영원 혹은 장기간 그 독립을 保翼·扶持하여 他의 侮를 막아내는 勞를 취할 것.
(병) 일·청 양국이 조선영토의 안전을 담보할 것.
(정) 조선을 구주의 벨기에 혹은 스위스와 같은 중립국으로 만들 것(《日本外交文書》 27-1, 문서번호 438, 647~649쪽).

무쓰외무대신의 설명에 따르면, '을'안은 조선의 보호국화안을 의미하는 것이었다. 바꿔 말하자면, 일본정부는 개전 당시 조선의 독립을 확립시켜 준다고 공언한 것과는 반대로 조선을 보호국으로 만들겠다는 은밀한 목표를 설정·지향하고 있었던 것이다. 후술하는 바와 같이 이러한 잠정적인 정책목표는 1895년 2월 24일 이후에 약간 변동되었고 드디어 청일전쟁이 종결된 1895년 6월 4일에 이르러 수정·포기되었다. 그러므로 청일전쟁 전기간을 통해서 일본정부는 조선의 보호국화를 그들의 정책목표로 삼고 있었다고 말할 수 있다.1)

일본내각이 채택한 보호국화정책을 조선에서 실행에 옮기는 임무는 맨 먼저 오오토리공사에게 맡겨졌다. 그는 8월말까지 〈朝日暫定合同條款〉과 〈朝日盟約〉 등을 체결하여 조선을 일본의 보호국으로 만드는 데 필요한 최소한의 법적 근거를 확보하였다. 그러나 그는 조선의 집권자들이 일본에 반발할 것을 우려한 나머지 이들의 즉각적인 실현을 요구하거나 급격한 제도개혁을 서두르는 따위의 강압적 간섭행동을 자제하면서 전쟁의 추이를 관망하는 소극적 태도를 취하였다. 때마침 일본군이 9월 15~16일의 平壤戰鬪와 9월 17일의 黃海海戰에서 대승을 거두자 내각의 이토오수상과 제1군사령관 야마가타 아리토모(山縣有朋) 등 일본의 지도자들은 대한정책의 담당자로서의 오오토리공사의 무능력을 비판하고 그의 교체를 거론하였다. 그 결과 10월 15일부로 명치정부의 중직을 두루 거친 원로이자, 조선문제에 정통했던 현직 내무대신 이노우에 카오루(井上馨)가 朝鮮駐箚特命全權公使로 임명되었다.2)

1) 陸奥宗光, 《蹇蹇錄》(東京 : 岩波書店, 1983), 160·167~168쪽.
2) 井上馨의 임명 배경 및 조선관련 활동에 관해서는 柳永益, 《甲午更張硏究》(일조각, 1990), 29~34쪽 참조.

이노우에공사는 일본정부로부터 전쟁 중 조선을 일본의 보호국으로 略取할 중차대한 임무를 부여받았다. 그리하여 그는 조선정부와 체결할 각종 조약의 협상·체결권, 주한 일본수비대의 지휘권, 조선정부에 고용될 일본인 고문관의 선발권, 그리고 조선정부에 공여할 차관의 주선권 등을 포함한 광범위한 권한을 본국정부로부터 위임받았다. 뿐만 아니라 그는 서울에 도착한 직후(10월 28일) 고종과의 첫 알현에서 조선 국왕과 정부에 대한 자문권까지 부여받음으로써 조선의 내정에 깊이 간여할 수 있는 최고고문관 내지 外臣으로 자처할 수 있게 되었다.[3] 그 결과 이노우에공사는 1885~1894년간에 조선에 군림했던 청국의 駐箚朝鮮總理交涉通商事宜 원세개처럼 조선에 대해 막강한 영향력을 행사할 수 있었다.

이노우에공사가 부임한 10월말에는 청·일간의 戰局이 압록강 너머로 확대되어 조만간 구미 열강－특히 러시아－의 간섭이 예상되고 있었다. 따라서 그는 이러한 외교적 문제점을 감안하면서 조선의 보호국화라는 구체적 정책 목표를 달성해야만 했다. 따라서 그는 서울에 도착한 다음 우선적으로 러시아공사와 공동보조를 취하고 있던 미국공사와 각별히 친밀한 관계를 유지함으로써 자기의 대한활동에 대한 주한 러시아공사의 방해 내지 간섭을 배제하려 했다.[4] 바로 이러한 속셈에서 그는 10월 28일에 자기의 隨員 사이토오 슈이치로오(齋藤修一郎)로 하여금 정동에 있는 미국공사관을 예방케 하여 주한 미국공사 씰(John M. B. Sill)과 서기관 알렌(Horace N. Allen)을 만나 그들의 조선 정세관을 청취하고, 나아가 조선왕실과 친분이 두터운 알렌서기관으로 하여금 이노우에공사와 閔妃간의 면담을 주선해 줄 것을 부탁하였다. 이때 씰공사와 알렌서기관은 일본정계의 거물인 이노우에가 조선공사로 내임한 것은 조선왕조의 개혁을 위해 다행한 일이라고 그의 부임을 축하한 다음 앞으로 일본공사가 조선의 내정개혁을 추진함에 있어 '노령이고 신빙할 수 없는 성질을 가진' 대원군 대신에 '排淸·獨立主義'사상을 가진 고종 및 '强骨優智'의 민비와 제휴하는 것이 좋을 것이라고 충고하였다. 이 자리에서 알

---

3) 《日本外交文書》 27－2, 문서번호 469, 19~20쪽 ; 문서번호 475, 42쪽 ; 문서번호 476, 51~52쪽 참조.

4) 《日本外交文書》 27－2, 문서번호 471, 22~25쪽.

렌은 또 이노우에공사가 원하는 민비와의 알현을 주선해 보겠다고 약속하였다.[5] 이렇게 형성된 서울에서의 일·미 양국공사간의 유대는 그후 이노우에공사가 고종과 민비를 조종함에 있어, 그리고 조선의 친일내각을 조성·조종함에 있어 중요한 외교적 뒷받침이 되었다.

(1) 항일운동의 탄압

주한미국공사와의 협력관계를 구축한 이노우에공사는 청일전쟁 발발 후 혼란에 빠져 있던 조선정부에 대해 내정개혁이란 명목하에 고압적인 간섭을 시도했다. 이노우에공사가 1894년 10월말부터 1895년 4월초까지 서울에서 펼쳤던 對韓 간섭정치의 내용은 크게 두 가지였다. 그 첫째는 일본의 한국 침략에 방해가 되는 조선민중의 항일운동을 억압하는 것이고, 둘째는 내정개혁의 미명하에 일본정부의 조선 보호국화 정책을 실현시키는 것이었다.

이노우에공사는 그의 부임 전에 호남과 호서에서 궐기한 항일동학의병을 진압하고, 대원군과 이준용 등이 청일개전 후부터 서울에서 비밀리에 추진해 온 일련의 반일 정치음모를 적발·처리하는 것을 초미의 급무로 삼았다.

원래 1894년 5월초에 全琫準·金開南 등 동학 南接의 지도하에 봉기했던 제1차 동학농민군은 6월 11일의 전주화약을 계기로 일단 해산하였다. 그러나 10월 중순에 그들은 일본의 명분없는 침략을 묵과할 수 없어 '忠君愛國之心'으로써 義旅(의병)를 조직하여 다시 궐기하였던 것이다.[6] 이 때 동학교문의 정통세력인 崔時亨·孫秉熙 등 北接도 항일전열에 가세함으로써 11월초 論山에는 남·북접군을 합친 동학농민군 10만 명이 결집되어 서울진공전을 도모하게 되었다. 이것은 임진왜란 이래 최대규모의 항일의병으로서, 당시 요동·산동반도에서 청국군과 치열한 전투를 벌이고 있던 일본군의 후방을 교

---

5) 《日本外交文書》 27-2, 문서번호 468, 12~14쪽.
Spencer J. Palmer, ed., *Korean-American Relations : Documents Pertaining to the Far Eastern Diplomacy of the United States*. Volume II : *The Period of Growing Influence, 1887~1895*(Berkeley and Los Angeles : University of California Press, 1963), # 65, pp.257~259 참조.

6) 國史編纂委員會 編, 《東學亂記錄》 下(1959), 529쪽.
信夫淸三郎 著, 藤村道生 校訂, 《(增補)日淸戰爭》(東京 : 南窓社, 1970), 20쪽.
韓㳓劤, 《東學과 農民蜂起》(一潮閣, 1983), 143~144쪽.

란하는 중대한 위협세력임에 틀림없었다.

이노우에공사가 부임하기 전부터 이미 동학농민군의 움직임을 위험시해 왔던 일본의 대본영은 그의 부임과 동시에 동학의병을 무력으로 진압하기로 결정하고, 이 목적을 위해 10월말에 後備步兵 제19대대를 출동시켰다. 이 '東學黨征討軍'은 그전에 이미 파견되어 있던 군대와 합세함과 동시에 조선정부에서 10월 19일에 발족시킨 兩湖巡撫營 휘하의 관군 3천 2백여 명의 지원을 받아 동학의병에 대한 본격적인 토벌전을 벌이게 되었다.7)

무쓰외무대신은 동학의병의 군사활동이 일본의 대청 전쟁수행에 중대한 차질을 가져올 수 있는 위협 요소임을 간파하고, 10월 31일자로 이노우에공사에게 동학의병의 조기진압을 지령하였다. 이노우에공사는 일본군이 무단히 조선에서 군사활동을 펼칠 경우 관계 열강이 간섭할 것을 우려하여, 우선 동학의병의 움직임을 예의 관찰하면서 조선정부측에서 먼저 자기에게 동학의병의 진압을 요청해 올 것을 기다렸다. 때마침 동학의병이 論山에서 북진을 개시한 다음날인 11월 8일에 조선정부의 총리대신 김홍집, 외무대신 김윤식, 탁지대신 어윤중 등 3대신이 일본공사관을 찾아와 이노우에에게 일본군으로써 동학농민군을 진압해 줄 것을 의뢰했다.8) 이노우에공사는 이 요청을 기꺼이 받아들여 그 다음날부터 일본군 남부병참사령관 이토오 스케요시(伊藤祐義) 중좌를 독려하여 동학의병 진압작전을 개시하였다.

일본군과 조선의 관군으로 구성된 東學征討軍은 한편으로는 水原·龍仁·可興 등지로부터 3로로 나누어서 南原을 향하여 일제히 진격함으로써 동학의병이 동북방으로 확산하는 것을 막고, 다른 한편으로는 일본해군의 츠쿠바(筑波)艦 등을 출동시켜 남해를 초계하면서 조선의 左水營軍과 합동하여 동학의병이 남해 도서로 도망하는 길을 차단·봉쇄하였다. 다시 말하면, 동학정토군은 동학의병을 호남과 호서내에 압축·포위하여 일망타진하려 하였던 것이다.

---

7) 李瑄根, 《韓國史 : 現代篇》(乙酉文化社, 1963), 365~367쪽.
金正明 編, 《朝鮮駐箚軍歷史》(東京 : 巖南堂, 1967), 19쪽.
具良根, 〈東學農民軍の第二次蜂起と日本軍の部署〉(《新韓學報》 18, 1976), 96~107쪽 등 참조.

8) 《日本外交文書》 27-2, 문서번호 477, 53~57쪽 ; 문서번호 495, 134~135쪽.

이러한 일본측의 조직적 공격을 받은 동학의병은 11월 18~19일간의 木川 細城山전투와 11월 22일부터 12월 7일까지 公州부근의 전투 등에서 일본군 및 관군의 연합군에게 연패한 끝에 결국 퇴산하고 말았다. 牛金峙전투에서 결정적인 패배의 고배를 마신 동학의병의 총수 전봉준은 잠시 淳昌으로 후퇴하여 재기의 기회를 노리던 차 12월 24일 그곳 토착인의 밀고로 생포되었다. 한편 12월 24일에 泰仁에서 관군에 의해 체포된 김개남은 전주감영으로 압송되어 재판을 거치지도 않은 채 처형되었다. 이처럼 동학의병 지도자들이 체포됨으로써 호남·호서지역 동학의병의 항일전쟁은 중지되었다. 조선정부는 1895년 1월 22일을 기해 巡撫營을 철파함으로써 4개월만에 동학의병에 대한 진압작전을 일단락지었다.

이노우에공사가 총지휘한 이 '동학토벌'작전이야말로 일본이 청일전쟁 중에 조선에서 벌인 선전포고 없는 전쟁이었다. 이 전쟁을 통해서 일본군은-야마가타가 1897년 모스크바회담에서 인정한 바와 같이-수천 명의 애국적인 동학농민군을 살상함으로써 한국 민중의 깊은 원한을 샀다.[9]

부임 직후 이노우에공사가 다룬 두 번째 급무는 불과 3개월 전에 오오토리공사가 '섭정'직에 앉혀 놓은 대원군과 그의 애손 이준용 등 반일세력을 중앙정계에서 거세하는 것이었다. 1894년 7월 23일에 일본공사관측의 집요한 설득에 말려 대권을 잡게 된 대원군은 입궐 직후 그가 오랫동안 구상해 온 내정개혁을 실행에 옮겼다. 이를 위해 그는 우선 민씨척족정권하에서 장기간 권력을 남용했던 驪興 閔氏 척족계의 고관들 내지 그 추종세력을 貪贓罪 등 명목으로 奪職·囚禁하거나 유배시키고, 일보 더 나아가 민비의 廢庶 조치를 서둘렀다. 이때 그는 '昏君' 고종을 폐위시키고 그 대신 이준용을 新王으로 봉대할 계획도 가지고 있었던 것 같다. 그러나 일본공사관측에서는-아마도 미·러 양국의 간섭을 우려한 나머지-대원군의 민비폐서안에 동의하지 않았을 뿐 아니라 대원군과는 한마디 상의도 없이 조선에서 청일전쟁을 개시하였고, 또 군국기무처라는 개혁입법기구를 조직하여 대원군의 의사에 반하는 급진적 제도개혁안을 채택함으로써 그를 격분시켰다. 한마디로, 대원군은

---

9) 《日本外交文書》 29, 문서번호 488, 833쪽.
李瑄根, 앞의 책, 379~381쪽.

집권한 지 1주일도 채 못되어 자신의 집권을 후원한 일본공사관과 構隔하였으며 비밀리에 일본군을 조선으로부터 축출하면서 친일개혁파 관료들을 제거하려는 일련의 항일 음모를 획책하게 되었다.

좀더 구체적으로, 대원군은 표면상 친일을 가장하면서 음으로는 이준용 및 이준용의 黨與인 李泰容·朴準陽 등을 앞세워 평양에 진출한 청군과 내통하여 그들의 대남작전을 재촉하고, 삼남의 儒林 거족 및 동학접주들과 접촉하여 그들로 하여금 항일의병을 규합·북진하여 청군과 더불어 일본군을 挾擊하도록 독려하며, 서울에서는 친일정권에 가담한 金弘集·金鶴羽·金嘉鎭·趙義淵·兪吉濬 등 친일 개혁파관료를 암살하려는 등 세 갈래의 상호연관된 반일 음모를 은밀히 추진하였던 것이다.

대원군~이준용의 항일 전략은 임진왜란 때 명군과 조선의병이 공동으로 왜병을 구축했던 역사적 선례에 따른 것임에 틀림없다. 그러나 불행히도 대원군이 추진했던 제1의 음모는 청군이 9월 중순의 평양전에서 일본군에게 참패당함으로써 좌절되었다. 뿐만 아니라 그때 평양에 입성한 일본군이 입수한 대원군이 淸將에게 보낸 비밀간찰은 나중에 대원군을 실각시키는 데 결정적 단서로 활용되었다.[10)]

그의 제2 음모는 지방유림들이 그의 요구에 즉각 호응하지 않은 데다가 (제2차) 동학농민군(의병)의 조직·발동이 기대보다 늦었기 때문에 원래의 계획대로 청군과 항일협격전을 벌이지 못한 채 동학정토군에게 패배당하였다.[11)]

그의 제3 음모는 이준용이 모은 자객 崔亨植·崔亨順 등이 10월 30일에 군국기무처 의원 겸 법무협판인 金鶴羽를 암살하는 데 그쳤다.[12)] 요컨대, 대원군~이준용 등이 획책했던 일련의 항일음모는 이노우에공사의 서울 부임 전에 거의 다 수포로 돌아갔다.[13)]

이노우에공사는 부임 전에 이미 대원군의 항일 음모에 대해 정보를 입수

10) 《日本外交文書》 28-1, 문서번호 268, 104쪽.
11) 《日本外交文書》 28-1, 문서번호 268, 404쪽.
12) 《日本外交文書》 28-1, 문서번호 268, 405~407쪽.
13) Young I. Lew, "Korean-Japanese Politics behind the Kabo-Ŭlmi Reform Movement, 1894 to 1896," *The Journal of Korean Studies*, Vol. 3(1981), pp.62~69.

하고 있었다. 그는 부임하자마자 김학우암살사건 수사를 핑계로 대원군의 음모를 철저히 내사하는 한편 大本營으로부터 대원군이 淸將앞으로 보낸 밀서의 원본도 송부받았다. 이노우에공사는 11월 8일 김홍집 등을 면담하는 자리에서 이 밀서를 증거물로 내보이며 대원군의 하야를 촉구하였다. 처음에는 이노우에공사에게 그의 항일 음모 사실을 부인하던 대원군도 밀서를 직접 본 다음에는 이를 긍정하는 태도를 보였다. 결국 그는 11월 18일에 정계에서 은퇴하였다. 이어서 이노우에공사는 11월 21일의 어전회의에서 7월 23일 대원군에게 주어졌던 섭정권의 취소를 요구하여 국왕의 응락을 받아냄으로써 대원군을 완전히 거세하였다. 이준용도 11월 13일에 이노우에가 추궁한 동학군 선동·조종혐의를 부분적으로 시인한 다음 내무협판직을 사퇴함으로써 정계에서 물러났다.[14]

이렇듯 이노우에공사는 부임 초에 일본의 조선침략, 특히 보호국화정책에 장애물이었던 대원군과 그를 둘러싼 一團의 반일정치인을 중앙정치무대에서 제거하는 데 성공하였다. 그후 대원군은 복권된 고종·민비에 의해 다시 연금되었다. 이준용과 그의 동지인 군국기무처 의원 박준양·이태용 등 23명은 (고종·민비와 결탁한) 박영효· 서광범 등 친일집권파에 의하여 김학우암살사건 등 테러음모사건에 연류되었다는 죄목으로 1895년 4월 18일 체포·구금되었다가 5월 13일에 열린 특별법원의 재판을 거쳐 모반죄 혹은 모살죄 등 죄목으로 사형·종신유형·流 15년 내지 流 10년 등 중형에 처해짐으로써 집단적으로 숙청되었다.[15] 한마디로, 이노우에공사는 청일전쟁 중에 서울에서 형성된 대원군·이준용 중심의 항일 정치세력을 직접 나서거나 조선인 정파간의 알력을 교묘히 이용하면서 거세·숙청하는 데 성공한 것이다.

---

14) 《日本外交文書》 27-2, 문서번호 480, 75~76쪽 ; 문서번호 481, 91쪽 ; 문서번호 477, 60쪽 ; 문서번호 478, 61쪽.
《日本外交文書》 28-1, 문서번호 261, 384~385쪽.
《高宗實錄》, 고종 31년 11월 21일.

15) 《日本外交文書》 27-1, 문서번호 228, 346쪽. 이준용, 이태용 그리고 박준양은 사형을 선고받았다. 그러나 이준용은 주한 각국외교단의 항의에 몰린 井上공사의 제청이 있은 후 5월 14일附 왕명으로 流 10년으로 감형되었다.

(2) 내정개혁의 추진

조선 민중의 항일운동을 억압하고 중앙정계의 반일정치인들을 숙청하는 작업을 끝마친 이노우에공사는 일본정부가 기도하는 조선의 보호국화를 실현하기 위해, ① 고종·박영효 중심의 친일정부 조성, ② 조선정부내 要部에 일본인고문관 배치, ③ 조선왕조 기간제도의 개혁, ④ 조선정부와 일련의 보호조약 체결, ⑤ 5백만 엔의 정치차관 투여 등을 골자로 하는 적극적 내정개혁 작업에 착수하였다.

가. 고종·박영효 중심의 친일정부 조성

대원군이 일본을 은밀히 배반한 사실과 7월 23일 이후 미·러 등 열강의 주한 외교관들이 고종과 민비를 비호하고 있다는 사실 등을 고려한 일본정부는 이노우에공사의 부임을 계기로 고종을 복권시키는 정략을 택하였다. 이노우에공사는 부임 당시 고종에게 직접 국서를 봉정함으로써 처음부터 고종을 조선의 주권자로 받든다는 의사를 밝혔다. 한편 그는 궁중의 실권자였던 민비가 정치에 적극 간여하는 경우 궁정 조종이 어려울 것을 우려하여 민비의 국정 불개입을 강력히 요구하면서 고종이 명목상으로나마 주권을 행사하도록 조치하였다. 이러한 그의 정략은 그가 11월 20~21일 양일간 어전회의에서 개진한 20개조의 개혁안 가운데, ① 정권은 모두 하나의 원류(즉, 국왕)에서 나오게 할 것, ② 대군주는 政務親裁의 권을 가짐과 동시에 법령을 준수할 의무를 질 것, ③ 왕실의 조직을 정하여 왕실사무를 국정에서 분리시킬 것 등의 조항을 포함시킨 점에서도 잘 드러난다.

이노우에공사는 특히 민비의 정치간여 내지 발호를 견제하기 위해 失權한 대원군을 당분간 궁중에 잔류시켜 그로 하여금 민비를 감시케 하는 이른바 '以暴制暴'·'以毒制毒'의 계략을 쓰기도 하였다.[16] 민비는 이노우에공사의 신정략이 고종과 자신의 완전한 복권을 의미하는 것으로 오판하고 11월 28일 고종으로 하여금 자파의 인물 4명을 내각의 협판으로 임명토록 하였다가 이노우에공사의 엄중한 항의를 받고 취소한 해프닝도 발생했다. 이러한 사건이

16) 《日本外交文書》 27-2, 문서번호 485, 109쪽 ; 문서번호 475, 41쪽 ; 문시번호 477, 61쪽 참조.

있은 다음 12월 8일에 민비는 이노우에'고문관'에게 자신은 국정에 간여하지 않겠다고 언약했다. 이와 같이 고종과 민비를 포섭하는 데 성공한 이노우에 공사는 1895년 1월 18일경에 그들을 계속 회유·조종할 목적으로 일본공사관의 기밀비 중에서 1만 5천 엔을 왕궁의 扶助金으로 제공하였다.[17]

이상과 같이 이노우에공사는 고종을 조선왕국의 명목적 주권자로 앞세우는 한편 갑신정변의 주동인물이었던 박영효·서광범 등 개화파 망명정치인들을 새로운 친일내각의 핵심인물로 기용코자 했다. 일본에 망명 중이던 박영효는 柳赫魯·李圭完·鄭蘭敎 등 그의 추종자들과 함께 일본경찰의 보호하에 8월초에 이미 귀국하였고, 미국에 망명 중이던 서광범은 일본외무성의 주선으로 9월 중순 샌프란시스코를 출발, 동경에 와서 머물다가 12월 13일에 귀국하였다. 먼저 귀국한 박영효는 9월초에 입궁하여 내정개혁을 강행하려다가 대원군측의 반발과 구미외교관들의 비난에 봉착하여 뜻을 이루지 못한 채 仁川으로 물러가 그곳 일본영사관에 기거하면서 입성의 기회를 엿보고 있있다.

이노우에공사는 서울 부임차 인천에서 10월 26일에 박영효와 면담한 일이 있었다. 그렇지만 이노우에공사는 박영효 등 망명정객이 조선민중에게 인기가 없으며, 또 미·러공사가 한때 박영효를 비난했던 사실 등을 고려하여 그들의 복권·기용 알선에 신중을 기하면서 고종·민비측에서 먼저 그들의 복권을 發議하기를 바랬다. 이러한 기미를 눈치 챈 고종과 민비는 알렌서기관과 협의한 후—박영효를 기용하는 것이 대원군파와 박영효파를 이간하며 일본공사와도 순조로운 관계를 유지하는 데 필요하다고 판단하고—12월 8일에 이노우에'고문관'에게 박영효의 蕩滌·敍用을 제의하였다. 이노우에공사는 이 제의를 즉석에서 받아들이면서 박영효를 정부 요직에 임용토록 권고하였다.[18] 그 결과 고종은 12월 17일에 박영효를 내무대신직에, 그리고 서광범을 법무대신직에 안배시킨 신내각을 발족시켰다. 이로써 일본공사가 원하는 새로운 친일내각이 조성되었다.

---

17) 《日本外交文書》 28－2, 문서번호 695, 329쪽.

18) 《日本外交文書》 27－2, 문서번호 496, 146·139~140쪽.
《高宗實錄》, 고종 31년 10월 26일.

이렇게 출범한 議政府(1895년 1월 11일부터 內閣으로 개칭)는 보통 김홍집·박영효 연립내각이라고 불리운다. 그러나 엄밀히 따져볼 때 이 내각은 ① 오오토리공사가 발탁한 김홍집·김윤식·어윤중 등 소위 온건개화파, ② 박영효·서광범 등 급진개화파, 그리고 ③ 박정양·이윤용 등 친러·친미적인 貞洞派 등 3정파의 연립내각이었다.[19] 이노우에공사가 김홍집 등의 '구파'와 박영효 등의 '신파'를 내각요직에 안배시킨 것은 이들 양파로 하여금 상호견제케 하려는 분할통치(divide and rule)의 계략에 따른 것이며, 동시에 박정양 등 정동파를 이 내각에 포함시킨 것은 러시아·미국 등 열강의 지지와 고종·민비의 협조를 얻기 위한 고려 때문이었다고 볼 수 있다.

새로 발족한 김홍집·박영효 연립내각의 각료 가운데 이노우에공사가 가장 큰 기대를 건 인물은 박영효였다. 그는 박영효가 일반적으로 보호국에서 가장 큰 실권을 쥔 내무대신직을 맡아 조선정부내에서 중추적 역할을 담당할 뿐 아니라 왕족이라는 그의 특수신분을 활용하여 궁중의 고종·민비와도 친밀한 협조관계를 유지함으로써 府中과 宮中을 동시에 감시·조종하면서 일본의 대한정략을 도와주기 바랐다.[20]

이상과 같이 이노우에는 부임 후 2개월이 채 못되어 얼핏 보아 조선의 궁정과 정부를 마음대로 조종할 수 있는 위치를 구축했다. 그러나 후술하는 바와 같이 그에게 정치불간섭을 언약했던 민비는 약속과는 달리 고종의 배후에서 계속 실권을 행사했고, 또 그가 가장 신임했던 박영효 역시 집권 후 일본공사에 대해 의외로 강한 反骨성향을 나타냄으로써 그의 조선정계 조종계략은 얼마 안가서 차질이 빚어졌다.

나. 조선정부내 일본인 고문관 배치

앞서 지적한 바와 같이, 무쓰외무대신은 7월 28일부터 조선정부에 군사교관을 포함한 일본인 고문관들을 배치하는 일을 서둘렀다. 그러나 오오토리공사의 소극적 태도와 아마도 대원군의 주저 때문에 이노우에공사의 부임시까

---

19) 《日本外交文書》 28-1, 문서번호 267, 398~399쪽 ; 문서번호 299, 422~423쪽. 伊藤博文 編, 《秘書類纂 : 朝鮮交涉資料》 下(東京 : 秘書類纂刊行會, 1936), 573~574쪽.
20) 《日本外交文書》 27-2, 문서번호 494, 124쪽.

지 일본인 고문관은 한 명도 고빙되지 않고 있었다. 그러던 차 11월 4일 고종이 이노우에공사에게 베푼 內謁見에서 이노우에에게 고문관을 추천할 특권을 상징하는 信票를 줌으로써 일본인 고문관 채용작업이 본격화되었다.

이노우에공사는 11월 21일에 20개조 개혁안의 제18조를 설명할 때 고종에게 일본공사관附 警視 타케히사 코꾸조(武久克造)를 경무청의 고문으로 채용할 것을 요구하여 즉석에서 국왕의 윤허를 받아냈다. 이로써 최초의 일본인 고문관 빙용이 실현된 것이다. 그후 이노우에공사는 무쓰외상에게 "왕실의 조직, 행정기관의 조직·권한 등을 제정할 필요가 있으므로…能文의 관리 1명을 [조선에] 지급 출장"시킬 것과 조선정부의 재정상태 파악을 위하여 "收稅사무에 익숙한 고등관리 1명과 속관 1~2명을 지급 출장"시킬 것을 요청하였다.[21] 이에 따라 일본정부는 法制局參事官 이시즈카 에이죠(石塚英藏)를 내각의 법제고문으로, 그리고 主稅局主稅官 니오 코레시케(仁尾惟茂)를 탁지부 재정고문으로 각각 선파하였다. 이러한 절차를 거쳐 이노우에공사는 1895년 4월 중순까지 조선정부의 거의 모든 주요 부서에 일본인 고문관을 배치하는 데 성공하였다.

1895년 6월 서울의 미국공사관에서 입수한 '朝鮮政府豫算表'에 따르면, 이노우에공사는 고문 및 고문보좌관 등의 명의로 궁내부에 1명, 내무아문에 9명, 탁지아문에 3명, 관세국에 12명, 법무아문에 2명, 학무아문에 5명, 농상공아문에 8명, 그리고 재판소에 1명 등 도합 42명의 일본인 고문관을 조선정부에 배치할 계획이었다. 그들을 위한 7개월간의 보수로서 최고 $3,600, 최하 $150의 연봉이 책정되어 있었다.

이노우에공사는 일본인 고문관을 조선정부에 배타적으로 배치하는 경우 미국·러시아 및 영국 등 열강이 반발할 것을 우려하여, 1890년말 이래 외아문의 고문역을 담당해 온 미국인 그레이트하우스(Clarence R. Greathouse)와 1893년 10월 이래 조선해관의 총세무사직을 맡아 온 영국인 브라운(J. McLeavy Brown) 등의 해고를 그들의 계약기간 만료시까지 유보하였다.

21) 《日本外交文書》 27-2, 문서번호 485, 110쪽 ; 문서번호 471, 91쪽.

〈표 1〉 1894~1895년간 조선정부내에 배치된 주요 일본인 고문관

姓名	所屬機關	任用日	背景
石塚英藏	內閣	1894. 12. 16.	內閣法制局參書官
岡本柳之助	宮內府·軍部	1894. 12. 19 ; 1895. 2. 23.	前砲兵少佐
齊藤修一郎	內部	1894. 12. 17.	前農商務次官
仁尾惟茂	度支部	1895. 1. 17.	大藏省主稅局主稅官
星亨	法部	1895. 4. 15.	前衆議院議長
楠瀨幸彦	軍部	1895. 2. 23.	日本公使館附武官·陸軍 中佐
武久克造	警務廳	1895. 12. 15.	警務廳警視·日本公使館附 警視

* 1. 《日本外交文書》 28-2.
2. 井上馨公傳記編纂會 編, 《世外井上公傳》4(東京 : 原書房, 1968), 461쪽.
3. 京城府 編, 《京城府史》(京城府, 1934) 1, 607쪽.
4. 李瑄根, 《韓國史 : 現代篇》(乙酉文化社, 1963), 481쪽.

조선국왕의 최고 고문관을 자처했던 이노우에공사를 위시해서 이처럼 많은 일본인 고문관들이 빙용된 결과 조선정부는 이제 일본인 고문관들이 장악한 일종의 보호국정부로 바뀌고 있었다.

다. 조선왕조 기간제도의 개혁

이노우에공사는 군국기무처가 3개월여의 존속기간에 많은 개혁안을 의결·반포했지만 실행불가능한 법안만을 남발했다고 비난하면서 이 기구의 폐지를 주장하였다. 그 다음 11월 20~21일에 열린 어전회의에서 그는 스스로 고안한 20개조의 개혁청사진을 조선위정자들에게 개진함으로써 기왕에 군국기무처가 추진했던 개혁사업을 무시하고, 김홍집·박영효 연립내각과 일본인 고문관을 앞세워 새롭게 개혁운동을 개시하였다.

이노우에공사가 제시한 20개조 개혁안 중 정치제도에 관련된 것을 살펴보면, 그는 우선 군국기무처를 없앤 다음 궁중과 부중의 행정을 분리하고 부중(內閣)에 권력을 집중시킴으로써 종래의 전제주의적 왕권을 축소시키는 반면 내각의 권한을 강화하려 하였다. 그리하여 1895년 1월 11일을 기해 종래의 의정부가 내각으로 개칭되면서 형식상 內閣制度가 수립되었던 것이다. 다시 말하면, 그는 조선의 정치구조를 메이지 일본의 天皇制정부와 유사한 입헌군

주제적 구조로 개편함으로써 일본과 조선의 중앙정부제도를 균일화시키려고 했다. 그렇지만 그는 일본의 의회 및 정당제도 등 이른바 代議정치기구를 조선에 도입하는 것은 기피 내지 보류하였다.[22]

그는 내각제 도입 외에 군사제도의 개혁과 재정제도의 확립을 중시하였다. 그 결과 종래의 중앙군 사령관직인 扈衛副將·統衛使·總禦使·經理使 등이 폐지되었고, 신식근위대인 訓練隊가 발족되어 친일정권의 기간군대로 육성되었다. 또한 그는 5백만 엔 차관 투여계획의 일환으로 조선정부의 재정실태를 파악하는 작업을 개시하여 이를 밝혀내는 데 성공하였다. 이러한 기초조사에 입각하여 1895년 3월 22일에는 조선 최초의 근대적 예산인 1895년도 예산안이 편성되었다.[23]

한편 이노우에공사는 중앙 행정기구의 재조직, 재판·지방·교육·조세제도의 개혁 등 소위 '法典政略'[24]에 입각한 각종 제도개혁은 일본고문관의 배치가 완료되거나 5백만 엔의 차관도입이 실현될 때까지 그 추진을 유보하였다. 그리하여 1895년 3월 30일 당초의 계획보다 감소된 300만 엔의 차관이 실현되자 비로소 잡다한 개혁법안들을 공포할 수 있었다.

이때 일본인 고문관들의 자문을 받고 있던 김홍집·박영효 연립내각은 〈宮內府官制〉, 〈內閣官制〉, 〈中樞院官制及事務章程〉, 外部·法部·學部·農商工部·度支部·軍部 및 警務廳 등의 관제, 〈裁判所構成法〉, 〈外交官及領事官官制〉, 〈關稅司及徵稅署官制〉, 〈會計法〉, 〈收入條規〉, 〈支出條規〉, 〈官等俸給令〉, 〈漢城師範學校官制〉, 〈外國語學校官制〉, 〈訓練隊士官養成所官制〉, 〈新設隊編制〉 등 도합 51건의 개혁법령을 공포하였다. 그러나 이들 법령은 下關條約의 체결, 三國干涉, 김홍집·박영효 연립내각의 동요와 붕괴 및 박영효의 실각 등 내외정세의 변동으로 말미암아 그 대부분이 '紙上의 改革'으로 끝나고 말았다. 즉, 이노우에공사가 부임초에 장담했던 내정개혁은 내각제도의 도입, 훈련대 창설, 그리고 예산의 편성 이외에 구체적 성과없이 끝난 셈

22) 《日本外交文書》 27－2, 문서번호 485, 109쪽.
23) 《日本外交文書》 28－1, 문서번호 238, 357쪽.
井上馨公傳記編纂會 編, 《世外井上公傳》 4 (東京 : 原書房, 1968), 460~461쪽.
24) 小早川秀雄 著, 趙德松 譯, 《閔妃弑害記》(汎文社, 1965), 17쪽.
森山茂德, 《近代日鮮關係史硏究》(東京 : 東京大學出版會, 1987), 39쪽 참조.

이다.

이노우에공사가 실현시키려다 중지한 개혁사업 중에는 워싱턴에 있는 주미공사관의 폐쇄기도가 있다. 조선의 외교권을 박탈하는 데 필요한 조치의 일환으로 1895년 1월 8일에 이노우에공사 예하의 스기무라서기관이 조선외부에 주미조선공사의 사무를 주미일본공사에게 위임할 것을 요구한 바 있다.[25] 이 같은 압력에 대해 고종은 두 차례에 걸쳐 씰(John. M. B. Sill)공사에게 미국정부가 이 문제에 개입하여 일본의 책동을 차단시켜 줄 것을 요청하였다. 그후 일본의 공사관 폐쇄요구는 되풀이되지 않았지만 이 좌절된 기도는 일본이 조선을 보호국으로 만들려고 했다는 방증으로서 주목할 만하다.

라. 조·일 보호조약 체결기도

이노우에공사가 조선의 내정개혁을 돕는다는 미명 아래 추진한 보호국화 기도 중에는 김홍집·박영효 연립내각을 상대로 ① 오오토리공사가 이미 맺어 놓은 〈잠정합동조관〉을 정식조약으로 확충 체결하고, ② 청일전쟁 종료시까지 유효한 '조일동맹'을 대체시킬 새로운 장기적 군사조약을 체결하며, 나아가 ③ 청일전쟁 후에도 일본군이 계속 조선에 주둔할 수 있는 권한을 문서상으로 확보하는 일이 포함되어 있었다.

우선 일본외무성은 이노우에공사를 통하여 〈잠정합동조관〉을 전 8조의 (가칭) 〈일한조약〉으로 대체할 계획을 지시하였다. 이 〈일한조약〉의 초안은 경부·경인 철도의 부설권, 군용전선의 영구관리권, 그리고 목포 개항에 관한 것이었다.[26] 이 세 가지 이권 중 이노우에공사가 가장 중시한 것은 경인철도부설의 실현이었다. 그는 이 철도를 청일전쟁 종결 이전에 완공해 보려는 의도 하에 1895년 1월까지 부지 측량을 완료케 하였으며, 일본 의회에서 3백만 엔 차관안이 통과된 다음 조선정부를 상대로 철도 및 전선관계 이권 획득 교섭을 벌였다. 그러나 '國利'와 '國權'보호를 염두에 둔 조선내각원들의 완강한 반대에 부딪쳐 이 조약의 체결에 실패하였다. 조선정부측에서는 木浦

25) 《舊韓國外交文書》 3(《日案》 3), 문서번호 3439, 192쪽.
尹致昊, 《尹致昊日記》 4(國史編纂委員會, 1975), 27쪽.

26) 中塚明, 《日淸戰爭硏究》(東京 : 靑木書店, 1968), 191~193쪽.
《日本外交文書》 27-2, 문서번호 289, 476쪽.

개항건에 한해서만은 양보할 기미를 보였지만, 이 문제에 관여하였던 박영효가 실각함으로써 완결짓지 못하고 말았다.

이노우에공사가 체결코자 했던 다른 하나의 조약은 '조일동맹'을 대체할 (가칭) 〈大日本・大朝鮮國同盟秘密條約〉이었다. 전 5조로 구성된 이 조약은 조선군을 일본군에 완전히 예속시킴과 동시에 일본해군이 조선의 1항구를 조차하는 것을 골자로 하는 비밀군사동맹안이었다. 이러한 조약은 조선에 대해 이해관계가 깊은 열강으로부터 반발을 불러일으킬 소지가 많았기 때문에 조선의 친일정권이 자발적으로 이의 체결을 원하지 않는 한 체결하기가 곤란한 성질의 것이었다. 김홍집・박영효 연립내각은 이노우에공사의 예상과는 달리 일본에 대해 그처럼 굴종적이 아니었기 때문에 이노우에공사는 종전시까지 이러한 조약체결을 위한 협상조차 시도하지 못하고 결국 포기하였다.

이노우에공사는 청일전쟁 종결 후에도 일본수비대가 조선에 계속 주둔하는 권리를 확보하는 목적의 소위 〈駐兵에 관해 조선정부가 제출할 외교통지시〉를 조선정부로부터 받아내는 임무를 띠고 있었다. 그렇지만 그는 위와 같은 이유로 이러한 〈외교통지서〉를 조선정부로부터 받아내지 못하였다. 다만 1895년 4월 19일에 그는 조선 외무대신 김윤식으로부터 "일본군 若干隊를 각 지방에 分駐・暫留케 하여 삼남과 경기・황해지역에 있는 匪擾의 餘孽을 탄압해 달라"는 요지의 공문을 얻어냄으로써 일본군이 당분간 조선에 주류할 수 있는 법적 근거를 확보하였다.27)

이상 살펴본 바와 같이, 이노우에공사가 내정개혁의 미명 아래 조선의 보호국화를 추진하는 과정에서 시도한 일련의 '보호조약' 체결노력은 거의 완전히 실패하였다. 제도개혁의 경우에 있어서와 같이 그는 조선정부 내각원의 비협조 내지 반발, 열강의 간섭우려, 그리고 후술할 차관도입계획의 차질 등으로 일본정부가 그에게 기대했던 조약체결작업을 적시에 달성하지 못하였던 것이다.

마. 5백만 엔 차관공여 추진

이노우에공사는 조선에서 일본지향형 제도개혁을 실현하고 보호국화정책

---

27) 《舊韓國外交文書》 3(《日案》 3), 문서번호 3565, 241~242쪽.

을 추진하는 가운데 위협적인 수단과 회유적인 수단을 번갈아 동원하였다. 앞에서 살펴보았듯이, 그는 동학농민군(의병)의 진압과 대원군계 정치세력의 거세과정에서는 위협책을 활용한 반면 친일정권에 대해서는 돈을 매개로 하는 회유책을 쓰기도 하였다. 이노우에공사의 5백만 엔 차관공여안은 바로 이러한 회유책의 일단이었다.

부임 당초부터 조선의 재정상태가 극악한 형편임을 잘 알고 있던 이노우에공사는 우선 친일정권이 관리, 군대 및 외국고문관 등에게 연체된 3개월 이상의 봉급을 지급할 수 있도록 1895년 1월 26일에 일본의 제일은행 인천지점을 통하여 해관세를 담보로 13만 엔의 차관을 주선해 주었다.[28] 그 다음 그는 일본은행단 혹은 일본정부로부터 5백만 엔 규모의 거액 차관을 도입하여 다목적적인 내정개혁 추진 자금으로 삼고자 하였다.

이노우에공사는 5백만 엔 규모의 차관을 ① 은화 혹은 地金으로, ② 연리 8% 이하의 이율로, ③ 20년내 상환조건부로, 그리고 ④ 조선의 해관세 및 경상·충청·전라 3도의 지세를 담보로 조선정부에 대여할 것을 본국정부에 제의하였다.[29] 그는 이 차관이 첫째 그가 계획한 본격적인 내정개혁 추진에 필수적이며, 둘째 5백만 엔을 兌換기금으로 삼아 7백만 엔 상당의 지폐를 발행하면 조선에 일본식 화폐제도를 수립할 수 있으며, 셋째 조선정부로 하여금 세관감독권, 平壤의 석탄채굴권 등 주요 이권을 일본에 양여토록 만들며, 철도·전신선·개항장 및 군항의 조차 등 전략적 이권에 관한 일련의 조약을 체결할 때 協商代償物로 삼을 수 있다고 보았다.

그러나 이노우에공사에게 5백만 엔의 차관이 갖는 궁극적인 의의는 이 차관이 조선을 영국의 실질적인 보호국인 이집트(Egypt)와 같은 보호국으로 만드는 데 가장 효과적인 도구라는 것이었다. 그는 5백만 엔의 차관을 미끼로 하여 조선의 중앙 및 지방정부의 재정권뿐만 아니라 일부 행정권까지도 장악할 수 있을 것으로 내다보았다. 요컨대, 이노우에공사의 5백만 엔 차관 투여 구상이야말로 그가 추진하려던 대규모 제도개혁을 위해 필요한 자금일 뿐만 아니라 조선의 각종 이권을 농단하고 또 조선의 재정권과 행정권까지

28) 《日本外交文書》 28-1, 문서번호 200, 321쪽 ; 문서번호 205, 322~325쪽.
29) 《日本外交文書》 28-1, 문서번호 289, 477쪽 ; 문서번호 294, 480쪽.

음성적으로 장악함으로써 조선왕국을 일본의 '은폐된 보호국' 내지 '사실상의 보호국'－이집트형 보호국－으로 만드는, 말하자면 일석삼조의 효과를 노린 卓案이었던 것이다.

이노우에공사는 이 회심의 계획을 청일전쟁이 종결되기 전까지 실현시켜 보려고 안간힘을 썼다. 예컨대, 그는 무쓰외무대신에게 만약 일본 은행단이 이 돈을 마련할 수 없는 경우 일본정부가 군사비 중에서 그만한 금액을 지출한 다음 의회에서 사후승인을 받도록 해보라고까지 제의하였다. 그는 5백만 엔 차관이 자신이 담당한 내정개혁 성취에 관건임을 인지하고 무쓰에게 이의 실현을 촉구하였던 것이다.

무쓰외무대신은 이노우에공사의 제안을 받아들여 미츠이(三井)은행 등의 대표와 접촉하였지만, 그들이 연 10% 이상의 고율 이자를 요구하는 바람에 성사시키지 못하였다. 결국 2월 22일에 무쓰 등은 일본 정부예산 중에서 3백만 엔을 日本銀行에 下付하여 일본은행의 명의로 이 돈을 조선정부에 대여하기로 결정하고, 곧 이어서 3백만 엔 대여안을 의회에 제출하여 승인을 받았다. 이때 일본정부가 내세운 조건은 3백만 엔을 일본태환권(지폐)으로써 대여하되 조선정부는 2년 이내에 일본에서 발행될 조선공채로써 이를 상환토록 하고, 이자는 연 6%, 담보는 조선의 해관세 수입으로 설정할 것 등이었다.30)

그러나 일본정부의 3백만 엔 차관안은 이노우에공사의 입장에서 보면 우선 시기적으로 그 실현이 너무 지체된 데다가, 그 액수가 원래 요구한 것보다 축소 조정되었으며, 또 일본지폐로써 지급하면서 해관세만을 담보로 설정하는 등 공여조건이 처음에 자기가 구상한 조건과는 너무나 거리가 멀었다. 특히 그것은 조선측에 너무나 불리한 것이어서 내무대신 박영효, 탁지대신 어윤중 및 탁지아문협판 안경수 등 조선정부 대표의 커다란 반발을 불러 일으켰다. 박영효와 어윤중은 이 차관의 협상 과정에서 "[조선인이] 비록 飢渴을 참아내야 하더라도 이러한 [악]조건의 돈은 빌어 쓰지 않겠노라"고 절규하였다 한다.31)

---

30) 《日本外交文書》 28－1, 문서번호 224, 343쪽 ; 문서번호 227(부속서 1·2), 344~345쪽.

조·일 양측은 차관조건을 둘러싸고 논란을 벌인 끝에 3월 23일에야 비로소 타협이 성립되었고, 3월 31일부로 전 6조의 3백만 엔 借款條約이 성립되기에 이르렀다. 이 조약의 내용은 일본은행이 조선정부에 대하여, ① 총액 3백만 엔을, ② 그중 반액은 은화, 그 나머지 반액은 일본태환권으로써 대여하되, ③ 이율은 연 6%, ④ 담보는 조선정부의 조세로써 하고, ⑤ 3개년 거치 후 5개년 이내에 상환한다는 등이었다.[32]

이 차관조약에 따라 3월 31일부터 4월 10일까지 조선정부에 3백만 엔의 대여금이 교부되었다. 그러므로 이 차관은 조선의 '이집트화'를 겨냥한 광의의 내정개혁 추진자금으로서의 효과를 발휘하는 데 失機했을 뿐 아니라 그 대여조건이 조선의 실정을 무시한 가혹한 것이어서 조선정부의 회유수단으로서 기대된 바 효과를 거둘 수 없었다. 특히 이 차관의 협상과정에서 박영효 등 조선정부내 '독립주의자'들은 일본의 가혹한 차관조건에 크게 반발하였기 때문에 이노우에공사와 그가 조종·이용하려던 김홍집·박영효 연립내각과의 관계는 더욱 악화되었다.

그 결과 박영효와 같은 '독립주의자'는 4월 이후 이노우에공사의 충고를 무시하고 독주하는 경향을 드러냈다. 결국 박영효는 국왕·민비의 지지를 얻어 5월 18일에 그 동안 이노우에공사에게 비교적 굴종적인 태도를 보여왔던 김홍집파 인물들을 내각에서 축출하고 자파 및 박정양의 정동파만으로 구성된 새 내각—이른바 박영효내각—을 조직하여 삼국간섭 후의 국내외 정세변화에 능동적으로 대처하려고 했다.

한편 1895년 2월 중순 이후 러시아의 對韓간섭이 적극화되자 일본정부는 2월 27일을 기하여 러시아정부에 대해 조선의 독립을 명실공히 보장할 것을 공약하기에 이르렀다. 이를 전환점으로 일본의 조선 보호국화 내지 이집트화 정책은 동요했다. 이노우에공사는 3백만 엔 차관의 협상이 개시됨과 동시에 2월 26일과 3월 3일에 각각 무쓰외무대신과 이토오총리대신으로부터 러시아의 대한간섭 가능성에 대비하여 조선문제 처리에 신중을 기하라는 경고를 받은 다음 3월 14일에 조선 보호국화정책을 포기하는 것이 오히려 현명할

31) 杉村濬, 앞의 책, 125쪽.

32) 《日本外交文書》 28－1, 문서번호 238, 556~557쪽.

지 모르겠다고 이토오에게 보고하였던 것이다.

급기야 4월 8일에 그는 무쓰앞으로 종전의 대한간섭정책에 대한 전면적 재검토를 촉구하는 내용의 건의서를 보냄으로써 사실상 자신이 구상했던 이집트화 정책을 포기하였다. 즉, 이노우에공사는 그 동안 자신이 조선에서 추진해 온 여러 가지 야심적인 기도들이 일본의 대외공약-특히 러시아에 대해 약속한 명실상부한 조선의 독립보장-과 배치됨을 인정하고, 임박한 러시아의 간섭을 모면하기 위해 부득이 조선에 대한 간섭정책, 즉 보호국화정책을 포기할 것을 발의한 셈이다.[33]

일본정부도 6월 4일의 내각회의에서 "장래의 대한정책은 될수록 간섭을 그치고 조선으로 하여금 자립케 하는 방침, 즉 他動의 방침"을 채택하기로 결의하였다.[34] 이로써 일본정부는 이노우에공사를 앞세워 추진했던 조선의 보호국화정책을 일단 포기한 것이다. 그렇지만 이 기도는 1905~1910년에 마침내 실현된 조선 보호국화의 준비작업으로서 뿐만 아니라 그후 가속화된 제국주의 일본의 아시아대륙 침략정책의 원형으로서 주목된다.

2) 제2차 개혁의 추진세력

1894년 동학농민봉기와 청일전쟁 발발을 계기로 朴泳孝는 망명생활을 청산하고 귀국하여 그 동안 품어왔던 개혁사상을 실천에 옮길 수 있었다. 일본군이 경복궁을 강제 점령한 다음 일본정부는 조선의 새 정권에 친일파 관료들을 부식할 목적으로 박영효 등의 귀국을 서둘렀다. 박영효는 李圭完·柳赫魯·鄭蘭敎 등 5명의 측근과 2명의 일본인 경찰을 대동하고 釜山을 거쳐 8월 23일 서울에 도착했다. 입경한 그는 일본정부의 지원을 등에 업고 9월 3일과 4일 양일에 고종에게 압력을 가하여 광범위한 개혁조치를 단행할 수 있는 전권을 자신에게 부여할 것을 요구하였다. 그러나 박영효의 이러한 제의는 받아들여지지 않았다. 왜냐하면 그 당시 서울 정가의 분위기가 갑신정변에 관련된 인사들에 대해 적대적이었기 때문이다. 조선인 정치세력은 대체

33) 《日本外交文書》 28-1, 문서번호 266, 396~398쪽.
34) 《日本外交文書》 28-1, 문서번호 298, 440~441쪽.

로 박영효를 사형에 처해야 마땅할 역적으로 간주했으며, 미국 및 러시아 외교관들도 박영효를 살인자로 규정하고 그를 옹호하는 일본측의 처사에 세차게 항의하고 있었던 것이다.35) 9월 초순 박영효는 이러한 상황이 호전되기를 기대하면서 부득이 濟物浦(인천)로 물러나지 않을 수 없었다.

9월 중순 일본이 평양전투에서 승리하자 조선정계의 분위기가 크게 바뀌었다. 조선국민들은 이제 일본을 조선의 미래에 막강한 영향력을 발휘할 아시아의 새로운 패자로 바라보게 되었다. 이러한 대일인식의 변화는 조선을 자국의 보호국으로 약취하려는 일본정부의 결정에 유리하게 반영되었다. 앞에서 논급하였듯이, 일본정부는 이 목적을 달성하기 위해 이노우에를 조선공사에 임명했다. 부임 당시 이노우에공사는 박영효를 중심으로 조선에 강력한 친일내각을 구성하려는 복안을 갖고 있었는데, 이 정략은 일본과 마찰을 빚지 않으려는 고종에 의해 받아 들여졌다.36)

그리하여 마침내 12월 9일 국왕 고종은 前 錦陵尉 박영효의 직첩을 환수함과 동시에 蕩滌敍用하며, 갑신정변 관련 죄인들을 모두 사면·석방하고 부자관계로 연좌되었던 故 홍순목·박원양·서상익 등을 복작시킨다는 전교를 발포하였다.37) 이로써 박영효와 이미 귀국한 서광범·이규완·정난교 등은 모두 정치활동의 자유를 보장받게 되었다.

그리고 12월 17일에는 김홍집을 총리대신으로 받든 소위 '제2차 김홍집내각'이 발족하였다. 이때 박영효는 내무대신, 서광범은 법무대신으로 각각 발탁되었다. 이 내각은 박영효를 위시한 갑신파 이외에 김홍집과 박정양을 중심으로 형성된 다른 두 정파인 갑오파와 정동파로 구성되었다. 먼저 김홍집을 비롯한 갑오파는 일반적으로 친일적인 성향이 강한 세력으로서 대원군을 옹호하는 입장을 취했다. 한편 박정양을 중심으로 하는 정동파는 친서구(미·러)파로서 국왕 고종을 받드는 근왕주의적 세력이었다. 내각 구성원 중에서 갑신정변과 관련된 이른바 갑신파는 박영효와 서광범 뿐이었다. 이노우에의 치밀한 분할통치 정략에 따라 꾸며진 이 새로운 정치구도에서 갑신파는 다

35) 《日本外交文書》 27-1, 문서번호 446, 660~661 및 664~665쪽.

36) 《世外井上公傳》 4, 430·432쪽.

37) 《官報》, 개국 503년 11월 13일.

른 두 정파 사이에 介在하여 운신하도록 기대되었다.

일본의 후원으로 내무대신이 된 박영효는 왕실의 至親으로서 국왕 및 왕비 등 궁정세력의 조종역을 담당하였다. 이 무렵 박영효는 국내에 아무런 정치적 기반을 갖지 못한 데다가 전국에 걸쳐 동학농민군이 재기할 지 모르는 위험한 상황이 지속되고 있었기 때문에 어쩔 수 없이 일본에 의존하였으며, 또한 왕실과도 긴밀한 유대를 맺지 않을 수 없었다. 따라서 일본공사와 왕실 양쪽에서 신뢰를 받게 된 박영효는 동학의병과 그 관련세력을 진압하는 데 앞장섬과[38] 동시에 일본지향의 개혁을 추진하는 노선을 추구하게 되었다.[39]

그러나 1895년 초부터 박영효는 일본의 꼭두각시 역할에 만족하지 않고 조선정계에서 헤게모니를 장악하기 위해서 나름대로 독자적인 권력기반을 구축하는 데 주력하였다. 무엇보다도 그는 우선 李圭完을 경무청의 경무관에, 申應熙·柳赫魯·鄭蘭敎를 훈련대 제1대대 대대장, 군부 포공국 부관, 군부대신관방 부관에 각각 임명하는 등 군대와 경찰의 요직에 자신의 측근들을 과감하게 기용했다.[40] 이어서 그는 지방행정기구의 요직에 자신이 천거한 인물들을 임명함으로써 지방정부를 장악하려고 노력했다.

뿐만 아니라 박영효는 심중에 김홍집을 개혁정부에 부적합한 인물로 얕잡아 보고 자신이 총리대신직을 차지하려 하였다. 갑오파와 갑신파는 慕華館·弘濟院의 철거 여부문제로 상호 대립의 조짐을 보이기 시작했다. 급기야 군무대신 趙羲淵이 申泰休를 훈련대대장에 임명하려는 데 반발하여 박영효가 내각 총사퇴를 주장하기에 이르렀다. 신태휴는 갑신정변 당시 개화당과 일본군을 공격하는 데 가담하였으며, 袁世凱의 고종폐위음모 계획에도 관여하였던 인물이다. 따라서 고종과 민비는 신태휴를 꺼려하여 박영효로 하여금 그의 임명을 저지하도록 하였던 것이다. 그러나 내각 총사퇴는 일본의 조선내정개혁이라는 명분 자체를 무색케 하는 것이었으므로 이노우에공사가 앞장서서 김홍집과 박영효의 타협을 주선하여 이를 철회시킴으로써 일단락지어

38) 黃 玹, 《梅泉野錄》(國史編纂委員會, 1971), 173쪽.
《世外井上公傳》 4, 467쪽.

39) 田保橋潔, 〈朝鮮に於ける政治的改革〉(《近代朝鮮史硏究》 1, 朝鮮總督府, 1944), 147~149쪽.

40) 李瑄根, 앞의 책, 330~331쪽.

졌다.[41] 자신의 권력을 확장하려는 박영효의 이러한 시도는 이노우에공사로 하여금 그가 勢道를 누리려 한다고 판단하게 만들었으며 그 결과 이노우에는 그를 견제하게 되었다.

사태가 이렇게 되자 박영효는 일본측의 저의에 의심을 품고 일본의 제국주의적 이권할양 요구에 맞서서 조선의 국익을 옹호·주창하기 시작했다. 예를 들어, 1895년 2월 하순 이노우에공사가 조선의 철도 및 전신선 부설사업을 독점하려는 교섭을 비밀리에 벌여오자 그는 이 교섭에 응하지 않았다. 또한 그는 3월 일본정부가 조선에 제공하기로 한 3백만 엔 차관의 대부조건이 가혹하다고 비판하였다. 한편 박영효는 5월 서울의 일본인 거류지를 확장하려는 일본의 요구를 단호하게 거절했다. 조선의 국익을 수호하려는 이러한 일련의 당돌한 행동들로 말미암아 박영효는 한때 서울 주재 미국공사로부터 '충심의 애국자(patriot at heart)'라는 평을 듣기에 이르렀다.[42]

박영효의 독립주의적인 拒日행동은 1895년 5월 하순에 절정에 다다랐다. 그는 이노우에공사의 충고를 무시한 채 고종을 설득해서 총리대신서리직을 차지한 다음 군부를 장악하기 위해 김홍집파의 군부대신 조희연을 경질시켰던 것이다. 이 무렵 박영효에게는 이렇게 해야 할 절박한 이유가 있었다. 5월 4일 일본이 삼국간섭에 굴복한 후 조선에서 러시아와 미국의 영향력이 급상승하는 반면 일본의 지위는 급락하기 시작했다. 만일 이러한 추세가 지속된다면 친미·친러의 입장을 견지해 온 고종과 민비는 머지 않아 그와의 정략적 제휴관계를 청산할 것이 뻔했다. 이 같은 곤경에 빠지지 않기 위해 박영효는 미리 정부의 최고 군사권을 장악하지 않으면 안되었으며, 이렇게 함으로써 왕실측근세력이 획책할 지도 모를 음해에 대비해야만 했다.

그래서 그는 5월 17일 조희연의 공무상 비행들을 들추어 그를 군부대신직에서 축출하였으며 일보 더 나아가 조희연을 밀어주고 있었던 김홍집으로 하여금 총리직을 사임케 만들었던 것이다. 이때 이노우에공사는 박영효를 설득하여 김홍집파와의 관계를 원만하게 조절함으로써 내각의 붕괴를 막아보려고 노력했으나 결국 수포로 돌아갔다. 김홍집내각이 무너지면서 박영효 자

41) 《日本外交文書》 28-2, 문서번호 264(부속서 2), 390~395쪽.
42) 《尹致昊日記》 4, 48·54쪽.

신은 총리대신서리에, 그의 측근 李周會는 군부대신서리에 각각 임명되었다. 이제 박영효는 군부의 힘에 의존함으로써 일본공사의 압력을 벗어나 어느 정도 독자적인 권력을 행사할 수 있게 되었다.

5월 17일에서 6월 2일 사이에 박영효를 핵심으로 하는 새 내각이 구성되었다. 이 내각에는 총리대신 朴定陽을 포함하여 학부대신 李完用, 농상공부 협판 李采淵, 회계원장 李夏榮 등 정동파 인물이 대거 등용되었다.[43] 그러나 실제로 박영효가 실권을 행사했기 때문에 외국인들은 흔히 이 정부를 '박영효내각'이라 불렀다.[44] 이 점은 박영효내각 구성원들의 배경을 살펴보면 이해가 간다.

〈표 2〉에 나타난 17명의 내각각료들 가운데 서광범·서재필·申箕善·尹致昊·신응희·이규완 등 6명은 갑신정변에 유관한 박영효의 측근들이며, 김윤식과 어윤중은 정변에 간접적으로 연루되어 박해를 받은 인물이었다. 또 이주회·禹範善 등은 박영효가 내무대신직에 오른 후 요직에 발탁된 박영효의 지지자들이다. 따라서 박영효는 군부를 포함한 내각 및 경찰기구의 핵심 요직에 적어도 10명의 지지자들을 배치시켜 놓았음을 알 수 있다. 이러한 박영효의 우월한 입장은 정동파에 속하는 이완용·이채연·이하영 등 3명의

〈표 2〉 박영효내각 각료들의 배경

(1895년 6월 현재)

姓名 (職位)	年齡	本貫 (身分)	登科	外遊 經驗	改革前의 最終官職	改革前의 主要經歷
朴定陽 (總理大臣)	55	潘南 (兩班)	文科 (1866)	朝士日本視察團 朝士(1881), 駐美公使(1887~1888)	內務大臣 (1894)	戶曹判書
朴泳孝 (內部大臣)	35	潘南 (兩班)		修信使(1882~1883), 日本· 美國亡命(1885~1894)	廣州留守 (1883)	日本·美國 亡命 (1885~1894)
金允植 (外部大臣)	60	淸風 (兩班)	文科 (1874)	領選使(1881~1882)	督辦交涉通 商事務 (1885~1887)	沔川郡流配 (1887~1894)
魚允中 (度支部大臣)	47	咸從 (兩班)	文科 (1871)	朝士日本視察團 朝士(1881), 淸國訪問(1882)	宣惠廳 堂上 (1885)	延日縣流配 (1893~1894)

43) 韓哲昊, 《親美開化派硏究》(국학자료원, 1998), 94~101쪽.
44) 杉村濬, 앞의 책, 136쪽.

姓 名 (職位)	年齡	本貫 (身分)	登科	外遊 經驗	改革前의 最終官職	改革前의 主要經歷
申箕善 (軍部大臣)	44	平山 (兩班)	文科 (1877)		統理機務衙門主事(82)	呂島流配 (86~94)
李完用 (學部大臣)	37	牛峰 (兩班)	文科 (1882)	駐美公使館書記官・代理公使(1887~1890)	交換局總辦 (1893)	工曹參判 (1893)
徐光範 (法部大臣)	37	達城 (兩班)	文科 (1880)	報聘使 從事官(1883~1884)	承政院 假主書(1882)	美國亡命 (1885~1894)
金嘉鎭 (農商工部大臣)	49	安東 (庶子)	文科 (1886)	駐日公使館參書官・辦事大臣(1887~1891)	副護軍 (1893)	副護軍 (1893)
兪吉濬 (內部協辦)	39	杞溪 (兩班)		日本留學(1881~1882), 美國留學(1883~1885)	統理交涉通商事務衙門主事(1883)	漢城府內 流配 (1886~1895)
徐載弼 (外部協辦)	32	達城 (兩班)	文科 (1879)	日本留學(1883~1884), 美國留學(1885~1895)	操練局 士官長(1884)	美國亡命・留學 (1885~1895)
安駉壽 (度支部協辦)	42	竹山 (庶孫)	?	駐日公使館 通譯官(1887), 日本往來(1888~1892)	典圜局幇辦・壯衛營領官(1893)	典圜局幇辦
尹致昊 (學部協辦)	31	海平 (庶孫)		日本留學(1881~1883), 中國留學(1885~1888), 美國留學(1888~1893)	統理交涉通商事務衙門主事(1884)	中西學院 專任講師 (1893~1895)
李在正 (法部協辦)	49	牛溪	進士 (1882)		電郵局主事 (1893)	電郵局主事
李采淵 (農商工部協辦)	35			駐美公使館代理公使 (1890~1891)	電郵局幇辦 (1893)	參議交涉通商事務衙門 (1894)
李周會 (軍部協辦)	52	廣州			慶尙左水營正領官(1894)	慶尙左水營正領官
權在衡 (內閣總書)	40	安東 (庶子)		駐日公使館署理公使 (1891~1893)	統理交涉通商事務衙門主事(1885~1891)	電郵局主事 (1891)
李允用 (警務使)	42	牛峰 (庶子)			漢城府判尹 (1888)	大護軍 (1889)
禹範善 (訓練隊 第2大隊長)		丹陽		上海旅行(1894)	別技軍參領官(1881)	察訪(1894)
申應熙 (訓練隊 第1大隊長)	39	平山		日本留學(1883~1884)	後衛營 (1881)	日本・美國亡命(1885~1894)
李圭完 (警務官)	33	全州 (兩班)		日本留學(1883~1884), 美國留學(1885)	武官侍從長 (1884)	日本・美國亡命(1885~1894)

측근을 거느린 총리대신 박정양의 취약한 입장과 좋은 대조를 이루고 있었다. 다시 말해서 박영효내각은 두 주요 정파, 즉 박영효의 갑신파와 박정양의 정동파로 구성되어 있었고, 내각에서 내부대신 박영효가 총리대신 박정양보다 훨씬 더 우세했다고 말할 수 있다.

박영효내각 각료들의 사회적 배경, 교육경험, 그리고 정치적 경력 등을 분석해 보면, 그들은 주로 능력본위로 발탁되었음을 알 수 있다. 이들의 평균연령은 42세였으며, 그들 중 적어도 5명이 30대에 속했다. 그들의 가문과 사회적 배경은 다양했는데, 이러한 잡다한 배경의 인물들이 내각에 기용되었다는 사실 자체가 새로운 사회질서의 태동을 의미했다. 무엇보다 그들 중 최소한 3명이 庶出이었다는 사실은 주목할 만하다. 또한 교육배경을 살펴보건대, 그들 중에는 과거(문과)를 치르지 않은 사람이 섞여 있었다. 그들 중 대부분은 1894년 전까지 친청 민씨척족의 파행적 권력구조 속에서 요직 획득이 불가능했거나 국내외에서 유배생활을 했기 때문에 자신들에게 기회가 주어지면 개혁에 헌신할 각오가 서있는 관료들이었다고 말할 수 있다. 18명의 내각구성원들 중 적어도 10명이 오랫동안 미국에서 생활했다는 사실은 이 집단이 일본지향적이라기 보다 서구지향적이라는 점을 시사한다. 1896년 이후 이들의 대부분은 친서구적인 독립협회에 가담하여 지도자 역할을 담당하였다.

실권을 장악하자 박영효는 군부 및 경찰조직, 그리고 지방행정조직의 개혁에 주력하면서 5월 하순부터 7월 초순까지 개혁운동에 박차를 가하였다. 동시에 그는 개혁을 반대하는 보수세력이 자신을 제거하기 전에 재빨리 자신의 정치적 헤게모니를 공고히 하려고 애썼다. 이 과정에서 그는 러시아공사와 민씨척족의 후원에 힘입어 은밀히 권력을 만회하고 있었던 민비와 마찰을 빚고 말았다. 양자의 관계는 이노우에공사가 잠깐 서울을 떠나 있던 6월 초순부터 하순까지 사이에 냉각되어 갔다. 이 무렵 박영효는 자신의 권력을 공고히 하기 위해 자기 영향력 아래 있던 訓練隊로 하여금 왕실경호를 담당토록 하는 비상조치를 강구하려 했으나 실패하였다. 즉, 그는 6월 25일 국왕에게 왕실경비대의 교체를 요구했다가 거절당했던 것이다. 일본 및 미국측의 자료에 의하면, 그후 박영효는 왕실에 대한 종전의 태도를 바꾸어 무력으로써 왕실을 통제하기 위한 모종의 과격한 조치를 구상하게 되었다.[45] 이러한 정황에서 7월 6일 왕실측은 박영효가 궁궐을 침범하여 민비를 제거하고 국왕을 폐위시키려 음모했다는 정보를 입수했다. 이를 계기로 7월 6~7일 양일간 박영효와 서광범을 제외한 전·현직 고관들이 참여한 궁정회의에서 박영효를 '不軌陰謀'의 혐의로 체포할 것을 결정하였다. 이러한 궁중의 움직임에 관해 사전경고를 받은 박영효는 7월 7일 측근 2명과 함께 일본공사관의 일등서기관 스기무라 등의 협조를 얻어 일본으로 탈출함으로써 또 다시 망명길에 올랐다.

3) 제2차 개혁의 내용

제2차 갑오경장은 1894년 12월 17일 주조선 일본공사 이노우에의 지원으로 구성된 김홍집·박영효 연립내각이 1895년 7월 6일 박영효가 일본으로 재차 망명하기까지 총 213건의 개혁안을 제정·공포·실시한 것을 지칭한다. 앞에서 살펴보았듯이, 제2차 개혁기간 동안 이노우에공사를 등에 업은 40여 명의 일본인 고문관들은 1894년 12월 중순과 1895년 4월 중순에 공포된 개혁안 가운데 일부분의 개혁안 작성에 관여하였고, 그 대부분은 주로 개혁운

45) 미국공사의 보고서와 일본영사 우찌다 사다쓰지(内田定槌)의 보고서에 의하면, 1895년 7월 6일 박영효는 훈련대를 끌어들여 민비를 암살하려고 계획했다고 한다. 그러나 일본대리공사 스기무라 후카시(杉村濬)는 박영효가 왕실에 대해 어느 정도 '과격한 행동'을 취하려고 계획한 것은 사실이나 자신의 강력한 만류로 그 계획을 철회했다고 주장하면서 민비암살계획에 회의를 표시했다. 한편 정교에 의하면, 박영효는 일본으로 망명하기 전에 그러한 음모에 대한 자신의 결백을 주장했다고 한다. 박영효가 1885~1894년간 민비와 적대적이었다는 사실, 그리고 1894년 9월초에 민비를 폐위시키려고 계획한 적이 있었다는 점 등으로 미루어, 박영효의 '과격한 행동'계획에는 민비의 弑害까지는 몰라도 적어도 그녀를 폐서시키려는 기도가 포함되었을 것으로 추정된다.
Department of States, United States, Dispatches from the United States Legation in Seoul, Korea, 문서번호 123, 1895. 7. 9 ; 문서번호 147, 1895. 9. 18 ; 문서번호 187, 1896. 1. 13.
《日本外交文書》 28-1, 문서번호 334 ; 문서번호 317 ; 문서번호 326 ; 문서번호 344, 457·461~462·466쪽.
鄭 喬, 《大韓季年史》 上(國史編纂委員會, 1957), 109쪽 등 참조.

동에 참여했던 조선인 개혁파관료들에 의해 입안·제정되었던 것이다. 그 가운데 박영효는 가장 적극적으로 개혁활동을 벌인 개혁파인사로서 213개의 개혁안 중 적어도 68개에 自署하였다.46) 특히 이 68개의 개혁안 중 과반수가 1895년 5월말부터 7월초까지, 즉 박영효가 일본의 간섭을 배제하고 개혁의 주도권을 장악하였던 시기에 발포되었다는 사실은 주목을 요한다.

(1) 〈홍범 14조〉의 반포

고종은 1895년 1월 7일과 8일 양일에 걸쳐 종묘와 사직에 친행하여 14개조의 '洪範'을 誓告하였다. 이어서 고종은 1월 8일에 이 홍범을 왕실과 국민 모두가 준수해야 할 일종의 정책지침으로써 공포하였다. 그러므로 이 홍범은 갑오경장 중 주권자가 국가의 개혁정책 내용을 천명한 가장 중요한 개혁문서라고 말할 수 있다. 고종은 개혁의 취지를 전국민에게 널리 주지시키고자 〈홍범 14조〉를 순한글·국한문혼용 및 순한문체로 작성·반포하였는데, 그 내용은 다음과 같다.

홍범 14조

1. 청국에 依附하는 생각을 끊어 버리고 자주독립하는 기초를 확실히 세울 것.
2. 王室典範을 制定하여 大位의 계승과 宗戚의 分義를 밝힐 것.
3. 대군주가 正殿에 나아가 일을 보아 국정을 친히 각 대신에게 물어 재결하고 后嬪·宗戚은 干預함을 용납치 않을 것.
4. 왕실사무와 국정사무를 須卽 분리하고 서로 혼합하지 않을 것.
5. 의정부와 각 아문 직무·권한의 제정을 밝게 작정할 것.
6. 인민이 세를 바치는 것은 다 법령으로 작정하고 멋대로 명목을 붙여 함부로 거두지 말 것.
7. 조세의 課徵과 경비의 지출은 다 탁지부에서 관할할 것.

---

46) 이러한 숫자는 宋炳基·朴容玉·朴漢卨 編著, 《韓末近代法令資料集》 1, 118~443쪽에 실린 개혁안들을 근거로 얻어낸 것이다.
한편 윌킨슨은 자신의 저서 부록에서 총 179개의 개혁안 목록을 제시하였다. William H. Wilkinson, *Corean Government*(Shanghai : Kelly and Walsh, Ltd., 1897), pp.122~127 참조.
또한 田保橋潔은 〈朝鮮に於ける政治的改革〉(《近代朝鮮史研究》, 朝鮮總督府, 1944), 147~149쪽에 이 기간 동안에 제정된 개혁안으로 51개만을 싣고 있다.

8. 왕실비용을 솔선하여 절감함으로써 각 아문과 지방관의 모범이 되도록 할 것.
9. 왕실비와 각 관부의 비용은 미리 1년 회계를 작정하여 재정의 기초를 확립할 것.
10. 지방관제를 속히 개정하여 지방관리의 職權을 한정할 것.
11. 國中의 聰俊子弟를 널리 파견하여 외국의 학술과 기예를 傳習할 것.
12. 將官을 교육하고 징병법을 정하여 군제의 기초를 확정할 것.
13. 민법과 형법을 嚴明하게 제정하여 監禁과 懲罰을 濫行치 않음으로써 인민의 생명과 재산을 보전할 것.
14. 사람을 쓰되 문벌에 구애받지 말고 선비를 구함에 두루 조야에 미쳐 인재 등용의 길을 넓힐 것(《高宗實錄》, 고종 31년 12월 12일).

홍범의 내용은 조선의 대내외적 독립 특히 청국으로부터의 독립선언, 내각에 권력을 집중시키기 위한 왕실(궁내부)과 정부간의 권한 분리, 재정 및 조세제도·군사제도·교육제도 등의 근대화, 능력본위의 관리임용, 지방행정제도 및 사법제도의 개혁 등으로 요약할 수 있다. 1895년에 시도된 거의 모든 개혁이 위의 사항들과 밀접히 관련되었다는 점으로 미루어 〈홍범 14조〉는 제2차 갑오경장의 '母法'적 기반이었다고 말할 수 있다.

그런데 홍범 14조는 일본공사 이노우에 또는 조선인 개혁파인사 兪吉濬에 의해 작성된 것으로 알려져 있다. 이노우에공사가 1894년 11월 19~20일 고종에게 '20개조 內政改革案'을 제시한 다음 고종으로 하여금 종묘에서 서고하도록 권고한 것은 사실이다. 또한 유길준이 손수 홍범 14조를 기초하였음도 사실이다.[47] 그러나 첫째 이노우에공사의 20개조 내정개혁안의 내용이 홍범의 내용과 다른 점, 둘째 홍범이 작성·공포되었을 당시 내각 편제상 유길준이 내무대신 박영효 아래의 내무협판이었다는 점, 셋째 박영효가 이미 1888년 2월 23일자로 고종에게 제출한 〈朝鮮內政改革에 관한 建白書〉(一名 開化建白書 '戊子上疏' 혹은 '興復上疏')에서 고종으로 하여금 개혁 誓告를 행할 것을 건의한 사실[48] 등으로 미루어 박영효가 홍범의 입안 및 반포의 주도인물이었다고 간주함이 옳을 것이다.

---

47) 兪吉濬全書編纂委員會 編, 《兪吉濬全書》 1(一潮閣, 1971), 205~208쪽 참조.
48) 이 상소문의 원본은 《日本外交文書》 21, 문서번호 106, 292~322쪽에 〈朴泳孝建白書〉란 제목으로 실려 있다.

(2) 대외관계의 개혁

1894년 이전 조선의 근대화를 가로막았던 결정적 요인은 조선에 대한 청국의 정치적·문화적 지배였다. 청일전쟁의 결과 조·청간의 전통적 유대는 마침내 청산되었다. 박영효는 민족주의적 상징들을 고안하여 국민들에게 새로운 애국심을 고취하는 데 앞장섰다.

우선 박영효가 참석한 1895년 1월 12일의 내각회의에서 왕실의 존칭을 개칭할 것이 결의되었다. 즉, 主上殿下를 '大君主陛下'로, 왕대비전하를 '王太后陛下'로, 왕비전하를 '王后陛下'로, 왕세자저하를 '王太子殿下'로, 왕세자빈저하를 '王太子嬪殿下'로 각각 격상시킴으로써 독립국가의 체면을 세우고자 하였던 것이다.[49]

다음으로 1895년 2월 초 내각회의에서 박영효는 자주독립의 의지를 대내외에 천명하기 위해 전통적인 조·청 종속관계를 연상시키는 松坡 소재 淸帝功德碑를 묻어버리고 서대문밖에 있는 迎恩門·慕華館·弘濟院 등을 헐어버리자는 안을 제의하였다. 이에 대해 김홍집·박정양 등은 청제공덕비와 영은문의 제거에는 동의하였지만 모화관·홍제원은 그 명칭을 바꾸어 활용할 것을 주장하였다. 당시 이 문제는 훈련대대장 申泰休의 진퇴문제와 결부되어 갑신파와 갑오파간의 대립을 격화시킬 요인으로 작용할 우려가 있었기 때문에 일본공사 이노우에의 중재로 갑오파의 의견을 수렴하는 쪽으로 마무리되었다.[50]

이외에도 박영효는 1882년에 자신이 도안한 太極旗라는 이름의 국기를 널리 사용케 하였으며, 처음으로 공문서에서 한글을 사용토록 하고, 나아가 獨立慶日을 제정하는 등 상징적인 민족주의 지향의 개혁을 도모함으로써 국민들에게 독립의식을 고양시켰다. 이러한 개혁의 연장선상에서 그는 내무대신의 직권으로 〈自主獨立을 妨害하는 者를 不道國賊으로 處罰하는 件〉이라는 제목의 내무아문령 제1호로 발포하기도 하였다.[51]

---

49) 《韓末近代法令資料集》 1, 155~156쪽.
50) 李瑄根, 앞의 책, 461~462쪽 참조.
51) 《韓末近代法令資料集》 1, 159쪽.

(3) 정치제도의 개혁

갑오경장 당시 조선의 개혁파관료들은 나라의 부강을 달성하기 위해서는 무엇보다도 강력하고도 효율적인 중앙집권적 정부를 수립하는 것이 필수라고 생각하고 있었다. 그리하여 갑오경장 초반에 군국기무처 의원들은 왕실의 권한을 축소시키면서 종래 정책의 입안 및 시행을 담당하였던 議政府에 권력을 집중시키는 개혁을 단행하였던 것이다. 그런데 1895년 1월 11일 박영효를 비롯한 갑신파는 궁내부 및 중추원을 발족시킴과 동시에 근대적 內閣制를 수립·선포하였다. 그 결과 조선의 중앙정치체제는 이제 1885년 이후 메이지 일본의 체제와 흡사하게 되었다.

1895년 4월 19일에 발포된 〈內閣官制〉에 의하면, 의정부는 내각으로 그 명칭이 바뀌었으며, 종래의 8衙門은 部로 각각 개칭되면서 농상무아문과 공무아문이 통합되어 외부·내부·탁지부·군부·법부·학부·농상공부 등 7부가 되었다. 내각은 총리대신과 7부의 대신을 포함하여 8명의 각료로 구성되었다. 내각수반인 총리대신은 행정 각부의 통일을 꾀하며, 행정 각부의 처분 혹은 명령을 다시 협상해야 될 때에는 그 실시를 잠시 중지하고 내각회의를 거쳐 재가를 받은 뒤에 실시토록 하였다. 그리고 내각에는 법률·칙령안, 세입·세출의 예산 및 결산, 내외國債에 관한 사항, 국제조약 및 기타 중요한 국제문제, 각부간 주관권한의 쟁의, 신민의 상소 중 특별히 大君主陛下께서 下付하는 것, 예산외의 지출, 칙·주임관의 임명 및 진퇴, 舊規의 존폐 내지 변경과 관청의 廢置 및 분합, 조세제도의 개혁, 그리고 관유토지·삼림·屋宇·선박 등의 관리·처분 등 대소사를 다룰 수 있는 권한이 부여되었다. 이 달에 발포된 각부 관제에서는 7부가 각각 고유의 권한을 갖고 정책을 집행하도록 규정했다. 내각은 이제 중앙정부의 가장 강력한 정책입안기관이자 집행부로 자리잡은 것이다.52)

내각관제의 실시와 아울러 중추원 및 궁내부의 개편이 단행되었다. 우선 중추원은 종래의 군국기무처와 중추원을 통합한 것으로서, 1894년 이전에 집

52) 《韓末近代法令資料集》 1, 199~200쪽.
왕현종, 〈甲午改革期 宮僚制度의 變化〉(《國史館論叢》 68, 1996), 270~271쪽.

권했던 보수적인 관료들을 명예스럽게 은퇴시키기 위해 고안된 실권없는 자문기관이었다. 〈中樞院官制 및 事務章程〉에 따르면, 중추원은 내각의 諮詢에 응하여 법률·칙령안과 내각에서 임시로 자순하는 사항을 심사·의정하는 기능을 갖고 있었다. 또한 중추원의 구성원은 칙임의 의장·부의장, 그리고 칙임의 1등 議官과 주임의 2·3등 의관 등 50인 이하의 의관이었다. 이어서 중추원 의관들이 임명되고, 〈중추원회의 및 처무규정〉도 제정·반포되었다. 그러나 중추원은 1895년에 실제로 별다른 기능을 발휘하지 못하였다.

내각이 국가정책의 입안 및 집행기관으로 자리잡게 된 반면 궁내부는 내각과 분리된 채 권위의 상징체로 전락되었다. 1894년 12월 17일 칙령 제1호로 承宣院의 公事廳을 폐지하고, 그 대신 布達 제1호로 1895년 6월 12일 궁내부를 신설했다. 개정된 〈宮內府官制〉를 살펴보면, 궁내부대신은 왕실의 일체 사무를 總判하고 소속 각 관을 統督하고 귀족을 감독함과 아울러 國璽·御璽를 尙藏하였으며, 大臣官房 아래에 掌禮院·侍從院·奎章院·會計院·內藏院·濟用院 등 6院을 두었다. 그리고 종래의 종정부와 종백부는 폐지되고 그 대신 이들은 장예원 예하의 宗正司와 貴族司로 축소되었다.[53] 주목할 만한 것은 왕실경비를 취급하는 회계원 이외에 왕실의 사유재산을 독자적으로 운영하는 내장원을 신설하였다는 사실이다. 내장원은 이전의 內需司 및 그에 소속해 있던 龍洞宮·於義宮·壽進宮·明禮宮 등 소관의 재원을 관리하였다. 내장원은 내각제의 강화로 인하여 권한이 축소된 국왕 및 왕실측의 반발을 무마하기 위하여 신설되었던 것이다.[54]

(4) 지방행정제도의 개혁

박영효가 내부대신으로 재직했던 기간에 추진했던 괄목할 만한 업적 중의 하나는 지방행정제도의 개혁이었다. 8道를 기본으로 5개의 留守府, 3개의 監理署 그리고 牧·郡·縣 등으로 편제된 종래의 지방행정체제는 매우 번잡하고 비능률적이었다. 지방행정관리들은 국왕에 의해 임명되었으나 이들의 권

53) 《韓末近代法令資料集》 1, 304~316쪽.

54) 徐榮姬, 〈1894~1904년의 政治體制 動向과 宮內府〉(《韓國史論》 23, 서울대 국사학과, 1990), 357~359쪽.

한은 뚜렷하게 구분되어 있지 않았다. 더욱이 1894년 이전의 지방행정조직은 매관·매직 등 부패의 온상이었다. 따라서 내부대신 박영효는 지방행정의 효율성을 높임과 동시에 자신이 구상한 대개혁을 밀어줄 인물들을 지방행정기구의 요직에 부식할 것을 목적으로 기존의 행정조직을 대폭 개편하려 하였다. 앞에서 논급했던 바와 같이, 그는 1895년 1월초에 지방행정제도를 개혁하려고 시도하였다가 이노우에공사에 의해 저지당한 일이 있었다. 그러나 일본의 영향력이 쇠퇴하고 자신이 실권을 장악했던 1895년 6월에 그는 드디어 이 계획을 실천에 옮겼다.

1895년 6월 18일에 공포된 지방제도개혁에 관한 조칙 및 칙령에 의하면, 행정을 효율적으로 운영하기 어려운 大구역주의인 8도제를 폐지하고 소구역주의에 입각하여 漢城府·仁川府·忠州府 등의 23府로 편제하였으며, 종래 번잡하게 나뉘어져 있던 부·목·군·현 등을 모두 郡으로 단일화하여 총 337군을 23부 아래로 분속시켰다.[55] 이와 아울러 인천·부산·원산 등 3항의 감리서도 폐지하였다.

한편 종래 문란했던 지방관 인사행정의 폐해를 막고 공정한 인물을 등용하려는 취지에서 지방관리 임용제도의 개혁도 단행하였다. 그리하여 각부에 觀察使 1인, 參書官 1인, 主事 약간 명, 警務官 1인, 警務官補 1인, 巡士 2인 이상 등을 배치하였으며, 군에는 郡守 1인만을 두고 여타 직원에 관한 규정을 두지 않았다. 그리고 관찰사는 내부대신으로부터, 군수는 관찰사로부터 각각 지휘와 감독을 받도록 조치함으로써 명령계통을 분명히 했다.[56] 아울러 근대적 중앙집권국가를 실현하고 효율적인 지방행정체제를 실시하기 위해 지방관의 권한을 축소시켰다. 각부에 경무관 등을 두어 지방경찰업무를 담당케 함으로써 종래 군사권에 포함되어 있었던 지방경찰업무를 분리시켰다. 또한 〈社還條例〉를 실시하면서 지방관이 還政에 간섭하지 못하도록 명시함으로써 지방관의 수세권 행사를 제한하였으며, 지방재판소를 개설하면서 지방관의 권한에서 行刑權을 분리시켰다.[57]

55) 《韓末近代法令資料集》 1, 399~402쪽.
56) 《韓末近代法令資料集》 1, 404~405쪽.
57) 尹貞愛, 〈韓末 地方制度 改革의 硏究〉(《歷史學報》 105, 1985), 78~88쪽 참조.

예상대로, 박영효는 6월 26일에 23부에 관찰사를 새로 임명함으로써 지방관제를 자신의 권력기반으로 만들어 나갔다. 23명의 신임 관찰사 중 6명만이 전직 관찰사이거나 지방관이었고, 그 나머지는 박영효의 추천을 받은 인사이거나 박영효의 측근들이었다. 이러한 지방행정제도의 개혁을 통해 그는 자신의 주도하에 개혁을 전국적으로 추진할 수 있는 근거를 확보했던 셈이다.

(5) 경제제도의 개혁

갑오경장 초기에 군국기무처는 국가의 재정을 확충하고 재정의 일원화와 은본위제도의 실현 등을 통해 근대적 경제제도를 정착시키려고 노력하였다. 그러나 이러한 시도가 제대로 발효되지 않자 국왕은 〈홍범 14조〉를 통해 그 실시를 재강조하였다. 즉, 〈홍범 14조〉 중 제6조는 인민의 세금납부를 법령에 따라 정해야 된다는 조세법정주의를, 제7조는 탁지부가 조세의 징수 및 경비의 지출을 관할하는 재정의 일원화를, 제9조는 왕실비와 정부비용의 매년 예산을 정하는 예산제도의 확립을, 그 외에 제8조는 왕실비용을 솔선수범하여 절감한다는 경비절약의 의지를 천명하는 것이었다.

우선 탁지부에 의한 재정의 일원화는 1895년 4월 19일에 발포된 〈탁지부관제〉에서 재강조되었다. 이에 따르면, "탁지부대신은 정부의 재정을 總轄하며 회계·출납·조세·국채·화폐·은행 등에 관한 모든 사무를 掌理하고 각 지방의 財務를 감독"하도록 규정함으로써 탁지부는 국가의 세출입을 총괄할 뿐만 아니라 화폐와 은행에 대한 사무를 관장하게 되었던 것이다. 그런데 제1차 개혁과는 달리 왕실재정은 탁지부에서 분리되어 궁내부 회계원에서 관장하게 되었다. 이는 왕실재정을 독립시킴으로써 개혁에 대한 왕실의 반발을 무마시키려는 데 그 목적이 있었다.[58)]

〈탁지부관제〉가 반포된 다음날 재정의 일원화를 도모하려는 기구 정비의 일환으로 조세를 비롯한 각종 세입의 징수사무를 전담할 기구설치를 위해 〈管稅司及徵稅署官制〉가 공포되었다. 이에 의하면, 전국에 관세사 9개와 징세서 220개를 설치하되, 모두 탁지부대신의 관할 하에 두었다. 또한 관세

58) 《高宗實錄》, 고종 32년 3월 25일.

사는 관내 징세서의 징세사무를 감독함과 아울러 군현의 세무를 감사하며, 징세서는 收入調定官이 발부하는 징세 명령 혹은 납세고지에 의거하여 조세 및 기타 세입을 징수하는 업무를 각각 맡았다. 그 결과 종전에 각 군현이 담당하였던 징세사무는 탁지대신이 관리하는 관세사와 징세서로 이관되었던 것이다.59)

한편 1895년 4월 24일에는 우리 나라 최초의 근대적 예산제도와 조세법정주의 등을 규정한 〈會計法〉이 발포되었다. 〈회계법〉 총칙 제1조에는 조세의 신설과 세율의 변경을 모두 법률로 정하고, 그 외에는 조세의 감면과 延納을 허용치 않는다는 조세법정주의를 명시하였다. 이어 구체적인 후속조치로 법률 또는 칙령 및 기타 규정이 없는 조세·賦金·상납물·情費·잡비를 비롯하여 徭役 및 기타 力役을 부과·징수하지 못하며, 정부는 정당한 징세명령 또는 납액고지서를 발부하지 않은 조세와 기타 세입은 징수할 수 없을 뿐 아니라 납세자 역시 이를 거부할 수 있다는 조항이 설정되었다. 이러한 조세법정주의의 채택은 그 동안 임의적으로 과징되어 온 규정외의 잡세를 혁파할 수 있는 법적 근거를 마련해준 점에서 획기적인 의의가 있다.60)

아울러 〈회계법〉 제3조에서는 "정부의 세입·세출은 매년 예산을 정하여 經理한다"고 규정함으로써 예산제도가 비로소 시행되기에 이르렀다. 그 내용을 살펴보면, 회계연도는 매년 1월 1일부터 12월 말일로 하되 회계연도에 속하는 세출입의 출납관련사무는 다음해 8월 말일까지 완결되도록 하였다. 각 부대신은 매년 9월말까지 탁지부대신에게 다음 년도 예산조서를 작성하여 송부하면, 탁지부대신은 매년 10월말 이내에 다음 년도의 세입예산을 조사하여 각부의 예산조서와 대조·査定한 다음 세입·세출 총예산안을 편성하고, 이를 각의에 회부하여 심의를 거쳐 국왕의 재가를 받도록 되어 있었다. 예산은 경상과 임시로 대별하되 豫算 各 款 금액을 유용할 수 없고, 관 밑의 각 항의 유용시에는 반드시 탁지부대신의 승인을 받아야 하며, 예산의 부족 혹은 예산외 필요한 비용을 충당하기 위해 예비금 조항을 두었다.

또 결산은 각부대신이 예산조서와 동일한 양식으로 경비결산 보고서를 탁

59) 《高宗實錄》, 고종 32년 3월 26일.
60) 金玉根, 《朝鮮王朝財政史硏究》(一潮閣, 1984), 399~400쪽.

지부대신에게 제출하면, 탁지부대신이 이를 검사·확정하여 세출입 총결산서를 작성한 다음 내각의 심의를 거치도록 하였다. 이 밖에 잉여금이 있을 경우 다음 년도 세입에 편입하는 이월제도가 채택되었다.

이 〈회계법〉은 처음에 각 도·영·읍 등 지방행정기관을 제외하고 중앙정부기관에 대해서만 적용되다가 지방제도의 개편과 아울러 6월 23일부터 전국적으로 실시되기에 이르렀다.[61] 그러나 예산절차는 그 당시 근대적인 의회제도가 마련되지 않았기 때문에 의회의 의결 내지 입법 절차를 거치지 않은 채 내각회의의 심의만 받도록 되어 있을 뿐 아니라 독립기관에 의한 회계검사 절차도 없었으며, 예산의 편성 및 집행상의 규정도 구체적으로 마련되지 않은 한계를 지녔다. 그럼에도 불구하고 〈회계법〉에 의거하여 1896년도부터 근대적인 형식을 갖춘 정부예산이 편성·집행된 사실은 우리 나라 재정근대화에 획기적 계기를 마련하였다는 점에서 그 역사적 의의가 크다.[62]

한편 재정을 확충하기 위한 조치로서 내부·탁지부·궁내부로 하여금 宮房田을 조사토록 하고 인삼전매사업을 실시하였다. 그리고 〈砂金開採條例〉를 제정하여 일반인들의 사금 채광을 허가하고 광세징수제도를 정비하였다. 이는 德大에게 징세사무를 분관시키고 營邑 등 지방관청의 방해를 막으려는 목적도 있었지만 궁극적으로는 광산에 대해 체계적인 징세를 부과하기 위한 조치였다. 또한 각종 폐단을 일으켰던 六矣廛과 貢納制度도 폐지되었다.[63]

(6) 군사제도의 개혁

1894년 봄 조선의 관군은 동학농민군에게 패배함으로써 그 무력함을 드러냈다. 그러므로 조선이 청일전쟁 이후 독립국가로서의 지위를 유지하기 위해서는 최소한 내란을 진압할 수 있을 정도의 군사력을 보유하는 것이 급선무였다. 그럼에도 불구하고 일본은 조선이 근대적인 군사력을 갖추는 것을 원하지 않았기 때문에 군제개혁은 1895년까지 지연되고 있었다. 따라서 본격적인 군제개혁은 1895년 5월에 박영효가 일본의 간섭을 배제하고 독자적인 권

61) 《高宗實錄》, 고종 32년 3월 30일·5월 26일.
62) 金雲泰, 《朝鮮王朝行政史 : 近代篇(全訂新版)》(一潮閣, 1984), 317~318쪽.
63) 《高宗實錄》, 고종 32년 3월 29일·5월 19일.

력을 장악하고 나서야 비로소 추진되었다.

1894년 12월 17일 기존의 중앙군사 조직인 통위영·장위영·총어사·경리사·호위청 등이 칙령으로 폐지되었다. 1895년 초에 창설된 訓練隊는 당시 군부대신 조희연과 박영효에 의해 조심스럽게 양성되었다. 이 훈련대는 1895년 1월에 조희연의 주도 아래 창설되었으며, 나중에 박영효파 인사들이 그 요직을 차지하게 되었다. 그후 훈련대 제1대대 및 제2대대의 지휘권이 확립되었던 1895년 4월과 5월 무렵 박영효는 이 군대를 장악할 수가 있었는데 그 당시 훈련대는 974명의 병력을 보유하고 있었다.

박영효와 조희연은 5월말에 훈련대의 지휘권 문제를 둘러싸고 정치적으로 각축하는 양상을 드러내었다. 박영효는 조희연을 내각에서 축출하고 자신의 심복인 李周會를 군부대신 자리에 앉힌 다음 〈開化建白書〉에서 제시했던 대로 재빨리 수만 명으로 구성된 강력한 근대적 상비군을 창설하려고 서둘렀다. 1895년 6월 중 그는 첫째 훈련대를 2개 대대에서 6개 대대로 확장하여 약 3,000명의 병력을 서울·평양·청주 등 주요 도시에 배치하는 일, 둘째 8대의 공병, 2대의 경중병, 그리고 2대의 마병 등 총 4,800명으로 구성된 新設隊를 창설하는 일, 그리고 셋째 3개월 교육과정으로 편성된 訓練隊士官養成所라는 군사교육기관을 창설하는 일 등 세 가지의 군제개혁작업을 추진하였다. 다시 말하면, 박영효는 1895년 7월 실각하기 이전에 근대적 사관학교 출신 장교가 지휘하는 약 7,800명 규모의 근대적 상비군을 조직하려고 기도했던 것이다. 이는 갑오경장 중에 시도된 가장 대담한 군제개혁이었다.

한편 중앙군제의 개편과 아울러 박영효는 전통적인 지방군제의 개혁을 단행하였다. 1895년 6월 18일에 8도의 감영과 함경북도의 按撫營, 그리고 5留守府의 폐지령이 발포됨으로써 지금까지 지방군의 최고 지휘부서였던 감영과 그 지휘관인 監司제도가 사라지게 되었던 것이다.[64] 이어 6월 29일에는 "각도 外營 병정을 개국 504년 7월 12일(윤 5월 20일)로 일제히 해방한다"는 칙령이 내려져 지방군 해산작업이 진행되기 시작하였다. 그리고 7월 1일에는 전국에 산재한 烽臺의 봉수군을 폐지함으로써 재래식 군사 신호체계인 봉수

64) 《韓末近代法令資料集》 1, 398쪽.

제 역시 혁파되기에 이르렀다.[65] 그러나 이러한 지방군제의 개혁은 박영효의 급작스런 망명으로 중단되고 말았다.

(7) 경찰제도의 개혁

박영효는 1883년에 漢城府에 근대적 경찰제도를 창설한 경험이 있으며, 또 1888년 〈개화건백서〉 속에서도 20,000명 규모의 경찰조직을 갖추는 안을 제시한 바 있다. 1895년 그는 내무대신으로서 자신의 구상을 실천에 옮길 수 있는 기회를 포착하였다. 그는 1894년 8월 14일 군국기무처에서 신설한 警務廳을 확장함으로써 대규모의 근대적 경찰력을 확보하려고 노력하였다.

박영효는 1895년초부터 警務副使를 減下하고 경무관과 총순을 增置함으로써 경찰력을 증강시키려 시도하였으나 여의치 않았고, 5월말에 실권을 장악하고 나서야 비로소 그 일을 추진할 수가 있었다. 그는 자기가 장악한 경찰을 準군사적인 기구로 전환시키기 위해 우선 5월 21일에 국왕으로부터 순검을 洋銃으로 무장·훈련시켜도 좋다는 허가를 받아냈다.[66]

그리고 이틀 후 그는 〈警務廳官制〉를 공포함으로써 서울에 근무하는 경찰관의 수를 대폭 늘렸다. 이 관제에 의하면, 경무청은 경무사 1인, 경무관 12인 이하, 주사 8인 이하, 감옥서장 1인, 총순 30인 이하, 감옥서기 2인 이하, 간수장 2인 이하 등으로 구성되었다. 또 경무사는 내무대신의 지휘·감독을 받아 한성부내의 경찰·소방 및 감옥의 업무를 총괄토록 되어있었다. 그리고 경무청에는 官房 제1·2과와 총무국을 두고, 궁내와 한성부 5부에 경무서를 설치하였다.[67] 이어서 경무청의 관방과 총무국의 사무분장을 규정한 〈警務廳處務細則〉이 제정·발포되었다.

이러한 과정을 거쳐 제정된 중앙의 〈경무청관제〉는 그후 약간의 경찰인원만 증가되었을 뿐 관제상의 커다란 변동없이 1900년 〈警部官制〉로 확대 개편될 때까지 유지되었다.[68] 또한 1895년 7월 초 박영효가 '不軌陰謀'의 혐의

65) 《日省錄》, 고종 32년 윤5월 7일·9일.
66) 《韓末近代法令資料集》 1, 362쪽.
67) 《韓末近代法令資料集》 1, 364~367쪽.
68) 차선혜, 〈대한제국기 경찰제도의 변화와 성격〉(《역사와 현실》 19, 1996), 75~81쪽 참조.

로 일본에 망명할 때까지 그는 적어도 670명의 근대식 소총으로 무장한 경찰관들을 휘하에 통솔함으로써 정권 유지 및 개혁 추진을 위한 기반을 구축하고 있었던 것이다.

(8) 사법제도의 개혁

근대적 사법제도는 무엇보다 행정부로부터 분리된 사법권의 독립을 제도적으로 보장하는 데 그 특징이 있었다. 제1차 개혁에서 군국기무처는 緣坐制 등 과거의 악법을 폐지함과 아울러 法務衙門을 신설하여 사법행정의 체계화를 꾀하였지만, 실제로 義禁司는 법무아문에 소속되었기 때문에 사법부의 완전한 독립은 이뤄지지 않았다. 그리하여 1895년 1월 11일 법무대신 徐光範은 의금사를 法務衙門權設裁判所로 개명하고, 그 동안 법무아문에서 시행하던 모든 재판과 형벌 적용의 사무를 재판소에서 실시하도록 조치하였다.[69] 이에 따라 1895년 4월 19일에는 법률 제1호로 〈裁判所構成法〉이 발포되면서 사법행정과 재판이 분리되기에 이르렀다.

〈재판소구성법〉에 의하면, 재판소는 지방재판소, 개항장재판소, 순회재판소, 고등재판소, 특별법원 등 다섯 가지로 나뉘었으며, 이들 중 지방 및 개항장재판소는 1심제를, 순회 및 고등재판소는 2심제를 채택하였다. 우선 지방재판소는 일체의 민사와 형사사건을 재판하였으며, 한성·인천·부산·원산 등에 설치된 개항장재판소는 조선인뿐 아니라 조선인에 대한 외국인의 민사 및 형사사건도 관할하였다. 그러나 외국인에게 치외법권이 인정되고 있는 상황 속에서 개항장재판소의 외국인 재판은 사실상 불가능한 것이었다.

또한 순회재판소는 매년 3월부터 9월까지 법부대신이 정하는 장소에서 개정하되, 부산과 원산재판소 및 지방재판소의 판결에 불복·상소하는 민사 및 형사사건의 상소를 처리하였다. 이들 세 재판소는 판사·검사·서기·廷吏 등으로 구성되었으며, 단임판사제를 원칙으로 삼되 예외적으로 합의제를 인정하였다. 그리고 지방재판소의 판·검사는 별도로 정한 시험에 합격한 자를, 개항장재판소의 판·검사는 〈사법관시험규칙〉에 의하여 시험에 합격한

69) 《日省錄》, 고종 31년 12월 16일.

자 가운데 법부대신의 추천과 내각총리대신을 거쳐 국왕이 임명하도록 하였다. 순회재판소의 경우 판사는 법부대신의 추천을 거쳐 고등재판소와 한성재판소의 판사, 법부의 칙임관·주임관 및 별도로 정한 〈사법관시험규칙〉에 의하여 판사에 임명된 자 중에서 국왕이 임명하고, 검사는 한성재판소의 판사, 법부 칙임관·주임관 및 별도로 정한 〈사법관시험규칙〉에 의하여 판사에 임명된 자 중에서 법부대신이 임명하였다.

다음으로 고등재판소는 법부에서 임시로 개정하는 국가최고의 법원으로서 한성재판소와 인천재판소에서 내린 판결에 불복하는 상소를 재판하는 재심 합의재판소였다. 고등재판소는 법부대신 또는 법부협판이 겸임하는 재판장, 법부 칙·주임관 또는 한성재판소 판사 중에서 국왕이 임명하는 판사 2명, 법부 검사국장 및 검사국소속 검사 중에서 법부대신이 임명하는 검사 2명, 서기 3명, 정리 등으로 구성되었다.

마지막으로, 특별법원은 왕족의 범죄에 관련된 형사사건을 단심의 합의제로 재판하며, 법부대신의 주청에 의하여 국왕의 재가를 받아 임시로 개정하였다. 특별법원의 재판장은 법부대신이 겸임하고, 4명의 판사 가운데 1명은 중추원 의관이, 3명은 고등재판소 판사·한성재판소 판사 또는 법부 칙임관·주임관 중에서 법부대신의 추천에 의해 국왕이 임명하도록 되어 있었다.[70]

〈재판소구성법〉과 동시에 그 후속조치로 〈法官養成所規程〉, 〈裁判所處務規程通則〉, 〈판사·검사등봉급령〉, 〈검사직제〉, 〈各地方監獄署設置令〉, 〈懲役處斷例〉, 〈民·刑訴訟規程〉 등이 잇따라 발포되었다. 이들 가운데 신설된 재판소의 실무를 담당할 법관 양성의 필요성은 이미 1895년 1월 11일 법률학교의 설치를 건의한 법부대신 서광범에 의해 제기된 바 있었다. 〈법관양성소규정〉에 따르면, 법관양성소는 20세 이상으로 입학시험에 합격하거나 현직 관리로 근무하고 있는 자를 생도로 모집하여 법학통론·민법·형법·민사 및 형사소송법 등의 학과를 6개월간 교수한 다음 졸업시험에 합격한 자를 사법관으로 채용하도록 하였다.[71] 그리하여 5월 6일부터 4일간 법관양성소는 국문·한문·역사·작문·地誌 등 5과목의 선발시험을 실시하여 학생들을

70) 《日省錄》, 고종 32년 3월 25일.
71) 위와 같음.

모집하였던 것이다.[72)]

이처럼 〈재판소구성법〉의 제정·발포를 비롯한 일련의 조치로 말미암아 재판업무가 재판소로 일원화되었으며, 판사와 검사 등 사법관의 개념과 직제가 최초로 도입되는 등 우리 나라의 사법기관 내지 사법제도는 비로소 근대적인 모습을 갖추게 되었다. 그러나 사법관시험규칙 등이 마련되지 않은 데다가 법관양성교육을 담당할 인력마저 부족한 상태였기 때문에 1896년 7월 22일에 지방재판소가 설치될 때까지 당분간 관찰사와 참서관이 각각 판사와 검사를 겸임하고, 군수로 하여금 관내 재판사무를 겸임케 하라는 조치가 취해지는 등 실질적인 시행은 지체되고 있었다.[73)]

(9) 사회제도의 개혁

제2차 개혁 기간 중에 박영효를 비롯한 집권자들은 〈홍범 14조〉, 〈내무아문훈시〉, 〈各 大臣間 規約條件〉 등의 형식을 통하여 사회제도 개혁에 박차를 가하였다. 이때의 개혁조치는 앞서 군국기무처가 추진한 것들을 좀더 구체적으로 발전시킨 것이었다.

우선, 개혁관료들은 양반의 계급적 차대 내지 양반제도 자체의 혁파보다 반상·귀천을 초월한 능력본위의 인재등용을 거듭 강조하였다. 이 점은 고종이 종묘와 사직에서 서고한 〈홍범 14조〉의 제14조에 "사람을 쓰되 문벌에 구애받지 말고 선비를 구하되 두루 조야에 미쳐 인재등용의 길을 넓힌다"고 천명되었으며, 나아가 1895년 2월 23일에도 "人을 用하매 文地를 拘치 아니하고 士를 求하매 朝野에 遍及하는 士로 朕이 廟·社에 旣 誓告한지라. 그 德行·才藝·賢能·方正한 士가 有하거든 在한 바의 地方官이 身으로 勸하여 爲하여 駕하게 하야써 朕意에 稱케 하라"는 내용의 '詔勅 第一'에서 반복 강조되었던 것이다.[74)] 그리고 1895년 4월 4일에 박영효가 발포한 〈내무아문훈시〉 제65조에도 "該 邑內의 才德 聰俊 藝能이 有한 자를 즉시 薦報할 사"라는 조항이 들어 있었다.

72) 《官報》, 개국 504년 4월 7일.
73) 《高宗實錄》, 고종 32년 6월 1일.
74) 《韓末近代法令資料集》 1, 177쪽.

아울러 박영효는 〈내무아문훈시〉 제1조의 "民을 臨하는 도는 心을 用하믈 공평히 하야 貴賤과 親疎로써 毫末이라도 差別이 有케 아니할 사"와 제6조의 "대소민이 官庭에 跪하고 立하는 節과 민이라 칭하고 소인이라 칭하는 예를 일체 自便케 하고 늑행치 말을 사"를 통해 官尊民卑의 폐습을 타파하려고 노력하였다. 또한 〈각 대신간 규약조건〉에서는 "총리대신과 각 대신간에 존비의 구별을 설치 아니하고 상대하는 언사는 一樣케 함이 가할 사"(26조)와 "관리피차의 교제는 品階신분 등에 유하여 심히 존비를 구별하는 폐습을 두절할 사"(44조)라 하여, 文尊武卑 내지 관리 상호간의 존비 차별을 없애려는 조치를 취하였다.

다음으로, 노비를 비롯한 천민을 해방시키려는 개혁이 계속 추진되었다. 박영효는 "自今 僧徒의 入城하는 舊禁을 弛함"이라는 奏本을 올려 조선조에 접어들어 천민시되어 숙종대 이래 도성 출입이 금지되었던 불교 승도들의 입성을 허락하였다.[75] 반면 그는 〈내무아문훈시〉 제44조의 "巫女와 淆雜한 類를 一切 禁斷할 사"에서 무당들의 종교행위를 엄단함으로써 천민해방문제를 다룸에 있어 형평을 유지하지 못하고 있었다.

또한 박영효는 공사노비의 혁파에 대해서 〈내무아문훈시〉 제7조의 "官長이 胥隷에게와 主人이 雇傭에게 專히 强暴로써 待치 勿할 사"와 제24조의 "班家奴隷의 行悖함을 一切 嚴斷할 사", 제52조의 "奴戶를 主戶에 付치 勿하고 分戶하여 應役할 사" 등의 조치를 취하였다. 아울러 〈각 대신간 규약조건〉에서는 "各 大臣 이하는 節儉을 守하믈 위하야 其 自家에서 使役하는 奴婢 등을 減省하믈 務하고 且 此等을 사역하기에도 各 其道로써 하야 일반 인민에게 美例를 示할 사"라고 규정하고 있었다. 따라서 박영효는 공사노비의 혁파를 추진함에 있어 혁명적이라기 보다는 인도주의적·점진주의적·개량주의적 입장을 택하였음을 알 수 있다.

이러한 태도는 개화파관료들 가운데 奴主가 많이 있어 천민층 해방문제에 냉담하였기 때문이라고 볼 수 있다. 그들이 종국적으로 취한 노주 중심의 노비문제 처리방침은 결국 천민층의 신분적 해방을 무한정 보류시킬 수

75) 《高宗實錄》, 고종 32년 3월 29일.

있는 가능성을 보여준 것이기도 하다. 이는 양반 내지 아류 양반이었던 개화파관료들이 노비 및 여타 천민의 해방을 추진하는 과정에서 보여준 한계점이었다.

한편 〈각 대신간 규약조건〉에서는 "관리피차의 교제는 품계신분 등에 유하야 심히 존비를 구별하는 폐습을 두절할 사"라는 조치가 취해졌다. 이는 칙임관이 된 서얼·중인출신 개화파출신들이 대신회의 등 정부기구에서 활동할 때 다른 양반출신 관료들로부터 동등한 대우를 받고자 하는 동기에서 만들어졌다고 여겨진다.

마지막으로, 女性의 대우를 향상시키고 혼인풍습을 개선하기 위한 일련의 개혁안이 지속적으로 입안·공포되었다. 〈내무아문훈시〉에 의하면, 제12조의 "窮困한 鰥寡孤獨과 身體不具한 民을 구호하는 법을 設할 사"와 제16조의 "寡女를 위협하야 개가함을 금할 사"라 하여, 과부에 대해 인도주의적 조치가 취해졌다. 또한 제20조의 "幼年의 嫁娶함을 禁하되 機務處 議案을 依하야 남20세 여16세에 許婚할 사"는 이미 군국기무처에서 가결했던 조혼 금지를 재차 강조한 것이었다.

아울러 박영효는 제14조의 "남녀가 毒을 飮하야 命을 害하며 신체를 훼손함과 다못 婦女가 독을 음하야 墮胎함을 금할 사"와 제17조의 "淫罪에 범한 女를 官婢에 沒役치 말을 사", 그리고 제18조의 "破瓜之年이 미만한 女는 妓案에 入하지 말을 사"와 제82조의 "불효와 不悌와 淫姦의 죄명을 洞報가 有치 아니하거든 거론치 말을 사" 등을 통해 기생제도 내지 성생활에 유관한 개혁조치를 취했다. 또한 제19조의 "家夫가 妻에게 專히 强暴함을 금단할 사"는 가정생활에서의 남존여비 풍습에 기인한 악폐를 금하려 한 것이었다.

요컨대, 개화파관료들은 유교에 입각한 가부장적 남성우위사상을 탈피하여 비교적 평등주의적인 근대적 가정질서의 구축을 시도했다고 말할 수 있다. 그러나 축첩제의 폐지를 논외로 하였고, 기생제도의 존속을 묵인한 점 등으로 미루어 볼 때, 여성의 지위향상을 다룬 그들의 개혁안들은 모두 남성관료들의 시혜적 배려에서 발안·제정되었다고 말할 수 있다.[76]

(10) 교육제도의 개혁

서구의 근대적 학문과 기술을 수용하여 개혁의 기반을 마련하기 위해서는 무엇보다도 근대적 학교를 설립하여 합리주의·실용주의적인 교육을 실시하는 것이 선행되지 않으면 안되었다. 이 시기에 교육제도의 개혁을 담당한 세력은 박정양·이완용·윤치호·이상재 등 이른바 정동파였다. 그들은 갑오경장 이전에 외교사절 혹은 유학생으로 미국에 체류하면서 근대적 교육을 통한 국민계몽과 인재양성의 필요성을 절감하였던 인물들이었다.77)

그들은 우선 1895년 2월 26일에 교육이 국가보존의 근본이라는 인식 아래 학교교육을 통한 인재 양성으로 왕실안전과 부국강병을 달성할 수 있다는 내용의 〈敎育立國詔書〉를 반포토록 하였다.78)

여기에서 무엇보다도 양반계층의 관리등용이나 신분유지를 위한 수단으로 존재했던 전통적인 교육에서 탈피하여 국민교육의 필요성을 역설하였다는 점이 중요하다. 그러나 이 조서에는 국가와 왕실이 동일시되고 있으며, 충군애국이라는 봉건적 도덕관이 짙게 깔려 있는 점으로 미루어 개인의 자유로운 사고와 창조성을 함양하고 능력을 개발해주는 근대적 의미의 교육과는 아직 동떨어져 있는 한계도 엿보인다.79)

---

76) 柳永益, 〈甲午更張과 社會制度 改革〉(《韓國社會發展史論》, 一潮閣, 1992), 259~286쪽.

77) 韓哲昊, 《親美開化派 硏究》(國學資料院, 1998), 82~89쪽.

78) 〈敎育立國 詔書〉는 다음과 같다. "嗚呼라 民을 敎치 아니면 國家를 鞏固케 하기 甚難하니 宇內의 形勢를 環顧하건대 克富하며 克强하야 獨立雄視하는 諸國은 皆 其人民의 知識이 開明하고 知識의 開明홈은 敎育의 善美하므로 以홈인 卽 敎育이 實로 國家保存하는 根本이라.…朕이 敎育하는 綱領을 示하야 虛名을 是袪하고 實用을 是崇하노니 曰 德養은…曰 體養은…曰 智養은…此三者는 敎育하는 綱紀니 朕이 政府를 命하야 學校를 廣設하고 人材를 養成호믄 爾臣民의 學識으로 國家의 中興大功을 贊成하기 爲하미라. 爾臣民은 忠君愛國하는 心性으로 爾德 爾體 爾智를 養하라. 王室의 安全홈도 爾臣民의 敎育에 在하고 國家의 富强홈도 爾臣民의 敎育에 在하니 爾臣民의 敎育이 善美한 境에 抵치 못하면 朕이 엇지 갈아대 朕의 治가 成하다 하며 朕의 政府가 엇지 敢히 갈아대 그 責을 盡하다 하리오"(《韓末近代法令資料集》 1, 180~181쪽).

79) 이러한 한계성은 나중에 제정되는 학교관제에서도 여전히 불식되지 않은 채 남아 있었다. 이점에 관해서는 尹健次, 《朝鮮近代敎育の思想と運動》(東京 : 東京大 出版會, 1982), 105~106쪽 참조.

〈교육입국조서〉에서 천명된 교육개혁의 취지를 바탕으로 합리주의·실용주의에 입각한 학교교육제도가 본격적으로 수립되기 시작했다. 1895년 4월 19일 관제개편으로 학무아문이 학부로 개칭된 것을 계기로 종래 유명무실했던 專門學務局과 普通學務局을 學務局으로 통합하였으며, 大學校에 관한 사항을 삭제하는 대신 외국에 유학생을 파견한다는 사항을 추가하고 교과서를 편찬하는 등 일련의 개혁이 추진되었다.[80] 이에 따라 학교설립을 제도적으로 뒷받침해 줄 각종 규칙이 발포되었다.

1895년 5월 10일에는 우리 나라 최초의 근대식 학교관제인 〈漢城師範學校官制〉가 발포되었다. 전문 13조로 이루어진 이 관제의 내용을 살펴보면, 이 학교는 교원양성을 설립목적으로 삼되, 2년제 本科 뿐 아니라 6개월 速成科를 두어 근대적 소학교교육을 실시하는 데 필요한 교원의 수요를 신속히 충당하도록 되어 있다. 또한 이 학교에는 부속소학교를 두어 학생들의 교육실습에 편의를 도모하도록 규정하였다.[81] 이 관제에 의거하여 5월 24일에 한성사범학교가 개교하였다.

아울러 근대적인 제도와 문물을 적극적으로 받아들이고 외교활동에 필요한 인재를 배출하기 위해 1895년 6월 2일에 〈外國語學校官制〉가 발포되었다.[82] 서울에는 이미 同文學(1883)·育英公院(1886)·日語學校(1891. 5)에 이어 英語學校(1894. 2)가 설립되어 있었으나 열국과의 외교관계가 더욱 중요해짐에 따라 보다 체계적인 외국어교육이 절실히 요구되었던 것이다. 이때 이노우에공사는 외국어학교의 교사에 일본인만을 고용할 것을 강요하였지만, 학무국장 李商在는 이를 강력히 거절하고 각국 교사들을 골고루 임용하는 조치를 취하였다. 1895년에는 仁川의 日語學校와 서울의 法語學校를 비롯하여 1896년에 俄語學校, 1897년에 漢語學校, 1898년에 德語學校가 각각 세워지게 되었다.[83]

또 이때 갑신정변 이후 중단되었던 유학생의 해외 파견이 재개된 것은

80) 《韓末近代法令資料集》 1, 211~213쪽.
81) 《韓末近代法令資料集》 1, 348~349쪽.
82) 《韓末近代法令資料集》 1, 380~381쪽.
鄭 喬, 《大韓季年史》 上, 107쪽.
83) 李光麟, 〈舊韓末의 官立外國語學校〉(《韓國開化史硏究》, 一潮閣, 1969) 참조.

주목할 만한 사실이다. 앞에서 살펴본 〈홍범 14조〉 가운데 "國中의 聰俊子弟를 널리 파견하여 外國의 學術과 技藝를 傳習한다"는 제11조는 유학생의 파견을 정부의 시정방침으로 정한 것이었다. 이를 위해 먼저 1895년 2월 16일에 미국인 선교사가 경영하는 서울의 培材學堂과 위탁교육을 맺고 200명의 관비 장학생을 이 학당에 입학시켜 영어·지리·수학·과학은 물론 성경도 배우게 할 계획이 수립되었다.[84)]

그리고 〈교육입국조서〉의 발포를 계기로 1895년 4월 내부대신 박영효는 전국 각도에서 일본에 파견될 유학생을 선발하라는 훈령을 내렸다. 이에 따라 내각원 및 기타 요인들의 친족·자제 중에서 한문시험과 신체검사를 통해 발탁된 114명이 東京의 慶應義塾에 입학하였다.[85)]

그후 정부는 유학생 파견사업을 지속적으로 추진하여 5월에는 26명을 경응의숙에, 6월에는 훈련대 군인 가운데 3명을 일본 사관학교에 입학시켰다. 또한 7월에는 학부대신 이완용이 경응의숙의 후쿠자와 유키치(福澤諭吉)와 '遊學生委託契約'을 체결함으로써 학부에서 첫해에 300명, 그 다음해부터 매년 일정한 학생을 경응의숙에 입학시키기로 합의하였다.[86)] 이로 미루어 정부가 국가의 부강과 독립을 달성하는 데 필요한 인재 양성에 상당한 열의를 갖고 있었음을 알 수 있다. 그러나 정부는 재정 빈곤으로 말미암아 유학생들의 학비를 제대로 지급하지 못했을 뿐 아니라 민비시해사건 이후 오히려 유학생들 일부를 소환하는 조치를 내림으로써 모처럼의 체계적인 유학생파견 계획은 수포로 돌아가고 .말았다.

(11) 기타 개혁

앞에서 다룬 개혁조치 이외에 제2차 개혁을 주도했던 박영효는 朝鮮協會

84) Lak-Geoon George Paik, *The History of Protestant Missions in Korea, 1832~1910*(Seoul : Yonsei University Press, 1970 : original ed., 1927), pp.451~452 ("Appendix E : Agreement between the Korean Government and the Paichai College") 참조.

85) 宋炳基, 〈開化期 日本留學生 派遣과 實態(1881~1903)〉(《東洋學》 16, 1988), 9~11쪽.

86) 金泳謨, 《朝鮮支配層硏究》(一潮閣, 1982), 422쪽.

의 조직, 관민이 동일하게 재래의 白色복제를 흑색류로 바꾸는 일, 僧徒의 도성내 출입금지 해제, 갑신정변의 주역을 포함하여 1894년 이전에 정치적 이유로 처벌된 '寃罪人' 38명의 명예회복과 복관 등을 추진하였다.

이중 가장 주목할 만한 것으로 조선협회의 조직을 들 수 있다. 조선협회는 1895년 6월 23일 과거 청국사신들의 숙소였던 南別宮에서 창립식을 가졌다. 이 협회의 목적은 "조·일 양국의 진정한 우의를 도모하고 서구가 번영한 원인과 극동이 쇠퇴한 이유를 의논하여 극동을 번창시킬 수 있는 방안을 고안"해 내는 데 있었다. 협회의 규칙에 의하면, 그 지도부는 의장 1명, 부회장 1명, 위원 20명, 서기 2명, 비서 2명으로 구성되어 있었다. 회원자격은 서울거주자의 경우 매달 50전, 그 외 지역거주자의 경우 매달 30전의 회비를 납부하는 사람은 누구나 가입할 수 있도록 개방되어 있었다. 조선협회는 회원의 상호 발전을 도모하기 위해 연구 및 토론, 협회지의 발간, 서적 및 소책자의 출판 등 다양한 사업을 펼쳐나갈 예정이었다. 조·일 양국의 관계자 수백 명이 참석한 창립식에서 회장 자리는 공석으로 남겨둔 채로 외부대신 김윤식이 초대 부회장으로 선출되었다.[87]

서울주재 일본 및 미국외교관들은 박영효가 일본과 소원해진 관계를 회복하고자 조선협회를 결성하였다고 이해하였다. 그러나 이는 조선협회가 설정했던 창립목적을 협의로 해석한 데서 도출된 견해라고 볼 수 있다. 조선협회는 박영효가 〈개화건백서〉에서 강조한 바 있는 근대적 정당으로 발전할 수 있는 가능성을 띤 준정치단체였음을 간과해서는 안될 것이다. 조선협회의 조직과 사업의 내용이 독립협회의 그것과 유사하다는 점에서 이 협회는 독립협회의 성립에 영향을 끼친 주요 단체였다고 볼 수 있다.[88]

〈柳永益〉

---

87) 金允植, 《續陰晴史》 1(國史編纂委員會, 1960), 367~368쪽.
88) 柳永益, 〈朴泳孝와 甲午更張 改革活動〉(《東學農民蜂起와 甲午更張》, 一潮閣, 1998), 106~107쪽.

3. 제3차 개혁

1) 제3차 개혁의 배경

이노우에공사는 조선의 '이집트화'를 궁극목적으로 삼고 한편으로 일본고문관을 동원하여 김홍집·박영효 연립내각을 편달하면서 내정개혁을 촉구하고, 다른 한편으로는 일제의 침략에 항거하는 동학농민'의병'과 대원군계열의 반일 정치세력을 탄압하는 데 주력하였다. 그러나 그가 내정개혁의 미명 아래 추진했던 일본지향형 제도개혁작업은 일본정부의 조선 보호국화정책의 동요, 개혁추진자금인 5백만 엔 차관의 실현 지연, 그리고 下關條約과 삼국간섭 이후 김홍집·박영효 연립내각의 와해 등 복합적인 이유로 실패하고 말았다.

이노우에공사는 삼국간섭 후 일본내각의 조선정책 심의에 참여할 목적으로 무쓰외무대신에게 휴가를 신청한 바 있지만, 5월 11일에 조선내각내에서 김홍집파와 박영효파 간에 대립·분쟁하는 사태가 벌어져 서울을 떠날 수가 없었기 때문에 결국 일본내각이 새로운 對韓정략을 결정한 지 이틀이 지난 6월 6일에야 귀국길에 올랐다. 이 중간 즉, 5월 23일에 그는 무쓰로부터 휴가귀국령 대신 완곡한 공사직 해임 권고를 받았다. 이 무렵 내부대신 박영효는 김홍집과의 마찰을 중지하라는 이노우에공사의 충고를 무시하고 결국 김홍집과 조희연을 내각에서 몰아내는 한편 이노우에의 의도에 배치되는 독자적인 행동을 취하였다. 박영효의 독주로 말미암아 조선의 내정에 영향력을 발휘할 수 없게 된 이노우에는 6월 5일 귀국 인사차 고종과 민비를 알현하는 자리에서 박영효를 위험인물이라고 비판함으로써 박영효를 음해하였다.[1)]

6월 중순부터 7월 중순까지 동경에서 휴가를 보내는 동안 주한공사직에서 곧 해임될 것을 예상했던 이노우에는 두 가지 현안의 해결, 즉 6월 4일 일본내각의 결정에 따라 향후 일본이 조선에서 취해야 할 구체적인 정략을 안출

1) Spencer J. Palmer, ed., *Korean-American Relations* 2, p.262.

하는 일과 자신의 후임자를 물색·천거하는 일에 몰두하였다. 그는 6월 20일 천황을 알현하고, 21일에 내각회의에 참여하였으며, 22일에 무쓰를 만나 在韓時 자신의 임무수행에 대해 보고하였다.[2] 이어서 7월 1일에 그는 자신의 대한정책 의견서를 내각에 제출하였다.

이노우에가 7월 1일에 제출한 이 의견서는 2개안으로 구성되어 있었다. 제1안에서 그는 일본이 청국에서 받게 될 3억 6천 5백만 엔의 배상금 가운데 약 5, 6백만 엔을 조선국왕과 정부에 기증금으로 惠與할 것을 제안하였다. 그는 이 기증금 제공안을 도덕적 내지 실리적 측면에서 정당화하였다. 즉, 그는 조선이 청일전쟁 중 일본의 동맹국으로서 엄청난 물적 피해를 입었기 때문에 그만한 액수의 기증금이 할당되어야 마땅하며, 또 이 정도의 기증금을 惠與함으로써 향후 6년간 조선에 대한 러시아의 간섭을 막을 수 있고 조·일 양국간의 유대를 공고히 할 수 있을 것이라고 주장하였다. 또한 그는 이 기증금 제공의 대가로 일본은 조선으로부터 기왕의 3백만 엔 차관을 상환받을 수 있는 동시에 앞으로 조선의 철도 및 해관에 대한 관할권까지 장악할 수 있을 것이라고 부언하였다.[3]

이노우에가 제시한 제2안은 장차 일본인을 세관감독으로 聘用한다는 전제하에 이미 제공한 3백만 엔 차관의 상환기간을 5년에서 20년으로 연장시켜 준다는 내용의 것이었다. 그는 이러한 상환기간 연장이 가혹했던 차관조건 때문에 조선 위정자들이 품게 된 반일감정을 누그러뜨리는 데 도움이 될 것이라고 설명하였다.

그런데 일본내각은 7월 7일 서울에서 중대한 政變이 일어났다는 보고를 받은 다음에야 비로소 이노우에의 이 의견서에 대해 의결했다. 7월 7일 박영효가 민비와 김홍집 등의 반대파의 계략에 걸려 '不軌'(아마도 민비시해)를 음모했다는 혐의로 관직에서 쫓겨나는 사건이 돌발했던 것이다. 이때 일본정부는 박영효의 실각을 매우 고무적으로 받아들여 이 사건을 계기로 민비와 김홍집을 조선정부내의 새로운 중심세력으로 만들려는 정략을 채택하기에 이

2) 井上馨傳記編纂會 編, 《世外井上公傳》 4(東京 : 原書房, 1975), 482~483쪽.
3) 《世外井上公傳》 4, 483~384쪽.
《日本外交文書》 28-1, 문서번호 245, 367쪽.

르렀다. 이러한 새 정략에 따라 7월 8일 이노우에는 스기무라대리공사에게 "박영효를 보호하기 위해 운동하지 말라"는 내용의 전훈을 보낸 다음, 7월 9일에는 "왕비를 窮鼠처럼 몰아 부치지 말라"는 주의를 주었다.4) 오이소(大磯)에 머물고 있던 무쓰는 7월 10일에 외무성에 보낸 전보를 통해 이노우에공사 귀임시에 박영효를 함께 데리고 가도록 하라고 지시하였다. 또한 외무대신임시대리 사이온지 킨모치(西園寺公望)는 7월 10일 스기무라에게 김홍집내각을 조성하는 데 진력하라고 훈령을 보냈다.5) 요컨대, 7월 7일 정변 이후 일본정부는 민비와 김홍집을 지원하고 박영효를 희생양으로 삼는 데 의견일치를 보았던 것이다.

그후 7월 11일 일본내각은 회의를 열어 이노우에의 7월 1일자 의견서에 대한 결정을 내렸다. 일본내각 각료들은 3백만 엔 차관의 상환기간을 20년으로 연장해주는 것 외에 별도로 기증금 3백만 엔을 조선정부에 혜여하기로 결정한 것이다. 이러한 내각의 결정은 이노우에의 제1안과 제2안을 절충한 것이었다. 사이온지는 이노우에에게 3백만 엔의 기증금 제공약속을 가지고 서울에 귀임하라고 명하였다. 다만, 그는 이 기증금은 앞으로 개회될 의회의 협찬을 얻은 후 비로소 조선 위정자들에게 공여될 것이라고 부언하였다.6) 또한 7월 11일에 일본내각은 미우라 고로오(三浦梧樓)를 이노우에의 후임으로 지명하였다.7)

이상으로써 일본의 내각 각료들은 7월 11일에 이르러 조선정부에서 박영효를 제거하고 그 대신 민비와 김홍집을 지지하기로 합의함과 아울러 총 6

4) 《日本外交文書》 28-1, 문서번호 318, 457~458쪽 ; 문서번호 321, 459쪽.
5) 《日本外交文書》 28-1, 문서번호 329, 462~463쪽 ; 문서번호 331, 463쪽.
6) 《日本外交文書》 28-1, 문서번호 264, 368쪽.
7) 三浦는 8월 17일 주한일본공사로 정식 임명되었다. 그러나 그가 언제 공사직을 지명받았는가에 관해서는 의견이 분분하다. 예컨대, 신승권은 三浦가 7월 27일에 지명되었다고 보았다. Seung Kwon Synn, *The Russo-Japanese Rivalry over Korea, 1876~1904*(Seoul : Yuk Phub Sa, 1981), pp.172 · 184 참조. 그러나 많은 자료들이 그의 지명이 7월 20일 이전에 이루어 졌음을 시사해주고 있기 때문에 일본내각이 조선에 3백만 엔의 기증금을 주기로 결정한 7월 11일 전후에 三浦의 지명이 이루어 졌다고 여겨진다(*《Japan Weekly Mail》*, 1895년 7월 20일 ; 《世外井上公傳》 4, 512쪽 ; 朴宗根, 《日清戰爭と朝鮮》, 東京 : 青木書店, 1982, 223쪽 등 참조).

백만 엔이라는 거액의 정치자금으로써 조선의 위정자들을 농락하기로 결정하였음을 알 수 있다.

한편 이노우에공사는 7월 14일 동경을 출발하여 7월 21일 서울에 다시 귀임하였다. 주한 일본공사로서의 마지막 재임기간에 그는 3백만 엔의 기증금을 미끼로 민비와 김홍집측의 일본 지지를 획득하려는 신정책을 펼쳐나갔다. 7월 25일 이노우에공사 부부는 국왕과 왕비를 알현하는 자리에서 9천 엔 상당의 보물을 선물로 헌납하고, 국왕·왕비를 상대로 6시간 이상의 內謁見을 하였다. 이어서 8월 5일 국왕을 다시 알현하는 자리에서 이노우에는 "금후 조선의 왕족·신민으로서 왕실에 대하여 不軌를 도모하는 자가 있을 경우 일본정부는 병력으로써라도 왕실을 보호하기로 결정하였다"고 진언하였다. 동시에 그는 일본내각이 조선국왕에게 3백만 엔의 기증금을 제공하기로 결정한 사실을 암시함으로써 국왕과 왕비의 환심을 크게 샀다.[8)]

8월초 이노우에공사는 국왕과 민비를 또 다시 알현하는 자리에서 자신의 새로운 '17箇條 改革案'을 토로하였다. 이 개혁안에서 이노우에는 1894년 말 자신이 발설했던 개혁안과는 정반대로 민비로 하여금 고종과 함께 국정에 참여할 것, 즉 정치일선에 복귀할 것을 권고하였다. 더욱이 그는 고종이 갑오경장 실시 이후 투옥된 모든 민씨척족 내지 친민파 관료들을 특별사면 조치를 통해 석방시키고 대원군에 의해 유배당한 자들을 복권시킬 것을 건의하였다. 또한 그는 閔泳翊과 閔泳駿 등 민씨척족 인사들을 1, 2년간 일본에 머무르게 한 다음 정부의 주요 관직에 재임용할 것을 권고하였다. 특히 대원군에 관해서는, 국왕이 내각 각료들로부터 국정에 관해 대원군과 상의하지 않겠다는 각서를 받아냄으로써 대원군이 다시는 국정에 간섭할 수 없도록 하라고 당부하였다. 이노우에가 제시한 17개조 개혁안의 핵심은 국왕이 민씨척족과 김홍집파를 합친 새 내각을 구성하도록 건의한 점에 있다.[9)] 요컨대, 이노우에의 개혁안은 1894년 이전의 정치상황, 즉 보수적인 민씨척족정권의 복구를 부추긴 것이기 때문에 갑오경장의 정신을 분명히 역행하는 것이었다.

고종은 신속하게 이노우에의 건의를 받아들여 실천에 옮겼다. 8월 17일

---

8) 《日本外交文書》 28-1, 문서번호 248, 372~373쪽 ; 문서번호 344, 479~480쪽.
9) '17개조 개혁안'의 전문에 대해서는 《世外井上公傳》 4, 502~510쪽 참조.

고종은 "更張하는 때를 당하여 維新하는 정치에 斟量함이 없을 수 없으니 개국 504년 4월 25일(음 4월 1일) 이전의 범죄 중 모반·살인·절도·강도·통간·騙財를 범한 자를 제외하고는 일체 석방함으로써 曠蕩한 措置를 보이게 하라"[10]는 조칙을 내려 민씨척족과 그에 속한 모든 정치인들을 사면시켰다. 그 결과 개혁기간에 징역이나 유배형에 처해졌던 260여 명의 탐관오리들이 석방되었다. 그들 가운데에는 1894년 이전 조선의 최고 실력자였던 민영준도 포함되어 있었는데, 그는 이 사면조치 덕택으로 9월 24일 망명지 홍콩에서 서울로 돌아올 수 있었다. 그리하여 고종은 8월 25일에 민씨일파와 근왕적인 정동파를 중심으로 이른바 김홍집·박정양 연립내각을 발족시키게 되었다. 이때 김홍집은 총리대신에 재임명되었지만 내각내에서 그의 영향력은 제약되어 있었다. 달리 말하자면, 민비와 민비의 추종세력이 이노우에의 서울 재부임을 계기로 정계에 복귀하여 재집권한 것이다.

이노우에는 조선에서 이임하기 전에 벌인 외교의 성패 여부는 그가 8월 5일 고종과 민비에게 언약했던 기증금 3백만 엔의 실현과 이미 제공한 3백만 엔 차관의 상환기간 연장에 달려 있었다. 300만 엔 기증금의 용도에 대해 이노우에가 그 중 200만 엔을 경인간 철도건설에 사용하되 그 가운데 100만 엔을 왕실소유의 몫으로 하고, 나머지 100만 엔은 정부경비와 왕실재산에 각각 반씩 충당케 할 것을 제안하였다. 이는 150만 엔을 왕실에 제공함으로써 고종과 민비의 환심을 사려는 데 그 목적이 있었다. 아울러 철도부설에는 반드시 일본인 技士와 工人을 고용하고, 소요 자재도 일본에서 수입해야 한다고 규정함으로써 자국의 실리를 최대한으로 확보했다.[11]

그런데 이노우에가 고종과 민비에게 약속한 기증금의 실현은 일본 의회의 승인을 거쳐야만 되는 것이었다. 이노우에는 자신의 후임자 미우라공사가 서울에 부임하기 전에 이 안을 처리하고자 노력하였다. 그리하여 그는 한편으로 8월 25일 김홍집·박정양내각과 3백만 엔 차관상환기간 연장에 관한 협상을 개시하고, 다른 한편으로 8월 6일과 29일 두 번에 걸쳐 사이온지외상대리에게 전보를 보내 기증금 3백만 엔을 조속히 공여할 것을 촉구하였다.[12]

10) 《高宗實錄》, 고종 32년 6월 27일.
11) 李瑄根, 《韓國史 : 現代篇》(乙酉文化社, 1963), 564~564쪽 참조.

그러나 사이온지는 이러한 이노우에의 기증금 즉각 실현 요구에 냉담하였다. 미우라공사가 고종에게 신임장을 바친 다음날인 9월 4일에 사이온지는 이노우에에게 모든 임무를 신임공사에게 인계하고 이노우에 자신은 속히 귀국하라고 훈령하였다. 그는 또 일본 의회가 예정대로 가을에 개회하지 못하게 되었기 때문에 내각은 기증금 3백만 엔의 조기 실현을 보장해 줄 수 없다고 하면서 기증금 문제는 연말에 열릴 의회에서 다루어지게 될 전망이라고 부언하였다.[13]

9월 4일자 사이온지의 훈령은 이노우에공사에게는 청천벽력과도 같은 것이었다. 이노우에는 곧바로 사이온지에게 전문을 보내 기증금 공여약속의 불이행으로 말미암아 서울에 착임한 미우라공사의 입장이 난처하게 될 뿐 아니라 자신이 재임기간 조선에서 구축한 일본의 위신도 실추할 것이라고 역설하였다. 동시에 그는 일본정부가 약속한 기증금을 조선측에 제공하지 못할 경우 서울 정계에는 "일련의 엄청난 혼란과 격동이 일어날 것이다"라고 경고하였다. 신임공사 미우라도 9월 4일 이노우에와 동일한 맥락으로 사이온지에게 항의하였다. 그러나 사이온지는 미우라에게 보내는 회신에서 기증금 문제에 관해서는 더 이상 언급하지 않고 이노우에공사의 조속한 귀국만을 재차 강조했다.[14]

이처럼 이노우에는 3백만 엔 기증금 공여를 미끼로 펼쳤던 자신의 마지막 對韓 포섭전략에 성공을 거두지 못한 채 9월 17일 서울을 떠나게 되었다. 그 전날 고종과 민비를 이임차 알현한 자리에서 이노우에는 조선정부가 재정을 정리한 후에 일본이 약속한 3백만 엔의 기증금이 공여될 것이라고 책임회피성 발언을 하였다. 또한 자신을 환송하기 위해 龍山에 모인 조선인 친지들에게 그는 "여러분의 호의에 감사합니다. 당신들 내각에 분규가 없기를 바랍니다"라고 의미심장한 작별인사를 하였다. 그런데 이노우에가 서울을 떠난 지 20일만인 1895년 10월 8일에 조·일관계를 파국으로 몰아넣는 희대의 참극, 즉 閔妃弑害事件이 터지고 말았다.[15]

---

12) 《日本外交文書》 28－1, 문서번호 248, 373쪽 ; 문서번호 249, 374~375쪽.
13) 《日本外交文書》 28－1, 문서번호 250, 375쪽 ; 문서번호 253, 377쪽.
14) 《日本外交文書》 28－1, 문서번호 251, 375쪽 ; 문서번호 254, 376~377쪽 참조.

이노우에의 후임인 미우라공사는 9월 1일에 부임하였다. 그는 외교에 전혀 무경험이며 조선 사정에 대해 문외한인 예비역 육군중장 출신이었다. 이 같은 武人 배경의 미우라가 이노우에의 추천으로 주한일본공사로 발탁된 사실은 박영효의 망명을 계기로 일본의 대조선정책이 크게 바뀌었음을 의미했다. 실제로 미우라는 조선공사직 제의를 받고 처음에는 거절했다가 다음과 같은 3조의 대조선정책 중 한 방침을 일본정부가 채택해 주는 것을 조건으로 공사직을 수락하였다.

> 제1조. 지난해 征淸의 主義에 의거하여 조선을 동맹의 독립왕국으로 인정하고 장차 우리의 獨力으로 전국의 방어 및 개혁을 담당하는 책임의 방침을 취할 것인가.
>
> 제2조. 우리의 독력으로 조선 독립 改良의 책무를 피하고, 또한 보호 및 점령의 雄心을 억제하여 구미열국 가운데 공평한 나라와 서로 모의하여 공동보호의 독립국으로 하는 방침을 취할 것인가.
>
> 제3조. 조만간 반드시 한 두 강국과 紛擾를 일으키는 것은 가장 쉽게 관측할 수 있는 추세이므로 大難事가 일어나지 않은 금일 오히려 단호히 결의하여 一强國과 고려 반도를 분할 점령하는 방침을 취할 것인가(《日本外交文書》 28-1, 문서번호 350, 1711~172쪽).

즉, 미우라는 조선에 대해 ① 일본의 독력지배, ② 공동보호국화, ③ 러·일 양국의 분할점령 등 복안을 제시하면서, 이중 제1안을 일본정부가 채택할 것을 은근히 촉구했던 것이다. 일본정부는 미우라의 제안에 대해 명확한 결정을 내려주지 않았으며 그렇게 함으로써 미우라공사에게 조선문제를 임의로 처리할 수 있는 상당한 재량권을 부여한 셈이다. 민비시해사건은 그 결과로 발생한 사건이었다.[16]

미우라공사는 부임 후 두문불출하면서 參禪僧을 자처하였지만 실제로 그는 일본의 세력을 만회하기 위한 중대 음모에 몰두하고 있었다. 그는 조선정계의 상황을 주시하며 각종 정보를 수집하던 중 훈련대 해산문제가 일어나

---

15) 柳永益, 〈淸日戰爭 및 三國干涉期 井上 馨 公使의 對韓政略-閔妃弑害事件 背景論-〉(《明成皇后弑害事件》, 民音社, 1992), 312~313쪽 참조.

16) 姜昌一, 〈三浦梧樓 公使와 閔妃弑害事件〉(위의 책), 44~50쪽 참조.

자 이를 계기로 반일적인 입장을 취하고 있었던 민비를 제거하기로 결심하였다. 이러한 결정을 내리기 전에 그는 이미 공사관의 서기관 스기무라와 (조선)軍部 고문관 육군 中佐 쿠수노세 유끼히코(楠瀨幸彦), 宮內府 고문관 오카모토들을 중심으로 민비시해계획을 치밀하게 준비·추진하였고 동시에 《漢城新報》 사장 아다찌 켄죠오(安達謙藏)와 편집장 코바야카와 히데오(小早川秀雄)를 비롯한 일본인 기자와 통신원, 그리고 일본인 경찰관·상인 및 낭인 등을 끌어 모아 놓았다.

민비시해의 결행에 앞서 미우라는 민비와 정적관계에 있던 대원군을 포섭·이용하기로 했다. 이 목적을 위해 그는 9월 하순경부터 영사관補 호리쿠찌 쿠마이찌(堀口九萬一), 낭인 스스키 쥰켄(鈴木順見), 영사관 순사 와타나베 타카지로오(渡邊鷹次郞), 그리고 오카모토 등을 잇따라 孔德里에 있는 대원군 별장에 보내어 대원군의 의중을 타진하고 설득작업을 벌였다. 아울러 미우라는 훈련대 해산문제로 불평불만을 품고 있던 前군부협판 李周會와 훈련대 대대장 禹範善·李斗璜·李軫鎬 등 조선인 무관들을 포섭하는 데 성공했다.

10월 2일 미우라는 스기무라·오카모토·쿠수노세 등과 회합하여 10월 10일을 민비시해 거사일로 정하였다. 그러나 조선정부가 10월 7일 정식으로 훈련대의 해산을 통고해 오자 무장해제가 단행되기 직전인 10월 8일로 거사일을 앞당겼다. 그리하여 마침내 미우라의 지휘 아래 일본군 수비대와 경찰을 중심으로 서울 거주 일본인 낭인 그리고 일부 훈련대소속 군인들이 경복궁을 급습하여 민비를 무참하게 시해하는 만행을 저질렀던 것이다.

민비시해사건 후 일본공사관은 조선정계내에 (반일)친미·친러적인 李完用·李允用·李範晋·閔商鎬 등 정동파 인사들을 해직시키고, 그 대신 김홍집·어윤중·김윤식·유길준 등을 중심으로 한 친일내각을 수립하도록 조처하였다. 그 결과 성립된 제3차 김홍집내각은 사건 당일에 즉각 〈內部告示〉를 통해 민비시해사건이 훈련대 해산에 불만을 품은 兵丁들의 반발로 일어났다고 무마한 데 이어 10월 10일에 그 진상을 은폐하고자 고종으로 하여금 〈王妃廢位詔勅〉을 반포케 하였다. 그럼에도 불구하고 민비시해 당시 侍衛隊를 지휘했던 미국인 군사교관 다이(William McEntyre Dye)와 왕궁에 유숙하고 있던 러시아인 건축기사 사바틴(G. Sabatin) 등에 의해 그 목격 현장이 폭로되었다. 특히, 《뉴욕 헤럴드(*The New York Herald*)》紙의 특파원 코커릴(C. Cockerill)이 사건의 진상을 취재·보도함으로써 일본의 만행이 만천하에 폭로되었다.[17]

사건 발생 후 미국대리공사 알렌(Horace N. Allen)과 러시아공사 웨베르(Karl I. Waeber)를 주축으로 한 서울주재 외국공사단이 고종을 알현할 뿐 아니라 미우라공사를 직접 면회하여 사건의 전말과 일본인의 관련 사실을 추궁하였다. 또한 그들은 외부대신 金允植에게 고종의 〈왕비폐위조칙〉이 강요에 의한 것이 분명하다고 항의하고 진상 규명을 촉구하였으며, 10월 11일에 미·러 양국 공사는 공사관 호위를 구실로 인천에 정박 중인 군함에서 수군 17명과 10명을 각각 서울로 불러들였다.[18]

민비시해사건 당일 서울의 미우라공사로부터 이 사건에 대해 보고 받은 일본정부는 즉시 "이번의 사건에 대해 정부의 훈령이 있을 때까지 우리 수비대를 동원시키려는 행위를 하지 말 것"이라는 전훈을 보냈다.[19] 그러나 시해사건이 국제문제로 확대됨에 따라 곤궁에 빠진 일본정부는 미·러·영 등 각국 주재공사들에게 각국의 반응을 파악하라는 훈령을 내림과 동시에 외무성 정무국장 코무라 쥬타로오(小村壽太郎)를 서울로 파견하여 사건의 진상을 조사·보고토록 조치하였다.

10월 14일 인천에 도달, 그 다음날 서울에 도착한 코무라는 사건 조사에 착수하였다. 그 결과 그는 미우라공사를 비롯해 스기무라·쿠수노세·오카모토·아다찌·코바야카와 등 일본공사관원·고문관·군인·기자·낭인 등이 민비시해에 깊숙이 관여한 사실을 확인하고 이를 본국정부에 보고하였다. 이 보고에 접한 일본정부는 구미 열강과의 무력충돌을 피하기 위해 미우라공사를 포함한 주요 관련자들을 소환·귀국시켜 히로시마(廣島)감옥에 구금토록 조치하였다.

아울러 일본정부는 코무라를 辨理公使로 임명하고, 그에게 김홍집내각의

---

17) 민비시해사건 전반에 관해서는 崔文衡 등 공저, 《明成皇后弑害事件》(民音社, 1992) 참조.

18) 《日本外交文書》 28-1, 문서번호 372, 507~509쪽.

19) 《日本外交文書》 28-1, 문서번호 355, 492쪽.

붕괴를 예방토록 하라는 지시를 내렸다. 또한 일본정부는 구미 열강과의 타협을 모색하기 위해 주한 일본군 철수안을 제안하는 한편 조선정계의 사정에 밝은 이노우에를 王室問安使로 파견하였다. 서울에 온 이노우에는 주한 외국공사와 접촉하면서 코무라공사를 측면 지원하는 동시에 대원군을 정계에서 제거하는 작업을 추진하였다. 그러나 조선정부는 이노우에가 공사 재임시에 약속했던 기증금 공여가 이뤄지지 않았기 때문에 그를 신뢰하지 않았고, 코무라공사 역시 이러한 조선정부의 분위기를 파악하였기 때문에 "井上伯의 滯韓은 되도록 단기간에 그쳐줌이 득책"이라고 본국 정부에 품신하였다.[20] 결국 이노우에는 아무런 외교적 성과를 거두지 못한 채 서울 체류 보름만인 11월 15일 귀국하고 말았다.

한편 11월 26일 고종은 정부대신과 외교사절단이 모인 자리에서 '폐왕후'를 복위시키는 동시에 親衛隊(前훈련대) 將卒의 무죄함을 천명하고, 민비시해에 대한 문책인사로 군부대신 趙義淵과 경무사 權瀅鎭을 파면시키는 조칙을 내렸다.[21] 이로써 민비시해사건에 대한 사후수습이 어느 정도 마무리되었지만, 그 사건을 주도했던 일본공사관측의 입장은 갈수록 난처해졌다.

이러한 상황 속에서 11월 28일 侍從院卿 李載純·侍從 林冣洙·탁지부 사계국장 金在豊·중추원 의관 安駉壽 등이 주동하고, 친위대 소속 중대장 南萬里 등 수십 명의 장교가 가담하여 민비시해사건 이후 친일내각에 포위되어 있던 고종을 왕궁 밖으로 移御할 목적으로 春生門의 담을 넘어 왕궁을 침범하는 이른바 春生門事件이 일어났다. 이 사건의 배후에는 李範晋·李完用·李夏榮·尹雄烈·玄興澤 등 정동파 인사들, 미·러 양국 공사와 언더우드(Horace G. Underwood), 헐버트(Homer B. Hulbert), 다이 등 친왕적 성향의 미국인들의 은밀한 협조가 있었다. 그러나 이 국왕 移御계획은 참가를 약속했던 친위대 대대장 李軫鎬의 사전 누설 때문에 실패로 끝나고 말았다.[22]

일본정부는 이 사건을 國王奪取事件으로 규정하고 그 동안 민비시해사건

---

20) 《日本外交文書》 28-1, 문서번호 411, 534쪽.

21) 《高宗實錄》, 고종 32년 10월 10일.

22) 李瑄根, 앞의 책, 683~701쪽.
洪景萬, 〈春生門事件〉(《韓國近代改新敎史硏究》, 景仁文化社, 2000), 153~196쪽 참조.

으로 수세에 몰린 국내외적 난국을 타개할 호재로 활용하였다. 또한 일본정부는 이 사건에 서양인들이 대거 관련된 사실에 주목하고, 이를 빌미로 謀殺·凶徒聚集罪 혐의로 기소당해 있던 미우라 등 민비시해 가담자 전원을 증거불충분으로 면소·석방시켰다. 심지어 일본정부는 이 때를 기하여 주영공사 카토오 타카아키(加藤高明)로 하여금 조선을 공동보호하기 위한 일·영·러 3국의 협상안 내지 동맹안을 영국정부에 제안하였다.[23]

김홍집내각은 춘생문사건의 연루자들에게 사형, 종신유배형, 징역 등의 처벌을 내림으로써 정권의 기반을 공고히 하고 아울러서 갑오경장에 박차를 가하였다. 즉, 김홍집내각은 춘생문사건의 관련자들을 처벌했던 12월 30일에 〈建元에 관한 件〉, 〈年號를 議定하는 件〉과 더불어 斷髮令을 내렸다.

김홍집 내각의 단발령 시행은 민비시해사건으로 팽배해 있던 국민들의 반일 내지 반정부 감정을 폭발시키는 계기가 되었다. 그리하여 전국 각지에서 의병운동이 일어나 친일내각이 임명한 지방관들을 처단하고 관군과 일본군을 공격하였다. 김홍집내각은 의병을 진압하기 위해 친위대를 지방으로 출동시켰지만 의병운동은 계속 확산되었다. 이렇게 친위대의 지방파견으로 인해 서울의 치안력이 약화된 틈을 타 미·러 양국공사관이 피신해 있던 이범진과 이완용 등 정동파인사들이 양국 공사의 협조를 받아 고종을 러시아공사관(俄館)으로 피신시키는 데 성공하였다. 1896년 2월 11일에 결행된 이른바 俄館播遷으로 말미암아 1894년 여름 이래 조선에 대해 독점적 영향력을 발휘했던 일본의 위신이 땅에 떨어지면서 김홍집내각이 붕괴하고 모처럼의 갑오경장도 중단되었다.

2) 제3차 개혁의 추진세력

1895년 7월 6일 박영효가 이른바 不軌陰謀 혐의로 서울정계에서 쫓겨나 일본으로 망명하자 고종은 그를 엄중 처벌하라는 조칙을 내림과 동시에 부분적 내각개편을 단행하였다. 그리하여 내부대신 박영효와 경무관 李圭完 등

23) 《日本外交文書》 28-1, 문서번호 469, 595~597쪽.

박영효파 인물들이 면직되고, 내부협판 兪吉濬이 내부대신서리에, 탁지협판 安駉壽가 경무사에, 金弘集·鄭範朝·金永壽가 궁내부 특진관에 각각 임명되었다.[24] 그후 7월 12일에는 尹用求가 궁내부대신, 李鑢永이 내부대신, 尹致昊가 외부협판, 金春熙가 학부협판으로 각각 임명되었다.

그런데 박영효의 일본 망명 후 정계에서 두각을 나타낸 세력은 왕실과 협력하여 박영효를 축출하는 데 일익을 담당했던 정동파였다.[25] 즉, 8월 11일에는 안경수가 군부대신 겸 탁지부대신서리에, 李允用이 경무사에 등용되어 내각에서 정동파의 입지가 강화된 데 이어, 8월 17일에 친러파의 대표격인 이범진이 궁내부 濟用院長으로 임명된 지 한 달도 못되어 궁내부 협판에, 그리고 閔商鎬가 궁내부 제용원장에 임명됨으로써 "궁내부는 순수한 閔黨, 즉 俄美黨으로써 단결하여 그 세력이 거의 정부를 압도"하게 되었다.[26] 따라서 정동파는 친일파관료들이 왕실과 일본공사관을 매개시켜 주었던 것과 마찬가지로 왕권을 강화하려는 왕실과 자국의 이익을 도모하던 미·러 양국 공사관간의 연결고리 기능을 담당하게 되었던 것이다.

고종과 민비는 8월 22일 갑오경장의 개시와 함께 정계에서 축출당하였던 徒流罪人 閔泳駿·趙秉式·閔泳柱·閔炯植 등 민씨척족들을 사면시킴으로써 자신들의 권력기반을 공고히 하였다.[27] 그런 다음 8월 24일에 고종은 김홍집을 총리대신에 재임명하고 박정양을 내부대신에, 어윤중과 申箕善을 중추원 의장 및 부의장에 각각 임명하는 개각을 단행하기에 이르렀다(〈표 1〉 참조).

이렇게 출범한 제3차 김홍집내각은 7월 23일에 서울에 재귀임하여 3백만 엔의 寄贈金을 미끼로 왕실에 접근했던 이노우에공사의 입김이 어느 정도 작용하여 만들어낸 것이지만[28] 궁극적으로는 고종과 민비가 왕권을 강화하

24) 이어서 7월 9일에는 미국에 체류 중에 외부협판에 임명된 徐載弼도 역시 해고당하였다(《日省錄》, 고종 32년 윤5월 14일·17일).

25) 정동파는 친일적 성향이 강한 인물들에 대해 노골적으로 반감을 드러내는 한편 박영효가 주축이 되어 설립한 親日단체인 朝鮮協會를 해체시키려고 노력하였다(杉村濬, 《明治二十七·八年 在韓苦心錄》, 東京 : 杉村陽太郎, 1932, 143~144쪽 ; 柳永益, 《甲午更張硏究》, 一潮閣, 1990, 206~207쪽 및 264~266쪽).

26) 《高宗實錄》, 고종 31년 6월 27일·7월 8일.
杉村濬, 앞의 책, 429쪽.

27) 《高宗實錄》, 고종 32년 7월 3일.

〈표 1〉 김홍집 · 박정양 연립내각의 구성

(1894년 8월 24일~10월 8일)

總理大臣	金弘集		
內閣總書	李聖烈(8.10)		
宮內府大臣	李耕稙(8.18), 李範晋(8.28 署理)	協辦	李範晋(8.18)
內部大臣	朴定陽	協辦	兪吉濬※(10.4 免職)
外部大臣	金允植※	協辦	尹致昊※
度支部大臣	沈相薰(署理 安駉壽)	協辦	李鼎煥(8.10)
法部大臣	徐光範※	協辦	李在正※
農商工部大臣	金嘉鎭, 李範晋(10.5)	協辦	鄭秉夏※
學部大臣	李完用※	協辦	金春熙(7.12)
軍部大臣	安駉壽(8.10)	協辦	權在衡(8.10)
警務使	李完用(8.10)		
訓練隊聯隊長	洪啓薰(7.17)		
侍衛隊聯隊長	玄興澤(7.17)		

* 1. 《高宗實錄》, 고종 32년 5월 14일~8월 19일.
  2. ※ 표는 前내각에서 유임된 자.
  3. ( ) 내는 임명 날짜.

기 위해 만들어진 내각이었다. 이들 내각원의 면모를 살펴보면, 표면상으로 총리대신 김홍집을 비롯하여 외부대신 김윤식, 중추원의장 어윤중 등 제1차 갑오경장을 주도하였다가 박영효의 집권으로 말미암아 실세했던 갑오파인사들 이외에 내부대신 박정양, 학부대신 이완용, 경무사 이윤용, 궁내부협판 겸 서리대신 이범진 등 정동파가 다수를 형성하고 있었다. 더욱이 박영효가 일본으로 망명한 상황에서 그와 긴밀한 관계를 유지하였던 법부대신 서광범과 외부협판 윤치호까지도 정동파에 가담하였으므로 실제로 정동파의 세력은 한층 더 강화되어 있었다.[29] 한마디로, 제3차 김홍집내각은 친일개화파보다 정동파가 더 우세한 내각이었다.[30]

---

28) 《日本外交文書》 28-1, 문서번호 349, 482쪽 참조.

29) 서광범은 朴泳孝의 일본 망명 후 大院君派에게 복수당할 것을 두려워하여 뮈텔주교 집에서 하루밤을 묵었다가 귀가하였다고 한다. 이로 미루어 보건대, 그는 신변의 안전을 도모하기 위한 일환으로 정동파에 가담하였던 것으로 생각된다(천주교 명동교회 편, 한국교회사연구소 역주, 《뮈텔 주교 일기 I, 1890~1895》, 한국교회사연구소, 1986, 341~343쪽).

정동파는 내각의 요직을 장악한 다음 먼저 일본의 내정간섭을 종식시키고 독립을 선양하는 일에 착수하였다. 그들은 1895년 9월 4일(음 7월 15일)을 503회 開國紀元節로 제정함으로써 조선의 자주독립 의지를 대내외에 천명하였다. 이범진이 개국기원절 행사추진 부총재, 이채연·이하영·민상호·윤치호·르젠드르 등이 사무위원장으로 임명되어 제반실무를 추진하였다는 사실은 정동파가 조선의 자주를 표방하는 사업에 얼마나 열성적이었는가를 단적으로 보여준다. 고종도 개국기원절을 맞이하여 일본의 압력에서 벗어나게 된 기쁨을 은근히 토로하였다.[31]

이러한 상황에서 미우라가 신임공사로 내한하고 이노우에는 9월 17일에 귀국하였다. 그러자 고종은 정동파 인사들을 통해 친미·친러정책을 표방하는 한편 배일정책을 강화하였다. 먼저 9월 28일에 칙령 제1호를 반포하여 朝臣上下의 服飾을 舊制로 환원시키는 조치를 취함으로써 일본공사의 권고하에서 추진되었던 내정개혁을 부분적으로 무효화시켰다.[32]

다음으로 고종은 10월초에 인사이동을 단행하여 정부내 친일적 성향의 인물들을 제거하기 시작했다. 그 결과 10월 1일에 중추원의장 어윤중이 해임되고, 2일에는 훈련대 장교 成暢基·趙義範·申羽均·安泰承 등이 면관되었으며, 10월 4일 유길준이 義州府 관찰사로 좌천되고, 김가진은 농상공부대신직에서 물러난 반면, 10월 5일 이범진은 농상공부대신으로 승진하였다.[33]

한편 이범진의 주도 아래 훈련대를 해산시키고 시위대만을 존치시키려는 움직임이 나타났다.[34] 이러한 상황에서 군부대신 안경수는 민비시해사건이 일어나기 전날인 10월 7일에 일본공사관으로 미우라공사를 방문하여 훈련대 해산결정과 무장해제방침을 통고하였던 것이다.[35]

앞에서도 지적했듯이, 조선에서의 세력 만회를 위해 일본은 10월 8일 민비를 시해하는 만행을 저질렀다. 이 사건이 발생하자 이완용·이윤용·이하영·

30) 李瑄根, 앞의 책, 569~570쪽.
31) 韓哲昊, 《親美開化派硏究》(國學資料院, 1998), 104~105쪽.
32) 《高宗實錄》, 고종 32년 8월 10일.
33) 《官報》, 개국 504년 8월 10일·14일·16일·17일.
34) 杉村濬, 앞의 책, 433~435쪽 참조.
35) 李瑄根, 앞의 책, 596~597쪽 참조.

이채연·민상호·현흥택 등은 미국공사관으로, 이범진과 이학균은 러시아공사관으로 각각 피신하였다.[36] 그 결과 어윤중이 탁지부대신에, 유길준이 내부협판 및 내부대신서리에, 張博이 법부협판 및 법부대신서리로, 權瀅鎭이 경무사에 각각 임명되어 정계에 복귀함으로써 김홍집을 수반으로 하는 친일내각이 재수립되었다.

민비시해사건 직후 김홍집내각은 고종으로 하여금 궁내부의 국정 관여를 배제하고 내각에 전권을 위임한다는 조칙을 반포케 함과 동시에 시해사건의 원인을 훈련대 해산에 반발한 군인들의 탓으로 돌리는 〈內部告示〉를 공포하였다. 이어 10월 10일에는 〈王妃廢位詔勅〉을 발포하여 민비시해사건의 진상을 은폐하는 조치를 취하기도 하였다. 이 과정에서 내부대신직에 유임되었던 박정양은 민비시해사건을 합리화하려는 〈詔勅〉, 〈內部告示〉, 〈王妃廢位詔勅〉 등에 서명할 것을 거부하고 친일내각에 비협조적인 태도를 취하였기 때문에 10월 12일 중추원의장으로 좌천당했다.[37] 이어 법부대신 서광범도 13일에 학부대신으로 임명되었다가 주미전권공사로 발령받아 출국함으로써 정동파인사들은 내각에서 축출되고 말았다.[38]

민비시해사건이 일어나자 미국공사 씰(John M. B. Sill)과 러시아공사 웨베르는 10월 8일 오전에 고종을 알현하였으며 오후에는 다른 주한외국공사들과 함께 일본공사관을 방문하여 사건의 전말과 일본인의 관여사실 여부를

36) Horace N. Allen, *Korea : Fact and Fancy*(Seoul : Methodist Publishing House, 1904), p.194.
尹致昊, 《尹致昊日記》 4(國史編纂委員會 編, 1975), 105·123쪽.

37) 《高宗實錄》, 고종 32년 8월 14일.

38) 《高宗實錄》, 고종 32년 8월 25일·10월 25일. 서광범은 민비시해사건에 연루된 것으로 간주되었기 때문에 학부대신으로서 거의 업무를 수행하지 못하고 있었다. 그리하여 그는 10월 26일 미국공사 씰을 방문하여 은연중에 駐美全權公使로 파견되었으면 좋겠다는 의견을 피력하였다고 한다. 그러나 윤치호는 서광범이 주미전권공사로 임명된 것은 그를 내각에서 쫓아내기 위한 計略으로 규정하였다. 이 점에 관해서는 다음이 참조된다.
《뮈텔 주교 일기 I, 1890~1895》, 410·426~427쪽.
《尹致昊日記》 4, 80·107쪽.
方善柱, 〈徐光範과 李範晋〉(《崔永禧先生華甲紀念 韓國史學論叢》, 探求堂, 1987), 439~441쪽 등.

추궁하였다.[39] 이에 대해 일본정부는 민비시해사건을 주도한 미우라공사와 관련자들을 본국으로 소환하는 동시에 사건의 진상조사를 위해 파견했던 코무라를 주한변리공사로 임명하고 조선 사정에 정통한 前공사 이노우에를 王室問安使로 급파함으로써 사태수습에 나섰다.

김홍집내각은 민비시해사건으로 인하여 대내외적으로 실추된 정부의 권위를 만회하고자 국호를 '大朝鮮帝國'으로, 대군주를 '皇帝'로 각각 개칭하고, 음력을 양력으로 개정하는 조치를 취하였다. 또한 그들은 민비시해사건에 관여했던 훈련대를 해산하는 대신 서울에 親衛隊와 지방에 鎭衛隊를 신설하였다. 아울러 폐위된 민비를 복위시키고, 시해사건에 연루된 혐의를 받고 있던 군부대신 조희연과 경무사 권형진을 파면시켰다.

이와 같은 조처에도 불구하고 민심은 쉽사리 가라앉지 않았으며, 국왕 고종은 신변 위협을 느낀 채 불안한 생활을 계속하고 있었다. 이에 미·러 공사관으로 피신해 있던 정동파인사들은 양국 공사 및 아펜젤러(Henry G. Appenzeller), 언더우드 등 친왕파 미국인들의 협조 아래 고종을 러시아공사관으로 이어시키려는 계획을 추진하였다. 그리하여 11월 28일에 정동파의 후원을 받은 시종 林最洙와 일부 훈련대 장교들은 궁궐에 연금되어 있던 고종을 구출하기 위한 春生門事件을 일으켰던 것이다. 이 거사는 사전에 일본측에 의해 탐지되었기 때문에 실패하고 말았다. 그 결과 이 사건의 주모자 이범진과 尹雄烈은 上海로 일시 망명하였고, 정동파는 미·러공사관의 비호를 받으며 근근히 세력을 유지하였다.

춘생문사건을 계기로 김홍집내각은 정국의 주도권을 재장악함과 동시에 〈鄕會規則〉, 〈鄕約辦務規則〉, 〈種痘醫養所規程〉, 〈商務會議所規例〉등을 제정하여 민비시해사건으로 인하여 지지부진했던 내정개혁에 박차를 다시 가하였다. 특히, 김홍집내각은 1895년 12월 26일 귀국한 徐載弼(Philip Jaisohn)에게 중추원 고문직을 제의한 데 이어 정부의 보조금으로 신문을 발간하려고 시도하였다. 서재필은 자신의 귀국을 주선했던 박영효가 이미 일본으로 망명하였기 때문에 신변안전에 확신을 가질 수 없어 貞洞에 있는 아펜젤러

39) 《日本外交文書》 28-1, 문서번호 359, 494~495쪽 참조.

의 집에 머물고 있었다. 국내에 확고한 정치적 기반을 갖고 있지 않았던 그는 유길준이 제의한 중추원 고문직을 일단 받아들이고 신문 간행작업에 착수하게 되었다. 이 과정에서 일본공사 코무라는 신문 간행이 일본에 불리한 여론을 형성할 지도 모른다고 우려한 나머지 이 일을 중단시키고, 심지어 유길준을 내부대신직에서 내쫓으면서 서재필을 추방시키려고 획책하였다.[40] 이처럼 김홍집내각은 〈향회규칙〉의 실시와 신문발간 등 개혁을 추진했음에도 불구하고, 단발령을 무리하게 강행함으로써 민심을 수습하기는커녕 오히려 반일·반정부를 기치로 내세운 이른바 을미의병운동을 촉발시키고 말았다.

이러한 정세 속에서 정동파는 비밀리에 상해에서 귀국한 이범진을 중심으로 정권을 재장악하려는 음모를 추진한 끝에 마침내 1896년 2월 11일 고종과 왕세자를 러시아공사관으로 옮기는 데 성공하였다.[41] 아관파천이 단행된 직후 고종은 김홍집내각의 각료들을 역적으로 지목하고 그들에 대한 포살령을 내렸다. 이로 말미암아 김홍집은 정병하는 순검에게 체포되어 경무청으로 압송되는 도중 군중에 의해 타살되었고, 어윤중은 서울을 탈출하여 報恩으로 도피하다가 龍仁에서 살해당했으며, 유길준·조희연·장박·권형진 등은 일본으로 망명하였다. 또한 김윤식은 잠적하였다가 나중에 발각, 탄핵 당하여 濟州道로의 종신유배형에 처해졌다. 이처럼 제3차 개혁을 담당했던 갑오파 관료들은 살해되거나 망명 또는 유배당함으로써 갑오경장은 종막을 고하게 되었다.

그 반면 아관파천을 계기로 정동파인사들은 내각의 요직으로 진출하게 되었다. 박정양은 내부대신으로서 총리대신 및 궁내부대신서리직을, 이완용은 외부대신으로서 학부대신 및 농상공부대신서리직을, 이범진은 법부대신으로서 경무사직을, 윤치호는 학부협판으로서 서리대신직을 각각 겸임하게 되었으며, 이윤용은 군부대신에, 그리고 李商在는 내각총서에 각각 임명되었다. 따라서 이때 새로이 구성된 내각은 박정양·이완용·윤치호 등의 친미파가

---

40) 李光麟, 〈徐載弼의 《독립신문》 刊行에 대하여〉(《韓國開化思想硏究》, 一潮閣, 1979), 160~71쪽.

41) 아관파천에 관해서는 李鉉淙, 〈俄館播遷〉(《한국사》 18, 國史編纂委員會, 1971) 참조.

주축을 이루고 이범진 등의 친러파가 이들을 지원하는 성향을 띤 친미·친러파 내각이었다고 말할 수 있다. 아관파천 중 이 내각은 자신들의 집권을 후원해준 러시아와 미국측에 조선의 이권을 양여해 주기도 하였지만, 갑오경장의 취지를 계승한 일련의 개혁을 추진하는 데 열의를 보였다.

3) 제3차 개혁의 내용

제3차 갑오경장은 1895년 7월 7일 박영효가 일본으로 망명한 후, 특히 8월 24일 제3차 김홍집내각이 성립된 다음부터 1896년 2월 11일 아관파천이 단행될 때까지 추진된 일련의 개혁을 의미한다. 이 시기에는 약 140여 건에 달하는 법령이 의결·공포되었다. 그런데 1896년 1월 18일부로 김홍집내각이 일본공사 코무라에게 제출한 〈起國債議〉에는 김홍집·유길준 등 이때에 집권한 갑오개화파가 추진하려했던 개혁구상이 극명하게 드러나 있다.[42]

(1) 대외관계의 개혁

김홍집·유길준 등 갑오개화파는 일본의 후원에 힘입어 집권하였을 뿐 아니라 개혁을 추진하는 과정에서 일본으로부터 일정한 정치적·군사적·경제적 원조를 받았다. 이것은 이 정파의 대일의존적 성격을 드러내주는 점이다. 그렇지만 그들은 이 같은 한계점에도 불구하고 자신들의 고유한 개혁안을 갖고 나름대로의 민족주의적 개혁을 추진하고 있었다.

갑오개화파는 경장 초에 조선의 국호를 '대조선국'으로 부르다가 1895년 10월 15일에 이르러서는 이를 '大朝鮮帝國'으로 개칭하는 동시에 국왕의 칭호를 '대조선국왕'에서 '大朝鮮皇帝'로 격상시키기로 결의한 바 있다.[43] 그리고 9월 4일에는 '開國紀元節'을 제정·경축하였으며, 1895년 12월 30일에는 1896년부터 독자적 연호인 '建陽'을 채택하여 국가적 자주·독립의식을 선양키로 결의하였고, 모든 관공서에 국기를 게양하라는 의안을 다루기도 하

---

42) 이 자료는 《日本外交文書》 29, 문서번호 319(附屬書 4 : 別紙 제2호), 609~621쪽에 실려 있다.

43) 《尹致昊日記》 4, 74~76·78·80·123쪽 등 참조.

였다.

특히 주목되는 점은 1895년 7월 12일에 왕명으로써 圜丘壇을 건축하기로 결의한 데 이어 10월 15일 내각회의에서 이 원구단에서 皇帝尊稱 奉位式을 개최하기로 결의한 사실이다. 그러나 이 계획은 영·러·미 공사와 일본공사 코무라가 시기상조론을 내세워 반대하였기 때문에 결국 보류되고 말았다.44)

이러한 민족주의적인 국위선양 운동은 갑오파 뿐만 아니라 갑오경장에 참여했던 갑신파·정동파 관료들 모두가 시도했던 것으로서 갑오경장 이후에도 연면히 이어지다가 1896년에 창설된 독립협회에 의해 본격화되었다.

(2) 정치제도의 개혁

갑오파는 근대적 내각제의 골격을 유지하면서 궁내부관제를 부분적으로 개정하였다. 그들은 내각을 중심으로 국정의 운영을 장악하는 동시에 궁내부의 직권을 분리시켜 국왕과 왕실의 권한을 제한 내지 축소시키려 하였다. 그러나 박영효의 실각으로 고종과 민비의 영향력이 증대하면서 궁내부를 통한 왕실의 국정 관여도가 높아졌다. 따라서 민비시해사건을 계기로 갑오파는 고종으로 하여금 "근래 궁내부와 내각의 분별이 확정치 못하야 정령이 혹 궁내부로서 발포한 것이 없지 아니하니…今으로부터 이후는 朕의 내각과 궁내부는 관제의 정한대로 각기 권위를 격수하여 범백정령은 皆先 내각대신으로 議케 하라"는 조칙을 발포케 함으로써 내각의 권한을 강화시키려 하였던 것이다.45)

이 조칙에 의거해서 1895년 12월 25일에 〈宮內府官制〉가 개정되었다. 개정된 궁내부관제에 의하면, 기존의 6院 가운데 장례원·시종원·회계원은 그대로 두고 규장원·제용원을 폐지하였다. 또 經筵院을 신설하고 內藏院을 內藏司로 바꾸었으며, 원 산하의 秘書監·宗正司·貴族司는 각각 秘書院·宗正院·貴族院으로 개편함과 아울러 典醫司·奉常司·主殿司·太僕司 등을 독립시켰던 것이다. 그리고 회계원의 長을 卿으로 고치되, 그 예하의 출납사와 검사사를 폐지하는 대신 과장을 두어 그 사무를 맡게 하였다. 그 외에 궁내

44) 《日本外交文書》 28-1, 문서번호 403, 530쪽 ; 문서번호 407, 532쪽.
45) 《高宗實錄》, 고종 32년 8월 20일.

부대신의 직무규정이나 기타 관제내용은 변함이 없었다.[46]

그러나 이러한 궁내부관제의 개정은 오히려 제2차 개혁 당시의 궁내부관제보다 덜 체계적이었다. 이는 민비시해사건 이후 국내외 여론의 악화와 정국의 동요 등으로 정권적 기반이 약화되는 상황 속에서 갑오파가 궁내부를 통제하지 못했음을 방증한다.

(3) 지방행정제도의 개혁

갑오파는 박영효가 1895년 6월 18일에 개시했던 23부제 지방제도 개편에 따른 후속조치를 취하였다. 1895년 10월 25일에는 지방제도의 급격한 실시로 말미암아 군·현간의 병합이 제대로 이뤄지지 않은 상황에서 郡에 대한 확실한 파악과 그 효율적 행정운영을 도모하려는 조치가 취했졌다.[47] 이어 12월 12일에 갑오파는 〈鄕會條規〉와 〈鄕約辦務規程〉을 발포함으로써 초보적인 민주적 지방자치제를 실시하고자 했던 것이다.

鄕會는 里會·面會·郡會의 3급으로 구성되며, 각 향회의 회원은 里의 尊位, 면의 執綱, 군의 郡守 등 관리·속리와 각급 단위구역에서 公擧한 자로 충원하였다. 또한 각급 향회에서는 ① 교육, ② 호적과 지적, ③ 위생, ④ 사창, ⑤ 도로교량, ⑥ 식산흥업, ⑦ 공공산림과 堤堰伏港, ⑧ 제반 稅目과 납세, ⑨ 歉荒과 환난의 구휼, ⑩ 公共服役, ⑪ 제반 契會 및 ⑫ 新式令飭 등에 관한 사항을 公議하도록 규정하였다.[48]

그런데 〈향약판무규정〉을 살펴보면, 종래 지방의 하급행정에 관여했던 風憲·約正·勸農·洞長·里正 등 명목들을 폐지하고, 그 대신 리 혹은 촌과 동에는 존위와 書記·頭民·下有司 각 1인을, 그리고 면에는 집강과 서기·하유사·面主人 각 1인을 두도록 규정하였다. 또 존위와 집강을 "관에서 차정하던 예를 폐지"하는 대신 존위의 경우에는 "매년 정월에 該 里人이 회의하야 班常을 拘치 勿하고 圈選한 후" 본 면·군에 보고하고, 집강의 경우에도 같은 방법으로 권선하여 본군에 보고하도록 하였다. 그리고 이렇게 조직·운

46) 《韓末近代法令資料集》 1, 613~621쪽.
47) 《韓末近代法令資料集》 1, 570~574쪽.
48) 《韓末近代法令資料集》 1, 600~601쪽.

영되는 향회에서는 해당 각 리의 호적·인구 및 산업에 관한 문부의 작성 및 보고와 부·군·면에 할당되는 '공동의 役'을 분담하며, 該 里내의 "종래 無名雜斂하는 폐를 금지"하는 역할 등을 담당케 하였다.[49]

이 향회 및 향약 규정은 우리 나라의 전통적인 지방행정조직을 시의에 맞게 변통·활용하려 했던 개혁기도로서 주목할 가치가 있다. 뿐만 아니라 면이라는 최하급 행정단위에서 지방민의 '권선'과 '공동회의' 등 민주주의적인 지방자치제를 조장·실시하려 했던 징표로서 의의가 있다. 요컨대, 갑오개화파 관료들은 전국 규모의 의회 설치는 시기상조라고 판단했지만, 지방에 향회를 개설·보급함으로써 리·면 수준에서 민주주의 정치를 점진적으로 보급·실시하려 했다고 볼 수 있다.

(4) 경제제도의 개혁

갑오파는 일본으로부터 차관을 도입하여 국가재정을 확충해나가는 한편 전통적인 재정기구를 개편하고 근대적 상공업의 발달을 도모하기 위한 개혁조치를 취해나갔다.

우선 갑오파는 종래에 폐단을 야기시켰던 환곡제도를 폐지하고, 그 대신 1895년 7월 18일 〈社還條例〉를 제정하였다. 사환제도는 종래의 환곡제도와는 달리 관청의 간여를 배제하고 민간에게 자율적으로 관리토록 하였으며, 고리대 행위를 금지하고 본래의 취지대로 순전히 賑貸를 목적으로 한 것이었다.[50]

다음으로 지방제도의 개편과 짝하여 탁지부가 직접 각 부·군의 稅務視察官과 稅務主事로 하여금 지방세무를 감시토록 하는 〈稅務視察官章程〉과 〈各郡稅務章程〉을 제정하였다. 이는 지방 징세기구의 자의적인 수탈을 방지함으로써 국가재정을 증대시키려는 데 그 목적이 있었다.[51]

또한 갑오파는 민간의 상공업을 육성하기 위한 일환으로 〈商務會議所規則〉을 제정하였다. 이 규례에 의하면, 상무회의소는 상업자 20명 이상이 회

---

49) 《韓末近代法令資料集》 1, 602~605쪽.
50) 《韓末近代法令資料集》 1, 466~468쪽.
51) 《韓末近代法令資料集》 1, 562~567쪽.

원선거규칙·의사규칙·서무규정·역원직무권한·회계규칙 등의 규정을 의정한 다음 지방장관을 경유하여 농상공부대신의 인가를 받아 설립될 수 있었다. 상무회의소는 상업의 興旺방법을 의결하고, 상업의 이해득실에 관한 의견을 관청에 보고하며, 상업에 관한 관청자문에 답신하고 상업상의 분규를 재결하는 사무를 맡았다. 그리고 회의소의 경비는 회원선거권을 가진 자에게서 징수토록 하고, 그 징수방법은 농상공부대신에게 인가를 받아야 하며, 지방수세관리가 체납자에게 징수를 독촉할 수 있었지만, 영업독점권의 부여와 상업세의 징수와는 전혀 무관토록 하였다. 이로써 볼 때, 갑오파는 官과의 밀접한 관련하에 상무회의소를 육성함으로써 상업의 발달을 도모하였음을 알 수 있다.[52)]

한편 갑오파는 탁지부의 일본인 고문관 니오 코레시게(仁尾惟茂)와 협의하여 일본으로부터 500만 엔의 신규 차관을 도입할 계획인 〈起國債議〉를 세우고, 이 안을 1896년 1월 18일에 코무라공사에게 제출하여 일본정부의 협조를 구하였다. 〈기국채의〉에 나타난 바에 의하면, 갑오파는 일본으로부터 乙未차관 300만 엔을 포함한 총 800만 엔의 차관을 도입, 이 외채로써 재정정리와 민간산업 진흥을 도모하고 근대적 자립경제의 기초를 다진다는 일종의 외자도입·적자조달 전략에 따른 경제개발 계획을 추진·도모했던 것이다.

그런데 그들이 1896년초 500만 엔의 신규 차관을 신청할 때 제시한 향후 3년간의 재정계획을 살펴보면, 그들은 京仁鐵道 건설을 통해 수입을 늘리는 것 이외에 다음 몇 가지 수입증대 방안을 강구함으로써 연차적으로 세입규모를 확대해 나갈 작정이었다. 이를 좀더 구체적으로 설명하면 아래와 같다.

첫째, 왕실재정의 정리이다. 갑오파는 왕실비의 절감과 籍田·庄田·鹽田·火田 등 왕실소속 재산의 탁지부 이관, 종래 각 관·각 사가 징수하던 분세·수세·강세 등의 탁지부 편입, 삼업 등 왕실독점사업의 탁지부 이관 등의 조치를 취함으로써 정부수입을 증대시키려 하였다.

둘째, 징세법의 개선이다. 그들은 세무시찰관 및 기타 훈련받은 세무관리로 하여금 지방세무를 시찰케 하여 隱結을 적발하고 수납의 결손을 줄이며,

---

52) 李憲昶, 〈甲午·乙未改革期의 産業政策〉(《韓國史硏究》 90, 1992), 48~49쪽.

동시에 조세 금납제의 실행 및 향회·향약의 활성화를 기함으로써 납세율을 높이고자 하였다.

셋째, 新稅源의 발굴이다. 갑오개화파는 경인철도 및 利運社 등 관영 교통수단의 개발, 목포·진남포 등 신항구의 개항, 택지세의 실설, 驛土 및 屯土와 같은 관유지 불하 등의 방법으로써 새로운 세원을 개발하려고 하였다.

넷째, 민간상공업의 진흥이다. 그들은 六矣廛·商理局 등 인민의 식산의욕을 저해하는 제도를 혁파하고, 상공회 등을 설립하여 민간의 기업심을 고양시키고자 하였다.[53]

이러한 일련의 계획이 실현될 경우 조선정부는 제3회계년도인 1898년에는 "더 이상 國債가 필요없이 獨力으로써 歲計 유지가 가능한" "獨立·自理의 域"에 도달할 것으로 기대되었다.

〈기국채의〉에 나타난 갑오파의 예산계획은 그들의 개혁방략 전체를 이해하는 관건이 된다. 즉, 그들은 개혁을 추진함에 있어 경제적으로 무기한 일본에 의존하는 것이 아니라 초창기 3년간에 한하여 지원을 받을 계획이었던 것이다. 이점을 그들의 개혁구상 전체와 관련지어 살펴본다면, 그들은 1896년 이후 3년간 자립적 경제기반을 마련하면서 그 동안에 군사·경찰·교육 등 다른 여러 면에서의 개혁도 원활히 추진함으로써 결국 1898년에 이르러서는 일본에 의지하지 않아도 될 만한 수준의 독자적 군사·경찰력 등을 확보하려 했다고 추정할 수 있다. 여하튼 갑오파는 우리 나라 근대사상 최초로 조직적인 장기 경제개발 내지 국가발전계획을 입안한 인물들이었다는 점에서 돋보인다.

(5) 군사제도의 개혁

갑오파는 강력한 근대적 常備軍을 지속적으로 양성하기 위한 노력의 일환으로 중앙 및 지방군제에 대한 개편을 단행하였다. 우선 그들은 박영효가 망명 직전에 실시하려 했던 지방군제의 개편을 재차 추진하였다. 즉, 7월 11일을 기해 해산시키기로 예정했던 각 도의 外營 兵丁의 해산을 유보하였지만,

---

53) 《日本外交文書》 29, 문서번호 319, 609~616쪽.

9월 3일에 조선 수군의 주력인 경상·전라·충청 3도 수군의 최고사령부인 三道水軍 統制營에 대한 폐지령을 발포하고 이어서 〈各道의 兵營과 水營을 廢止하는 件〉, 〈各 鎭營을 廢止하는 件〉, 〈各 鎭堡를 廢止하는 件〉 등을 공포하였던 것이다.54)

한편 김홍집내각은 민비시해사건이 발발한 다음 10월 13일에 〈訓練第一聯隊 編制에 관한 件〉을 제정함으로써 정권의 군사적 기반을 공고히 하고자 하였다. 이에 따르면, 훈련 제1연대는 연대본부와 제1대대 및 제2대대로, 각 대대는 대대본부와 4중대로 각각 편성되고, 그 규모는 총 1,733인이 되도록 계획되었다.55) 아울러 10월 22일에는 궁성의 경비체제를 한층 강화하기 위해 〈宮城諸守備兵服務規則〉을 제정하고 24일부터 시행토록 하였다.56)

그러나 훈련대의 일부가 민비시해사건에 동원되었기 때문에 국내외 인사들간에 그에 대한 비난 내지 의구심이 높아졌다. 이에 10월 30일에 김홍집내각은 훈련대를 해산하고 그 대신 〈陸軍編制綱領〉을 새로이 제정·공포하여, 서울에 왕성수비를 전담하는 친위대와 지방 주요 지역의 방위를 담당하는 진위대를 설치하였다. 이와 동시에 친위대 2개 대대와 평양 및 전주부에 진위대를 설치하는 칙령이 내려짐으로써 친위대와 진위대의 편성작업이 개시되었다.57)

처음에는 친위 1대대에 각각 4개 중대씩 소속되었으므로 친위대는 2개 대대 휘하에 8개 중대로, 진위대는 그 절반인 2개 대대에 2개 중대로 각각 편성되었다. 친위대의 구성을 살펴보면, 대대본부에는 대대장직의 참령과 군사·부위·참위 각 1인을 배치하였고, 중대에는 중대장직의 정위 1인·소대장직의 부참위 3인·정교 1인·부참교 15인·병졸 200인 등 220인을 배치하였다. 따라서 2개 중대로 편성된 친위 1대대는 장교와 사병 합계 884명이었고, 친위대 총원은 2개 대대 1,876명이었다. 또한 진위대는 친위대와 똑같은 정원을 배정받아 2개 대대 총 884명으로 구성되었다.58)

54) 《韓末近代法令資料集》 1, 504~507쪽.
55) 《韓末近代法令資料集》 1, 556~557쪽.
56) 《官報》, 개국 504년 9월 9일.
57) 《韓末近代法令資料集》 1, 581~583쪽.
58) 《韓末近代法令資料集》 1, 590~591쪽.

그러다가 1896년 1월 27일에는 친위대 1개 대대를 증설하는 칙령이 반포되어 친위대는 3개 대대가 되었다. 신설된 친위 제3대대는 工兵隊 병력 중에서 차출하되, 나머지 공병대의 인원은 점차 친위 각대로 보충하기로 되어 있었다. 이러한 친위대의 증강조치는 친위대가 민비시해사건과 단발령의 실시로 말미암아 전국적으로 전개된 의병을 진압하는 데 동원되었기 때문에 상대적으로 소홀했던 왕실 호위군을 강화하기 위해 취해졌던 것이다.

다음으로 갑오파는 1896년 1월 11일에 〈武官學校官制〉를 제정하여 훈련대 사관양성소를 폐지하고 본격적인 사관학교로서 武官學校를 설립하였다. 이어 15일에는 〈武官學徒募集令〉을 발포하여 20세 이상 30세 미만의 무관지원자를 모집하였다.[59] 그런데 〈기국채의〉에 따르면, 갑오파는 일본으로부터 군사교관 26명을 초빙하여 조선의 군대를 훈련시키되, 1897년까지 서울에 2개 대대, 그리고 지방 요지에 6개 대대와 5개 중대의 병력을 배치할 계획이었다.

이로 미루어 볼 때, 갑오파는 잠정적인 對日의존 방략하에 근대적 상비군의 양성 · 유지계획을 치밀하게 수립하였으며, 이를 실현함으로써 자신들이 염원하는 부국강병을 달성하려 했다고 말할 수 있다.

(6) 경찰제도의 개혁

갑오파는 갑오경장 초에 신설된 警務廳의 조직을 보완하는 일련의 법안을 제정 · 공포함으로써 근대적 경찰제도 수립에 비상한 열의를 나타내었다. 이미 발포 · 실시된 〈警務廳官制〉와 〈警務廳處務細則〉의 후속조치로써 1895년 7월 20일에 서울 5부에 설치된 경무서내 경무서장 · 총순 · 순검의 직무와 복무시간을 정한 〈警務署處務規程〉이 제정됨으로써 중앙의 경무청의 체제 정비는 마무리지어졌다.

지방제도가 23부로 개편됨에 따라 한성부를 제외한 22부 산하에 경무관 1인, 경무관보 2인, 총순 2인 이하가 배치된 데 이어 지방 순검의 정원을 1,540명으로 정하는 규정이 마련되었다. 지방 순검은 홍주 · 안동 · 진주 · 나주 · 남원 · 제주 · 춘천부 등에 50명씩, 인천 · 개성 · 공주 · 충주 · 대구 · 동래 ·

59) 《韓末近代法令資料集》 2, 5~8쪽 및 11~14쪽.

전주·평양부 등에 70명씩, 해주부에 80명, 그리고 함흥·경성·갑산·의주·강계 등 국경지역에 100명씩이 각각 배정되었다.[60] 그런데 '기국채의'에 의하면, 갑오파는 1896년에 일본으로부터 警務敎師 22인을 초빙하여 경찰관을 훈련시킴과 동시에 서울의 경무청에는 경찰관 500명을 배치하고, 지방의 22부에 각 40명, 기타 48개의 요지에 각 30명, 도합 1,320명의 지방경찰관을 증원·배치할 계획이었다.

한편 1895년 9월 26일 내부관제의 개정으로 지방의 경찰사무와 행형사무가 내부 산하기구인 지방국의 관장업무에 편입됨으로써 지방경찰 사무를 주관하는 책임기관이 확정되기에 이르렀다. 이때 監理署가 폐지됨에 따라 개항장 경찰행정이 경무청에서 내부로 이관되었고, 개항장 경무관도 각 관찰사가 감독하게 되었다.[61]

이와 같이 각부의 경찰정원과 책임기관이 확정되자 그 후속조치로써 〈地方警察規則〉, 〈警察官吏陞差內規〉, 〈巡檢職務細則〉 등 지방경찰행정에 관련된 법규들이 제정되었다. 이들을 종합해보면, 지방경찰은 행정경찰과 사법경찰의 사무를 보며, 경찰관은 상관의 지휘·감독을 받되 사법경찰의 직무는 검사의 지휘·감독을 받도록 되어 있었다. 또한 경무청의 경무직무에 준하여 경무관·총순·순검의 직무를 명시하였다.[62] 그리고 경무관과 경부관보는 지방경찰사무와는 별도로 군내 소송에 불복하는 형사상 상소에 대해 해당 지방재판소 검사의 결원시 검사직무를 대행할 수 있도록 함으로써 사법부의 보조 역할을 맡게 되어 있었다. 그런데 이 마지막 조치에 한해서는 검사의 직권에 대한 경무관의 월권행위 내지 남용의 우려가 있기 때문에 곧 중지하라는 조처가 내려졌다.[63]

(7) 교육제도의 개혁

갑오파 관료의 대부분은 일본 및 미국 등지에 遊歷·留學한 경험이 있어

---

60) 《韓末近代法令資料集》 1, 480~483쪽.
61) 《官報》, 개국 504년 8월 8일.
62) 《韓末近代法令資料集》 2, 2·3·10·38~41쪽.
63) 차선혜, 앞의 글, 77~78쪽.

서구의 합리주의 내지 실용주의 문화에 대해 친숙한 사람들이었다. 따라서 개혁 초에 합리성과 실용 위주로 추진되어 왔던 교육제도의 개혁안들을 계승하여 근대식 학교를 설립하는 데 주력하였다.

우선 갑오파는 1895년 5월 10일에 발포된 〈漢城師範學校官制〉를 더욱 구체화시켜 9월 11일에 〈漢城師範學校規則〉(전 34조)과 〈同 附屬小學校規程〉(전 3조)을 學部令 제1호로 제정하였다.[64] 이에 따르면, 한성사범학교의 학생들은 국민보통교육을 담당할 교사의 기본조건이 되는 修身·國文·漢文을 비롯하여 역사·지리·수학·물리·화학·박물·체조 등 근대적 학과목을 배우도록 되었으며, 입학시 국·한문의 독서·작문, 조선의 지리·역사과목의 시험을 치르도록 되어 있었다. 또 연령은 제한하였지만 신분에는 차별을 두지 않음으로써 능력본위 내지 평등주의 교육이념을 지향하고 있었다. 그러나 이 규칙의 제13조 제2항인 "尊王愛國의 志氣에 富함은 敎員者의 重要한 바라. 故로 學員으로 하야곰 平素에 忠孝의 大義에 明하며 國民의 志操를 振起함을 要홈"에서 나타나듯이, 교원되는 자의 尊王愛國정신을 강조하고 있었다.

한성사범학교의 설립은 궁극적으로 국민보통교육을 실시하는 데 그 목적이 있었기 때문에 초등학교설립의 기반을 마련하기 위해 9월 7일에 전문 29조의 〈小學校令〉이, 10월 3일에 전문 14조의 〈小學校規則大綱〉이 각각 발포되기에 이르렀다.[65]

〈소학교령〉은 근대적인 초등교육의 체계와 내용 및 관리운영에 대한 전반적인 사항들을 처음으로 법제화하고 소학교교육을 널리 실시하도록 규정했다는 점에서 그 의의가 크다. 이에 따르면, 소학교는 경비를 국고에서 지급하는 관립소학교, 경비를 부 혹은 군에서 지급하는 공립소학교, 그리고 개인이 관찰사의 인가를 받고 경비를 지방재정 혹은 국고에서 일부를 보조하는 사립소학교 등 3종류가 있으며, 학제는 高等科와 尋常科 등 2과로 편제되었다. 〈소학교령〉에서 주목할 만한 것은 "兒童의 滿七歲로 滿十五歲까지 八個年으로 學齡을 定홈"(제16조)이라는 조항으로서 이는 서구의 근대적 학제를 본 딴 것으로 이해된다.

---

64) 《韓末近代法令資料集》 1, 519~527쪽.

65) 《韓末近代法令資料集》 1, 513~516쪽 및 545~550쪽.

또한 〈소학교령〉 제11조에 의하여 입안된 〈소학교규칙대강〉에 따르면, 학생들에게 五倫行實과 小學과 같은 전통적인 修身과목 이외에 국문(한글)이나 국한문(독서·작문·습자)을 비롯하여 역사·지리·산수·물리·화학·체조 등을 가르침으로써 민족정신을 함양함과 동시에 사회와 자연을 이해하고 생활에 필요한 지식을 체득할 수 있게끔 하였다. 이러한 교육방법은 체계적인 교육학에 기초한 것은 아니지만 재래식 書堂의 暗記·讀經교육과는 근본적으로 다른 진보성을 띠고 있었다.

이들 법령이 마련된 다음 서울의 壯洞(9월 26일), 貞洞(9월 27일), 桂洞(9월 30일), 紬洞(廟洞, 10월 1일) 등 4개소에 소학교가 개설되어 학생을 모집하였다.[66] 그러나 일반국민에 대한 홍보 부족, 민비시해사건에 따른 對정부 불신 등으로 말미암아 소학교교육은 예상외로 부진하였다.[67] 이러한 상황에서 학부대신 서광범은 11월 14일 學部告示 제4호를 통해 '教育은 開化의 本'임을 재천명하고 동시에 앞으로 외국의 의무교육제도를 모방·실시할 것도 암시하였다.

이와 아울러 앞서 개설된 4개의 소학교 중 정동 이외의 3개 학교의 건물이 협소하였기 때문에 장동은 梅洞의 前觀象監으로, 묘동은 혜동의 前惠民署로, 계동은 제동으로 각각 이설시키는 등 학교시설을 확충 내지 이전하는 조치가 취해졌다.[68] 그런데 갑오파 정부는 사범학교에서 졸업생이 배출되는 대로 1896년도에 지방의 22부에도 소학교를 설립할 계획이었다.[69]

한편 정동파는 이러한 신식 학교제도의 개설·보급을 서두르는 이외에 과거제도의 폐지로 유명무실해진 成均館의 교육과 내용을 근본적으로 개혁하는 조치를 취하였다. 그리하여 1895년 8월 21일에 성균관은 "학부대신의 관리에 속하야 文廟를 虔奉하고 經學科를 肄習하는 處"로 한다는 〈成均館官制〉가 제정되었다. 이어서 9월 27일에 학부대신 이완용의 명의로 〈成均館經學科規則〉이 발표되었다. 이 규칙에 의하면, 성균관 경학과 학생은 四書·三

---

66) 《官報》, 개국 504年 7월 28일 참조.

67) 《官報》, 개국 504年 8월 29일자를 보면, 각 학교의 학생수는 壯洞小學校 23명, 貞洞小學校 76명, 桂洞小學校 40명, 廟洞小學校 48명에 불과하였다.

68) 《韓末近代法令資料集》 1, 587쪽.

69) 《日本外交文書》 29, 문서번호 319, 620쪽.

經 및 宋元明史·작문 등 과목 이외에 '時宜에 依하야' 본국 및 만국의 역사와 지리, 산술 등 신식과목을 배우도록 규정되어 있었다. 또한 수업 연한은 3년이고, 1년을 2학기로 나누며, 시험은 임시·정기·졸업의 3가지를 실시하였다. 이처럼 갑오파는 전통적인 교육기관인 성균관을 완전히 폐지하지 않고 오히려 그 안에 *成均館經學科*를 설치함으로써 근대적인 교육내용과 방법을 통해 유학교육을 지속 내지 진흥시키려 했다고 볼 수 있다.70)

〈柳永益〉

4. 갑오경장의 역사적 의의

1) 갑오경장의 실시상황

아관파천 후 실추된 왕권을 회복하려는 고종과 수구파 관료들은 의정부 등 갑오경장 이전의 전통적 통치기구의 일부를 복고시키는 동시에 단발령 등 갑오경장 기간에 입안·공포되었던 개혁안들을 사문화시키려는 태도를 나타내었다. 그러나 갑오경장 기간 내각에 참여하여 개혁을 담당했던 정동파 인사들은 그레이트하우스(C. R. Greathouse)와 브라운(J. M. Brown) 등 외국인 고문관들의 협조 아래 국정 전반에 걸쳐 근대지향적인 개혁을 계속 추진하였다. 또한 독립협회는 갑오경장의 개혁취지를 계승하여 근대적 민주·민권·자강운동을 펼쳐나갔다. 특히 1898년 10월 29일 독립협회가 작성하여 고종에게 올린 〈獻議 6條〉 중 "章程을 實踐할 事"라는 사항은 바로 〈홍범 14조〉를 포함해 갑오경장 당시 제정되었던 각종 법률과 규칙의 실행을 촉구한 것이었다. 따라서 갑오경장 기간에 입안·반포된 개혁안들은 아관파천 이후 대한제국기에 추진된 제도개혁의 토대를 이루었을 뿐 아니라 그 방향을 제시해 주었다고 평가할 수 있다.1)

---

70) 《韓末近代法令資料集》 1, 501·502·538~543쪽.

1) 갑오경장에서 대한제국까지의 제도개혁 전반에 관해서는 다음이 참조된다.

(1) 대외적 자주·독립의 선양 조치

갑오경장에서는 개국기원 및 연호의 사용, 獨立慶日·開國紀元節의 제정, 國名의 격상과 稱帝 시도, 그리고 한글 사용과 迎恩門 철거 등 대내외적으로 자주·독립을 표방하는 조치가 단행되었다. 이러한 일련의 민족주의적인 국위선양조치들은 한편으로 大韓帝國의 선포와 稱帝建元, 〈大韓國國制〉의 제정 등으로 계승되었으며, 다른 한편으로 독립협회가 추진했던 사업의 선구를 이루기도 하였다.

우선 갑오경장 중 국왕의 호칭을 皇帝로 격상시키고, 국호를 大朝鮮帝國으로 고치려했던 시도는 아관파천기에 洪鍾宇에 의해 다시 제기되었다가 고종의 환궁 후 본격화되었다. 의정부 議政에서 市廛商人에 이르기까지 각계 각층의 인사들간에 칭제 여론이 비등해짐에 따라 1897년 8월 1일부터 새 연호를 '光武'로 제정·사용케 하였으며, 이어 10월 12일에는 圜丘壇에서 황제즉위식이 거행되기에 이르렀다. 그 결과 수립된 대한제국은 대내외적으로 완전한 자주국가임을 천명한 것이었다.[2] 이러한 노력은 1899년 8월 17일에 발포된 〈대한국국제〉로 연결되었다. 비록 〈대한국국제〉는 황제에게 무제한의 권한을 부여하는 데 목적이 있었지만, 제1조에 "大韓國은 세계만국의 공인되어 온 바 자주독립하온 帝國이니라"고 규정함으로써[3] 대한제국이 자주독립국임을 재천명하였다.

다음으로 한글의 보급과 신문간행 시도, 그리고 영은문 철거와 朝鮮協會의 설립 등 개혁운동은 《독립신문》의 발간과 독립협회의 창립으로 이어졌다. 아관파천 후 집권한 정동파는 서재필을 적극적으로 후원하여 1896년 4월 7일에 《독립신문》을 창간토록 도왔을 뿐 아니라 7월 2일에 영은문 터에 독립문을 건립하기 위해 독립협회를 창설하는 데 적극 관여하였다.[4] 그후 독립협

宋炳基, 〈光武年間의 改革〉(《한국사》19, 국사편찬위원회, 1976).
———, 〈光武改革 硏究-그 性格을 中心으로-〉(《史學志》10, 1976).

2) 李求鎔, 〈大韓帝國의 稱帝建元 論議에 대한 列强의 反應〉(《崔永禧先生華甲紀念 韓國史學論叢》, 探求堂, 1987), 460~470쪽.
李玟源, 〈稱帝論議의 展開와 大韓帝國의 成立〉(《淸溪史學》5, 1988), 267~292쪽.

3) 《韓末近代法令資料集》2, 542쪽.

회는 독립문 건립사업을 추진하면서 중앙과 지방의 관리들을 비롯한 전국민을 대상으로 모금활동을 전개하는 한편《大朝鮮獨立協會會報》를 간행함으로써 조야의 관료·지식층과 국민들에게 자주의식을 고취시키는 동시에 계몽활동을 전개하였다.

독립협회는 제국주의 열강의 침략적 본질을 철저하게 인식하지 못한 채 독립 유지의 방책으로 세력균형론에 입각한 외교론을 주장하고 황제권을 부정하기 보다 오히려 공고히 할 것을 주장하는 한계를 지니기도 하였다. 그러나 〈獻議 6條〉 가운데 "외국인에게 의존하지 말고 관민이 동심합력하여 전제황권을 공고히 할 것"에서 나타나듯이, 독립협회의 황권 강화주장은 황권을 국권의 상징으로 인식하고 자주독립의 실현과 국민적 통합의 구심점으로 삼으려는 데 그 궁극적 목적이 있었다. 아울러 〈헌의 6조〉에서 강조된 "광산·철도·煤炭·삼림 및 차관·借兵과 정부와 외국과의 조약은 각부 대신과 중추원의장이 합동으로 서명하고 시행할 것"이란 조항은 외국에 대한 무분별한 이권 양여에 대한 반대의사를 표명한 것이었다. 그리고 "장정을 실천할 것"은 갑오경장 및 그 이후에 제정된 각종 법률의 실행을 요구함으로써 근대적 개혁운동의 지속적인 추진을 촉구하였다.5)

이와 같이 갑오경장 때 대내외적으로 자주·독립을 표명하기 위해 시도되었던 민족주의적인 국위선양 개혁조치들은 대한제국과 독립협회로 연면히 계승되어 갔다. 대한제국과 독립협회는 나중에 황제권과 민권의 신장 문제를 둘러싸고 대립양상을 띠기도 하였지만, 갑오경장 이래 추구되었던 대내외적인 자주·독립의 달성이라는 국가목표를 추구함에 있어서는 차이가 없었다.

(2) 정치제도

갑오경장 기간에 채택된 내각제도는 국왕 및 왕실의 권한을 축소시키고

---

4) 韓興壽, 〈獨立協會의 政治集團化過程〉(《社會科學論集》 6, 延世大, 1973), 24~29쪽.
柳永烈, 《大韓帝國期의 民族運動》(一潮閣, 1997), 2~23쪽.
韓哲昊, 《親美開化派硏究》(國學資料院, 1998), 171~196쪽.

5) 愼鏞廈, 《獨立協會硏究》(一潮閣, 1976), 145~165·381~393쪽.
주진오, 〈獨立協會의 對外認識의 構造와 展開〉(《學林》 8, 1986), 76~89쪽.

내각중심의 입헌군주제 정부를 수립하려는 데 그 목적이 있었다. 그러나 아관파천 이후 고종과 수구파 관료들은 실추된 왕권을 강화시키는 것을 급선무로 삼았다. 따라서 그들은 국가의 위신을 회복하고 민심을 수습하기 위해서는 무엇보다도 국왕의 권위를 높이고 중앙정부의 운영을 정상화시켜야 된다는 판단 하에 내각제를 폐지하고 의정부를 복설하였다.

내각제 폐지 논의는 1896년 2월 말경에 南路宣諭使로 파견되었다가 6월 4일에 학부대신에 취임한 申箕善에 의해 본격적으로 제기되었다. 그는 당시의 모든 주요 관제를 갑오경장 이전으로 복구시키라는 상소를 국왕에게 올렸다. 그는 내각제에 대해 "정부에 규칙이 있어 내각대신이 국사를 의론하여 일을 작정하는 것은 님군의 권리를 빼았는 것이요 백성에게 권리를 주는 것이니 이것은 모두 이왕 정부에 있던 역적들이 한 일이라"고 비판하였다.[6] 이에 대해서 《독립신문》은 내각의 권한 강화가 곧 군주권의 약화를 초래한다는 논리를 부정하는 동시에 민권을 보장 내지 확대시키려 했던 갑오경장의 개혁정신을 옹호하고, 나아가 서양의 선진 제도를 적극 받아들여야 한다고 주장하였다.[7]

한편 6월 초순 고종은 내각을 폐지하고 의정부를 복설하라는 밀지를 金炳始 등에게 내렸다. 이에 김병시 등은 영의정 및 좌·우의정을 두고 각부의 명칭을 吏·戶·禮·兵·刑·工·外部 등 7부로, 大臣을 尙書로, 協辦을 侍郎으로 각각 바꾼다는 의정부 復舊案을 국왕에게 올렸다. 또한 신기선·심상훈 등은 승정원을 부활시키고, 다른 관명·직명들을 舊制로 복구함으로써 완고한 지방 유생층의 호응을 유도하였지만 그대로 실현되지는 않았다.[8]

그러나 지방제도의 개편 이후 내각의 존폐 문제에 대해서 타협이 이루어져 9월 24일에 의정부가 부활되었다. 이 때 고종은 갑오경장 당시 의정부를 내각으로 개칭함으로써 "典憲은 이로 말미암아 무너지고 中外는 이로 말미암아 騷然하여 百官萬民의 憂憤痛駭함이 이제 3년이며 국가의 汚隆에 관계

6) 《독립신문》, 1896년 6월 4일.
7) 《독립신문》, 1896년 6월 4일.
8) 韓哲昊, 〈俄館播遷期 貞洞派의 개혁활동〉(《한국근현대사연구》 4, 1996), 303~304쪽.

됨이 또한 컸다"고 반성하면서 "舊章을 率하되 新規를 참고하여 무릇 民國의 편의에 관계된 것은 짐작 절충하고 반드시 시행되기를 힘쓰라"는 취지의 조칙을 반포하였다.9) 이로써 근대적 내각의 기능을 유지한 채 전통적 의정부의 형식을 갖춘 절충형의 새로운 의정부체제가 나타나게 된 것이다.

이 조칙에 의거해서 당일에 칙령 제1호로 〈議政府官制〉가 제정되었다. 이 〈의정부관제〉는 "대군주폐하께서 萬機를 統領하사 의정부를 설치하시니라" 고 규정하여 국정의 운영권이 국왕에게 있음을 선포한 前文과 3款 35條로 구성되었다. 그 3款(職員·會議·奏案)의 내용을 살펴보면, 우선 의정부의 구성원으로는 총리대신을 개칭한 議政, 내부대신이 例兼하는 參政, 외부·탁지부·군부·법부·학부·농상공부 등 6部의 대신을 포함한 11인의 贊政, 그리고 參贊 1인 등을 두었다. 다음으로 의정부 회의는 각료들만 개회할 수 있었던 종전의 내각제도와는 달리 국왕이 會[議]席에 친임하거나 왕세자가 代任한 가운데 열릴 수 있으며, 법률·규칙·제도의 신·개정 및 폐지, 외국과의 開戰과 조약체결, 내란진압, 전선·철로·광업개설, 세출입의 예·결산 및 예산외의 특별지출, 조세제도 개혁, 직원봉급의 개정, 民有토지·삼림의 보상, 대군주폐하의 特別下付사항, 법률·장정의 반포 등 중요한 국정 사항을 의결할 수 있는 권한을 갖게 되었다. 마지막으로 奏案에서는 의정부에서 결정된 의안을 국왕이 재론시키거나 부결된 의안을 재가할 수 있도록 규정하였다.10) 이처럼 새로 마련된 의정부제도는 갑오경장으로 인하여 약화되었던 왕권을 강화시키려는 데 그 특징이 있었다.11)

그러나 이 〈의정부관제〉는 형식상 총리대신을 의정으로 개칭하고 참정·찬정·참찬 등 새로운 직제·직명들이 추가되었을 뿐 각 부의 구성과 권한은 실제로 내각제도와 큰 차이가 없었다. 또한 내각제도 하에서 내각과 분리되어 있던 궁내부대신은 다른 각 부의 대신들과 달리 찬정을 예겸할 수 없도록 규정함으로써 의정부회의에 참석하지 못하게 되었고, 의정부에서 결의된 주요 사안은 비록 국왕에 의해 최종적으로 결정되지만 회의에서만은 참

9) 《韓末近代法令資料集》 2, 177~178쪽.
10) 《韓末近代法令資料集》 2, 179~184쪽.
11) 宋炳基, 앞의 글(1976a), 58~59쪽.

석자들간에 자유로운 토론이 보장되었다. 그리고 지방관의 임용권을 장악한 내부대신의 지위를 다른 대신들보다 우위에 두었다. 이러한 조항들은 왕권을 강화하면서 내각제도에서와 같이 의정부의 기능을 최대한 확보하려는 조치였다.[12] 따라서 새 의정부관제는 갑오경장 때 채택된 내각제도의 장점을 수용하면서 국왕의 권위를 높여준 것으로 평가할 수 있다.

한편 고종은 러시아공사관에서 환궁한 후 군주권을 강화시키는 노력을 계속하였다. 그리하여 그는 1897년 10월 13일 조야의 칭제 요구를 받아들여 대한제국을 선포하고 황제즉위식을 거행함으로써 국정의 운영권을 직접 장악하기 시작했다. 그후 1898년 6월에는 〈議政府次對規則〉이 반포되어 의정 이하 각 부 대신들이 매주 1회 모여 황제의 자문에 응하는 入對가 실시되고, 또한 매일 2명씩 돌아가면서 입대하는 전통적인 次對가 부활되었다. 이로써 고종은 군권을 제약하였던 각종 규제에서 벗어나 국정을 주도할 수 있는 권한을 회복한 것이다.[13]

또한 고종은 1898년 봄부터 내각의 자문기관으로 전락한 중추원을 근대적 의회로 개편·활용하자는 독립협회의 요구를 묵살하고, 독립협회마저 해산시킴으로써 황제권을 공고히 하였다.[14] 이어서 1899년 7월 2일에 고종은 교전소를 法規校正所로 개칭하고 새로운 국제를 마련토록 지시한 결과 8월 17일에 법규교정소에서 마련한 〈大韓國國制〉가 반포되기에 이르렀다.

〈대한국국제〉에 의하면, 대한제국은 세계 만국이 공인한 자주독립국이자 萬世不變의 專制政治國이었다. 따라서 황제는 육·해군의 통솔 및 편제, 계엄 및 해엄, 법률의 제정·반포·집행·개정과 사면·복권, 행정 각부의 관제와 문무관의 봉급 제정·개정, 관리의 임면, 외국과의 조약·선전·강화·사신파견 등에 관한 권한을 행사하게 되었다.[15] 즉, 황제는 행정·사법·입

12) 《독립신문》도 개정된 의정부에 대해 "새 관제는 유럽과 미국정부를 지배하는 법들과 유사하며, 그리고 관료계층의 가능한 부패를 최소화시키게 될 것이다"고 긍정적으로 평하였다. 《*The Independent*》, 1896년 10월 1일, Editorial 및 《독립신문》, 1896년 10월 6일, 논설 등 참조.

13) 오연숙, 〈대한제국기 의정부의 운영과 위상〉(《역사와 현실》 19, 1996), 48~49쪽.

14) 愼鏞廈, 앞의 책, 361~375쪽.

15) 《韓末近代法令資料集》 2, 541~543쪽.

법은 물론 군사·외교 등 국정 전반에 걸쳐 무한대의 불가침적 군권을 향유할 수 있도록 법적으로 보장받게 된 것이다.16)

〈대한국국제〉 선포 후 고종은 갑오경장 때 신설된 궁내부의 권한을 강화시키고 이를 충분히 활용하면서 황제권을 확장하였다. 궁내부는 갑오경장 기간 탁지부 관할 아래 놓여진 각 궁 소관의 宮庄土와 驛屯土, 漁鹽稅·船稅·包肆稅 등 각종 잡세의 수세권 및 홍삼 전매권을 탁지부로부터, 광산 이권을 농상공부로부터 각각 이관받아 독자적으로 운영하고, 또 화폐주조 수입을 독차지함으로써 황실의 재정수입을 확장하였다. 아울러 궁내부는 갑오경장으로 위상이 격하되었던 弘文館·敦寧院·太醫院과 근대화사업 추진과 관련있는 通信司·鐵道院·鑛學局, 그리고 팽창되는 황실재산을 관리하는 內藏院 등을 그 산하에 두었다. 이처럼 궁내부의 조직이 비대하고 소관업무가 방대해짐에 따라 의정부의 권한이 상대적으로 축소되었고 국고수입이 축소될 수밖에 없었다.17)

이상과 같이 갑오경장 기간 입헌군주제 정부를 수립하기 위해 제정되었던 내각제도는 대한제국기에 이르러 폐기되고 말았다. 고종은 대한제국을 선포하고 〈대한국국제〉를 반포함으로써 갑오경장 때의 내각제 실시와 독립협회의 의회개설 시도 등으로 위협받았던 전제군주제를 공고히 하였다. 아울러 고종은 궁내부의 조직과 기능을 강화함으로써 내각제 대신 부활된 의정부의 기능마저 약화시켰다. 그 결과 군주권은 갑오경장 이전보다 더 강화되고 있었다.18)

(3) 지방제도

갑오경장 중 박영효가 23府制로 개편했던 지방제도는 근대적 중앙집권국가체제를 정비하는 데 목적이 있었지만, 향촌사회에 대한 실태조사의 부족, 그리고 민비시해사건과 단발령 발포에 의해 촉발된 의병 봉기로 말미암아

16) 田鳳德, 〈大韓國 國制의 制定과 基本思想〉(《韓國近代法思想史》, 博英社, 1981), 110~118쪽.

17) 徐榮姬, 〈1894~1904년의 政治體制 動向과 宮內府〉(《韓國史論》 23, 서울대 국사학과), 384~386쪽.

18) 宋炳基, 앞의 글(1976b), 89·90·105·106쪽.

제대로 시행되지 못하고 말았다. 더욱이 박영효는 지방제도의 개혁을 통해 자신의 측근들을 대거 관찰사로 발탁하였기 때문에 그의 실각 후 지방행정은 잠시 마비상태에 빠지게 되었다.[19)]

아관파천 후 1896년 4월 3일에 내부대신 박정양은 〈各府觀察使·參書官·各郡郡守保薦內規〉를 발포하여 종래 내각에 주어졌던 관찰사 및 군수의 임용권을 내부로 이관함과 동시에 내부지방국장 金重煥 등 12명을 地方制度調査委員으로 임명하여 23府制 대신 13道 5都制를 골자로 한 새로운 지방제도의 개편작업에 착수하였다.[20)] 이어 6월 11일에 각 개항장에 知事를 임명하며, 지방관의 官等을 종래의 5등급에서 4등급으로 축소한다는 내용의 지방제도 개혁 초안이 마련되고 6월 26일에는 그 개정안이 내각에 상정되었다. 상정된 개정안의 주요 골자는 13道 5都護府에 1牧(濟州)을 추가하고, 지방관을 5등급으로 나눈 것이었다.[21)] 8월 4일에 국왕의 재가를 받아 발포된 〈地方制度·官制·俸給·經費改正〉에 의하면, 새로운 지방행정체제는 漢城郡이 漢城府로 승격되는 한편 23부가 폐지되고 그 대신 전국이 13도 1목 322군으로 나뉘며, 지방관은 한성부를 5署로 획정하면서 判尹과 少尹을, 각 도에는 觀察使를, 부·목·군에는 府尹·牧使·郡守를 각각 두었다. 아울러 각 군은 結戶의 다소에 따라 5등급으로 나누며, 소속관리들의 명칭도 將校를 巡校, 吏房·吏를 首書記·書記로 각각 개칭함으로써 당시까지 남아 있던 전통적 吏胥조직을 근대화하였다.[22)]

또한 〈地方官吏職制〉의 제정으로 한성판윤과 관찰사는 내부대신으로부터, 군수는 관찰사로부터 각각 지휘와 감독을 받도록 함으로써 상하 명령복종체계가 새롭게 정립되었다.[23)] 그리고 〈地方官吏事務章程〉에서 지방관이 식산권장, 도로 및 교량 보수, 질병 예방, 토지 개간, 식목 권유 등 인민을 보호

19) 柳永益, 《東學農民蜂起와 甲午更張》(一潮閣, 1998), 102~103쪽 참조.
20) 《韓末近代法令資料集》 2, 66쪽.
《高宗實錄》, 고종 33년 4월 3일.
21) 《駐韓日本公使館記錄》 11, 64쪽 참조.
22) 《韓末近代法令資料集》 2, 115~124쪽. 또한 1896년 8월 7일에는 갑오개혁기에 폐지되었던 인천·동래·덕원·경흥 등에 감리서가 복설되었다(《韓末近代法令資料集》 2, 141~145쪽).
23) 《韓末近代法令資料集》 2, 124~126쪽.

하는 사무를 관할하도록 규정한 점은 주목할 만하다.[24)]

이외에도 지방관의 권한과 위치를 확실히 규정한 〈地方官吏應行體制〉, 〈地方官吏職務權限〉, 〈地方官吏赴任·在任給由規則〉, 〈地方官吏任期〉, 〈地方官吏銘心細則〉 등이 반포되어 지방관의 충실한 업무수행을 촉구하는 동시에 중앙집권적·효율적인 지방행정을 기하려 하였다.[25)] 그러나 갑오경장기 面·里단위의 초보적인 지방자치를 실시하기 위해 기도되었던 〈鄕會規則〉과 〈鄕約辦務規程〉은 제대로 이행되지 못함으로써 면·리의 운영은 여전히 전통적인 관례에 따르고 있었다.

한편 內部는 지방제도를 효율적으로 운영하기 위해 1896년 9월 1일과 3일에 〈戶口調査規則〉과 〈戶口調査細則〉을 각각 반포하고 호구조사를 실시하였다. 이에 따르면, 구래의 五戶作統法을 十戶作統法으로 바꾸고 각 통에 統首를 임명하여 인민을 통솔케 하는 한편 매년 1월에 漢城 5署와 각 부·목·군에서 호적과 統表를 수취·수정하여 한성부와 관찰사를 거쳐 내부에 보내면 내부에서는 5월내로 이를 편집하도록 하였다. 그리고 分籍·改籍을 수시로 시행하고 집집마다 戶牌를 달도록 하여 정확한 호수와 인구를 파악할 수 있게끔 조처하였다. 특히, "전국내 호수와 人口를 상세히 編籍하여 인민으로 하여금 국가에 보호하는 이익을 均霑케 하고자 하니 인민 중에 原戶를 은닉하여 漏籍하거나 原籍內에 人口를 故意漏奪하는 자는 인민의 권리를 許有치 아니할 뿐 아니라 법률에 照하여 징벌하겠다"고 규정함으로써 호구조사의 목적이 인민의 권리 보호와 이익 시혜에 있다고 밝혔다.[26)] 이는 신분 귀속관계를 밝히고 徭役의 과징대상을 파악할 목적으로 시행되었던 종래의 호구조사가 이제 국세조사의 성격을 띠게 되었음을 의미한다.[27)]

이상으로 살펴보건대, 아관파천기에 시도된 지방제도개혁은 1894년 이전의

24) 《韓末近代法令資料集》 2, 126~127쪽.

25) 《韓末近代法令資料集》 2, 136~141·145~146쪽.

26) 《官報》, 건양 원년 9월 4일 및 8일. 또한 《독립신문》도 호구조사가 정부에 의한 국민의 권리 보호 차원에서 실시되는 것임을 홍보하였다(《독립신문》, 1896년 11월 10일, 잡보 참조).

27) 吳永敎, 〈19세기 사회변동과 五家作統制의 전개 과정〉(《學林》 12·13합집, 1991), 92~93쪽.

道制로의 복귀와 府·牧의 재설치라는 측면에서 갑오경장 중 채택된 제도와 형식상 차이가 있었다. 그렇지만 지방관에 대한 내부대신의 체계적인 통제 및 郡單一化 체제의 확립을 통해 중앙집권화를 실현함으로써 행정의 능률을 높이려 한 점에서 그 지향성은 동일하였던 것이다. 이때 제정된 지방제도의 골격은 1904년까지 변함없이 유지되었다.[28)]

(4) 경제제도

갑오경장 기간의 경제개혁은 국가재정의 효율적인 관리와 근대적 상공업의 육성을 주요 특징으로 삼았다. 즉, 재정의 탁지부로의 일원화와 예산제도의 채택, 금납제의 실시, 도량형의 통일, 정부차원의 상공업진흥책 수립과 상무회의소의 설립, 그리고 근대적 교통·통신망의 설치 등을 통한 근대적 경제체계의 확립 시도가 그것이었다. 이러한 조치들은 대한제국기에서도 대부분 계승·추진되었다.

우선, 국가재정을 탁지부로 일원화하려던 기도는 황제권의 강화로 인해 좌절되었지만, 양전사업과 예산제도 및 은본위제의 채택 등 재정관련 개혁은 아관파천후에 지속되었다.

첫째, 내각으로부터 왕실행정을 분리할 목적으로 신설되었던 궁내부는 〈대한국국제〉의 선포 후 그 조직과 기능이 확대됨으로써 정부의 재정을 약화시키는 기능을 발휘했다. 앞에서 논급하였듯이, 궁내부는 갑오경장 당시 탁지부와 농상공부로 이관된 각종 수세권과 이권을 넘겨받아 관할하고, 심지어 매관매직을 자행하였다. 그 결과 궁내부가 탁지부에 정부관원의 봉급자금을 빌려줄 정도로 황실의 재정은 현저히 증폭된 반면 국고는 상대적으로 위축되었다.[29)]

둘째, 갑오경장 당시 정부의 재정수입을 확충하기 위해 계획되었던 양전사업은 대한제국기에 들어와 비로소 실시되기에 이르렀다. 이를 위해 1898년 7월 6일에 〈量地衙門職員及處務規程〉이 반포되어 總裁官 3명·副總裁官 2명·記事員 3명·書記 6명으로 구성된 量地衙門이 설치되었다.[30)] 양지아문은

28) 尹貞愛, 〈韓末 土地制度 改革의 硏究〉(《歷史學報》 105, 1985), 93~107쪽.
29) 宋炳基, 앞의 글(1976b), 90쪽.

1899년부터 1901년까지 각 군에 量務監理와 위원을 파견하여 모두 124군에 대한 양전을 실시하였다. 이 사업은 1901년의 극심한 흉년으로 말미암아 일단 중단되었다가 1902년부터 1903년까지 다시 실시되어 총 218군에 대한 조사가 완료되었다.

양전사업과 아울러 1902년 10월 20일에 地契衙門이 설치되어 토지문건을 새롭게 발급하는 사업이 시작되었다. 지계사업은 종래의 立案제도를 바탕으로 이미 개항장의 외국인 거류지에서 실시되고 있었던 지계제도를 전국에 확대시킴으로써 근대적 토지소유권을 확립하려는 데 그 목적이 있었다. 그러나 양전사업이 제대로 실시되지 않음에 따라 지계 발급사무도 지지부진하였다. 그리하여 1902년에 지계아문이 양지아문을 흡수·통합하여 양전과 지계 발급을 동시에 시행하였지만, 1904년 러일전쟁의 발발로 결국 중단되고 말았다. 이처럼 양전 및 지계사업은 국가재정을 확충하는 데 도움을 주지 못한 채 실패하였지만, 근대적 토지소유권을 확립하는 데에는 어느 정도 기여한 것으로 평가된다.[31]

셋째, 갑오경장 중 공포된 〈新式貨幣章程〉은 여건의 불비로 실시되지 못하였고 또 1898년에 채택된 금본위제 역시 재정문제로 일시 보류되었다가 1901년에 〈貨幣條例〉가 공포됨으로써 비로소 확정되었다. 이어 1903년에는 〈中央銀行條例〉와 〈兌換金券條例〉가 제정되어 화폐제도의 정비가 이루어졌다.

금본위제가 확정된 다음에도 국산 금이 일본으로 대량 유출되어 정부의 금보유량이 부족한 데다가 국가재정이 만성적인 적자를 면치 못하고 있었기 때문에 금본위제의 실시는 난관을 겪게 되었다. 따라서 금본위제 실시에 필요한 자금을 확보하기 위해 정부는 황실재정의 일부를 이 사업에 충당하거나 외국으로부터 차관을 도입하려고 했다. 그러나 이 기도 역시 열강간의 견제와 방해로 실패하고 말았다. 더욱이 궁내부에서 황실의 재정을 보충하기 위해 白銅貨를 남발함으로써 오히려 물가등귀를 야기하고 국가재정을 약화시키는 결과를 낳았다.[32]

---

30) 《韓末近代法令資料集》 2, 382~384쪽.

31) 金容燮, 〈光武年間의 量田·地契事業〉(《韓國近代農業史硏究》, 一潮閣, 1975), 502~634쪽.

이외에 1895년 4월 〈會計法〉의 발포를 계기로 채택된 근대적 예산제도는 일제 통감부가 설치될 때까지 실시되어 정부는 해마다 세입·세출 예산표를 작성·공개하였다.[33] 또한 도량형제도는 신설된 平式院에서 1902년 10월 10일 度量과 衡의 기본을 각각 尺과 兩으로 정하고, 미터법을 겸용토록 하는 〈度量衡規則〉을 제정함으로써 근대화되었다.[34]

다음으로 갑오경장 때 六矣廛의 都賈權을 박탈함으로써 폐지하려던 상업특권제는 갑오경장 후 일본 등 열강의 상권침탈을 방지한다는 명분 아래 오히려 강화되었다. 그러나 정부의 주도 아래 각종 상공업진흥책이 모색·추진되었다.

첫째, 상인들에 대한 정부의 통제는 1899년 5월에 〈商務會議所規則〉 개정으로 강화되었다. 갑오경장에서 도고제를 폐지시킨 것은 상인들로 하여금 자유롭게 상업활동을 영위할 수 있도록 하는 데 그 목적이 있었지만, 보호관세의 설정 등 불평등조약의 개정이 선행되지 않았기 때문에 오히려 열강에 의한 국내상권의 침탈을 가속화시키는 결과를 가져왔다.[35] 따라서 대한제국기에 보부상과 시전상인들은 국내상권을 보호하기 위해 商務所와 皇國中央總商會를 조직하여 독점권을 요구하였고, 정부도 이를 받아들이는 동시에 상인에 대한 통제책의 일환으로 〈商務會議所規則〉을 개정하였던 것이다. 〈상무회의소규칙 개정안〉에 의하면, 상무회의소를 商務社로 개칭하고, 상무사로 하여금 전국의 상무를 통할·의정케 하였으며, 그 간부로 社長·句管社長·副社長·事務長 각각 1명과 副事務 2명을 두었다. 또한 商務學校를 설립하여 학생들에게 상무를 학습토록 하고, 신문을 만들어 국내외의 물가변동상황을 광고함으로써 상업활동에 편리를 제공토록 규정하였다. 동시에 민간의 상인조직 설립을 금지하는 한편 임원직을 대신과 각도의 관찰사 등 지방관이 겸직토록 함으로써 상업에 대한 정부의 통제권을 강화하였던 것이다.[36]

---

32) 羅愛子, 〈李容翊의 貨幣改革論과 日本第一銀行券〉(《韓國史硏究》 45, 1984), 59~86쪽.
33) 趙璣濬, 《韓國資本主義成立史論》(大旺社, 1977), 222~227쪽.
34) 《韓末近代法令資料集》 3, 445~460쪽.
35) 姜萬吉, 〈大韓帝國期의 商工業問題〉(《亞細亞硏究》 50, 1973), 145~147쪽.
36) 《韓末近代法令資料集》 2, 478~480쪽.

둘째, 서양의 선진기술을 도입하여 공업을 진흥시키려는 식산흥업정책의 일환으로 민관합동 내지 민간주도로 근대식 공장이 설립되었다. 방직업계를 예로 들면, 1897년에 정부의 적극적인 협조와 安駉壽의 주도하에 大韓織造工場의 설립이 시도되었으나 안경수의 망명(1898. 7)으로 이 계획은 중단되고 말았다. 그 뒤 1898년에는 민간인에 의한 織造勸業場이 설립되었고, 1900년에 閔丙奭·李根澔 등 고위관료가 종래의 시전자본을 끌어들여 鐘路織造社를 세우기도 하였다. 1901년 이후에는 민간에서 동력기와 기숙사 시설까지 갖춘 근대적 생산공장인 漢城製織會社를 비롯하여 金德昌織造工場 등 많은 공장을 설립하였다.

또한 잠업계의 경우, 1900년에 정부는 농상공부내에 蠶業科를 두고 서울과 평안도·함경도·경상도·충청도에 蠶業試驗場을 설치하는 등 근대적 양잠업의 발전에 힘을 기울였다. 아울러 종래의 양잠법을 개선하여 획기적인 생산을 거둘 수 있는 인공양잠법을 보급시킬 목적으로 人工養蠶傳習所가 설립되었다. 이 전습소는 황제의 내탕금 1,000원과 所長 민병석의 의연금 1,000여 원을 기금으로 삼아 일본에서 신식 양잠법을 배워온 姜弘大 등을 초빙하여 인공양잠법을 교육하였다. 한편 1900년에는 金嘉鎭 등 전·현직 관료를 중심으로 大韓帝國人工養蠶合資會社가 설립되기도 하였다. 이외에도 煙草會社·大韓苧麻製絲會社·沙器製造所 등 다른 여러 분야에서도 선진기술을 도입하여 근대적 기업을 설립하려는 움직임이 활발하게 일어났다.[37]

마지막으로, 갑오경장 기간에 추진되었던 근대적 교통·통신망의 신설 내지 확장은 중앙정부의 효율적인 지방통제 뿐 아니라 국민경제의 활성화, 그리고 국민생활의 편의를 위해 필수적인 것이었다. 따라서 아관파천 후에도 도로·우편·전선·철도 등의 증설·개선사업은 지속적으로 추진되었다.

첫째, 서울의 도로망을 정비·확장하기 위한 治道사업은 갑오경장 당시 내무대신 박영효의 〈內務衙門訓示〉와 박정양의 〈道路修治와 假家基址를 官許하는 件〉 등을 기초로 1896년 9월 29일에 마련된 內部令 〈漢城內 道路의 幅을 規定하는 件〉이 발포됨으로써 활기를 띠게 되었다. 이 내부령은 도성의 3

37) 姜萬吉, 앞의 글, 152~160쪽.
趙璣濬, 앞의 책, 343~346쪽.

대 장터를 연결하는 축으로서 假家가 도열한 번화가인 2대 중심도로만을 대상으로 하였지만, 향후 慶運宮을 중심으로 하는 放射線도로와 環狀도로 및 그 外接도로의 건설 등으로 이어지는 서울의 도시개조사업의 기초를 이루고 있다는 점에서 그 의의가 크다.[38]

또한 갑오경장 중 한성부관찰사를 역임하였던 李采淵과 내부토목국장 南宮檍 등에 의해 도로 수축 및 청결 사업이 추진된 결과 1896년에는 "서울은 동아시아에서 가장 불결했던 도시에서 가장 청결한 도시로 탈바꿈하고 있는 중이다"라는 외국인의 평가를 받기도 하였다.[39] 아울러 서울의 치도사업은 성문안뿐 아니라 성밖의 도로에까지 확대되었다.

둘째, 우편제도가 전국적으로 확대되었다. 갑신정변(1884) 직후 郵政總局의 폐지로 말미암아 중단되었던 근대적 우편제도 설립기도는 갑오경장 기간 즉, 1895년 7월 18일에 〈國內郵遞規則〉과 〈郵遞司官制〉가 제정됨으로써 본격화되었다. 이 때의 계획에 따르면, 전국의 24개 요지에 郵遞司가 설치될 예정이었지만, 실제로는 한성·인천·개성·부산 등 10곳의 우체사가 개설되었을 뿐이다. 따라서 아관파천 후 이 〈우체사관제〉에 의거해서 공주·전주·남원 등에 우체사와 우체지사가 설치됨으로써 우편사업이 활성화되었던 것이다.[40] 이 무렵에 또한 우체구역을 우체사 소재지로부터 區內는 10리 이내로, 區外는 20리 이내로 정하는 〈郵遞區域劃定法〉이 마련되었으며, 우편배달의 정확성을 기하기 위해 우체물에 주소와 성명을 詳記토록 하라는 조치가 취해지기도 하였다.[41] 그리고 1897년 12월에 우체사 내지 우체지사가 설치되지 않은 지역의 우체사무를 취급하기 위해 〈臨時郵遞規則〉이 제정되어 우체업무

---

38) 金光宇, 〈大韓帝國 時代의 都市計劃－漢城府 都市改造事業－〉(《鄕土서울》 50, 1991).
李泰鎭, 〈1896～1904년 서울 도시개조사업의 주체와 지향성〉(《韓國史論》 37, 서울대 국사학과, 1997).
韓哲昊, 〈대한제국 초기 한성부 도시개조사업과 그 의의〉(《鄕土서울》 59, 1999) 등 참조.

39) Isabella Bird Bishop, *Korea and Her Neighbours*, pp.427～437.

40) 《官報》, 건양 원년 2월 18일·4월 14일·6월 1일·7월 20일·10월 7일·12월 9일.

41) 《官報》, 건양 원년 9월 15일.

가 전국적으로 실시되었고, 외국과의 우체업무도 취급하기에 이르렀다.

셋째, 청일전쟁 이래 일본측이 군용전선 명목으로 독점하고 있던 西路·北路電線을 되찾는 등 전신사업이 활발히 추진되어 갔다. 1896년 3월 30일에 외부대신 이완용은 일본공사 코무라에게 종전 이후에도 일본 電信局이 사용하고 있던 漢城~元山간 북로전선 전구간과 漢城~義州간 서로전선 중 漢城~開城구간의 반환을 요구하였다. 그 결과 정부는 두 전선을 모두 환수하여 수리·이용하였다.

뒤이어 정부는 〈電報司官制〉를 반포하여 총 27개의 전보사를 2등급으로 나누어 업무를 집행케 하고, 〈國內電報規則〉을 제정하여 전신사업의 실시에 필요한 제도적 조치를 보완한 다음, 한성·개성·평양·의주 등지에 전보사를 설치하였다. 또한 전선 절단 및 훼손행위를 엄격히 금지하는 〈電報事項犯罪人處斷例〉를 발포하기도 하였다.42)

그후 전신망은 남쪽으로는 목포·진주까지 확장되고, 경부간에는 남로전선 이외에 충주를 경유하는 전신이 신설되었으며, 북쪽으로는 함흥·성진을 거쳐 경성까지 확대되었다. 이에 따라 서울과 上海간에 氣象정보가 송·수신되었고, 만주 및 두만강변에서 각각 청국과 러시아 전선과의 접선이 가능해졌다. 이처럼 우편·통신시설이 확장됨에 따라 1900년에는 通信院이 신설되었으며, 국제우편연맹에도 가입하기에 이르렀다.43)

넷째, 갑오경장 중 일본의 군사적·경제적 침투를 목적으로 추진되었던 철도건설사업은 지체되다가 1900년에 궁내부에 鐵道院을 두고 鐵道會社를 설립함으로써 박차가 가해졌다. 비록 정부는 1898년에－미국인의 손을 거쳐－일본회사에 京釜철도부설권을 넘겨주었지만 철도부설 이권을 외국에 양여하지 않겠다는 방침을 견지하였다. 그리하여 정부는 경인·경부철도의 감독사무를 농상공부에서 철도원으로 이전하는 동시에 西北鐵道院을 신설하여 경의·경원철도를 직접 부설하려고 시도하였다. 또한 1898년에 설립된 민간의 釜山鐵道會社는 부산과 下端간의 철도부설에 착수하였고, 또 三馬鐵道부설도 시도되었다. 이러한 노력에도 불구하고 정부는 철도부설사업에 필요한 막대

42) 韓哲昊, 앞의 글(1996), 320~322쪽.
43) 宋炳基, 앞의 글(1976a), 80쪽.

한 자본과 기술을 확보하지 못함으로써 성공을 거두지 못하였다.[44]

요컨대, 갑오경장 때 추진된 경제개혁 가운데 탁지부로 재정을 일원화하려던 시도는 황제권 강화책의 일환으로 궁내부의 재정권이 강화됨으로써 좌절되었지만, 재정의 효율적인 관리를 위한 예산제도·금납제·도량형 등은 지속적으로 실시되었고, 근대적인 상공업을 육성하려는 식산흥업정책도 활발히 추진되었다. 또한 갑오경장 중에 계획 내지 추진되던 교통·통신 시설의 건설사업은 아관파천 이후에도 계속 추진되어 근대적 교통·통신망을 전국적으로 확대시키는 데 기여하였다.

(5) 군사·경찰제도

아관파천 이후 국왕의 신변 보호와 '匪徒'(義兵) 진압 등의 목적을 위해 군사·경찰권을 확보하는 일이 무엇보다도 시급하였다. 따라서 중앙군과 지방군을 확대·개편함과 동시에 러시아 군사교관을 초빙하여 근대적 훈련을 실시하고, 경무청을 확충함으로써 치안 확보에 박차를 가하게 되었다.

우선, 1896년 3월 4일 수도방위를 담당한 친위대는 기존의 3개 대대에서 5개 대대로 증설되었으며, 4월 22일에는 대대 편제 자체는 유지하되 제1·2·3대대를 제1연대로 편성하고 나머지 제4·5대대는 독립대대로 존치시켰다. 그리고 4월 19일에 工兵과 輜重兵을 폐지하였으며, 6월 8일에는 兵馬隊를 없애는 대신 親衛騎兵隊를 신설하였다.[45]

아울러 갑오경장 말기에 사관생도를 양성할 목적으로 설치되었던 일본식 무관학교를 폐쇄하고 러시아 교관을 고빙하여 러시아식으로 중앙군을 훈련시키는 작업이 추진되었다.[46] 1896년 3월 10일 러시아황제의 대관식 특사로 임명된 閔泳煥은 러시아정부에게 조선 군대 및 경찰의 훈련을 담당할 200명 규모의 군사교관을 파견해줄 것과 새로 군대가 창설될 때까지 800명의 러시아병사가 국왕의 호위를 담당해줄 것을 요청하였다. 그러나 러시아정부는 이미 일본과 웨베르—코무라覺書 및 로바노프—야마가타議政書를 체결한 상태

44) 金泳鎬, 〈韓末 西洋技術의 受容〉(《亞細亞研究》 31, 1968), 335~336쪽.
45) 《韓末近代法令資料集》 2, 49~50·77~78·86쪽.
46) 車文燮, 〈舊韓末 陸軍武官學校 研究〉(《亞細亞研究》 50, 1973), 174~182쪽.

였기 때문에 일본과 열강의 반발을 고려하여 러시아군대의 파한에 난색을 표명하면서 소수의 군사교관만을 보내기로 결정하였다.

그리하여 1896년 10월 21일에 민영환일행과 함께 뿌챠타(D. Putiata)대령 등 14명의 러시아교관이 서울에 도착하였다. 뿌챠타는 2,200명의 조선군을 훈련시켜 달라는 군부대신 李允用의 요구에 응하기에 앞서 조선군의 현황 파악에 착수하였다. 이에 정부가 러시아와 군사교관 파견 교섭을 벌였던 민영환을 군부대신으로 임명하여 군제개혁에 열의를 나타낸 지 이틀 뒤인 11월 4일에 러시아 교관단은 친위대 5개 대대 중 1개 대대의 정예병력 800명을 선발하여 군사훈련을 실시했다. 이때 선발된 군사들은 5개 중대로 나뉘어 보초임무와 체력단련 및 分·中·大隊 단위의 훈련을 받았고, 구식 레밍턴(Remington)소총과 러시아로부터 구입한 베르당(Berdan)소총 등으로 사격술을 익혔다.[47] 그리고 1897년 2월 8일에 친위대는 1,070명으로 증원됨으로써 고종의 환궁에 대비하였다.

1897년 9월 30일에 친위대는 "규액이 가지런하지 못하다"는 이유로 제1·4대대를 통합하여 제1대대로, 제2·5대대를 통합하여 친위 제2대대로 개편됨으로써 총규모가 3개 대대로 축소되었다.[48] 이러한 친위대 편제는 1902년 10월 30일에 1개 대대가 다시 증설되어 친위 2개 연대로 재편될 때까지 유지되었다.

친위대가 축소된 것과는 달리 제2차 개혁 때 공병 2개 대대를 시위 2개 대대로 개편함으로써 신설된 侍衛隊는 오히려 증설되었다. 1897년 9월 30일에 조칙으로 반포된 〈侍衛隊編制〉에 의해 기존의 시위 2개 대대는 제1대대로 통합되고, 새로 선발한 군인들로써 제2대대가 편성되었던 것이다. 이어 1897년 5월 27일에 제3대대가 증설되어 시위 제1연대를 구성하기에 이르렀다.[49]

또한 국왕의 거동시 호위를 담당하는 扈衛軍이 증강되었다. 갑오경장에서 호위대는 공병대에서 취용하였는데, 공병대가 해산된 뒤 친위 제3대대로 흡수된 상태였다. 따라서 1897년 6월 30일에 해산된 공병대 가운데 인원을 선

47) 李玟源, 〈고종의 환궁에 관한 연구〉(《한국근현대사연구》 1, 1994), 15~22쪽.
48) 《韓末近代法令資料集》 2, 286쪽.
49) 《韓末近代法令資料集》 2, 286·359~360쪽.

발하되 시종원 시종 1명을 摠官으로 개칭하고 호위군을 새로 조직하여 시종원으로 소속시켰다. 그후 호위군은 630명의 호위대로 개편되었다.50)

중앙군제와 더불어 지방군제도 개편되었다. 1896년 5월 30일에 지방주둔 舊額兵을 재편성하여 기존의 평양·전주진위대 이외에 통영·대구·강화·청주·공주·해주·북청·춘천·강계 등 9곳에 地方隊를 설치하였다. 각 지방대는 지역의 형편에 따라 參領·正尉 등 장교를 비롯하여 병졸 각각 100~400명, 총 2,300명으로 구성되었다.51)그후 지방대의 주둔지는 6월 8일에 統營이 固城으로 바뀌었고, 8월 26일에는 병졸 150명 규모의 지방대가 충주·홍주·상주·원주 등 4곳에 증설되었다가 9월 24일에는 고성·대구·강화·청주·해주·북청 등 6곳만 남겨두는 개편이 이루어졌다.52)

이러한 지방군의 증설·개편과정에서 1899년 1월 15일에는 〈鎭衛隊·地方編制 改正案〉이 제정되어 지방군제가 정비되었다. 그리하여 지방군은 전주·평양의 2개 진위대대와 수원·강화·청주 등 14개의 지방대대로 편성되었다.53) 그 뒤 고성과 통천에 주둔했던 京軍이 철수하고 그 대신 고성지방대가 창설되었고, 의주·강계 등 4곳의 변경지방에 진위대대가 설치되었다. 이와 같이 진위대와 지방대로 나뉘어져 있던 지방군제는 1900년 7월 25일에 모두 진위대로 통합·개편되었다.54)

지방대 설치와 더불어 의병운동이 일어났던 지역의 각 군에는 砲手隊와 兵站이 설치되었다. 즉, 군 단위로 포수를 모집하여 15명을 1統으로 한 保護砲手를 조직하고 이를 頭領으로 하여금 영솔하도록 하였으며, 매년 봄·가을에 放砲시험을 통해 優等砲手를 선발해서 호포와 전세를 면제해주는 혜택을 부여했다. 이 포수제는 주로 삼남지방의 의병을 진압하기 위해 시행되었으나 나중에는 함경남북도와 평안북도의 국경지역에까지 확대되어 국방력의 증강에 일익을 담당하였다.55)

---

50) 《韓末近代法令資料集》 2, 263·295~296쪽.
51) 《韓末近代法令資料集》 2, 83~85쪽.
52) 《官報》, 1896년 10월 19일.
53) 《韓末近代法令資料集》 2, 437~440쪽.
54) 宋炳基, 앞의 글(1976b), 63~64쪽.
55) 鄭求福, 〈갑오개혁 이후의 新軍制〉(《한국군제사》, 陸軍本部, 1977), 370~371쪽.

이와 같은 중앙군과 지방군의 개편은 황제의 통치권 강화에 직결된 것이었다. 1898년 6월 29일에는 외국의 大元帥制를 모방하여 황제가 육·해군을 친히 통솔하되 황태자를 元帥로 삼아 통솔케 한다는 조칙이 반포되었다. 이어서 1899년 6월 22일에는 황제가 국방·용병·군사에 관한 명령권과 군부 및 경·외 각부대에 대한 지휘·감독권을 갖도록 하는 취지의 元帥府가 창설되었다. 원수부는 국방 및 작전계획·군대편성 및 교육·부대검열·군인상벌 등의 권한을 가졌으며, 그 관원은 모두 무관 중에서 선임토록 하였다. 그 산하에는 군무국·검사국·회계국·기록국 등 4국을 두고, 각 국장은 칙명을 받아 각부 대신에게 통보하고 중앙과 지방 각 부대에 대한 명령권을 가졌다. 그 결과 종래 군령 사항을 관장하던 군부의 군무국은 폐지되고 말았다.[56]

그후 1899년 8월 17일에 군권을 비롯한 입법·사법·행정권을 모두 황제에게 집중시키도록 한 〈大韓國國制〉가 선포되었고, 그 다음날 군부관제가 개정됨으로써 군부의 권한은 대폭 축소되기에 이르렀다. 이로써 군부대신은 군비를 관리하고 각 관해와 요새를 감독하는 권한만 갖게 되었다.[57] 그 결과 황제의 군령 발동 및 주요 군사정책의 결정은 원수부의 보좌에 의해 이루어지게 되었고, 군사정책과 집행은 군령기관인 원수부와 군정기관인 군부가 분담하는 二元體制가 성립되었다.[58]

다음으로 갑오경장 중에 신설된 警務廳은 그후에도 계속 유지되었다. 아관파천기에 일부 보수파 관료에 의해 경무청을 폐지하고 종전의 捕盜廳을 부활시키자는 의견이 제시되기도 하였지만 지방제도 개편과 더불어 각부의 警務署를 폐지하는 대신 漢城府에 경무청을 그대로 두고 그 지휘 아래 道에는 總巡·巡檢, 府에는 巡校·巡卒, 郡과 牧에는 巡校를 각각 두어 경찰업무를 맡아보도록 하는 조처가 단행되었다. 또한 인천·동래·덕원·경흥 등의 개항장에도 경무서가 설치되었다.[59] 그후 경무청은 조직의 확대과정을 거치면서 1900년 6월 12일 警部로 바뀔 때까지 지속되었던 것이다.

---

56)《韓末近代法令資料集》2, 504~508쪽.
57)《韓末近代法令資料集》2, 543~545쪽.
58) 조재곤, 〈대한제국기 군사정책과 군사기구의 운영〉(《역사와 현실》19, 1996), 118~120쪽.
59)《韓末近代法令資料集》2, 115~126·147~148쪽.

이상으로써 보건대, 갑오경장 중에 개편된 군사·경찰제도는 대한제국기까지 부분적으로 개편되기도 하였지만 기본체제에는 큰 변동이 없었다. 그러나 그 개편은 국가의 자주독립 유지보다는 황제권의 보위·강화와 정권 유지를 위한 국내치안에 치중했다는 한계를 지녔다.

(6) 사법제도

갑오경장 기간에 입안·제정된 새로운 사법제도는 행정부로부터 분리된 사법권의 독립을 제도적으로 보장하는 데 중점을 두었다. 이때에 緣坐制 등 과거의 악법이 폐지되었으며, 〈裁判所構成法〉의 공포로 재판소가 설치됨으로써 재판업무가 재판소로 일원화되고, 판·검사의 직제가 최초로 도입되는 등 근대적인 사법기관 및 사법제도의 정비가 이루어졌다.

〈재판소구성법〉은 1899년 5월 30일에 개정될 때까지 유지되었다. 〈재판소구성법 개정안〉에 의하면, 기존의 5개 재판소 가운데 고등재판소를 平理院으로 개칭하되, 평리원의 재판장은 황제가 特旨를 내린 죄인 및 국사범의 심판과 칙·주임관의 체포 및 심판에 관한 사항을 법부대신에게 보고하여 지령을 기다려 처리하도록 규정하였다. 또한 지방재판소와 한성부 및 개항장재판소의 판사는 사법관시험 합격자 가운데 임명하되, 당분간 각 부 관찰사와 한성판윤 및 감리서의 감리가 겸임토록 하였다.[60]

개정된 〈재판소구성법〉은 법부대신 또는 황제가 재판에 간여할 수 있는 법적 근거를 마련해주었을 뿐 아니라 황제가 특지를 내린 죄인을 평리원에 회부하여 단심으로 재판할 수 있도록 하는 데 특징이 있었다. 그리고 갑오경장 때 판사에 전임 사법관을 임명하려고 했던 것과는 달리 행정관이 사법관을 겸직할 수 있도록 규정함으로써 오히려 사법권을 행정권에 예속시켰다. 이러한 조치는 궁극적으로 황제측에서 사법권을 재장악하려는 의도에서 비롯된 것이었다.[61]

〈재판소구성법〉과 동시에 法部官制도 개정되었다. 개정된 법부관제에서는 그 산하의 민사국·형사국·검사국·회계국 등 4국이 司理局·法務局·會計

60) 《韓末近代法令資料集》 2, 487~494쪽.
61) 도면회, 〈갑오·광무년간의 재판제도〉(《역사와 현실》 14, 1994), 236~237쪽.

局 등 3국으로 축소·개편되었다. 그러나 개정의 취지는 특별법원 및 평리원에서 謀叛大逆 범인을 조사한 안건을 질의·보고할 때 의혹이 있을 경우 법부대신이 직접 심판하고, 평리원 및 각 재판소의 민·형사 소송에서 억울함이 발생할 경우 법부대신이 칙·주임관을 파견하여 심사하거나 모든 서류를 법부로 넘겨받아 조사·판결토록 함으로써 법부대신의 권한을 강화시키는 데 있었다. 이러한 조치 역시 법부대신의 임면권자인 황제의 권한을 높여주는 조치였다.[62]

요컨대, 갑오경장 때 사법권을 행정부에서 독립시키는 방향으로 추진되었던 사법제도의 개혁은 대한제국기에 이르러 사법권을 황제 또는 행정부에 예속시키는 쪽으로 추진됨으로써 개혁적 입장에서 볼 때 퇴보하였다. 이러한 개혁의 결과 〈대한국국제〉가 제정될 무렵 고종 황제는 법률의 제정·공포·집행·사면권 등에 걸친 권한을 모두 장악하게 되었던 것이다.

(7) 사회제도

갑오경장 기간에 추진된 사회제도 개혁은 반상·귀천에 따른 차대 철폐, 노비 등 천민층의 점진적 해방, 서얼의 후사권 획득과 기술직 중인들의 환로 확장, 그리고 여성의 대우 향상과 혼인풍습의 개선 등이었다. 이로써 양반중심의 전통적 신분제도가 철폐되고, 능력본위 인재등용과 평등주의적·민주주의적 사회질서의 수립 기반이 마련되었다.

갑오경장 때 발포된 사회개혁안 가운데 일부는 즉시 효력를 발휘하기도 하였다. 예컨대, 연좌율의 폐지에 따라 정치범의 蕩滌敍用이 이뤄졌고, 노비 혹은 官妓로 전락되었던 여자들이 면천되었다.[63] 뿐만 아니라 노비를 위시한 일부 천민과 평민들은 집단적으로 과거 자기들의 상전이었던 '악질'양반들에게 보복적 懲治운동을 펴기도 했다. 이러한 해방된 천민과 평민들의 하극상 운동은 프랑스혁명 당시 평민들의 귀족에 대한 유혈적 폭동에 비견되기도

62) 《韓末近代法令資料集》 2, 495~496쪽.

63) Geo. Herber Jones, "The Status of Woman in Korea", *The Korean Repository,* Vol.Ⅲ(January~December, 1896), pp.129~135 ; Homer B. Hulbert, "The Status of Woman", *The Korea Review,* Vol. I, No. 1·12 ; Vol.Ⅱ, No. 1~4 참조.

하였다.[64] 심지어는 "경무청의 순검이 대담하게도 王族懿親인 李埈鎔의 邸內에 침범하여 그를 잡아"가는 일들도 벌어졌다.[65] 한마디로, 갑오경장 때 신분해방 개혁안 발포에 뒤이어 서울과 지방 각지에서 종래의 지배계층을 상대한 평민과 천민들의 '혁명적' 응징운동 내지 하극상운동이 폭발하고 있었던 것이다.

이와 같은 하극상현상은 아관파천 이후 지속되지는 않았다. 그러나 갑오경장 때 채택된 대부분의 사회제도 개혁안은 대한제국기에도 폐지된 일이 없이 법적 효력을 유지하고 있었다. 따라서 1896년 이후에도 많은 노비와 천민들이 이들 개혁법안을 근거로 삼아 여러 가지 방법으로 자신들의 신분해방을 추구하였다. 특히, 1898년 11월 29일 독립협회가 마련한 官民共同會에서 서울의 白丁출신 朴成春이 행한 아래와 같은 연설은 주목할 만하다.

> 나는 大韓의 가장 천한 사람이고 무지몰각합니다. 그러나 忠君愛國의 뜻은 대강 알고 있습니다. 이에 利國便民의 길인즉 官民이 合心한 연후에야 可하다고 생각합니다. 저 遮日에 비유하건대 한 개의 장대로 받친즉 역부족이나 많은 장대를 합한즉 그 힘이 심히 공고합니다. 원컨대 관민합심하여 우리 大皇帝의 盛德에 보답하고 國朝로 하여금 만만세를 누리게 합시다(鄭 喬,《大韓季年史》上, 282쪽).

백정으로서 이러한 대담한 발언이 가능하였던 것은 아관파천 이후 정부내에 정동파 개혁관료가 일부 잔류해 있었고, 또 독립협회가 대중들의 지지를 얻어 고종황제에게 갑오경장 때 발포된 개혁 章程들의 실천을 요구하고 있었기 때문이기도 하지만,[66] 보다 근본적으로는 백정들 자신이 갑오경장의 개혁정신을 최대한 살려 자신들의 인권을 확보하려고 노력했기 때문이라고 보아야 할 것이다. 다시 말하자면, 갑오경장 때 채택된 사회제도 개혁조치는 1896년 이후에 백정을 비롯한 천민층의 신분해방운동에서 소중한 정신적·법적 근거로서 활용되고 있었다.

---

64)《尹致昊日記》4, 41쪽.
65)《日本外交文書》28-1, 문서번호 313, 451쪽.
66) 愼鏞廈,《獨立協會硏究》(일조각, 1976), 388쪽.

갑오경장 때 추진된 일련의 사회제도안은 양반제·노비제 등을 포함한 '봉건적' 신분제도를 철저히 타파하기보다는 점진적·개량적인 방법으로 개혁하려 했다는 한계점을 가지고 있었다. 그럼에도 불구하고 이 개혁안들은 그후 폐지되지 않은 채 불평등한 사회구조 속에서 신음하던 다수의 억울한 '피압박' 계층 내지 개인들을 신분적 질곡 내지 악법으로부터 해방시켜 주는 법적 효능을 다하였던 것이다.[67]

(8) 교육제도

갑오경장 기간에는 근대적 교육이념에 입각하여 신식 학교제도가 마련되고, 한성사범학교·소학교·외국어학교 등이 설립되었다. 특히 이러한 교육제도 개혁을 담당했던 정동파인사들은 아관파천 후에도 여전히 정부의 요직을 차지하였기 때문에 갑오경장 때 입안된 교육 관련 법령 가운데 일부 조항을 개정·보완함으로써 근대적 교육의 내실을 기하는 데 박차를 가하였다.

먼지 1896년 2월 20일 學部令 제1호로 公立小學校에 대한 국고금 보조와 교원의 지원을 규정한 〈補助公立小學校規則〉이 발포되어, 초등교육은 가일층 확대되어 갔다.[68] 이 규칙은 갑오경장 중에 근대적인 초등교육을 실시하기 위해 발포된 〈小學校令〉과 〈小學校規則〉을 제도적으로 뒷받침하는 후속조치였다. 이에 따라 한성부의 銅峴과 安洞에 각각 관립소학교가 증설되었으며, 새 지방제도에 의거해서 한성부를 비롯한 13개 관찰부와 개성·강화 등 2개 부, 인천·부산·원산·경흥 등 4개 개항장, 제주 1개 목, 그리고 양주군 등 17개 군 등 전국 38개의 요지에 공립소학교를 설립하는 계획이 마련되었다.[69]

또한 1897년 1월 14일에는 〈漢城師範學校 官立小學校敎員의 官等俸給改正〉이 공포됨으로써 한성사범학교 부속소학교와 일반 관공립소학교의 교원간에 차등화되었던 직제와 봉급이 일원화되었다.[70] 이러한 조치는 한성사범학교 부속소학교와 일반 소학교가 다 같은 초등교육기관이라는 근대적 인식

67) 柳永益, 앞의 책, 169~175쪽.
68) 《韓末近代法令資料集》 2, 46~48쪽.
69) 《韓末近代法令資料集》 2, 113·173~174쪽.
70) 《韓末近代法令資料集》 2, 206~207쪽.

에 바탕한 것이었다.[71]

교육제도의 보완과 아울러 근대적 학문을 널리 보급하고 학생들에게 애국심을 고취시키는 조치도 단행되었다. 소학교·외국어학교에서는 한글·국한문·외국어를 비롯하여 본국·만국의 역사와 지리, 산수, 물리, 체조 등의 교과목이 개설됨으로써 실용주의적·합리주의적 지식을 습득시킴과 동시에 민족정신을 함양하는 교육이 실시되었다. 그 결과 "남녀없이 입학하여 세계학식 배워보자 교육해야 개화되고 개화해야 사람되네"라는 내용의 '대조선 자주 독립 애국하는 노래' 등이 전국 각지의 학생에게 보급·전파되어 애창되고 있었다.[72] 또한 1896년 11월 21일에 거행된 독립문 정초식에서는 배재학당 학생들이 '조선가'·'독립가'·'진보가' 등을 합창하고 영어학교 학생들이 체조시범을 보임으로써 일반국민들에게 근대적 교육기관에 대한 긍정적 인식을 심어주는데 기여하였다.[73] 그 결과 지방 관리들이 한성사범학교 졸업생들을 자기 관할지역의 소학교 교원으로 다투어 모셔가려는 현상이 나타나기도 하였다.[74]

그렇지만 정동파에 의한 교육제도 확립 노력이 순조롭게 진행된 것만은 아니었다. 학부의 재정 빈곤으로 보조금이 제대로 지원되지 않아 전국 요지에 소학교를 건립하려던 계획은 제대로 실현되지 못하였으며, 중학교·대학교·전문학교 등의 설치계획은 그 관련 법규조차 마련하지 못한 채 방기되었다.[75] 더군다나 1896년 6월에 학부대신직을 맡았던 申箕善이 儒學교육을 부흥시키려 했기 때문에 근대적인 교육의 보급은 예기치 못한 난관에 부딪쳤다. 그는 諺文 및 태양력 폐지, 학도들의 양복착용 및 단발의 금지 등 복고주의적 조치를 취하는 한편 〈成均館經學科規定〉 개정을 통해 성균관의 전통적 유학교육을 강화시키려 했다.[76] 또한 그는 구미 각국을 야만시하고 기독교를 '鄙俚淺妄한 夷俗之陋'라 비난하는 내용의 《儒學經緯》를 저술·발간

71) 安基成, 《韓國近代敎育法制硏究》(高麗大 民族文化硏究所, 1984), 167~169쪽.
72) 《독립신문》, 1896년 5월 9일·9월 5일.
73) 《독립신문》, 1896년 11월 24일.
74) 《독립신문》, 1896년 11월 28일.
75) 尹健次, 《朝鮮近代敎育の思想と運動》(東京 : 東京大學出版會, 1982), 155~158쪽.
76) 《官報》, 1896년 7월 17일.

하여 이를 관립학교 학생들에게 가르치도록 강요함으로써 근대적 교육개혁에 역행하고 있었다. 그는 결국 《유학경위》에 대한 학생층의 반발과 서울주재 구미공사단의 엄중한 항의로 말미암아 그해 10월에 학부대신직에서 해임당하고 말았다.[77]

그후 한성사범학교·소학교·외국어학교 만에 불과했던 교육기관은 거의 변동없이 유지되다가 1899년에 접어들어 비로소 각종 전문학교가 설립되기에 이르렀다. 즉, 1899년 3월 24일에 〈醫學校官制〉, 4월 4일에 〈中學校官制〉, 6월 24일에 〈商工學校官制〉, 그리고 1900년 9월 4일에 〈鑛務學校官制〉 등이 잇따라 제정되었다. 이들 중에서 우선 주목할 것은 우리 나라 최초의 중등교육법제인 〈중학교관제〉이다. 이 관제는 학무아문의 專門學務局이 중학교·대학교·기예학교·외국학교·전문학교를 관장토록 규정한 〈各衙門官制〉(1894년 7월 30일)에 의거하여 제정되었다. 이 관제에 의하면, 중학교는 "實業에 就코져 하는 인민에게 正德·利用·厚生하는 중등교육을 보통으로 교육하는 處"였으며, 4년제의 尋常科와 3년제의 高等科 2과로 편제되었고, 지방에 중학교를 설립할 경우 심상과를 먼저 설치하되 그 장소를 해당 지방의 鄕校에 두도록 하였다.[78]

이어서 1900년 9월 3일에 공포된 〈중학교규칙〉을 살펴보면, 중학교는 "국민에게 필요한 중등교육을 교수"하며, 소학교와 마찬가지로 관립·공립·사립중학교 등 3종류로 하되 공립·사립중학교에는 심상과만 두도록 규정하였다. 또한 심상과는 독서·역사·지지·산술·경제·물리·외국어·체조 등 14개 교과를, 고등과에 독서·산술·경제·물리·외국어·법률·정치·공업·의학 등 15개 교과를 배우며, 고등과 졸업자는 판임관과 전문학(교)에 들어갈 자격을 주었다.[79] 이로써 볼 때, 중학교는 실업교육 뿐 아니라 관료 양성, 그리고 전문학(교)이라는 고등교육기관에 입학하기 위한 예비학교의 역할을 담당하였음을 알 수 있다. 그러나 이들 관제에 의거해서 설립된 것은 1900년에 漢城中學校 하나뿐으로, 그나마 심상과만 두는 데 그쳤다.[80]

77) 韓哲昊, 앞의 책, 162~163쪽.
78) 《韓末近代法令資料集》 2, 459~460쪽.
79) 《韓末近代法令資料集》 3, 141~147쪽.

다음으로 〈醫學校官制〉는 1895년 12월에 제정된 〈種痘醫養成所規程〉에 근거하여 마련되었다. 여기에는 내외의 각종 의술을 가르친다고 규정함으로써 전통의술과 서양의술을 함께 가르치려 했다는 점에서 중요한 의미를 지닌다. 또한 1899년 7월 5일에 제정된 〈醫學校規則〉에 따르면, 입학자격은 중학교를 졸업한 만 20세 이상 30세 이하의 자에게 주었으나 당시 중학교 졸업자가 없었던 점을 감안하여 文算에 능한 총명한 자에게 특별시험을 치르고 입학하도록 하였으며, 수업연한은 3년이었다.[81]

마지막으로, 상업과 공업, 광학 등 實學을 교육하는 상공학교와 광무학교가 설립되었다. 〈商工學校官制〉에는 상업과와 공업과를 두고, 수업연한을 예과 1년, 본과 3년으로 정하였을 뿐 교육과정과 기타 자세한 규칙을 따로 제정하도록 규정하였다. 그러나 그 후속조치가 마련되지 않은 채 이 관제는 1904년 〈農商工學校官制〉로 개정되고 말았다.[82] 또한 광무학교는 수업연한을 3년으로 하고, 實地 견학 및 견습을 위해 소관 개광소에 支學校를 설치하도록 하였지만, 지학교의 설립은 이뤄지지 않았다.

이상과 같이 갑오경장 중 입안되었던 각종 교육제도와 이에 따른 근대식 학교의 설립은 아관파천 이후 더욱 확대되었다. 특히 갑오경장 당시 한성사범학교 및 초등교육, 그리고 외국어학교에 국한되었던 교육기관이 중학교, 의학교, 상공학교, 광무학교 등의 중등교육과 전문 및 실업교육으로까지 확대되었던 점은 주목할 만하다. 따라서 근대식 학교제도를 확립하고 근대적 내용의 교육을 실시하고자 했던 갑오경장의 교육개혁 취지는 그후에 보완되어 근대적 교육을 확산시켜고 국민들에게 교육의 필요성을 널리 깨닫게 하는 데 크게 공헌하였다고 평가된다.

2) 갑오경장의 역사적 자리매김

첫째, 갑오경장을 주도했던 세력은 1880년대에 외교 내지 문화사절단의 일

---

80) 孫仁銖, 《韓國開化教育研究》(一志社, 1980), 91~92쪽.
81) 《韓末近代法令資料集》 2, 453 · 518~524쪽.
82) 安基成, 앞의 책, 355쪽.

원 혹은 유학생으로서 외국을 자주 왕래했거나 개화・자강추진기구에 근무함으로써 국제정세와 근대적 문물에 대한 이해가 밝고 時務능력도 갖춘 인물들이었다. 그들은 반청 독립사상과 反勢道 근왕사상이 강하였으며, 신분적으로는 서얼・중인 및 변방출신이 많았다. 또 그들 중에는 개신교 수용자들도 섞여 있었다. 그들의 특수한 신분적 주변성과 사상적 이단성 때문에 그들은 전통에 대해 비판적이었다. 따라서 그들은 역사를 변혁하는 '창조적 소수자(creative minority)'로서의 잠재력을 갖고 있었다고 볼 수 있다.

한편 그들은 자신들의 출세 도모라는 이기적 동기 이외에 '보국안민'・'便民利國'・'부국강병'・'왕조의 중흥' 등 구국・애족의 목적을 가지고 갑오경장에 임했다. 그들은 이러한 개혁목표를 달성함에 있어 될수록 조선의 전통을 존중하되 외국의 문물을 선별적으로 취사・선택하는 방식을 따랐다. 그리고 자신들의 이상을 추구함에 있어 어느 특정 이념을 교조주의적으로 받아들여 실현하려 하지 않고 점진적・개량주의적으로 현실을 개혁하려는 신축성을 보였다. 전체적・결과적으로 볼 때, 그들이 추진했던 개혁의 목표와 방법은 소위 온건개화파의 개혁노선보다 훨씬 더 급진적 성격을 띤 것으로서, 갑신정변을 주도한 급진개화파의 노선에 근접한 것이었다.

둘째, 갑오경장 추진세력은 개혁을 추진하는 과정에서 일본으로부터 일정한 정치적・군사적・경제적 원조를 받는 것이 필수불가결임을 전제하고 개혁운동에 임했다. 그들은 동학농민봉기 및 청・일 양국군의 국토유린이라는 대내외적 위기를 극복하기 위해서는 부득이 '문명개화'와 '부국강병'에 성공한 일본과 협력하면서 개혁을 성사시키는 수밖에 없다고 판단하였던 것이다. 그리하여 그들은 일본정부에 대하여 일본군의 駐留, 정치・군사 및 경찰고문관의 파견, 그리고 800만 엔 규모의 차관공여 등을 요청하였다. 비록 그들이 구국・애족의 동기로 위기를 극복하는 데 앞장섰다 하더라도, 일제의 야욕을 철저히 간파하지 못하고 일본에 의존함으로써 결과적으로 일제의 제국주의적 침략을 용이하게 만들어 준 점에서 정치적 한계성을 드러내었다고 볼 수 있다.

그러나 갑오경장 때 작성된 〈起國債議〉 등을 면밀히 검토해보면, 그들은 1895년 이후 3년간 일본의 경제원조(借款)에 의존하되, 1898년 이후에는 '獨

立·自理하는 域'에 도달할 것을 목표하고 있었다. 다시 말해, 그들은 조선이 일본의 압력 내지 원조에 힘입어 개혁을 추진하게 된 것을 민족적 수치로 생각하고 이러한 상황을 하루 속히 극복하려고 분발하고 있었다. 즉, 갑오경장 추진세력은 자주·독립을 달성하기 위한 방편으로써 시한부로 일본에 의존하려 했던 것으로 볼 수 있다. 이러한 동기론적 관점에서 볼 때 갑오경장은 근본적으로 애국적 개혁운동이며 부분적이지만 자율적 개혁운동이었다고 평가할 수 있다.

셋째, 갑오경장 추진세력이 일본에 의존하면서 개혁을 추진하게 된 것은 그들이 국내 민중간에 튼튼한 지지기반을 갖지 못하였고 스스로를 지탱할 만한 독자적인 경제·군사적 실력을 확보하지 못한 비혁명적 정치집단이었기 때문이다. 그들의 이러한 취약성은 19세기 후반 조선왕조내에서 시도된 모든 관주도형 개혁운동의 주체세력들이 공통적으로 안고 있던 약점이기도 하다. 따라서, 거시적으로 볼 때, 그들의 개혁추진방략은 현대 한국의 대외의존형 근대화운동의 원형이었다고 볼 수 있으며, 이 점에서 갑오경장은 독특한 근대한국 특유의 의의를 지닌다.

넷째, 갑오경장은 근대적 민족주의·민주(민본)주의·평등주의사상에 입각한 제도개혁운동으로서 실학에서 발원한 갑신정변의 전통을 이어받았으며 독립협회운동의 선구가 되었다. 비록 갑오경장에서 표방된 민족주의는 반청자주독립에 편중한 것으로서 완전한 反帝, 특히 반일사상이 되지는 못하였고, 민주주의는 지방자치제(향회)를 실시하되 근대적 대의민주제(의회제도)의 도입은 당분간 유보하는 정도의 것이었으며, 평등주의는 능력본위의 평등사회 구현을 지향하되 노비와 여성의 인도주의적 대우개선을 주장하는 수준에 머물렀다.

이러한 여러 가지 한계성에도 불구하고 근대적인 민족주의·민주주의·평등주의 사상을 바탕으로 추진된 갑오경장은 한국 근대화의 획기적 이정표였음에 틀림없다. 갑오경장 당시 시도된 칭제건원, 영은문·모화관의 철폐, 조선협회의 설립, 한글 혹은 국한문혼용체 공문 작성과 《관보》의 발행, 군국기무처의 '의회' 설립 시도 등은 1896년 이후에 실현된 순한글 《독립신문》의 발간, 독립협회의 창립, 칭제운동, 그리고 중추원의 의회화안 등의 선구를 이루었던 것이다. 바꾸어 말하자면, 갑오경장은 독립협회운동의 선구였던 것이다.

갑오경장 때 입안·추진된 개혁 가운데 내각중심의 입헌군주제 및 제한적 대의정치의 시도, 그리고 탁지부로의 재정일원화 기도 등은 군주권 강화에 배치되는 것이었기 때문에 대한제국기에 이르러 포기되었다. 그러나 대외적 자주독립의 선양, 향회 개설을 통한 민주주의적인 지방자치제의 실시, 교통·통신시설의 확충, 근대적 상비군과 경찰제도의 수립, 그리고 사법제도의 확립, 능력본위의 평등주의사회 실현, 그리고 합리·실용주의적인 교육제도의 정립 등은 1896년 이후 줄 이은 근대적 개혁의 기초를 마련해준 점에서 높이 평가되어야 할 것이다.

〈柳永益〉

집 필 자

개 요 .... 유영익

Ⅰ. 청일전쟁

1. 청일전쟁과 1890년대의 동아시아 .... 박영재
2. 전쟁의 배경과 전개 .... 박영재
3. 전쟁의 경과 .... 박영재
4. 중재와 강화 .... 박영재
5. 전쟁의 영향 .... 박영재

Ⅱ. 청일전쟁과 1894년 농민전쟁

1. 청・일군의 조선 출병과 농민군의 전주성 철수 .... 조재곤
2. 청일전쟁의 발발과 농민군의 정세인식 .... 조재곤
3. 평양전투와 농민군의 동향 .... 조재곤
4. 일본군의 청국 진입과 농민군의 재봉기 .... 조재곤

Ⅲ. 갑오경장

한국사 40

청일전쟁과 갑오개혁

편찬간행 **국사편찬위원회**

초판1쇄 2003년 11월 30일
2쇄 2013년 6월 4일

번각발행 **탐구당**

등록일 1950년 11월 1일
등록번호 서울 제 03-00993 호

주소 서울특별시 용산구 한강대로 62 나길 6
전화 (02) 3785-2211(대표)
팩스 (02) 3785-2272
홈페이지 www.tamgudang.co.kr
전자우편 tamgudang@paran.com

ISBN 978-89-8236-606-2
978-89-8236-566-9(세트)

값 13,000 원